Insa Sjurts [Hrsg.]

Zehn Jahre sind ein Jahr

Kernthemen der medienwirtschaftlichen Forschung der letzten Dekade

Nomos

Die Deutsche Nationalbibliothek verzeichnet diese Publikation
in der Deutschen Nationalbibliografie; detaillierte bibliografische
Daten sind im Internet über http://dnb.d-nb.de abrufbar.

ISBN 978-3-8487-1037-9

1. Auflage 2014

Vorwort

Wie kaum ein anderer Wirtschaftsbereich hat die Medien- und Informationswirtschaft in den letzten zehn Jahren grundlegende Veränderungen erfahren. Getrieben durch neue Technologien und den rasanten Fortschritt in diesem Feld entstanden in einem Tempo und in einem Umfang neue Möglichkeiten für die Gestaltung medialer Inhalte und für ihre Verbreitung, wie es sie vorher in dieser Dynamik und Komplexität noch nicht gegeben hat. Eine Veränderungsrate, die bislang typisch war für einen Zeitraum von zehn Jahren, erfolgte nun in einem Jahr. Märkte wuchsen zusammen, multimediale Produkte und Endgeräte entstanden und in Werbung, Nutzungsforschung und Medienpolitik stellten sich ganz neuartige Fragen.

Für die Medienunternehmen waren diese Veränderungen tiefgreifend: Alte Geschäftsmodelle wurden zunehmend obsolet, Organisationsstrukturen blieben hinter den Entwicklungen zurück und auch im Human Resource Management wurde deutlich, dass Medienunternehmen, die zwar immer schon mediale Kompetenzen in den Mittelpunkt stellten, zunehmend zu Organisatoren und Vernetzern von immer spezialisierterem Wissen werden mussten. Flexibilität, Innovationskraft und strategische Weitsicht wurden auf die Probe gestellt. Der Bedarf an Strukturierung und Analyse war hoch.

In diese Zeit fallen die Artikel dieses Sammelbandes. Erstellt wurden die Beiträge von Mitarbeiterinnen und Mitarbeitern der Hamburg Media School (HMS). Sie sind Abbild der Forschungstätigkeit und zeigen die Vielfältigkeit der Fragestellungen, die in Promotionsvorhaben, Forschungsprojekten und Think Tanks in der HMS bearbeitet werden. Sie spiegeln – quasi wie im Brennglas – die Veränderungen dieser Jahre und machen Kernthemen deutlich, um die es ging. Aus journalistischer und kommunikationswissenschaftlicher Perspektive waren es Fragen wie die Qualitätssicherung im Journalismus, die Gewährleistung journalistischer Ethik, das Verstehen journalistischer Themenzyklen und die Einbeziehung von Rezipienten für die Qualitätssicherung. Wirtschaftswissenschaftliche Fragestellungen kreisten um Themen wie die volkswirtschaftliche Daseinsberechtigung und die Funktion von Wirtschaftsnachrichten, um Nachfragedeterminanten von politischen Wochenmagazinen, um die ökonomischen Aussichten von E-Books, den Diversifizierungsspielraum und die Markenführung bei Zeitschriftenverlagen, die Rolle von sozialen Netzwerken für etablierte Medienmarken, die Ausgestaltung von Internationalisierungsstrategien, die Relevanz von Corporate Social Responsibility in und von Medienunternehmen und um die Angebotsentwicklung bei deutschen Filmen. Aus medienpsychologischer Sicht interessierten tiefere Einblicke in mediale Rezeptionsmuster.

Die Lektüre der Beiträge zeigt den Grundsatzcharakter, den viele Fragen der letzten Dekade hatten. Und noch immer sind die aufgerufenen Themen aktuell. Denn die Debatten sind nicht abgeschlossen, sichere Antworten nicht gegeben. Die Artikel sind und bleiben lesenswert, denn sie machen Strukturveränderungen transparent, analysieren Veränderungen und geben Anregungen für neue Denkrichtungen und Handlungspfade.

Dieser Sammelband wäre ohne die engagierte und unkomplizierte Unterstützung durch die Autorinnen und Autoren und durch die Herausgeber und Verleger der Erstveröffentlichungsmedien nicht möglich gewesen. Ihnen danke ich herzlich. Mein besonderer Dank geht an Ribana Wollermann, die in bewährter akribischer Manier die Beiträge in die formal korrekte Form gebracht hat, und an Sigrun Lehnert und Birgit Paubandt, die an der Zusammenführung der Beiträge souverän mitgewirkt haben.

Hamburg, im November 2013

Insa Sjurts

Inhaltsverzeichnis

I. Neue Herausforderungen für Contentproduzenten

1. Journalistische Tätigkeit im Wandel

Themen als Lebenszyklen
Typologisierungsvorschlag für Themen auf der Basis eines Themenzykluskonzeptes

Steffen Kolb[**]

Abstract

Die bisherige kommunikationswissenschaftliche Erforschung von medialen Thematisierungsprozessen weist mehrere Schwächen auf: Ein kleiner Teil vorhandener Ansätze modelliert (fast) ausschließlich die Dynamik von Thematisierungsprozessen, ohne den Inhalt der Berichterstattung zu berücksichtigen. Der Großteil der auf Medieninhalte bezogenen Konzepte beschränkt sich ebenfalls einseitig auf die inhaltlichen Aspekte, ohne Thematisierungs*verläufe* gebührend zu würdigen. Gemeinsam ist den Ansätzen, dass sie sich mehr oder weniger geschickt um eine Definition des Begriffs ‚Thema' herumlavieren. Ausgehend von diesen grundlegenden Problemen wird im vorliegenden Beitrag zunächst ein kommunikationswissenschaftliches Themenzykluskonzept vorgestellt, das dynamische und inhaltliche Betrachtungsweisen interdisziplinär herleitet und integriert. Darauf aufbauend sich kann die Kommunikationswissenschaft in Zukunft auch dynamisch mit den inhaltlichen Aspekten von Thematisierungsprozessen beschäftigen. Dieses Konzept wird in der Folge als Basis vorgeschlagen, um die Modellierung einer Thementypologie nach inhaltlich unterschiedlichen Thematisierungsverläufen zu ermöglichen. Aus einer solchen Typologisierung ließe sich – eine genügend große Zahl von untersuchten Thematisierungen vorausgesetzt – eine empirische und auf Medien bezogene Definition von Thema entwickeln.

** Prof. Dr. Steffen Kolb ist Professor für Wirtschaftskommunikation mit dem Schwerpunkt Empirische Markt- und Kommunikationsforschung an der Hochschule für Technik und Wirtschaft HTW Berlin. An der Hamburg Media School war Prof. Dr. Steffen Kolb von 2005 bis 2007 als wissenschaftlicher Mitarbeiter und stellvertretender Studiengangsleiter am Studiengang Journalismus tätig.

1. Problemstellung

In der Kommunikationswissenschaft werden seit Jahrzehnten inhaltsanalytisch mediale Thematisierungsprozesse untersucht. Bezeichnenderweise ist aber ‚Thema' als Begriff (m.W.) lediglich von der Musikwissenschaft in umfassendem Maße definiert worden. Luhmann (1979: 34) nähert sich dem Themenbegriff meinungsbezogen als »mehr oder weniger unbestimmte und entwicklungsfähige Sinnkomplexe [...], über die man reden und gleiche, aber auch verschiedene Meinungen haben kann: das Wetter, das neue Auto des Nachbarn, die Wiedervereinigung, der Motorlärm von Rasenmähern, das Steigen der Preise, der Minister Strauß«, bleibt damit aber unpräzise. In der Kommunikationswissenschaft ist diese Problematik vereinzelt aufgenommen worden, eine Definition von ‚Thema' oder spezielleren Begriffen wie dem konfliktbezogenen ‚Issue' (Röttger 2001a, b) fehlt aber nach wie vor. Buchholz (1989: 482 ff.) schlägt gar eine ganze Reihe von Definitionen für Issues Management vor, ohne klarzumachen, was ein Issue bzw. ein Public Issue ist. Eine präzise, allgemein gültige Definition von ‚Thema' würde sowohl erkenntnistheoretische, philosophische Auseinandersetzungen als auch Verknüpfungen mit der Kognitionspsychologie erfordern, die vermutlich gar nicht geleistet werden können (vgl. Luhmann 1979).

Vielleicht ist diese als Basis empirischer kommunikationswissenschaftlicher Forschung auch gar nicht nötig: Rössler (1997: 73) und Kepplinger (2001: 120 f.) schlagen z.B. eine an den Agenda-Setting-Ansatz angelehnte Hilfskonstruktion über die Bindung der Themendefinition an einzelne Ereignisse vor. Die Art des Ereigniszusammenhangs bleibt allerdings sowohl bei diesen beiden Autoren als auch für ‚Issues' bei Röttger (2001b) unklar. Daneben liegen für Ereignis eine Reihe von Typologisierungsvorschlägen vor (vgl. z.B. Kepplinger 2001, Bentele 1992, Buchele 2005), eine Definition fehlt auch hier, so dass sich das definitorische Problem auf diese Weise lediglich verlagert.[1] Aus diesem Vorgehen bezüglich des Er-

1 Rössler (1997: 73 f.) betont die Identifizierbarkeit von Anfang und Ende eines Ereignisses. Neben dieser zeitlichen Abgeschlossenheit typologisiert Kepplinger (2001: 120 f.) Ereignisse nach deren Bezug auf andere Ereignisse und nach deren Mediatisierungs- bzw. Inszenierungsgrad. Themen werden bezogen auf Medienberichterstattung als »Sammelkategorie« (Kepplinger 2001: 120) mehrerer Ereignisse ohne identifizierbare Anfänge und Enden verstanden.

eignisbegriffs lässt sich für ‚Thema' jedoch folgern, dass empirisch gewonnene Typologisierungen als Annäherung an ein intersubjektives Verständnis und somit als Basis weitergehender empirischer Forschung verwendet werden können.

Für eine solche Entwicklung müssen die kommunikationswissenschaftlichen Ansätze zum Bereich der (medialen) Thematisierung zusammengetragen werden. Darunter fallen unter anderem die Erforschung der Selektion von Berichtenswertem in der *Nachrichtenwertforschung* (vgl. z.B. Eilders 1997) und mit Einschränkungen im *Gatekeeper-Ansatz* (vgl. z.B. Robinson 1973), die Erforschung der ‚Herkunft' von Berichterstattung in der umgekehrten Wirkungsrichtung des (klassischen) *Agenda-Setting-Ansatzes* (vgl. z.B. Rössler 1997) sowie die Bestimmung von Blickwinkeln auf bestimmte Sachverhalte in den Medien im *Framing-Ansatz* (vgl. z.B. Scheufele 2003). Die Kommunikationswissenschaft beschäftigt sich allerdings sehr wenig und vor allem sehr wenig theoretisch mit der *Dynamik* in Thematisierungen. Im deutschsprachigen Raum beschäftigen sich (m.W.) lediglich Eisner et al. (2003) – die bezeichnenderweise Soziologen bzw. Politologen sind –, Berens (2001), Otto (2001), Ruß-Mohl (1993, 1981), Mathes/Pfetsch (1991) sowie Weßler (1999) theoretisch *und* empirisch mit Thematisierungsverläufen. Theoretische Begründungen für die Phaseneinteilungen bei Berens (2001), Mathes/Pfetsch (1991) und Weßler (1999) finden sich indes ebensowenig wie Überschneidungen der zitierten Literatur. Es lässt sich lediglich die Bedeutung des weit verbreiteten Aufsatzes von Downs (1972) ablesen, ohne dass hierzu weiterführende Veröffentlichungen wahrgenommen oder gar Blicke über die Disziplingrenzen gewagt würden.

Um dynamische und somit präzisere Analysen von Thematisierungsprozessen zu ermöglichen, muss die theoretische Fragestellung präzisiert werden, indem der *Verlauf* von Thematisierungen *und* ihre *Gründe* und *Ausprägungen* untersucht werden. Diese Kombination ist in der Kommunikationswissenschaft bislang ausgeblieben, wodurch die Potenziale dynamischer Analysen von Themenverläufen und letztendlich auch von Thementypologisierungen verschenkt werden. Den Schwerpunkt dieses Beitrages stellt die Integration verschiedener Zyklusansätze zu einem kommunikationswissenschaftlichen Konzept des Themenzyklus dar. Dazu bietet sich an, wirtschaftswissenschaftliche (Produkt-) Lebenszyklusanalysen als Grundlage heranzuziehen, da in dieser Disziplin zwar die *inhaltliche Ausgestaltung* der Lebenszyklen in den Hintergrund gerückt wird, dadurch aber die im Zentrum des Forschungsinteresses befindliche *Dynamik* des Prozesses bereits sehr weitgehend erforscht und theoretisch modelliert wurde. Darüber hinaus beruht die ökonomische Betrachtung von Lebenszyklen im Gegensatz zu anderen z.B. sozialwissenschaftlichen oder philosophischen Konzepten (vgl. Kolb 2005) auf einem der Kommunikationswissenschaft nicht unbekannten Zyklusmodell: dem Diffusionszyklus von Rogers (1983) (Abschnitt 2). Im dritten Abschnitt dieses Beitrags sollen die ersten Schritte der kommunikationswissenschaftlichen Modellierung vorgestellt werden. Nach einer Beschreibung der wirtschaftswissenschaftlichen Phaseneinteilung in Produktlebenszyklen (Abschnitt 4) wird diese anschließend (Abschnitt 5) mit inhaltlichen Ansätzen aus der Kommunikationswissenschaft verbunden und in einer Fallstudie empirisch angewendet. Im Fazit wird ein erster Versuch präsentiert, den vorgefundenen Thementypus zu beschreiben.

2. *Grundlagen des Produktlebenszyklus in der Wirtschaftswissenschaft*

Von der am weitesten fortgeschrittenen, wirtschaftswissenschaftlichen Erforschung von (zumeist Produkt-) Lebenszyklen[2] ausgehend können direkte Anbindungen an die rudimentär vorhandenen kommunikationswissenschaftlichen Diskussionen beschrieben werden (vgl. ähnlich Post 1985).[3] Die kleinteiligere Betrachtungsweise von Zyklen für *einzelne Produkte*[4] geht zurück auf die Erforschung der *Diffusion von Innovationen.* Der Kerngedanke der Diffusionstheorie ist eine Typologisierung der poten-

---

2 Für eine Typologie von verschiedenen Zyklen und die detaillierte Begründung für die Verwendung von Lebenszyklen vgl. Kolb 2005.

3 Das bietet sich besonders an, weil medial aufbereitete Themen im weiteren Sinne auch als journalistische und zugleich ökonomische Produkte aufgefasst werden können: Das journalistische Produkt Artikel muss im Wettbewerb mit anderen bestehen, es wird nur (zumeist) nicht einzeln, sondern in ‚Konglomeraten' wie Zeitungen oder Zeitschriften ver- bzw. gekauft. Insofern handelt es sich auch um ein ökonomisches Produkt. In der Regel wird zu einem Thema nicht nur ein Artikel veröffentlicht, sondern dieses berichtend begleitet. Daraus entsteht eine Gruppe von aufeinander bezogenen Artikeln, die als Produktgruppe aufgefasst werden kann (vgl. ähnlich Heinrich 1994).

4 Was genau mit ‚Produkt' gemeint ist, war in den wirtschaftswissenschaftlichen Diskussionen um Produktlebenszyklen genau wie der Themenbegriff in der Kommunikationswissenschaft immer strittig.

ziellen Übernehmer einer (bestimmten) Neuerung in (meistens) fünf Gruppen, um diese Gruppen u.a. als Zielgruppen für direkte kommunikative Ansprache greifbar zu machen. Dazu werden die einzelnen, mithilfe des Kriteriums »innovativeness« gebildeten Gruppen »Innovators«, »Early Adopters«, »Early Majority«, »Late Majority« und »Laggards« (Rogers 1983) anhand von sozioökonomischen, soziodemographischen und psychologischen Variablen beschrieben (vgl. Höft 1992: 48 ff., Imhof 1993: 18, Fischer 2001: 32 ff.).

Die wirtschaftswissenschaftliche Forschung geht dabei in der Regel von einer normalverteilten oder zumindest von einer eingipfligen Übernahmekurve aus, wenn graphisch die Anzahl der ‚Übernehmer' bzw. Konsumenten gegen die Zeit abgetragen wird (s. Abbildung 1), also z.B. in einem Schaubild über die jährliche Zahl von Haushalten, die sich erstmals einen Internetanschluss zulegen. Wenn jedoch die prozentuale Veränderung beispielsweise der Bürger eines Landes, die bereits über einen Internetzugang verfügen, nach Jahren abgetragen wird, ergibt sich folgerichtig die in Abbildung 1 auf der rechten Seite dargestellte, »für viele Naturprozesse typische[n] *S-Kurve*« (Bonfadelli 1999: 139, Hervorhebung i.O.; vgl. auch Rogers 1983: 162).

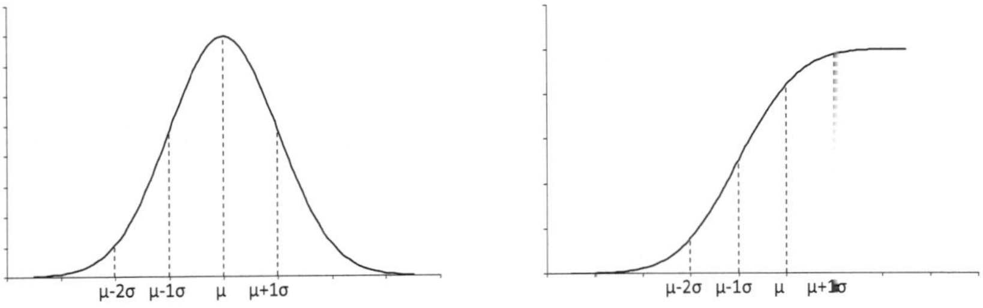

Abbildung 1: Normalverteilung und kumulierte Normalverteilung (S-Kurve) mit eingezeichneten Mittelwerten (μ) und 1-σ- und 2-σ-Abständen

Quelle: In Anlehnung an Rogers 1983: 162 und Bonfadelli 1999: 139.

Dabei ordnet Rogers (1983: 162), indem er die X-Achse als Zeitachse versteht, den ‚Übernehmern', die vor der Grenze μ-2σ die Innovation annehmen, die Bezeichnung ‚Innovators' zu. Diejenigen, die zwischen μ-2σ und μ übernehmen, nennt er ‚Early Majority'. Die ‚Late Majority' übernimmt die Innovation zwischen μ und μ+1σ. Danach folgen die ‚Laggards' (s. Abbildung 1).[5]

Eine solche Einteilung kann jedoch nur Beschreibungen des Diffusionsverlaufs bzw. der ‚Innovationsannehmer' erbringen. Es handelt sich nicht um eine theoretische Basis im eigentlichen Sinne – schon gar nicht für Verläufe jeglicher Art. Sowohl die Glockenkurve als auch die S-Kurve sind nichts anderes als graphische Darstellungen von Normalverteilungen oder genauer von Zufallsverteilungen. Chaffee (1976: 87 ff.) verdeutlicht dies sehr anschaulich und sieht folgerichtig die *Abweichungen* von den in Abbildung 1 dargestellten zufälligen Diffusionskurven als im Zentrum der wissenschaftlichen Erforschung von Verbreitungen.

Angelehnt an die Übernahmegruppen lassen sich die Verläufe für Beschreibungen und inhaltliche Analysen in Phasen einteilen. Es hat sich weitgehend durchgesetzt, zwischen Markteintritt und Marktaustritt – wie im Folgenden dargestellt – vier bis fünf Phasen zu betrachten (Fischer 2001, Schürmann 1993, Höft 1992)[6]:

Einführungsphase:

Die Einführungsphase eines Produktes ist gekennzeichnet von sehr geringem Wettbewerb, da eine Innovation per definitionem noch keine direkten Wettbewerber haben kann. Das Initiieren von Nachfrage bei Innovatoren und von ‚Pull-Effekten' auf andere Käufer (»primary demand«, Hoffmann 1972: 31) wird gestützt durch hohe Investitionen auch in die Werbung

---

5 Für eine direkte betriebswirtschaftliche Adaption dieser Überlegungen auf den Absatz von Unternehmen müssen lediglich Innovationen als ‚neue Produkte' verstanden werden.

6 Die Phaseneinteilung und -beschreibung folgt weitgehend den Überlegungen von Fischer (2001: 8 ff.) und Hoffmann (1972: 31 ff.), die nicht für jede Phase wieder zitiert werden sollen. Auch wenn Hoffmann (1972) und Kaiser (2001) einen fünfphasigen Verlauf annehmen, unterscheiden sich ihre Modelle von Fischers (2001) erst in der Wachstums-, Reife- und Sättigungsphase. Generell sind die Unterschiede als marginal zu bezeichnen, so dass hier zur Beschreibung auf beide Werke verwiesen werden kann.

bzw. das Marketing (vgl. ähnlich Schürmann 1993) und den Aufbau eines Händlernetzes. Der Umsatz mit dem neuen Produkt steigt zwar (langsam) an, aber das Pionierunternehmen kann noch keine Gewinne verzeichnen (vgl. Kaiser 2001). Idealiter ergeben sich zwei Preisstrategien: hoher Preis ohne Vergleichsmöglichkeiten für den Konsumenten (quasi Monopol durch Produktinnovation) oder niedriger Preis für Massenmarktdurchdringung.

Wachstumsphase:

Nach dem sogenannten »Take off-Punkt[s]« (Fischer 2001: 9), also dem Endpunkt der Einführungsphase, verbessert sich in der Wachstumsphase die Gewinnmarge für das neue Produkt neben (schneller) steigenden Umsätzen (vgl. Kaiser 2001). Dadurch lohnt sich ein Kapazitätsausbau für größere Produktionsumfänge verbunden mit extensiver Distributionspolitik. Das Produkt muss nun stärker inhaltlich, d.h. differenzierend (»selective demand«, Hoffmann 1972: 33) beworben werden, die Werbeausgaben sind gleich bleibend hoch (vgl. ähnlich Schürmann 1993).

Reifephase:

In der Reifephase kommt es zur maximalen Marktpenetration. Das Wachstum wird geringer bis es zur Stagnation des Absatzes kommt und dieser sogar leicht rückläufig wird. Durch mehr Konkurrenz wird der Wettbewerb intensiver, der Markt wird polypolistisch. Hier werden Kommunikationsstrategien für Image, Markenetablierung oder -festigung, Promotion, Rabatte, Produktdifferenzierungen, etc. unentbehrlich (vgl. ähnlich Schürmann 1993).

Rückgangs- oder Degenerationsphase:

In der Degenerationsphase sinkt das Marktvolumen, meistens verbunden mit einer Substitution des Ausgangsprodukts z.B. durch technische Neuerungen. Die Gewinne gehen auf ein absolutes Minimum zurück, wenn das Produkt nicht sogar zu einem Verlustgeschäft wird (vgl. Kaiser 2001). Marketingaktivitäten werden heruntergefahren (vgl. ähnlich Schürmann 1993), die Ressourcen statt dessen in Forschung und Entwicklung investiert, um Innovationen oder neue Anwendungsfelder des Produkts zu finden. Gelingt dies nicht, so kommt es in der Regel zur Produktelimination oder einem Marktaustritt.

3. Zykluskonzepte in der Kommunikationswissenschaft

An dasselbe Diffusionskonzept und den »two-step-flow« (vgl. z.B. Renckstorf 1970) bzw. komplexere Netzwerktheorien (vgl. z.B. Schenk 1984) angelehnt, wird in der Kommunikationswissenschaft die Verbreitung von Nachrichten analysiert (vgl. z.B. Bonfadelli 1999: 133 ff.). Dabei geht es in erster Linie darum, wie schnell und von wem die Bevölkerung Informationen über ein bestimmtes Ereignis erhält (vgl. Bonfadelli 1999: 139). Die meisten empirischen Studien untersuchen die Diffusion von Nachrichten mit sehr hohem Nachrichtenwert. Prominente Beispiele sind Studien zur Ermordung Kennedys (vgl. z.B. Hill/Bonjean 1964) oder dem Rücktritt von Chruschtschow (vgl. z.B. Budd et al. 1966).

Die einzige Erweiterung der ‚theoretischen' Grundlage der Glocken- bzw. S-Kurve (vgl. erneut Abbildung 1) stellt bei einigen Autoren das Infragestellen einer kompletten Durchdringung der Gesellschaft dar. Der Sättigungspunkt kann bei weniger relevanten Themen durchaus auch bei geringen Anteilen der Bevölkerung erreicht werden (vgl. Bonfadelli 1999: 139, Chaffee 1976: 89 f.). Adams et al. (1969) erheben z.B. für eine Enzyklika des Papstes, die sie als »‚Minor' News Event« bezeichnen, mit 35 Prozent eine sehr geringe Verbreitung in den ersten 24 Stunden. Basil/ Brown (1994) kommen in ihrer Metaanalyse von 34 Nachrichtendiffusionsstudien zu dem Schluss, dass sowohl das persönliche Interesse des einzelnen Individuums an der Nachricht als auch die Nachricht (bzw. das Ereignis) selbst einen hohen Einfluss auf die Geschwindigkeit der Verbreitung und das Ausmaß der Durchdringung der Gesellschaft haben. Geschwindigkeit und Vollständigkeit der Diffusion hängen also u.a. von den Charakteristika der jeweiligen Ereignisse oder Themen ab (vgl. Chaffee 1976). Darüber hinaus macht Chaffee (1976) systematische Einflussfaktoren aus, die bei der Quelle der Berichterstattung, dem Medium sowie den Empfängern zu suchen sind.

Daneben beschäftigen sich drei weitere Ansätze mit der Dynamik von Medienberichterstattung, allerdings ohne jegliche Rückbindung an Diffusions- oder Entwicklungskonzepte: Erstens beinhalten die theoretischen Grundlagen des *Intermedia-Agenda-Settings* lediglich rudimentäre Überlegungen zur Dynamik im Thematisierungsprozess. Mathes/Pfetsch (1991) nehmen eine empirisch geleitete Phaseneinteilung in Vorbereitungs- oder Latenzphase, Spill-Over- oder Durchbruchphase, Aufschwung- und Abschwungphase vor. Die kurvilineare Darstellung ist nicht Bestandteil der Basis, sie kann jedoch durch die Verknüpfung mit anderen Ansätzen hergestellt werden (vgl. z.B. Dyllick 1989).

Zweitens basiert die *Analyse von Thematisierungsprozessen* (vgl. Berens 2001, Otto 2001, Weßler 1999) neben der Anknüpfung an das Intermedia-Agenda-Setting auf ersten zyklischen Ansätzen von Downs (1972). Dieser entwirft – allerdings ohne einen einzigen Literaturhinweis – einen theoretischen Rahmen für die öffentliche Aufmerksamkeit von ökologischen Problemen (in den USA). In seinen Beispielen greift er aber auch auf Themen wie Armut, Rassismus, öffentliches Transportwesen oder die schlechte Ernährung der Amerikaner zurück, also weit reichende gesellschaftliche Probleme. Er umreißt den Problemtypus, der idealiter ‚seinem' »Issue-Attention Cycle« (Downs 1972: 38) folgt, als Probleme von Minderheiten oder gesellschaftlich Benachteiligten, bei denen eine Mehrheit oder eine einflussreiche Bevölkerungsgruppe Vorteile aus dem Problem zieht. Zudem darf das Problem keine aufregende Qualität besitzen, so dass die Medien nicht massiv darüber berichten, weil die Medienschaffenden im Wettbewerb um das spannendste Programm glauben, dieses spezifische Problem rufe kaum Rezipienteninteresse hervor (vgl. auch Otto 2001: 71 ff.).

Dyllick (1989: 240) bezieht sich drittens in seiner Entwicklung eines Lebenszykluskonzeptes für ‚Issues' im Bereich des *Issues-Management* neben dem bereits erwähnten Issue-Attention Cycle von Downs (1972) auf Luhmann (1979), Post (1978, 1985) sowie Buchholz et al. (1985). Beispielhaft soll hier auf zwei Grundkonzepte eingegangen werden[7]: Zum einen wird ein Thema nach Luhmann (1979: 53) zunächst relativ kontextfrei generiert, um später politisch kontextuiert zu werden. Dies ist für eine Entscheidungsfindung bzw. Lösung des Problems nötig. Luhmann (1979: 42) beschreibt den Prozess, den ein Thema durchläuft, als »Abnahme der Distanz von Thema und Meinung bzw. Entscheidung« sowie »Sinnverdichtung und Konkretisierung«. Die Entwicklung einer Themengeschichte

7 Das Phasenkonzept von Buchholz et al. (1985) folgt weitestgehend demjenigen von Luhmann (1979), so dass hier auf eine eigene Darstellung verzichtet werden kann (vgl. auch Dyllick 1989: 240 f.).

muss bei der möglichen »Wiedergeburt« beachtet werden. Seine Phaseneinteilung beinhaltet keine graphische Darstellung, die Berichterstattungshäufigkeiten beschreibt oder prognostiziert. Es handelt sich lediglich um ein Phasenkonzept.

Auf der anderen Seite entwickelt Post das zyklische Betrachtungskonzept von Issues oder »öffentlichen Anliegen« (Post 1985: 8) am Beispiel der Auseinandersetzungen über die Marketingstrategien, die Nestlé für das konzerneigene Milchpulver in der (sogenannten) Dritten Welt eingesetzt hat. Er stellt dabei allerdings die Entwicklung des »Grad[es] der aktiven Teilnahme der Öffentlichkeit« (Post 1985: 9) graphisch als lineares Ansteigen und nach dem Umkippen am Höhepunkt der ‚öffentlichen Teilnahme' als lineares Abfallen dar. Beger et al. (1989: 299 ff.) präsentieren eine ähnliche Darstellung mit leicht abgerundetem Verlauf. Wenngleich diese graphischen Darstellungen etwas unglücklich erscheinen, ergeben sie doch ein im Grunde ähnliches Bild wie die bereits präsentierten Darstellungsformen: Die Kurven sind steil und eingipflig (vgl. auch Achleitner 1985 und Dyllick 1989).

Ähnlich problematisch wie bei wirtschaftswissenschaftlichen Betrachtungen ist die Abgrenzung einzelner *Phasen* in der Kommunikationswissenschaft. Kaum ein theoretischer Ansatz gibt wirkliche Abgrenzungskriterien an. Eine Möglichkeit zur Abgrenzung einzelner Phasen stellt eine Vorgehensweise nach den in der mathematischen Kurvendiskussion kennzeichnenden Punkten einer Glockenkurve dar. Da aber insbesondere Kurven in den Mittelpunkt der Forschung gerückt werden sollten, die nicht der Normalverteilung, also der Glockenkurve entsprechen, scheint eine solche idealtypische Einteilung eine eher geringe Reichweite zu haben. Allerdings haben alle Einteilungen die eingipflige Verteilung gemeinsam, so dass die idealtypische Analyse einer eingipfligen Verteilung wie der Normalverteilung Erkenntnisse für die weitere Phaseneinteilung liefert (vgl. Abbildung 2).

Die Wendepunkte der Normalverteilung liegen im Abstand von jeweils einmal der Standardabweichung zum Mittelwert[8]. Der Hochpunkt bzw. Extremwert liegt genau beim Mittelwert. Damit gleicht die statistisch begründete Eingrenzung der Phasen z.T. also derjenigen aus der Kurven-

8 Vgl. auch Abbildung 1. Die Wendepunkte liegen also bei μ-1σ und μ+1σ.

diskussion. An den Wende- und Extrempunkten verändert sich die Steigung des Graphen:

- Am Hochpunkt ist die Steigung gleich 0. Sie war vorher positiv, d.h. die Kurve steigt tatsächlich an, und ist danach negativ, d.h. die Kurve fällt ab.
- Am Wendepunkt verändert sich die Entwicklungsrichtung der Steigung. Beschreibt man die Kurve in Abbildung 3 von links nach rechts, so ist die Steigung ‚zu Beginn' der Darstellung sehr gering und wird bis zum Wendepunkt immer größer. Dort erreicht die Steigung einen Maximalwert und wird geringer bis zum nächsten Wendepunkt.

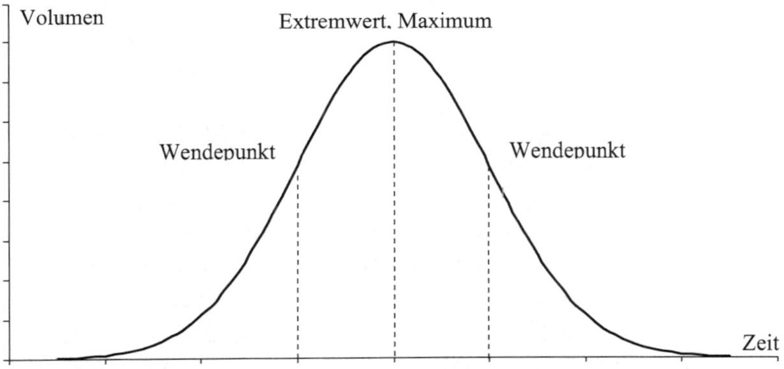

Abbildung 2: Normalverteilung und Kurvendiskussion (als Idealmodell)

Quelle: Eigene Darstellung.

Durch diese Kenntnisse lassen sich Zyklusdarstellungen z.B. von Thematisierungen in den Medien anschaulicher beschreiben. Die Wende- und Extrempunkte eines Graphen können als Grenzen der Phasen definiert werden, wie Rogers (1983) dies – wenngleich nicht explizit mit dieser Begründung – für die Diffusionsforschung bereits getan hat. Dadurch wird die Grundlage für eine mögliche Berechnung der Phasengrenzen gelegt, denn Extrema und Wendepunkte sind bei bekannter Funktion für alle Graphen berechenbar.

Es muss darauf hingewiesen werden, dass die Wirtschaftswissenschaften in ihren klassischen Darstellungen ohne jegliche Begründung von der mathematischen und statistischen Basis abweichen (vgl. z.B. Kaiser 2001). Somit unterscheidet Abbildung 2 sich auf den zweiten Blick durch die direkte Anbindung an die ursprünglichen Grenzen deutlich von Darstellungen der Produktlebenszyklen. Die im vorangegangenen Kapitel angegebenen Beschreibungen der Phasen passen jedoch auch zu den hier favorisierten Phasengrenzen. Eine Wachstums- und eine Degenerationsphase würden zwar als erste Beschreibung bereits ausreichen, da die Kurve zuerst bis zum Extrempunkt ‚wächst' und danach ‚degeneriert'. Die Betrachtung einer Einführungsphase scheint aber interessant und auch nachvollziehbar. Rogers (1983) folgend könnte für deren Grenze idealtypisch der Wert μ-2σ angenommen werden, der natürlich bei Abweichungen der empirisch ermittelten Verteilung von der Normalverteilung nicht berechnet werden kann. Es ergeben sich also theoretisch, d.h. aus der Kurvendiskussion und der Statistik vier bzw. fünf Phasen, die nun inhaltlich ‚gefüllt' werden müssen.

4. Integration: Verbindung von Verlaufszyklen und kommunikationswissenschaftlichen Ansätzen

Analog zu den verschiedenen wirtschaftswissenschaftlichen Produktlebenszyklus-Ansätzen bzw. deren Phaseneinteilungen durch Fischer (2001) muss eine kommunikationswissenschaftliche Lebenszyklus-Forschung ebenfalls die empirisch bestimmten und theoretisch angenommenen Phasen der unterschiedlichen Forschungsrichtungen zusammentragen. Eine paradigmatische Anwendung solcher Phaseneinteilungen kann jedoch nur gewinnbringend sein, wenn sich die Phasen idealtypisch zu *einem* Modell integrieren lassen. Daher soll hier auf eine detaillierte Darstellung jedes einzelnen Phasenmodells verzichtet und stattdessen ein eigenes, integriertes Modell vorgestellt werden:

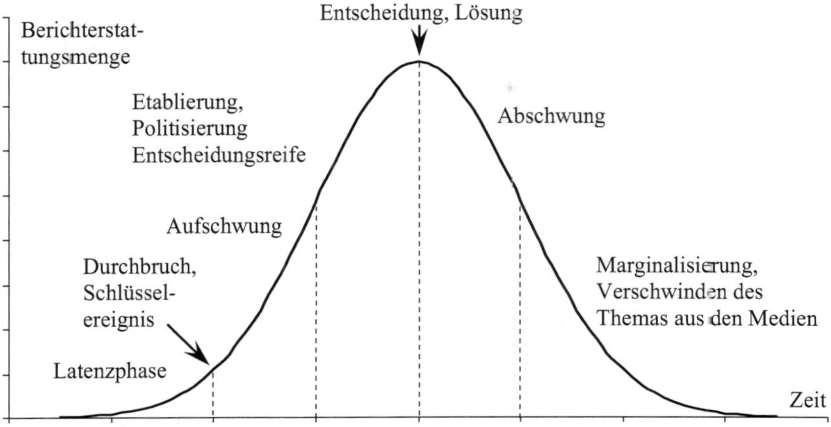

Abbildung 3: Themenzyklus mit Phasen (als Idealmodell)

Quelle: Eigene Darstellung.

In der *ersten Phase* des Zyklus (vgl. für die folgenden Beschreibungen Abbildung 3), die sich zeitlich betrachtet am Anfang (also links in) der graphischen Darstellung befindet, ist die Steigung der Kurve noch relativ gering und wächst nur langsam. Das bedeutet, dass die Berichterstattung zu dem zu untersuchenden Thema auf geringem Niveau beginnt und langsam zunimmt. In der Regel berichten in dieser Phase nur wenige Medien über das Thema. Sie kann daher schlüssig als *Latenzphase* bezeichnet werden. Es kommt hauptsächlich zu Experteninteresse und wissenschaftlichen Veröffentlichungen. Zentral ist für diese Phase die *Problemerkennung* (vgl. Dyllick 1989: 470, Luhmann 1979: 40 ff.). Köppl (2000: 46) spricht in diesem Zusammenhang von ersten »enttäuschte[n] Erwartungen«, die laut Luhmann (1979: 41) als »Vorgeburtsaktivitäten« bezeichnet werden können. Zum Start einer Karriere bzw. eines idealtypischen Lebenszyklus fehlen Zeitdruck für das Finden einer Lösung und Begrifflichkeiten bzw. Bezeichnungen. Es gibt (noch) keine Eigendynamik, keine Garantie für den Durchbruch (vgl. Luhmann 1979).

Zwischen erster und zweiter Phase und mit großer Bedeutung für die Entwicklung einer Eigendynamik des Themas scheint es in der Regel zu einem *Schlüsselereignis* zu kommen, das den Weg oder *Durchbruch* aus Fachpublikationen heraus in die Publikumsmedien findet, also vermutlich erste breitere Publikumswirkung erzielt (vgl. Mathes/Pfetsch 1991, Berens 2001). Der Berichterstattungsumfang wächst in der *zweiten Phase* immer schneller, die Steigung der Kurve nimmt zu bis zum Wendepunkt. Nach dem ‚Auftauchen' des Themas aus dem wissenschaftlichen Bereich am Durchbruchspunkt (vgl. Dyllick 1989) gelangt das Thema vermutlich durch Spill-over-Effekte in immer neue Medien und wird so für die breite Bevölkerung wahrnehmbar (vgl. Mathes/Pfetsch 1991, Berens 2001). Luhmann (1979: 41) macht für diese Phase »mutige Leute« aus, die sich für die Kreation des Themas als öffentliches, politisches Thema einsetzen. Dies sind in der Regel zugleich Versuche von politischen Außenseitern und Neulingen, sich mit Hilfe des Themas zu etablieren oder ihre Position zu verbessern. Noch ist die Abwendung des Themas möglich, wenn die politisch Etablierten es nicht aufgreifen. Die Förderer starten vermutlich Versuche, das Problem in Entscheidungsprogrammen und/oder dem Budget unterzubringen (vgl. Luhmann 1979: 41 f.). Zentral für diese *Aufschwungphase* ist die Definition des Problems oder Themas und beginnende Meinungsbildungsprozesse öffentlicher Akteure (vgl. Otto 2001, Dyllick 1989, Luhmann 1979).

Der *erste Wendepunkt* der Normalverteilung, also der Punkt, an dem die Steigung der Kurve (d.h. die Zunahme der Berichterstattung) am größten ist, liegt zwischen der Aufschwung- und der Etablierungsphase. Dieser Punkt ist nicht durch ein bestimmtes Ereignis gekennzeichnet. Hier setzen offensichtlich erste Sättigungseffekte ein, die Berichterstattungsmenge wächst danach langsamer weiter. Das könnte damit zusammenhängen, dass die meisten Medien bereits auf den sprichwörtlichen Zug aufgesprungen waren und in der folgenden dritten Phase nur noch wenige, vermutlich regionale und lokale Medien die Berichterstattung über das Thema aufnehmen (vgl. ähnlich Mathes/Pfetsch 1991)[9].

Charakteristisch für die *Etablierungsphase* ist, dass »sich Aktionen der Interessengruppen, Berichte der Massenmedien und Aktivitäten der

9 Hier deutet sich ein Unterschied zur Diffusionsforschung an: Die ‚vollständige' oder zumindest weitgehende Übernahme bzw. ein weitgehender Besitz der Innovation ist hier erst am Ende des Zyklus erreicht. Da die Berichterstattung der Medien sich regelmäßig und in kurzen Zeitabständen erneuert und das Thema immer wieder gebracht werden kann, ist das Maximum an Berichterstattung vermutlich auch gleichbedeutend mit dem Maximum an ‚übernehmenden Medien'. Es kommt hier nicht darauf an, wer schon einmal berichtet hat, sondern wer aktuell noch berichtet. Die Besitzkomponente spielt also für die Betrachtung von Themenzyklen keine Rolle.

Politiker gegenseitig so weit verstärken, dass eine selbstbeschleunigende Dynamik in Gang kommt« (Dyllick 1989: 244). Diese »Mediatisierung« (Dyllick 1989: 244) geht einher mit einer Zielbestimmung durch das politische System. Der oder die Hauptverursacher für das Problem werden ausgemacht (vgl. Otto 2001: 244 ff.), der Zeitdruck wächst. Es entwickelt sich andererseits eine gewisse Gefahr von »Ermüdungserscheinungen« (Luhmann 1979: 43), da das Thema, das zur Mode geworden ist, jetzt nicht mehr *an sich* zur Debatte steht. Luhmann (1979) scheint mit dieser Argumentation anzuspielen auf die Vereinnahmung des Themas durch politische Akteure, die z. T. Ziele vorgeben, die das eigentliche Problem nicht zu lösen vermögen.

Der *Hochpunkt* der Kurve ist gleichbedeutend mit einer Stagnation des Berichterstattungsumfanges, die Steigung der Kurve ist gleich Null. Dieser Klimax fällt in der Regel zusammen mit einer (politischen) Entscheidung und somit einer Lösung des Problems (vgl. Achleitner 1985, Dyllick 1989, Mathes/Pfetsch 1991, Berens 2001, Otto 2001). Luhmann (1979) und Downs (1972) allein halten in ihren Phasenbeschreibungen die Option offen, dass es zu keiner Entscheidung kommt und das Interesse an dem Thema wieder zurückgeht. Über die Qualität der Entscheidung oder Lösung lässt sich nichts sagen, im Allgemeinen muss es aber zumindest zu einer vorgeschobenen Lösung des Problems gekommen sein, damit das mediale Interesse und die Berichterstattung sowie das öffentliche Interesse in der vierten Phase zurückgehen können.

Nach der Problemlösung und deren Implementation wird das Thema weniger interessant für die Medien (vgl. nicht explizit Dyllick 1989). In der *Abschwungphase* wird über Vollzugsprobleme berichtet, der Berichterstattungsumfang sinkt immer schneller. Denkbar wäre, dass sich angrenzende Themen jetzt durchsetzen können (vgl. z.B. Kepplinger 1989).

Der *zweite Wendepunkt* der Kurve, an dem der Berichterstattungsrückgang am stärksten ist (vgl. Abbildung 4), kann erneut nicht durch ein spezifisches Ereignis charakterisiert werden. Nach der Berichterstattung über die Durchsetzung der Problemlösung wird das Thema in der *fünften Phase* marginalisiert (vgl. Dyllick 1989) und heterogener (vgl. Otto 2001). Neue Themen nehmen mehr Platz in der Berichterstattung ein (vgl. Downs 1972). Die letzten beiden Phasen werden in der wissenschaftlichen Auseinandersetzung häufig wegen mangelnden Interesses zusammengefasst und aus dem Fokus der Forschung herausgenommen.

Ein bedeutender Kritikpunkt ist – wie bereits angedeutet – die Prämisse der Normalverteilung. Diese Zufallsverteilung legt quasi fest, dass alle Phasen gleich lang sein müssen, da die Verteilung symmetrisch ist. Trotzdem sollte die zufällige Verteilung nicht vollständig aus der Analyse herausgelassen werden, da sie zu Erkenntnissen führen kann, wenn sie als Nullmodell verwendet wird (vgl. Chaffee 1976), also die Abweichungen von der zufälligen Verteilung als Besonderheiten verstanden und analysiert werden. Die Analyse von Themenzyklen sollte folglich darin bestehen, die (auffälligsten) Abweichungen des Berichterstattungsverlaufs von der Normalverteilung hervorzuheben. Danach können (inhaltliche) Gründe für ein Abweichen des Kurvenverlaufs von der Grundannahme einer zufälligen Verteilung gesucht werden. Aus den (wenigen) vorliegenden empirischen Studien lassen sich bereits einige Abweichungen ausmachen, die regelmäßig auftraten. Sowohl Mathes/Pfetsch (1991) als auch Berens (2001) finden ein erstes (lokales) Maximum beim Durchbruchspunkt zwischen den ersten beiden Phasen[10]. Berens (2001) sieht an diesem Punkt ein Schlüsselereignis, dass die virtuelle ‚Veröffentlichungsbarriere' durchbricht und den Weg für nachfolgende Veröffentlichungen ebnet (vgl. auch Mathes/Pfetsch 1991).

Direkt anschließend sollte über den Automatismus der zyklischen Betrachtung nachgedacht werden. Die vorliegenden Daten lassen keine abschließende Beurteilung zu, (ob und wenn ja) ab welchem Zeitpunkt es zu einer Verselbständigung des Themenzyklus kommt. Der Durchbruch bzw. das Schlüsselereignis reichen nicht aus, damit das Thema einen vollständigen Zyklus durchläuft. Das zeigt das Fallbeispiel eines inszenierten terroristischen Anschlages bei Mathes/Pfetsch (1991): Die Berichterstattung lässt nach einem relativ umfangreichen Start nach. Die Autoren machen dafür ein ‚übermächtiges' Konkurrenzthema verantwortlich: die Reaktorkatastrophe von Tschernobyl. In den theoretischen Konzepten wird vielfach von einer Etablierung (vgl. Luhmann 1979), Politisierung (vgl. Post 1985) oder Institutionalisierung (vgl. Buchholz et al. 1985) in der *dritten* Phase gesprochen. Ob diese tatsächlich den automatischen Verlauf des Berichterstattungsumfanges über einen Klimax kurz nach der politischen Entscheidung des Problems hin zu einem mehr oder weniger raschen Rückgang bedingt, lässt sich anhand der vorliegenden Ergebnisse noch nicht beantworten.

---

10 Vgl. die Darstellungen zur Drogenberichterstattung in den Vereinigten Staaten von Dearing/Rogers 1996: 19.

Mit dieser Kurvenbeschreibung wurde bereits eine weitere Abweichung des Themenzyklus von der Normalverteilung angeschnitten. Die meisten empirisch gewonnenen graphischen Darstellungen von Themenverläufen zeigen rechtsschiefe Kurven (vgl. z.B. Mathes/Pfetsch 1991, Berens 2001, Otto 2001), d.h. die Entwicklung bis zur Lösung des Problems (in der Regel durch eine politische Entscheidung), dauert deutlich länger als der starke Abfall des journalistischen Interesses nach der Entscheidung (und der kurzen Nachberichterstattung). So kommt es offensichtlich zu einer Art Verschmelzen der vierten und fünften zu *einer* abschließenden Phase des Verschwindens des Themas.

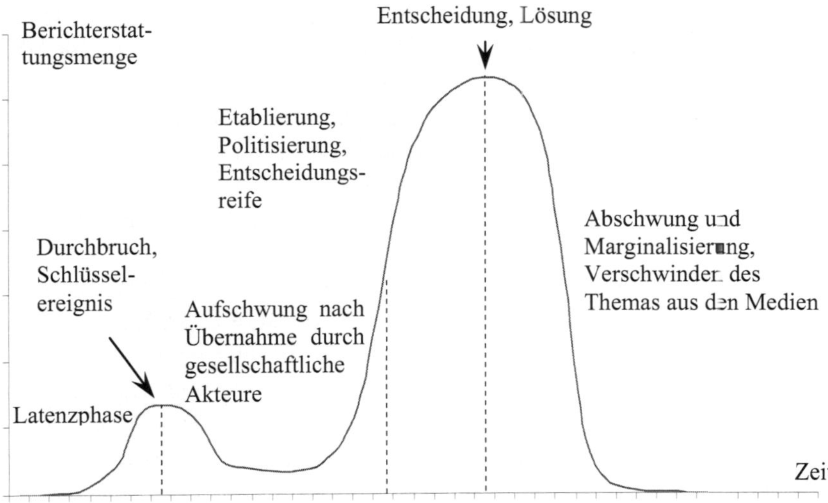

Abbildung 4: Themenzyklus mit Phasen (als empirisches Modell)

Quelle: Eigene Darstellung.

In Abbildung 4 wurde eine graphische Darstellung der hier präsentierten, ‚typischen Abweichungen' von der zufälligen Verteilung der Glockenkurve versucht. Diese soll lediglich zur Veranschaulichung dienen und kann z.B. nicht die variablen Längen oder die ebenfalls variablen Steigungen der Phasen vorgeben. Dazu gehören insbesondere die wegen des geringen Platzes in Abbildung 4 sehr kurz dargestellten Phasen des Aufschwungs und der Etablierung, die sich je nach Thema über sehr lange Zeiträume erstrecken können. Mit dieser Einschränkung wird ein weiterer Kritikpunkt der Lebenszykluskonzepte angesprochen. So, wie es in der wirtschaftswissenschaftlichen Diskussion häufig um unterschiedliche Typen von Produkten (z.B. Dienstleistungen vs. materielle Produkte) geht, stellt sich für die Analyse von Themenzyklen die Frage, ob es nicht unterschiedliche Typen von Themen gibt. Diese dürften dann auch unterschiedliche Typen von Lebenszyklen aufweisen. Das lässt sich letztlich nur mit einer inhaltlichen Analyse belegen.

5. Inhaltliche Erweiterung und empirische Ergebnisse

Es sind bis hierher noch keine Überlegungen angestellt worden, *warum* die Dynamik, also der Faktor Zeit, eine Rolle für die Thematisierung spielt bzw. spielen könnte. Es ist wenig wahrscheinlich, dass die Zeit *an sich* einen Einfluss auf die Berichterstattung hat, sie schlägt sich vermutlich im *Inhalt* der Medienberichterstattung nieder: Die Dynamik, die mit der Zeit abgebildet werden soll, beinhaltet *Veränderungen* (welcher Art auch immer) der unabhängigen (und möglicherweise auftretender intervenierender) Variablen wie z.B. Entwicklungen des spezifischen Ereignisses und somit quasi automatisch auch der abhängigen Variable(n) wie z.B. des Berichterstattungsumfanges. Für eine inhaltliche Analyse des Themenzyklus müssen also mögliche Einflussfaktoren und Charakteristika der sich offensichtlich wandelnden Berichterstattung ausgemacht werden. Diese können dann zum einen für eine Beschreibung und Identifikation der einzelnen Phasen verwendet werden und zum anderen auch als unabhängige oder intervenierende Variablen mit in das Themenzykluskonzept einbezogen werden.

Um eine möglichst umfassende Erhebung aller sich verändernden Elemente bzw. auf die Medienberichterstattung einwirkenden Faktoren zu erstellen, bietet sich ein Blick auf die kommunikations- und journalistikwissenschaftliche Forschung zu diesem Bereich an. Aus vorliegenden Modellen zur Beeinflussung der Medienberichterstattung (vgl. z.B. Donsbach 1987b, Weischenberg 1992, Shoemaker/Reese 1996) konnte ein umfassender Katalog von möglichen Einflussfaktoren extrahiert und als Basis für eine inhaltsanalytische Fallstudie verwendet werden: In Anlehnung an die Agenda-Setting-Forschung kann angenommen werden, dass Akteure einen Einfluss auf die Berichterstattung haben und sich dies in den einzelnen Artikeln auch ermitteln lässt. Die Nachrichtenwertforschung betont neben einem Akteursbezug auch die Bedeutung von Ereignissen bzw. Berichtsanlässen, relationalen Faktoren, Relevanzzuweisungen, Reichweite, Schaden und Nutzen sowie überraschendem Charakter für die

Berichte. Analysen von Risikokommunikation legen nahe, dass massenmediale Berichterstattung in einigen Fällen Argumentationen mit unterschiedlichen, sich wandelnden Konfliktlinien beinhaltet. Zudem könnte der Politikgehalt der Berichterstattung von Interesse sein. Auch im Framing-Ansatz bzw. genauer in Analysen von Medienframes werden der Argumentation ähnliche Aspekte untersucht. Die sich verändernden Deutungsrahmen dürften z.T. auf unterschiedlichen Argumentationen beruhen. Zudem erfassen einige Frame-Analysen zusätzlich bewertende Tendenzen in den Medienberichten (vgl. detaillierter Kolb 2005).

Dieser Katalog an potenziellen Einflussfaktoren und das Zykluskonzept wurden in einer ersten Fallstudie auf die Medienberichterstattung über Umweltgefahren durch den automobilen Straßenverkehr angewendet, um die Thematisierung sowohl dynamisch als auch inhaltlich analysieren zu können. Dazu sind 1050 Artikel aus *Bild*, *Frankfurter Allgemeine Zeitung*, *Süddeutsche Zeitung* und *Spiegel* zusammengetragen worden, die sich zwischen 1965 und 2000 mit Umweltproblemen durch Autoabgase, der Einführung des bleireduzierten bzw. bleifreien Benzins und des Katalysators beschäftigen. Diese wurden mit einer umfangreichen Inhaltsanalyse auf die oben ausgeführten Charakteristika untersucht.[11]

Auf der Basis der dynamischen und inhaltlichen Analyse kann die Thematisierung verkürzt wie folgt beschrieben und interpretiert werden: Mitte der 1960er Jahre finden Wissenschaftler den Beweis, dass das im menschlichen Körper in Blut und Knochen befindliche Blei anthropogenen Ursprungs ist. Diese Erkenntnis findet vereinzelt Resonanz in den Medien, in der Latenzphase (Phase 1) spielen Wissenschaftler als Akteure und Quellen sowie Betonung der Umweltgefahren als inhaltliche Tendenz die Hauptrolle.

Die sozial-liberale Bundesregierung nimmt sich (auch durch Abgasreinigungsvorhaben in Kalifornien angespornt) des Themas an und erwirkt Anfang der 1970er Jahre eine politische Debatte mit anschließender, stufenweiser Reduzierung des Benzinbleigehaltes. Damit steigt das Medieninteresse ebenfalls zum ersten Mal stark an. Die ökonomischen Akteure versuchen ihrerseits durch kritische Stimmen, für sich mit Subventionen

11 Da die Methode detaillierter in Kolb 2005 beschrieben wird, kann hier aus Platzgründen auf weitere Ausführungen verzichtet werden. Gleiches gilt für Überlegungen zu graphischen Darstellungen von Längsschnitten.

und Steuererleichterungen einen finanziellen Vorteil aus der Situation zu ziehen. Dementsprechend gewinnen die politischen und ökonomischen Akteure an Gewicht in den Berichten. Die inhaltliche Tendenz verändert sich in der Schlüsselereignis- und der Aufschwungphase (Phasen 2 und 3) zu technischer, ökonomischer und politischer Machbarkeit.[12]

Da in dieser Zeit die (Medien-) Öffentlichkeit auf das Thema aufmerksam geworden ist, fällt die später einsetzende Diskussion um das (angeblich) auf Kraftfahrzeugemissionen zurückführbare Waldsterben Ende der 1970er und Anfang der 1980er Jahre auf fruchtbaren Boden. Politiker nehmen sich sofort des Problems an. Die Autoindustrie ist im Prinzip nicht gegen die Einführung von Katalysatoren und bleifreiem Kraftstoff, da sie sich somit teure Doppelentwicklungen erspart: In den USA und Japan waren beide Neuerungen bereits eingeführt. Darüber hinaus konnten mit Hilfe der Innovation des Katalysators die Autobesitzer in Deutschland angeregt werden, Ersatzkäufe zu tätigen. Dies versprach für die Industrie große Gewinne.[13] Die inhaltliche Verschiebung zu einem ökonomischen und vor allem politischen Thema setzt sich also in der Etablierungsphase (Phase 4) bis zur Entscheidung fort.

Trotz heftiger Kritik akzeptierte die deutsche (Medien-) Öffentlichkeit letztlich den EG-weiten Stufenfahrplan zur Einführung des Katalysators und des bleifreien Benzins als Lösung des Umweltproblems, das von Autoabgasen ausgelöst wird. Daher kommt es in der Folge kaum noch zu umfangreichen Berichterstattungen über anschließende Probleme wie Schwefelgehalt des Benzins, Rußausstoß von Dieselfahrzeugen oder Benzol, das den Kraftstoffen als Ersatzstoff für Blei beigemischt wurde und im Verdacht steht, krebserregend zu sein. Darüber hinaus konnten

---

12 Wegen einer Reihe von Schlüsselereignissen in der deutschen Thematisierung wurde eine Phase von Schlüsselereignissen modelliert, obwohl das der ursprünglichen Annahme widerspricht. Das zeigt bereits, dass ein starres Verständnis eines Themenzykluskonzepts, das sich immer und auf alle Themen anwenden lässt, nicht zielführend sein kann.

13 Durch die ständigen Verschärfungen der Abgasgrenzwerte und die damit verbundenen Steuererleichterungen für Neufahrzeuge hat die EU einen stetigen Anreiz für den Kauf von Neuwagen geschaffen. Die statistischen Daten zu jährlichen Neuzulassungen von Kraftfahrzeugen und zu deren Bestand, die vom VDA herausgegeben werden, belegen die Zusammenhänge zwischen politischen Entscheidungen und der Zahl der Neuzulassungen (vgl. VDA 2004).

auch neue Waldschadensberichte kaum noch Publizitätserfolge feiern. Die inhaltlichen Schwerpunkte der weniger werdenden Berichterstattung in der Abschwung- und Marginalisierungsphase (Phasen 5 und 6) liegen bei den Auswirkungen der Entscheidung für die Allgemeinheit. Trotz vereinzelter Folgeberichte kann der Themenzyklus als abgeschlossen gelten.[14]

6. *Fazit*

Das in den vorangegangenen Abschnitten entwickelte dynamische Themenzykluskonzept steht auf einer breiten Basis von mathematischer Kurvendiskussion, statistischer Verteilungsanalyse und graphischer Beschreibung. Es kann somit als Weiterentwicklung der vorhandenen kommunikationswissenschaftlichen Überlegungen angesehen werden. Darüber hinaus stellt es durch die Integration eines wirtschaftswissenschaftlichen Forschungsfeldes ein (weiteres, vgl. Kolb 2000) Beispiel für gewinnbringende interdisziplinäre Forschung dar. In der *inhaltlichen* Analyse der Berichterstattung nach Phasen stellte sich heraus, dass die Phaseneinteilung sinnvoll ist: Es ergeben sich in dem so abgebildeten, vereinfachten Zeitverlauf über sechs Abschnitte zum Teil deutliche Unterschiede in den Ausprägungen der wichtigsten Aspekte der Berichterstattung. Dabei konnten zwei typische Verteilungsformen extrahiert werden: Die erste Form beruht darauf, dass der untersuchte Berichterstattungsaspekt – z.B. wissenschaftliche Akteure – zu Beginn und am Ende des Themenzyklus von besonders großer Bedeutung in den Beiträgen war, während diese in den ‚mittleren' Phasen bis zur Entscheidung immer geringer wurde (und umgekehrt, z.B. politische Akteure und Urheber im deutschen Themenzyklus). Ein Liniendiagramm der Häufigkeiten ergäbe also ein U bzw. ein auf dem Kopf stehendes U.

---

14 Dieses Ergebnis wird auch durch die Feinstaubdiskussion, die in den deutschen Medien Anfang dieses Jahres geführt wurde, nicht widerlegt. Zum einen befasst sich diese Debatte mit den Problemen von Dieselfahrzeugen, wenngleich dies als »Ad-hoc-Rettungsversuch« des Konzepts gewertet werden könnte. Bedeutender ist zum zweiten, dass die deutsche Auseinandersetzung verglichen mit der französischen sehr wenig Publizität und Schärfe aufweist. Zum Vergleich: Der PSA-Konzern (Peugeot und Citroën) hat bereits im Jahr 2000 reagiert und das Partikelfiltersystem FAP eingeführt.

Im deutschen Themenzyklus kam es häufiger zu Verteilungen nach einem zweiten Muster: Dieses kann als W-Verlauf und seine Umkehrung bezeichnet werden. Aus beiden Verläufen lässt sich folgern, dass sich die Berichterstattung in den ereignisreichen Phasen deutlich von den ereignisärmeren Phasen unterscheidet, wie es Weßler (1999) bereits für die Drogenberichterstattung herausgestellt hatte.

Die hier vorgestellte Einteilung hat aber einen großen Vorteil gegenüber der einfachen Unterscheidung von Phasentypen nach deren Ereignisbezug. Da die U- und W-Muster nicht immer waagerecht verlaufen, d.h. sie nicht immer den gleichen Umfang an Medienaufmerksamkeit für die untersuchten Aspekte anzeigen, kann eine Aggregation nach den Phasen des Themenzyklus eine genauere Abbildung des Berichterstattungsverlaufes geben.

Inwieweit sich das hier vorgeschlagene Konzept des Themenzyklus auf andere Thementypen übertragen lässt, kann hier noch nicht beantwortet werden. Dazu bedarf es weiterer empirischer Überprüfungen mit anders gearteten Themen. Detaillierte Fallanalysen sollten hier zuerst die Feinheiten herausarbeiten, bevor weiterführende Studien auch den Wettbewerb von Themen integrieren können.

Eine Typologisierung von Themen ließe sich z.B. anhand der Akteure, die ein Thema lancieren, vornehmen[15]: Akteure unterschiedlicher gesellschaftlicher Bereiche (z.B. aus Medien, Politik oder Öffentlichkeit etc.) bringen Themen in die Medien. Die bisherigen (empirisch gewonnenen) Ergebnisse beziehen sich in der Regel auf Themen, die weder aus dem politischen noch aus dem Mediensystem aufgekommen sind, sondern die aufgrund neuer wissenschaftlicher Erkenntnisse von gesellschaftlichen Akteuren (z.B. Greenpeace, vgl. Berens 2001) ins Mediensystem eingebracht werden. Daneben spielen in der deutschen Berichterstattung die einzelnen Bürger und die Allgemeinheit zu Anfang kaum eine Rolle, werden aber zum Ende des Zyklus wichtiger.

Es könnte sich somit um einen Themenzyklus handeln, der für die Berichterstattung über die *Lösung eines extern generierten*[16]*, politisch*

15 Vgl. auch die Typologisierungsversuche im Agenda-Setting-Ansatz z.B. Otto 2001, Rössler 1997 und Dearing/Rogers 1996.

16 Extern beschreibt hier die Entstehung des Themas außerhalb des politischen und des Mediensystems.

lösbaren gesellschaftlichen Problems typisch ist. Ob sich die Umweltthematik besonders bemerkbar macht, ließe sich im Vergleich mit einer Studie über andere gesellschaftliche Probleme belegen. Generell lassen sich aus der Generierung und dem Ziel in Verknüpfung mit inhaltlichen Komponenten verschiedene Thementypen beschreiben. Weitere Längsschnittanalysen müssen unternommen werden, um diesen Typologisierungsvorschlag weiterentwickeln zu können.

Literatur

Achleitner, P. M. (1985): Sozio-politische Strategien multinationaler Unternehmungen: Ein Ansatz gezielten Umweltmanagements. Bern/Stuttgart.

Adams, J. B./Mullen J. J./Wilson, H. M. (1969): Diffusion of a »Minor« Foreign Affairs News Event. In: Journalism Quarterly 3/1969, 545-551.

Basil, M. D./Brown, W. J. (1994): Interpersonal Communication in News Diffusion: A Study of »Magic« Johnson's Announcement. In: Journalism Quarterly 2/1994, 305-320.

Beger, R./Gärtner, H.-D./Rainer, M. (1989): Unternehmenskommunikation. Grundlagen, Strategien, Instrumente. Frankfurt am Main.

Bentele, G. (1992): Fernsehen und Realität. Ansätze zu einer rekonstruktiven Medientheorie. In: Hickethier, K./Schneider, I. (Hrsg.) (1992): Fernsehtheorien. Dokumentation der GFF-Tagung 1990. Berlin 1992, 45-67.

Berens, H. (2001): Prozesse der Thematisierung in publizistischen Konflikten. Ereignismanagement, Medienresonanz und Mobilisierung der Öffentlichkeit am Beispiel von Castor und Brent Spar. Wiesbaden.

Bonfadelli, H. (1999): Medienwirkungsforschung I, Grundlagen und theoretische Perspektiven (Reihe Uni-Papers Band10). Konstanz.

Buchholz, R. A. (1989): Business Environment and Public Policy. Implications for Management and Strategy Formulation. Englewood Cliffs, NJ.

Buchholz, R. A./Evans, W. D./Wagley, R. A. (1985): Management Response to Public Issues: Concepts and Cases in Strategy Formulation. Englewood Cliffs NJ:.

Budd, R. W./McLean, M. S./Barnes, A. M. (1966): Regularities in the Diffusion of Two Major News Events. In: Journalism Quarterly, 2/1966, 221-230.

Chaffee, S. H. (1976): The Diffusion of Political Information. In: Chaffee, S. H. (Hrsg.) (1976): Political Communication. Issues and Strategies for Research. Beverly Hills/London, 85-128.

Dearing, J. W./Rogers, E. M. (1996): Communication Concepts 6: Agenda-Setting. Thousand Oaks, CA.

Downs, A. (1972): Up and down with Ecology. The »Issue-Attention Cycle«. In: The Public Interest, 2/1972, 38-50. Zitiert nach: Download von der Website des Autors, Online: www.anthonydowns.com/upanddown.htm [Zugriff: 14.3.2003].

Dyllick, T. (1989): Management der Umweltbeziehungen. Öffentliche Auseinandersetzungen als Herausforderungen. Wiesbaden.

Eilders, C. (1997): Nachrichtenfaktoren und Rezeption: Eine empirische Analyse zur Auswahl und Verarbeitung politischer Informationen. Opladen.

Eisner, M./Graf, N./Moser, P. (2003): Risikodiskurse. Die Dynamik öffentlicher Debatten über Umwelt- und Risikoprobleme in der Schweiz. Zürich.

Fischer, M. (2001): Produktlebenszyklus und Wettbewerbsdynamik: Grundlagen für die ökonomische Bewertung von Markteintrittsstrategien. Wiesbaden.

Heinrich, J. (1994): Medienökonomie. Band 1. Mediensystem, Zeitung, Zeitschrift, Anzeigenblatt. Opladen.

Hill, R. J./Bonjean, C. M. (1964): News diffusion: A test of the regularity Hypothesis. In: Journalism Quarterly, Summer/1964, 336-342.

Hoffmann, K. (1972): Der Produktlebenszyklus. Eine kritische Analyse. Freiburg.

Höft, U. (1992): Lebenszykluskonzepte: Grundlage für das strategische Marketing- und Technologiemanagement. Berlin.

Imhof, K. (1993): Vermessene Öffentlichkeit – vermessene Forschung? Vorstellung eines Projekts. In: Imhof, K./Kleger, H./Romano, G. (Hrsg.) (1993): Zwischen Konflikt und Konkordanz: Analyse von Medienereignissen in der Schweiz der Vor- und Zwischenkriegszeit. Band 1 der Reihe: Krise und sozialer Wandel. Zürich, 11-60.

Kaiser, S. (2001): Relativierung und Ergänzung des Modells des Produkt-Lebenszyklus für Software-Startups. Ingolstadt.

Kepplinger, H. M. (2001): Der Ereignisbegriff in der Publizistikwissenschaft. In: Publizistik, 2/2001, 117-139.

Kepplinger, H. M. (1989): Künstliche Horizonte: Folgen, Darstellung und Akzeptanz von Technik in der Bundesrepublik. Frankfurt am Main.

Kolb, S. (2005): Mediale Thematisierung in Zyklen. Theoretischer Entwurf und empirischer Anwendung. Köln.

Kolb, S. (2000): Unterschiede in der Berichterstattung französischer und deutscher Fernsehnachrichten. Eine Inhaltsanalyse. Leipzig: Unveröffentlichte Magisterarbeit.

Köppl, P. (2000): Public Affairs Management: Strategien und Taktiken erfolgreicher Unternehmenskommunikation. Wien.

Luhmann, N. (1979, ursprünglich 1970): Öffentliche Meinung. In: Langenbucher, W. R. (Hrsg.) (1979): Politik und Kommunikation. München, 29-61.

Mathes, R./Pfetsch, B. (1991): The Role of the Alternative Press in the Agenda-Building Process: Spill-over Effects and Media Opinion Leadership. In European Journal of Communication, 1/1991, 33-62.

Otto, K. (2001): Thematisierungsstrategie in den Massenmedien und ihre Auswirkung auf die Bevölkerung und die politischen Entscheidungsträger. Thematisierung und Deutung des Problems »Waldsterben« in den achtziger Jahren. Dissertation an der Universität Dortmund.

Post, J. E. (1985): Nestlés traumatische Erfahrung mit dem Milchpulver. Ein Lehrstück für Manager. In: gdi impuls, 1/1985, 6-22.

Post, J. E. (1978): Corporate Behavior and Social Change. Reston.

Renckstorf, K. (1977): Zur Hypothese des ‚Two-Step-Flow' der Massenkommunikation. In: Ders.: Neue Perspektiven in der Massenkommunikationsforschung. Berlin, 98-117.

Robinson, G. J. (1973): Fünfundzwanzig Jahre »Gatekeeper«-Forschung: Eine kritische Rückschau und Bewertung. In: Aufermann, J./Bohrmann, H./Sülzer, R. (Hrsg.) (1973): Gesellschaftliche Kommunikation und Information. Forschungsrichtungen und Problemstellungen. Ein Arbeitsbuch zur Massenkommunikation. Band. 1. Frankfurt am Main, 344-355.

Rogers, E. M. (1983): Diffusion of Innovations. New York (3. Aufl.).

Rössler, P. (1997): Agenda-Setting. Theoretische Annahmen und empirische Evidenzen einer Medienwirkungshypothese. Opladen.

Röttger, U. (2001a): Issues Management. Theoretische Konzepte und praktische Umsetzung. Eine Bestandsaufnahme. Wiesbaden.

Röttger, U. (2001b): Issues Management – Mode, Mythos oder Managementfunktion? In: Röttger, U. (Hrsg.) (2001a), 11-39.

Ruß-Mohl, S. (1993): Konjunkturen und Zyklizität in der Politik: Themenkarrieren, Medienaufmerksamkeits-Zyklen und »lange Wellen«. In: Héritier, A. (Hrsg.) (1993): Policy-Analyse. Kritik und Neuorientierung. Politische Vierteljahresschrift. Sonderheft 24/1993. Opladen.

Ruß-Mohl, S. (1981): Reformkonjunkturen und politisches Krisenmanagement. Opladen.

Schenk, M. (1984): Soziale Netzwerke und Kommunikation. Tübingen.

Scheufele, B. (2003): Frames – Framing – Framing-Effekte. Theoretische Grundlegung, methodische Umsetzung sowie empirische Befunde zur Nachrichtenproduktion. Opladen, Wiesbaden: Westdeutscher Verlag.

Schürmann, U. (1993): Erfolgsfaktoren der Werbung im Produktlebenszyklus: Ein Beitrag zur Werbewirkungsforschung. Frankfurt am Main/Bern/New York/Paris.

VDA (2004): Neuzulassungen. Online: http://www.vda.de/de/aktuell/statistik/jahreszahlen/neuzulassungen/index.html [Zugriff: 19.2.2004].

Weßler, H. (1999): Öffentlichkeit als Prozess. Deutungsstrukturen und Deutungswandel in der deutschen Drogenberichterstattung. Opladen/Wiesbaden.

Wie wenig Zeit braucht guter Journalismus? Echtzeitberichterstattung zwischen Aktualitätsdruck, Sorgfaltspflicht und Bilderflut *

*Michael Beuthner***

Hätten wir am 11. September von den Fernsehnachrichtenredaktionen etwas anderes erwarten können als jenen Spontan-Journalismus, der in Echtzeit auf die Katastrophe zu reagieren versuchte? Jay Tuck, Chef vom Dienst der ard-*Tagesthemen*, der an jenem Tag zusammen mit Ulrich Wickert für die Sendung verantwortlich zeichnete, macht unmissverständlich klar, dass man die Pflicht hatte, über die Ereignisse live zu berichten. Wer oder was verpflichtete denn? War es die sofort vermutete Tragweite und Relevanz des Ereignisses im Zusammenhang mit dem Ort der Handlung? Vermutlich hätten die Medien nicht live und in gleichem Ausmaß gesendet, wenn der Terror statt New York und Washington, Mazedonien, Bosnien, Tel Aviv oder Jerusalem heimgesucht hätte (vgl. Friedman 2001). Sicher waren und sind es zugleich die Gesetzmäßigkeiten des schnellen Mediums ›Fernsehen‹, die im Sinne einer Selbstreferenz an das eigene Können zur Echtzeitberichterstattung verpflichteten, denn gerade durch die Live-Übertragungen verstärkt sich der Nimbus der Authentizität, fasziniert und bindet den Zuschauer mit der Illusion des Dabei-Seins. Die Informationsmaschinerie in der Medienmetropole New York lief schnell auf Hochtouren und über die in und auf anderen Gebäuden fest stationierten Kameras stand die Totale auf das Geschehen ohnehin den Redaktionen in aller Welt zur Verfügung. Nach 28 Minuten hatte die ard-Redaktion neben den cnn-Bildern eigenes Eurovisionsmaterial zur Verfügung. Der Konkur-

* Erstmals veröffentlicht durch den Herbert von Halem Verlag in Beuthner et al. (Hrsg.) (2003): Bilder des Terrors – Terror der Bilder? Köln, 134-157.

** Prof. Dr. Michael Beuthner ist Professor für Journalismus an der DEKRA Hochschule Berlin. An der Hamburg Media School war Prof. Dr. Michael Beuthner von 2005 bis 2011 als Studiengangskoordinator des Masterstudiengangs Journalismus und als Dozent in diesem Bereich tätig.

renzkampf um den Aktualitätsvorsprung scheint bei zunehmender Konvergenz der Themenagenden in den Nachrichtensendungen Schnelligkeit zum wichtigen Unterscheidungskriterium, zu einem primären Nachrichtenwert und Qualitätskriterium zu erheben. Oder glaubte man, der Zuschauer verlangte jene Echtzeit-Reaktion des Journalismus, um der direkten Teilhabe oder vermeintlicher Versäumungsängste wegen? Addiert man alles, ergibt sich eine erste Kontur jener komplexen Folie, auf der Entscheidungen an jenem 11. September 2001 getroffen werden mussten.

Hinzu kommt, dass in einer solchen Extremsituation Routinen versagen, übliche Quellen versiegen, das alltägliche Programmschema wegbricht. Plötzlich müssen ungesicherte Informationen bewertet, »soll die Tragweite des Geschehens eingeschätzt und die Spekulationslust zurückgebunden werden. Plötzlich sind ganz einfache, grundlegende Aufgaben ungeheuer schwer zu erfüllen, zum Beispiel die, das Publikum zutreffend zu informieren« (Haller 2001: 3).

Die vermeintlich richtige Verpflichtung zum Echtzeit-Journalismus wird retrospektiv dadurch untermauert, dass selbst die Medienbeobachter in den Feuilletons der großen Qualitätszeitungen wie *Süddeutsche Zeitung* oder *Frankfurter Allgemeine Zeitung* das Leistungskriterium ›Schnelligkeit‹ in den Vordergrund ihrer wertenden Berichterstattung stellten. Bezeichnend ist folgende Aussage einer redaktionell Verantwortlichen aus der zdf-*heute*-Redaktion, die im Rahmen des dfg-Forschungsprojektes *Konturen aktueller Medienkommunikation* zum Umgang mit Bildern interviewt wurde: »Von allen Seiten ist zu keinem Zeitpunkt eine Auseinandersetzung über die inhaltliche Qualität der Berichterstattung geführt worden, sondern in allen Agenturen, in allen Print-Medien und vor allem von Seiten der Politik wurde mit ihnen nur eine Diskussion darüber geführt, um wieviel Uhr sie auf Sendung waren. Keiner fragte: Was wussten sie sicher? Welche Schritte der Recherche hatten sie zu diesem Zeitpunkt unternommen? Mit welchen Korrespondenten standen sie in Verbindung? Die einzige Frage, die man mir nach dem 11. September gestellt hat, war: Wann?«[1]

1 Gegenstand des Projektes ist die Analyse des Journalismus im Übergang. Es schließt an Beobachtungen an, welche die aktuelle Medienkommunikation am Ende und/oder am Anfang einer neuen Phase sehen. So wird erwartet, dass es durch die Auflösung der Berufsbilder, der Profilierung neuer Tätigkeitsbereiche und insge-

»Die Agentur, die als erste eine Nachricht verbreitet«, so Ulrich Wickert von den ard-*Tagesthemen*, »kann vor ihren Kunden auftrumpfen, wie viel besser sie sei. Wenn ein Privatsender schneller ist als ein öffentlich-rechtlicher, dann wird dies von der Medienkritik den öffentlich-rechtlichen ›Informationssendern‹ vorgehalten. Wenn ein Privatsender vorschnell Quatsch meldet, ›versendet sich das‹, wie es im Slang heißt« (Wickert 2002: 17).

---

samt der Entstehung neuer ökonomischer, technischer und organisatorischer Grundlagen und Imperative zunehmend zu neuen Formen des Journalismus kommt, die ihn erweitern hin zur Technik, hin zum Marketing, hin zur Unterhaltung, hin zu Public Relations. Im Rahmen das Projektes werden die wichtigsten Trends untersucht, welche gleichermaßen die Gesellschaft im Allgemeinen wie den Journalismus im Speziellen betreffen, und zwar Prozesse a) der Globalisierung von Systemkonturen des Journalismus (nationale Entgrenzungen journalistischer Kulturen), b) der Ökonomisierung zentraler Parameter der Aussagenentstehung (mediale Entgrenzungen durch crossmediale Synergieeffekte), c) der Hybridisierung journalistischer Aussagenkonturen (formal-inhaltliche Entgrenzungen durch die unterhaltsame Aufbereitung von Informationen, vgl. dazu auch Anm. 4) und d) der Deprofessionalisierung von bisher typisch journalistischen Rollen (professionelle Entgrenzung durch das enge Verhältnis des Journalismus zu Public Relations). In eigener empirischer Umsetzung werden diese neuen Konturen sondiert, um die Beschreibung und Analyse von (Re-)Identifikations- und (Ent-)Differenzierungs-prozessen des Sinn- und Handlungszusammenhangs Journalismus zu ermöglichen. Im Forschungsmodul zur Hybridisierung wird der Frage nachgegangen, inwiefern die Visualisierung von Fernsehnachrichten als Indikator für die Vermischung von Information und Unterhaltung gelten kann. Dazu wurden eine Input-Output-Analyse sowie eine Expertenbefragung durchgeführt. Hier werden vorzugsweise die Aussagen der Expertenbefragung wiedergegeben. Die Befragung der Experten diente vor allem dazu, über die Analyse der journalistischen Produkte die Kontextbedingungen der Aussagenentstehung sowie (mögliche) Entwicklungen und (Zukunfts-) Strategien in Bezug auf den Umgang mit Bildern und deren Auswirkungen auf die journalistische Arbeit in Fernsehnachrichtenredaktionen zu konturieren. Dazu wurden von November 2001 bis März 2002 insgesamt 12 redaktionell Verantwortliche aller großen Fernsehnachrichtenredaktionen Deutschlands (ard, zdf, rtl, sat.1, n24/ prosieben/kabel 1 und n-tv) unter anderem zu den Formen der Visualisierung und deren Funktionen, den Kriterien bei der Bildauswahl und den Kriterien der visuellen Performancequalität von Ereignissen interviewt. Da die meisten der befragten Experten die Berichterstattung zum 11. September als Ausgangspunkt für ihre Statements aufgegriffen haben, sollen einzelne oder zusammengefasste Aussagen die aufgeführten Überlegungen ergänzen. Die Einzelaussagen der Redakteure bleiben auf Wunsch teilanonymisiert. Sollte es sich um eine Zusammenfassung von Aussagen einer bestimmten Anzahl oder aller Befragten handeln, ist dies im Text kenntlich gemacht.

Diese Aussagen legen den Verdacht nahe, dass der Faktor ›Aktualität‹ in der Konkurrenz der Medien untereinander eine größere Bedeutung hat als »für das Publikum, das die Mechanismen der Branche meistens nicht durchschaut« (vgl. Weischenberg 2001a: 150). Dem steht jedoch die Aussage von Jay Tuck gegenüber, der davon ausgeht, dass das Publikum den Sendern »verübelt« hätte, wenn man mit der Berichterstattung gewartet hätte bzw. wenn ersichtlich geworden wäre, dass sich die Fernsehanstalten anmaßen »zu beurteilen, wann eine Geschichte veröffentlichungsreif ist. Und wann (...) sollten wir denn mit der Berichterstattung beginnen?« Das Ereignis sei von einer derartigen Tragweite gewesen, »dass jeder über jeden Fetzen« hätte informiert werden wollen. Viele deutsche Zuschauer hätten zudem Freunde oder Arbeitskollegen in New York, die Opfer oder Betroffene dieses Anschlags hätten sein können.

Schnelle Informationen werden hier verstanden als Serviceleistung in einer Ausnahmesituation, wobei der vermeintlich medieninterne Wettkampf um den ersten Platz in der Rangliste um Visualisierungskompetenzen ausgeblendet bleibt.

Und dennoch: Hätte andererseits die eingeschätzte oder tatsächliche Relevanz dieses die Welt verändernden Ereignisses nicht eine besondere Sorgfalt, die Einhaltung aller journalistischen Professionsstandards, Kontextualisierung und Interpretation erfordert? Hat der Journalismus sich am 11. September 2001 an die Grenze des Echtzeit-Journalismus gewagt? Braucht Qualitätsjournalismus mehr Zeit, als er sich am 11. September hat nehmen können?

Oder gelten in solchen Extremsituationen Ausnahmen, die den Echtzeit-Journalismus erfordern, mögliche Verstöße gegen Professionsstandards legitimieren und den Journalisten bei eventuell aufkommenden kritischen Fragen das Argument an die Hand geben, man habe angesichts des Chaos nur zu funktionieren und sich dabei auf sein journalistisches Handwerkszeug zu konzentrieren versucht? Neben einem Aktualitäts-Hype scheint ein Visualisierungs-Hype durch Laufbänder, Themenlogos, Computeranimationen, Split-Screen-Verfahren, virtuelle Studiotechniken und ein fast aufdringliches Corporate Design einen Journalismus in Extremsituationen zu kennzeichnen, der überdreht wirkt. Dieser Beitrag soll dazu dienen, einige Anmerkungen zur journalistischen Praxis zusammenzutragen, um auf Risiken aufmerksam zu machen, die sich zwar in Extremsituationen deutlicher zeigen als im Normalfall, die aber nicht auf selbige beschränkt bleiben, da sie Grundsatzfragen des journalistischen Handwerks, der Ethik und der Qualitätssicherung betreffen.

Schnelligkeit vor Richtigkeit

Es wäre zu einfach wie falsch, der Berichterstattung am 11. September einen gravierenden Qualitätsverlust zu unterstellen. Um es vorweg zu nehmen: Der Spontanjournalismus der ersten Stunden während des Anschlags war eine ungeheure Leistung derer, die vor und hinter der Kamera standen. Ohne Zweifel verdient das Resultat Anerkennung und Respekt. Trotz aller Emotionalität und holzschnittartigen Berichterstattung am 11. September sowie an den Folgetagen gibt es »keinen Anlass für eine pauschale Medienschelte« (Weischenberg 2002: 22).

Dennoch sollte jene Gratwanderung nicht verkannt oder weggelobt werden, die darin besteht, Aktualität gerade in solchen Extremsituationen zum Absolutum zu erheben und damit mehr Risiken einzugehen als Chancen zu nutzen. Neben dem Vermittlungsmodus der Live-Berichterstattung betrifft das auch die z.T. überhastete Suche nach Antworten, Erklärungen und Konsequenzen in den nachfolgenden Hintergrundberichten. Wie schnell operierten die Journalisten mit dem Begriff *Krieg*? Wie schnell war Bin Laden der Schuldige, ohne dass angemessen nachgefragt und recherchiert wurde?[2] »Der Konditional fiel klammheimlich unter den Tisch, per Indikativ wurden Nägel mit Köpfen gemacht« (Schuster 2001: 21). Wie schnell wurden simple Feindbild-Klischees erzeugt und auf gefährliche Art und Weise Komplexität reduziert, als man Szenen von jubelnden Palästinensern zeigte? Wie sehr war man angesichts des Bildermangels den Bin-Laden-Videos ausgeliefert? Wie schnell wurde jeder neue Bildschnipsel aus New York in die bestehenden Szenarien eingefügt ohne die Quelle wirklich gegenzuchecken? Der Eindruck lag nahe, dass so mancher Redakteur auf die Rolle eines Content-Managers reduziert war, der Bildbausteine bearbeitete und einmal zurechtgelegte Soundbites dazumontierte (vgl. Schuster 2001: 25). Wie schnell gab es eine Flut von verschwörungstheoretischen Spekulationen? Kai Hafez spricht diesbezüglich gar von einer »Phantasiekultur spekulativer Politologie«. Und »allzu

2 Nach Aussage von Kai Hafez war Bin Laden nicht der erste mutmaßliche Drahtzieher des Anschlags, sondern die Popular Front for the Liberation of Palestina (pflp), die radikale Fraktion der Palestine Liberation Organization (plo).

dünn« (Weischenberg 2002: 22) sei die Faktenlage für die ausschweifende Analyse zur Lage der Schläfer in der Bundesrepublik gewesen.

Lange vor dem 11. September 2001 zeichneten Medienkritiker die *Anatomie eines Medien-Gaus* (Titel *message* 1/2001) nach, der sich mit der Berichterstattung über den Fall ›Sebnitz‹ offenbarte. Dieser Fall barg so viele Ungeheuerlichkeiten, bediente zahlreiche Stereotypen (Neonazis, Mord an einem Kind, Kleinstadt im Osten), mit denen Quote und Auflage zu erwarten waren, dass die entstandene Hysterie der Presse das Motto ›Schuldig bei Verdacht‹ legitimierte und selbst gestandene Redakteure großer Qualitätszeitungen dazu verführte, die zeitintensive Recherche zu Gunsten der schnellen Schlagzeile zu vernachlässigen.[3] Und wer erinnert sich nicht an das Geiseldrama von Gladbeck, dass 1988 wegen des unverantwortlichen Distanzverlustes der Medien zum Ereignis und vor allem wegen der Live-Berichte zum journalistischen »Trauma« wurde (vgl. Weischenberg 2001a: 273).

Der gemeinsame Nenner all dieser Fälle besteht im Risiko, dass sich der Professionsstandard *Richtigkeit vor Schnelligkeit* in sein fatales Gegenteil umzukehren droht. Es geht also um ein Grundsatzproblem durch einen Aktualitäts-Hype, das nicht allein die Sonderform der Synchronizität von Ereignis und Berichterstattung betrifft.

Am 11. September zeigte sich jener Aktualitäts-Hype auch im Einsatz der Darstellungselemente: Viele Bildschirme waren visuell und damit von der Masse und der Geschwindigkeit der Informationsgebung her überfrachtet. Z.T. gab es verschiedenfarbige Laufbänder, auf denen in unterschiedlichen Geschwindigkeiten jeweils andere Wortmeldungen liefen,

---

3 Bereits im Juni 1997 ist der sechsjährige Joseph Kandelberg-Abdullah unter vermeintlich fragwürdigen Umständen in einem Freibad im ostsächsischen Sebnitz ertrunken. Drei Jahre später, am 23. November 2000 titelte die *Bild*-Zeitung: »Neonazis ertränken Kind«. Die Besucher des Freibads hätten dabei tatenlos zugesehen. Damit wurde eine Welle von Berichten in sämtlichen Tageszeitungen ausgelöst, die der schnellen Quote wegen zu sehr spekulierten und zu wenig recherchierten. Die Recherchebereitschaft und -qualität variierte nachweislich stark und selbst Redakteure der *Frankfurter Allgemeinen Zeitung*, des *Spiegel*, der *Süddeutsche Zeitung* und der *taz* gerieten unter den Verdacht, ihre Professionsstandards zu Gunsten der schnellen und Aufsehen erregenden Schlagzeile verraten zu haben (vgl. dazu *message* 1/2002: 10-23).

sowie variierend große Blickfenstern im Split-Screen-Verfahren, die alle verfügbaren Bilder möglichst parallel darboten.

Zu welchen Absurditäten dies führen kann, zeigt jener Vorfall in der ard-*Tagesschau*, die um 15:04 Uhr erstmals über das Geschehen in New York berichtete. Während der Sprecher noch von einem vermutlichen Absturz eines zweimotorigen Kleinflugzeuges in einen der Türme des World Trade Centers berichtete, sah man im Overshoulder-Live-Bild aus New York den Anflug der zweiten Maschine (vgl. Buttler 2003).

Auf das Risiko der Umkehrung von Richtigkeit vor Schnelligkeit durch die Gleichzeitigkeit von Ereignis und Berichterstattung hat der Journalist und frühere ndr-Moderator Hermann Schreiber bereits 1994 hingewiesen. Die »Zeugenschaft im Augenblick des Geschehens«, so Schreiber, führe dazu, dass der Informationsgehalt gegen null tendiere. Dabei müsse nicht eigens begründet werden, dass diese Entwicklung Konsequenzen für die Qualität der journalistischen Vermittlung habe, denn es liege nicht an der Inkompetenz der Reporter und Redakteure, sondern könne gar nicht anders sein. »Wer ein Ereignis beschreiben und bewerten muss, während es noch stattfindet«, so Schreiber, »der hat kaum eine faire Chance, dieses Ereignis in Zusammenhänge einzuordnen oder Hintergründe deutlich zu machen« (Schreiber 1994: 30). Vielmehr werde der Reporter oder Moderator Bekanntes wiederholen oder dem blanken Anschein das Feld überlassen. Die Reflexion gehöre jedenfalls nicht mehr zu seinen Aufgaben. Orientierung könne er nicht geben.

Wie unbeholfen, ratlos, gar wortkarg wirkten die ansonsten so routinierten Moderatoren, die im Angesicht der Bilder der einstürzenden Zwillingstürme selbst Zeit gebraucht hätten, um zu realisieren, was sie kommentieren mussten?

Für den stellvertretenden ard-Vorsitzenden und Intendanten des Südwestfunks, Peter Voß, geht Schnelligkeit oft nicht nur vor Wahrhaftigkeit, sondern auch vor Anstand und Menschlichkeit. Dies habe allerdings nicht allein mit den Eigengesetzlichkeiten des schnellen Mediums ›Fernsehen‹ zu tun, sondern sei Ausdruck eines oft brutalen Wettbewerbs. Medien, als System betrachtet, entpuppten sich dabei vor allem als Teil oder Subsystem des Wirtschaftssystems, in dem Wettbewerb nun mal »dominant« sei, »wenn auch unter ethischen Gesichtspunkten durchaus ambivalent« (Voss 2002: 29-30).

Durch die Orientierung an Quote und Schnelligkeit, so die Fotografin und Filmautorin Herlinde Kölbl, habe sich die Moral des Berufes verändert, habe man unter dem Druck der Profilierung zu Gunsten der schnellen Schlagzeile Professionsstandards »über Bord« (Kölbl 2002: 137-138) geworfen. Ähnliches wirft die ndr-Redakteurin Ilka Brecht dem Fernsehjournalismus vor und fordert auf der Folie ihres Vorwurfs »Schnelligkeit schlägt Seriosität« Verleger und Sender auf, insgesamt und dauerhaft mehr Geld und Zeit zu investieren, um sich Journalisten »mit langem Atem« zu leisten, die überprüfte Tatsachen und Hintergründe liefern, statt der Raserei der schnellen und mitunter fehlerhaften Oberflächlichkeit zu verfallen. Mit dem Aufruf »Wider die Kurzatmigkeit« müsse man sich, so Brecht, dagegen wehren, dass die »Nachhaltigkeit« (Brecht 2002: 136) im Journalismus verloren gehe.

Aktualitätsdruck und Qualität wieder auf ein Level bringen zu wollen bzw. zu können erfordert viel, nämlich nicht weniger als die unter den Prozessen der Technisierung, Beschleunigung, Globalisierung und Ökonomisierung veränderten Marktansprüche kritisch zu überdenken. Dies aber scheint eine noch größere Herausforderung als die, vor der alle Journalisten am 11. September ohnehin standen.

Die Fernsehberichterstattung am 11. September war kurzatmig, eine Besonnenheit im Angesicht der Krise, wie sie Siegfried Weischenberg am 15. September 2001 auf der internationalen djv-Tagung in Montepulciano forderte, war nicht oder kaum möglich (vgl. Weischenberg 2001: 8). Michel Friedmann bringt das Problem auf den Punkt: »Ich rede von der heißen Aktualität, nicht von der Zeit der Recherche. Gilt alles nicht! Und trotzdem ist das, nämlich die heiße Phase, oft die Regel dessen, was das Fernsehen inszeniert« (Friedmann 2001). Diese Inszenierung der »heißen Aktualität« zeigte sich u.a. in der bereits erwähnten visuellen Überfrachtung der Bildschirme, in der Permanenz der Berichterstattung, der z.T. überhasteten Auswahl der Experten sowie der Anrufung der Korrespondenten, die selbst nicht viel mehr wissen und sagen konnten, als der Redakteur im Studio. Durch den optischen Info-Overkill gelang es, den Eindruck von absoluter Information zu erwecken ohne wirklich Informationsmehrwert zu bieten. Einen ähnlichen Eindruck konnte man erst jüngst bei der Fernsehberichterstattung über den tragischen Absturz der Raumfähre *Columbia* gewinnen.

Auch Talk-Formate versuchten, diese Aktualität zu inszenieren. Als ein thematisch anderes Beispiel mag hier die in der Presse zum Teil scharf kritisierte Verlegung der *Kerner*-Show »ins abendliche, noch unter Schock stehende Erfurt dienen. Dabei bot vor allem die Teilnahme eines elfjährigen Schülers und seine Befragung als Augenzeuge vor laufender Kamera die Szene des Anstoßes« (Voss 2002: 31).

Eine Befragung von redaktionell Verantwortlichen aller großen deutschen Fernsehnachrichtenredaktionen (vgl. Anm. 1) hat ergeben, dass die

Gefahr von Schnelligkeit vor Richtigkeit seit dem 11. September verstärkt wahrgenommen wird. In allen Redaktionen wurde und wird darüber heftig diskutiert. Dass diese Diskussion seit dem 11. September an Brisanz gewonnen hat, leuchtet ein, standen doch die Verantwortlichen in den Redaktionen dank der schnellen und globalen Medienmaschinerie weltweit vor der Entscheidung, ob und wann sie welche Bilder wie schnell, wenn nicht sogar live ins Programm nehmen sollten. Richtig ist sicher, dass in solchen Situationen mitunter ein einzelner Redakteur in Sekunden entscheiden muss, ob er die Bilder live auf den Sender gibt. Es sind somit keine Situationen, in denen zuvor eine Redaktionskonferenz einberufen werden kann.

Richtig ist aber ebenso, dass es Alternativen gäbe, nämlich die Option, Bilder live ins Programm zu schalten, kategorisch abzulehnen und alle Bilder vorab zu sichten. Dadurch wären Zeitfenster für Entscheidungen zu erhalten, ob es z.B. verantwortbar ist, gewisse Bilder ins Programm zu heben (vgl. Neverla 2003). Nur durch eine vorausgehende Sichtung der Bilder ist es möglich, der Sorgfaltspflicht gegenüber dem Zuschauer sowie der Verpflichtung zum Schutze der Opfer, Täter und der Menschenwürde nachzukommen. Nur mit diesem retardierenden Moment bleibt eine Selektionsoption bestehen um zu erfüllen, was man sich auf die journalistische Ethik-Fahne geschrieben hat.

Wie schwer es ist, die Grenze der Zumutbarkeit beim Umgang mit Bildern einzuhalten und das Dokumentarische nicht zum bloßen Augenkitzel werden zu lassen – und wie wichtig in diesem Zusammenhang die Vorabsichtung der Bilder ist –, schildert ein ard-Redakteur sehr eindringlich gerade am Beispiel der Bilder des 11. September. Es habe Bildsequenzen gegeben, in denen »scharenweise« Menschen aus den Türmen in den Freitod sprangen. Der Ton sei »sauber«, d.h., die Schreie dieser Menschen seien gut zu hören gewesen. Statt vieler habe man aber ganz bewusst nur Szenen von einzelnen in den Tod springenden Menschen gezeigt und dabei den Ton »runter gezogen, um es dezent zu machen« (vgl. Anm.1).

Das Problem der Vorabsichtung aller Bilder verschärft sich durch die Frage, nach welchen Maßstäben entschieden wird, ab wann etwas gezeigt wird und ab wann nicht? Ein Vorab-Sichten der Bilder kostet darüber hinaus Zeit, Personal und Geld, was dem Redaktionsmanagement vieler Institutionen wiederum Probleme bereitet.

Und außerdem: Täglich finden tausendfach Dinge statt, die live übertragen werden. Ein 24-Stunden-Nachrichtensender wie phoenix sendet permanent live von sämtlichen Pressekonferenzen aus Politik und Wirtschaft. Das Attentat auf Oscar Lafontaine ist ein typisches Übertragungsmoment, das nicht zu vermeiden ist. Wenn sich bei großen, live übertragenen Medienereignissen wie einer Fußball-Weltmeisterschaft oder den Olympischen Spielen ein Zuschauer in die Luft sprengen und dadurch ein Massaker verursachen würde, würden wohl die meisten Redakteure auf Sendung bleiben statt das Programm zu unterbrechen.

Reaktiver Simultan-Journalismus

Neben der Umkehrung des Professionsstandards Richtigkeit vor Schnelligkeit ist der Echtzeitjournalismus – wie er am 11. September praktiziert wurde – noch durch weitere Charakteristika gekennzeichnet, die ebenfalls auf ganz grundsätzliche Phänomene verweisen, die sich in solchen Extremsituationen besonders deutlich zeigen. Extrem war nicht nur die Tat mit ihrem immensen Symbolgehalt, extrem war auch das Funktionieren der globalen Medienmaschinerie und die Medienwirkung bei den Rezipienten. Und hätte man von den Nachrichtenproduzenten tatsächlich eine innere Distanz einfordern können? Im Schrecklichen verschmolzen Abscheu und Faszination zu einem Emotionen-Hybrid, dem sich niemand zu entziehen vermochte.

Die aus dieser Extremsituation resultierende extreme Form des Journalismus soll hier als *reaktiver Simultan-Journalismus* bezeichnet werden.

Simultaneität subsumiert dabei einerseits den Echtzeit-Aspekt mit der Gefahr der Umkehrung von Richtigkeit vor Schnelligkeit, meint hier aber zugleich, dass mehrere Sender (im Falle des *11. September* fast alle) das Gleiche taten: Viele unterbrachen das reguläre Programm und nutzten dabei für eine kurze Zeit die gleichen oder sehr ähnliche Bilder. Auch in dem Ausmaß war Simultaneität im Sinne einer funktionalen und formal-inhaltlichen Konvergenz bisher kaum bekannt. Diese Konvergenz deckte dabei z.T. die wirtschaftliche Ausrichtung von Medienunternehmen auf: das n24 Logo fand sich sowohl in den sat.1-Nachrichten, wie in den kabel-1- und prosieben-Nachrichten. Darüber hinaus spiegelt sich darin die Abhängigkeit vieler Redaktionen von den wenigen internationalen Bildagenturen wieder, was zugleich die Interdependenz von Globalisierungs- und Ökonomisierungstrends offen legt.

Bedeutsamer – wenn auch in einem interdependenten Verhältnis zur Simultaneität – ist das Adjektiv reaktiv als Gegenbegriff zu aktiv. Bei der Live-Übertragung eines Fußballspiels als Medienereignis ist der Moderator auf *jeden* Fall – und dies ist in einem doppelten Sinne zu verstehen – vorbereitet. Seine Sachkompetenz zum Thema ›Fußball‹ bietet ihm zum einen die Grundlage dafür, jedes Geschehen auf und am Rande des Spielfeldes zu kommentieren. Er kennt die Spieler, den Verein insgesamt, kann Kontexte und Vergleiche mit ähnlichen Situationen anstellen und so wieter. Ein Foul variiert nur als solches, ebenso ein Freistoß oder die Spiel-Taktik. Die Regeln des Spiels werden nicht ausgehebelt, nichts wirklich Unverhofftes geschieht. Der Moderator kann in diesem Sinne gesicherte Zusammenhänge aktiv herstellen, Orientierung, Interpretation und Kommentierung liefern.

Beim *11. September* war das anders. Regeln, oder besser, ein dem Moderator vertrautes kognitives Gerüst im Sinne des doppelt Vorbereitet-Seins gab es nicht, konnte es nicht geben. Wer ein Ereignis beschreiben und bewerten muss, während es stattfindet und es nur Unverhofftes und nur Unglaubliches gibt, hat in diesem Augenblick nur die Chance, reaktiv und spontan zu handeln. Damit das bloße Reagieren statt Agieren nicht zu sehr die eigene Hilflosigkeit der Journalisten offenbarte bzw. der falsche Eindruck von journalistischer Inkompetenz aufkam, kam es auf die Erfahrung und das Wissen um die Vorgeschichte der Krise, den Kontext und um den Ort des Geschehens derer an, die z.T. für Stunden vor die Kamera traten. Martin Warnke spricht diesbezüglich vom »Kommentarrahmen«, den sich die Moderatoren aufzubauen bemühten. Peter Kloeppel beispielsweise konnte sich diesen Kommentarrahmen vor allem deshalb schaffen, weil er selbst lange Zeit in New York tätig war und das wtc gut kannte. Der Kommentarrahmen ist also durch ein *Vor(aus)wissen* geprägt. Gerade die vielen Experten konnten zahlreiche und unterschiedliche Rahmenbestandteile durch ihre Sachkompetenz liefern. Das augenfällig große Aufgebot an Experten oder Expertendarstellern deutete an, wie hilfreich ein solcher Kommentarrahmen im Umgang mit den Bildern der Katastrophe ist. In solchen Situationen rasch Experten hinzuzuziehen oder Korrespondenten anzurufen, die einen Glaubwürdigkeitsvorsprung gegenüber der vorhandenen oder vermutbaren Sachkompetenz der Moderatoren haben, ist eine Möglichkeit, sich diesen Kommentarrahmen mittels der dialogischen Gesprächsstruktur aufzubauen. Nicht viele Reporter oder Moderatoren können von sich behaupten, Terrorismusexperten oder Islamwissenschaftler zu sein. Die Sach- bzw. Ressortkompetenz ›Terror‹ ist so gut wie nicht vorhanden. Eine andere Möglichkeit läge deshalb darin, dass Journalisten sich selbst ein sachliches Vorwissen aneignen, ohne damit zu fachspezifischen Experten zu werden. Diese Überlegungen hat Irene Neverla mit ihrer Forderung nach einer »Ressortkompetenz ›Krisenjournalismus‹« (vgl. Neverla 2003) verbunden, die für die journalistische Ausbildung zu konzeptionalisieren und zu etablieren wäre.

Ob eine solche Ressortkompetenz in der entsprechenden Situation der aktuellen Berichterstattung wirklich nützlich ist, müsste getestet werden. Denn eines gilt es auch hierbei zu unterscheiden: Das Wissen um den Ort des Anschlages, das Peter Kloeppel hatte, ist etwas anderes als ein sachliches Vorwissen über internationalen Terrorismus. Zumindest wird es jenen fatalen Eindruck verhindern helfen, der am 11. September z.T. dadurch entstanden ist, dass Fragen und Antworten zur Vorgeschichte der Krise ausgeblieben sind. »Es entstand der Eindruck eines historisch isolierten Ereignisses ohne Genese.« (Schuster 2001: 24) Die Ressortkompetenz Terror bietet die Chance zur Wahrung des Informationsvorsprungs vor den Zuschauern auch und gerade in solchen Extremsituationen.

Auswahlkriterien bei der Bildselektion

Ein weiteres Problem, vor dem die Fernsehredaktionen in ihrer täglichen Arbeit stehen, ist neben der Geschwindigkeit, mit der die Bilder die Redaktionen erreichen, die Bilder*flut* und der Bilder*mangel*. Mit beiden Phänomenen hatten die Redaktionen am 11. September zu tun.

Zunächst soll es jedoch um die Kriterien gehen, die ganz grundsätzlich Selektionsentscheidungen im Umgang mit Realbildern bestimmen. Selektionsprogramme sind vor allem durch die Auffassung darüber bestimmt, welche Funktionen man der Visualisierung zuschreibt. Hans-Bernd Brosius (1998: 213-224) zählt folgende Funktionen zu den wichtigsten: a) Durch den dokumentarischen Charakter der Nachrichtenbilder wird die Illusion des Dabei-Seins erzeugt (*Authentizität*); b) Live-Bilder vermitteln nicht nur den Eindruck höchster *Aktualität*, sondern maximieren zugleich den Authentizitäts-Nimbus; c) Bilder erzeugen (meistens) emotionales Involvement, dass der Weckung von Interesse dient; d) Bilder können, konsistent verwendet, als Symbol beziehungsweise Hinweisreiz für ein Thema oder für dessen Bewertung stehen. Miriam Meckel betont neben der Informationsfunktion der Bilder – welche die Informationsdominanz des Wortes mittlerweile stark relativiere – insbesondere deren Emotionalisierungs- und Erlebnisfunktion. Meckel diagnostiziert vor diesem Hintergrund zugleich einen Wandel der zentralen Eigenschaften der Bilder. Längst gehe es nicht mehr nur darum, etwas überhaupt zu bebildern, sondern dies kreativ, innovativ und mit dem anderen Blick zu tun. Darüber hinaus sei jede Redaktion darum bemüht, andere Bilder als die Konkurrenz zu zeigen (vgl. Meckel 1999: 355-358). Originalität und Exklusivität scheinen den Maßstab der Visualisierungskompetenz von Redaktionen maßgeblich zu bestimmen. Die *Generierung der knappen Ressource ›Aufmerksamkeit‹* ist unter den veränderten Marktansprüchen und –bedingungen der zentrale Faktor der Medienökonomie und somit primäres Ziel der redaktionellen Selektionsentsprogramme. Das angestrebte Wechselspiel zwischen Kognition und Affekt kann dabei schnell dazu führen, ästhetische Aspekte mehr zu gewichten als inhaltliche. Die Dominanz ökonomischer Strategien ist dabei unverkennbar, längst ist der Zuschauererfolg legitimes Ziel und speziell auf dem kommerziellen Fernsehmarkt das primäre Qualitätskriterium neben der Minimierung der Kosten und der Optimierung der programmbezogenen Verwertungsketten (vgl. Bleicher 2002, Franck 1998, Hommel 1998). Die Anforderungen des deutschen Rundfunkprogrammrechts, insbesondere die aus der öffentlichen Aufgabe der Medien abgeleiteten Qualitätskriterien, werden von der Systemrationalität des privaten Sektors in Frage gestellt. Die Institutionalisierung einer auf praktische Konsequenzen angelegten Qualitätsdiskussion im Fernsehsektor, in der systemimmanente und externe Qualitätskriterien nicht gegeneinander ausgespielt, sondern offen begründet, aufeinander bezogen und in ihrem Spannungsverhältnis reflektiert werden, hat unlängst begonnen. Hans-Jürgen Weiß kommt in dem von der Arbeitsgemeinschaft der Landesmedienanstalten (alm) in Auftrag gegebenen »Programmbericht zur Lage und Entwicklung des Fernsehens 2000/01« zu dem Ergebnis, dass sich der Trend zur *Hybridisierung*[4] auf inhaltlich-formaler Ebene (Infotainisierung) in allen deutschen Fernsehvollprogrammen, d.h. auch im Feld der fernsehpublizistischen Sendungsformate, zu denen auch die Nachrichtenformate zählen, fortsetzt. Der Versuch einer definitorischen Bereinigung der fernsehpublizistischen Angebote in reine Information und reine Unterhaltung, so Hans-

4 Hybridisierung lässt sich – bezogen auf das Feld der audiovisuellen Berichterstattung – als Prozess beschreiben, der den Journalismus (re-)konturiert. Sie ist das Produkt verschmelzender bzw. nicht mehr trennscharfer Dichotomien und Unterscheidungen (vgl. Schneider 1997), die sich vor allem auf formal-inhaltlicher Ebene der Darstellungsformen zeigt, insbesondere als unterhaltsame Aufbereitung von Nachrichten (Vermischung von Information und Unterhaltung). Der Modus der Vermittlung ist dabei zunehmend durch den Einsatz vielfältiger visueller Gestaltungselemente geprägt, um Aufmerksamkeit durch Emotionalisierung, Dynamisierung und Narrativierung zu generieren. Neben der Infotainisierung findet sich eine zweite Grundausprägung der Hybridisierung: Durch Computeranimationen werden Ereignisse rekonstruiert, so dass die Grenze zwischen der Fremdreferenz (Ereignis) und der Selbstreferenz (Darstellung) verschwindet.

Jürgen Weiß, sei zunehmend undienlich, denn die bewusste Verbindung von Informations- und Unterhaltungskomponenten sei das zentrale Gestaltungsprinzip dieser Angebote (vgl. Weiss 2002).

Dies bedeutet, dass die Hybridisierung auf Ebene der *Medienaussagen* als Resultat veränderter journalistischer Entscheidungsprogramme zu interpretieren ist, mit denen man sich den Herausforderungen des neuen Marktanspruchs zu stellen versucht. Gründe und Voraussetzungen für sowie Konsequenzen der Hybridisierung müssten sich demnach auch auf anderen Systemebenen des Journalismus finden lassen: Auf der Ebene des Mediensystems sind Unterschiede hinsichtlich der Graduierung und Ausprägungen zu vermuten, in denen das öffentlich-rechtliche und das privat-kommerzielle Fernsehen Hybridisierungsprozesse zulässt, mitträgt oder sogar forciert. Auf der Ebene der Medieninstitutionen ist zu fragen, ob und wie die jeweilige redaktionelle Organisation und die Selektions- und Entscheidungsprogramme auf Veränderungen reagieren. Auf der Ebene der Medienakteure ist schließlich die konkrete Umsetzung dieser modifizierten Programme und neuer Arbeitsanforderungen im Umgang mit Bildern relevant, denn gerade auf dieser Ebene wird sich letztlich entscheiden, ob Professionsstandards vernachlässigt oder verletzt werden.

Was wissen wir konkret aus empirischen Studien über die Selektionsprogramme in Fernsehnachrichtenredaktionen? Die im Rahmen des dfg-Projektes »Konturen aktueller Medienkommunikation« befragten 12 redaktionell Verantwortlichen aller großen deutschen Fernsehnachrichtenredaktionen – deren Aussagen zu den Auswahlkriterien im Umgang mit Nachrichtenbildern hier zusammengefasst werden[5] – identifizieren bereits im vorredaktionellen Raum jene ökonomischen Interessen und stellen gerade bei den kleineren und freien Nachrichtenbildagenturen eine Kommerzialisierung der Bildangebote fest. Um die Attraktivität der Bilder-Ware zu erhöhen, so ein CvD der *Tagesschau*, sei die Beobachtung nicht mehr ereignisgesteuert, sondern steuere selbst visuelle Kommentare bei. Der Programm- und Bildaustausch über die European Broadcasting Union (ebu) fungiere diesbezüglich als zusätzlicher Selektionsfilter, um gutes von schlechtem Bildmaterial zu trennen. Das von den renommierten Agenturen gelieferte Bildmaterial und ca. 95 Prozent des ebu-Materials sei

5 Vgl. Anm. 1.

jedoch von einem starken Nachrichtengehalt geprägt, nur selten würden dramatisch-emotionalisierende Bilder geliefert.

Die tägliche Gratwanderung besteht nach Aussage der befragten Experten darin, das schnellste Bild zu finden, das die Nachricht am besten transportiert, am wenigsten Schockeffekt hat und den Zuschauer möglichst nicht vom gesprochenen Text ablenkt, so dass in komplementärem Zusammenwirken von Text und Bild der optimale Nachrichtengehalt rezipiert werden kann. Dass dies nicht mehr als ein Ideal sei, dürfe nicht dessen hehren journalistischen Anspruch verdecken. Der Schock und die Faszination des erhabenen Schreckens verkauften sich hingegen gut. Dies unterstreichen z.B. auch die Bilder des Terroranschlags von Bali und des Tschetschenien-Krieges als Hintergrund der Geiselnahme in Moskau.

Einigkeit besteht bei den Befragten in der Beschreibung der Sequenzen, die sie nicht auswählen würden: In Bezug auf die Darstellung von Gewalt und Tod (Krieg, Morde, Staatsterror, Folter) und schwerer Unglücke und Katastrophen würden grundsätzlich keine Details der Opfer und Täter gezeigt. Konkret wurden Szenen von verstümmelten oder verbrannten Leichen, abgetrennten menschlichen Gliedmaßen, der Akt einer Hinrichtung, eines Massakers oder einer Selbsttötung immer wieder als (durchaus vorhandenes, aber) nicht verwendbares Bildmaterial genannt.

Bei der Definition der Ausschlusskriterien von Bildmaterial, so die befragten Experten, sei man dem Opfer- und Täterschutz sowie dem Schutz der Menschenwürde verpflichtet. Keiner der Experten hat jedoch explizit auf den Pressekodex verwiesen.[6] Einig waren sie sich zugleich darin, keine unnötige Sensationshascherei durch Schockbilder anzustreben. Dass eine Kriegs- und Katastrophenberichterstattung nicht ohne die Darstellung von Gewalt und Leid auskomme, stehe dazu nicht im Widerspruch. Übertriebene Zurückhaltung sei diesbezüglich ebenso undienlich, da man durch das Weglassen entsprechender Bilder in einem umgekehrten Sinne manipulieren bzw. desinformieren würde.[7]

---

6 Unter Ziffer 1 des Pressekodex wird u.a. die Wahrung der Menschenwürde gefordert; unter Ziffer 11 wird für den Verzicht auf eine unangemessene, sensationelle Darstellung von Gewalt und Brutalität appelliert (vgl. Deutscher Presserat o.J.).

7 Behelfen könne man sich mit Sequenzen, die Gewalt oder Schockeffekte nicht direkt abbilden, sondern indirekt Assoziationen hervorrufen. Beim Zugunglück von Ägypten reiche es z.B. aus, im Detail einen verkohlten Sitz zu zeigen, auf

Trotz aller ethisch-moralischen Überlegungen und einem natürlichen Schambedürfnis dürfe man jedoch nicht verkennen, dass immer versucht werden würde, ein Stück weiter zu gehen. Zu bedenken sei dabei die Abnutzung der Wirkung extremer Bilder bei den Redakteuren. Wenn zu Beginn des Tages und bei erster Ansicht des Materials noch ein ausgeprägter Reflex gegen zu extreme Bilder wirksam sei, verringere sich dieser allein schon im Laufe einzelner Tagesschichten. Eine ständige und funktionierende Selbstkontrolle in der Redaktion sei notwendig, damit jener Immunisierungseffekt die zu tragende Verantwortung und berufsethische Ansprüche nicht unterlaufe.

Die Beobachtung der Konkurrenzsender entscheide in manchen Fällen mit darüber, ob man bestimmte Grenzbilder sende oder nicht. Dabei werden die Selektionsentscheidungen in solchen extremen Fällen in keiner der Redaktionen von einem Redakteur allein gefällt, sondern in Absprache mit anderen Redaktionsmitgliedern. Abnahmemechanismen über mehr als eine Person seien die Regel und würden vorbeugend wirken.

In der Zusammenschau aller Aussagen rechnen die befragten Experten diejenigen Bilder zu guten Bildern,

- die *aussagekräftig* sind: Das seien eindeutige Bilder, die eine klare Botschaft *ohne Text* und *Erklärung* vermitteln können.
- in denen der Ereignis*verlauf* und nicht nur das Resultat zu sehen ist. In bestimmten Fällen führe dies aber dazu, dass Bilder nicht gezeigt werden, denn nicht immer sei der Ereignisverlauf dem Zuschauer zumutbar. Als Beispiele wurden die Zug-Katastrophen von Eschede und in Ägypten (bei dem über 200 Menschen in den Wagons verbrannten) genannt. Die in den Tod springenden Menschen und die einstürzenden Türme des wtc waren für viele der befragten Redakteure hart an der Grenze des Zumutbaren.
- die einen überdurchschnittlichen *emotionalen Gehalt* haben: Zwar könne es keine festen Maßstäbe dafür geben, wie man diesen emotionalen Gehalt messen bzw. garantieren könne, da jeder einzelne Rezipient Bilder in einer je unterschiedlich vorgeprägten Gefühlssituation anders wahrnehme. Mittels der Thematisierungsstrategie Personalisierung könnten Geschichten aber grundsätzlich emotionalisierender erzählt

---

dem eines der Opfer gesessen haben könnte. Ein weiteres klassisches Beispiel sei die blutverschmierte Glasscherbe am Ort einer Gewalttat (vgl. Anm.1).

werden.[8] Aussagekräftigkeit und Emotionalität seien zugleich nicht mit Spektakularität und Voyeurismus zu verwechseln.

- die *exklusiv* sind: Unter Umständen könnten auch die sogenannten Standard-Nachrichtenbilder, wie Hand-Shakes zwischen Politikern oder vorfahrende Limousinen, gute Bilder sein. Dies sei von dem Umstand abhängig, ob man z.B. von einem unerwarteten, unangekündigten Politiker-Treffen überhaupt Material bekomme. Wenn es exklusive Bilder sind, dürften technische Qualität und u.U. der Informationsgehalt inakzeptabel und mangelhaft sein. Exklusivität schlage in einem solchen Falle alle sonstigen Qualitätskriterien.
- die *einzigartig* sind: Der Unterschied zwischen der Exklusivität und der Einzigartigkeit der Bilder ist deshalb wichtig, weil Letztere als wichtigeres Kriterium für ein gutes Bild angesehen wird. Die Bilder der Terroranschläge am 11. September 2001 in New York sind einzigartig, unabhängig davon, ob und wie viele Sender ähnliche oder exklusive Bilder gesendet haben.[9]
- die über *filmtechnische Gestaltungselemente* (Kameraperspektive, Brennweite, Bewegung vor der Kamera etc.) das Ereignis gut covern: Wenn man beispielsweise über die islamische Pilgerfahrt Hadsch be-

8 Knut Hickethier verweist in Bezug auf die Wirkung der Inszenierung von Nachrichten auf die unterschiedlichen Milieus, Lebensgewohnheiten und kulturellen Praxen, die den Umgang und die Interpretation des audiovisuell Erzählten ganz unterschiedlich ausfallen lassen (vgl. Hickethier 1998: 190). Shanto Iyengar unterscheidet zwischen *thematischem* und *episodischem* Stil. Ersterer zeichne sich durch abstrakte Darstellungen, Grafiken und Statistiken aus. Im episodischen Stil wird die Information anhand eines konkreten, meist an Personen gebundenen Beispiels vermittelt (Iyengar 1991). Die befragten Redakteure verweisen aber auf die oft angewandte Mischung beider Stile innerhalb eines Beitrags. In der Personalisierung findet sich ein entscheidendes Element der Narrativierung von Nachrichten: »Personalisierte Ereignisse lassen sich zudem auch besser erzählen, sind leichter zu visualisieren. Indem die Sachverhalte zu Themen innerhalb einer interpersonellen Auseinandersetzung werden, lassen sich Figurenkonstellationen als dramatische Ausgangssituation und mit entsprechenden dramaturgischen Grundmustern entwerfen.« (Hickethier 1998: 190).

9 Einzigartigkeit bezieht sich auf das Ereignis selbst, von dem feststeht (oder anzunehmen ist), dass es sich nicht so oder in ähnlicher Form wiederholen kann. Sind z.B. Ablaufstrukturen oder Handlungsstrategien gleich, wie etwa beim Golf- und beim Afghanistankrieg, ähneln sich die Bilder.

richtet, ist die Masse an Menschen in der Totalen ein besseres Bild als die Nahaufnahme eines einzelnen Pilgers.

- die *Nähe* herstellen: Die Dichte zum Geschehen sei dabei nicht zwingend mit einer Nahaufnahme (räumliche Nähe) gleichzusetzen. Die Nähe zum Geschehen bzw. zu einer Person könne zu einer Gratwanderung zwischen Zumutbarkeit und Unzumutbarkeit werden, wenn die Kamera z.B. trauernde Angehörige – wie nach dem Amoklauf Steinhäusers in Erfurt – begleite. Die Bilder der Brüder Naudet vom ersten Einschlag ins wtc hätten aus der Straßenschlucht-Perspektive und dem akustischen »Oh Shit!« eine größere Nähe zum Geschehen vermittelt. Den zuerst vorhandenen Totalen auf die beiden Türme des wtc fehlte, so Peter Kloeppel, »diese persönliche Perspektive«. Die Bilder von den aus den Fenstern springenden Menschen oder das der sogenannten *Dustlady*[10] hätten räumliche wie emotionale Nähe hergestellt, seien aber gerade dadurch an die Grenze der Zumutbarkeit geraten. Tatsächlich gab es nicht viele Bilder der Opfer des 11. September.[11]
- die *schnell* sind: Statt der Originalität und Exklusivität halten drei der zwölf Befragten die Schnelligkeit für wichtiger. Schnelligkeit als technisch-formaler Aspekt sei ein Nachrichtenwert an sich geworden.
- die *technisch* gut gemacht sind: Stehen mehrere Bilder (d.h. nicht nur wenige exklusive) zu einem Ereignis zur Auswahl, seien technische Merkmale wie Farbqualität, Tiefenschärfe, gute Schnitte etc. Auswahlkriterien für ein gutes Bild.

In Bezug auf die Kriterien bei der Bildauswahl gibt es alles in allem einen hohen Grad an Konsens zwischen öffentlich-rechtlichen und privaten Anbietern. Ein Grund dafür mag darin liegen, dass allgemein verbindliche journalistische Professionsstandards (Professionsethik) beachtet werden. Diametral entgegen bzw. komplementär dazu können die Individualethik bzw. die Erfahrungs- und Ermessensspielräume einzelner Akteure (Rollen-

---

10 Pressefoto einer Frau, die völlig von gelblich schimmerndem Staub bedeckt aus dem Inferno der kollabierenden Türme entkommen konnte.

11 Wie sehr gerade ein Bildermangel ein Problem für die Redaktionen war und noch immer ist, zeigte und zeigt sich insbesondere an der Berichterstattung über Bin Laden. So wurde der arabische Sender al-dschasira, der mit seinem Versuch einer weitestgehend tabufreien und kritischen Berichterstattung im Nahen Osten für Furore sorgte, zur vielfach genutzten Bilderquelle, ungeachtet der lückenhaften Informationslage und zumindest fraglichen Glaubwürdigkeit dieses Senders.

kontext) liegen. Wiederum quer dazu können Aspekte der Institutionenethik stehen. Widersprüche sind dabei die Basis von Diskussionen, wie sie auch während und nach der Berichterstattung am 11. September geführt wurden.

Bei der Selektion der Bilder, so die Experten weiter, stünden die Redaktionsmitglieder darüber hinaus zunehmend vor einem neuen Problem: Durch die Digitalisierung der Bildproduktion, -verarbeitung und –distribution seien Bildmanipulationen möglich. Zum einen könnten die in die Redaktion gelieferten Bilder bereits digital bearbeitet worden sein, zum anderen könnten die Redakteure dies selbst tun. Besonders im zweiten Falle hoffen die befragten Experten auf die ungeschriebenen Gesetze der Zunft, vertrauen auf einen journalistischen Ehrenkodex. Mögliche Versuchungen zur digitalen Veränderung der Bilder würden meist durch den enormen Zeitdruck bereits im Keim erstickt. Zumindest gelte dies für Redaktionen, die nahezu stündlich neue Nachrichtensendungen fertig stellen müssen. Einigkeit in Bezug auf die Ablehnung solcher Optionen ist allerdings nur dann gegeben, wenn es um die Veränderung des Inhaltes einer Nachricht geht (z.B. elektronisches Ausstanzen oder Einfügen von Personen oder Gegenständen), nicht aber, wenn es um die Sendefähigkeit der Bilder geht. Geringfügige Retuschen bei filmtechnischen Fehlern wie extremen Überblendungen, Flimmern oder mangelnden Kontrasten werden durchaus eingestanden. Dies geschehe zum Zwecke einer Qualitätsaufbesserung und habe nichts mit einer inhaltlichen Verfälschung zu tun. Legitim seien auch Bildausschnittsvergrößerungen oder die Bildcollage.

Für den Fall, dass die Bilder bereits manipuliert sind, sei eine Überprüfung und Absicherung zwar immer wichtiger, sei aber ohne technische Hilfsmittel kaum möglich. Dazu bedürfe es von Seiten der Hard- und Softwarehersteller, die einerseits die Werkzeuge zur Manipulation lieferten, parallel der Bereitstellung einer Kontroll-Technik, denn der bloße Augenschein reiche dabei längst nicht mehr aus. Was für den Umgang mit Wortagenturmeldungen gelte, müsse eigentlich auch für das Bild gelten: Es müsste durch eine Vergleichsquelle überprüft werden.

In der Praxis würde diese Forderung jedoch angesichts des Aktualitätsdrucks zu Absurditäten folgender Art führen: Angenommen, man hätte in einer der Redaktionen vermutet, dass die brennenden wtc-Türme digitale Fakes gewesen wären. Um diese Bildquelle gegenzuchecken hätte man daraufhin z.B. versuchen müssen, den Korrespondenten in New York zu erreichen, der durch seine Augenzeugenschaft den Beweis für die Echtheit oder Unechtheit hätte erbringen müssen. Das hätte unter Umständen viel Zeit kosten können und würde – bei sich herausstellender Echtheit der Bilder – die entsprechende Redaktion für ihre Skepsis mit einem zeitlichen Zuspätkommen gegenüber den Konkurrenzsendern abstrafen. Wirksam wäre hier in der Tat nur eine neue Technik, die digitale Veränderungen unverzüglich anzeigt.

Sollten nicht alle Ursachen eines Ereignisses oder alle Informationen zu einer Quelle bekannt sein – und man geht mit den Bildern dennoch (live) auf Sendung –, so sei es die Pflicht des Moderators, dass er solche Unsicherheiten benennt. Für den Zuschauer müsse ersichtlich sein: Dies ist eine unbestätigte Meldung. Oder: Die Quellenlage ist schwierig. Die Vermittlung von Transparenz sei in einer solchen Lage durchaus ein Qualitätskriterium. Dazu muss angemerkt werden, dass dieses Vorgehen als Mindestanforderung aber zugleich jenes Wagnis kompensiert, das zuvor durch die Missachtung eines anderen Qualitätsmerkmals, nämlich Richtigkeit vor Schnelligkeit, eingegangen wurde.

Abgesehen von den Gefahren der Bildmanipulation verändert die Digitalisierung nach Ansicht der Experten den Arbeitsprozess insofern, als jeder einzelne Redakteur zunehmend die Aufgaben der gesamten Beitragsproduktion (Bildselektion, -bearbeitung und Schnitt, Grafikerstellung bei Standarddarstellungen) von technischer Seite her mit übernehmen könne und zukünftig wohl auch müsse. Der Trend zur Generalisierung belaste den Redakteur zunehmend mit technischem Know-how, was wiederum auf (Zeit-)Kosten der inhaltlichen Arbeit gehe. Soweit zu den Aussagen der Experten.

Inflationierung und Entwertung der Bilder

Neben diesen (grundsätzlichen) Selektionskriterien soll es abschließend um die bereits angesprochene Masse und den Mangel an Bildern gehen, mit denen die Redaktionen umgehen müssen. Angesichts der immer weiter wachsenden Bilderflut gibt es keine Möglichkeit mehr, a) das Material vernünftig zu sichten, und b) die Bilder einzuordnen und zu überprüfen. Wichtiges von Unwichtigem zu trennen und Selektionsentscheidungen überlegt zu treffen wird einerseits immer wichtiger, wird andererseits durch die beschleunigte Bildermasse immer schwieriger. Nach wenigen Stunden explodierte auch die Masse an Bildern über die Ereignisse in New York. Die Menge an Bildern war aber erst in einer zweiten Phase zu einem Problem für die Journalisten geworden. In einer ersten Phase bestand ein anderes: der Bildermangel. Wie bereits gesagt, sind Selektionsprogramme im Zuge der verschärften Marktbedingungen zunehmend dadurch bestimmt, dass Bilder schnell, möglichst exklusiv und originell sein müssen (vgl. Meckel 1999). Insbesondere die Auslandsberichterstattung betreffend zeigt sich jedoch verstärkt die Abhängigkeit vieler Redaktionen vom Rohbildmaterial der wenigen großen internationalen Nachrichtenagenturen (Meckel 1998: 257ff.). Aus einem Pool-System müssen sich viele Redaktionen gleicher oder ähnlicher Bildern bedienen. So gesehen ist man nur wenig unterscheidbar.

Die Abgrenzung von der Konkurrenz wird angesichts eines Bildermangels bzw. der Homogenität der Realbilder, die eine Vielzahl der Redaktionen verwenden, durch den Einsatz anderer visueller Darstellungsmittel sichergestellt. (Aufwendige) Grafiken und Animationen, Laufbänder, Themenlogos, Inserts, Studio-Dekorationen inklusive virtueller Elemente und Split-Screen-Verfahren werden als Kompensatoren instrumentalisiert, die eine Exklusivität der Berichterstattung (zumindest optisch) garantieren sollen. Im Vorteil ist jene Redaktion, die schnell einen eigenen Korrespondenten vor Ort hat. Die ard besitzt mit 31 Auslandsreportern eines der weltweit größten Korrespondenten-Netzwerke.

Am 11. September waren viele Sender zunächst auf die wenigen gleichen oder ähnlichen Bilder von cnn angewiesen, wodurch es auf allen Sendern an einem bestimmten Punkt zur Wiederholung des Immergleichen kommen musste. Die Taktung der Wiederholung erhöhte sich zudem dadurch, dass ein solches Ereignis das jeweilige Programm jedes einzelnen Senders in der Art unterbrach, dass eine Sondersendung nach der anderen ins Programm gehoben wurde und sich die Dauer der üblichen Formate um ein Vielfaches erhöhte. Permanenz in der Informationsgebung wurde zum Maßstab des Funktionierens der jeweiligen Redaktionen. Massiv verwertet, wurde die Kraft dieser Bilder ab einem bestimmten Punkt entwertet. Ein inneres Aufbäumen mancher Rezipienten *gegen* diese Bilder in Form eines ›Jetzt habe ich das aber oft genug gesehen!‹ ist nicht nur entstanden, weil sich die Schockwirkung durch die ständige Wiederholung zum Unerträglichen aufsummiert hatte, sondern vor allem durch den (subtilen) Eindruck, dass diese Bilder wegen ihres Eyecatcher-Effektes zum Selbstzweck geworden waren. Diese Entwertung durch Wiederholung fand ihre extremste Form in den Endlosschleifen der Bilder, die damit zur bloßen Studio-Dekoration degradiert wurden. Sie banalisierten die Szenen zum Logo, zum Trailer der Ereignisse. Die Bilder des Terrors wurden durch ihre massive mediale Präsentation zu Artefakten ihrer selbst.

In ähnlicher Form zeigte sich bei der Berichterstattung über den Absturz der Raumfähre *Columbia* Anfang Februar diesen Jahres, wie schnell durch Endlosschleifen und Foto-Stills in der Overshoulder-Grafik die Bilder selbst zu Themenlogos wurden. Während der Korrespondentenanrufungen wurden im Split-Screen die Absturzszenen stets parallel zu den Gesprächen eingeblendet und es wurde z.T. der Eindruck erweckt, man sehe die Bilder live. Anne Will von der ard war sogar genötigt, in einem kurzem Dialog mit dem usa-Korrespondenten zunächst die Frage zu klären, ob die eingeblendeten Bilder live sind. Mittels vieler Kurz-Sondersendungen auf fast allen Sendern, die eigentlich keine neuen Informationen zu bieten hatten, sollte auch hier der Eindruck absoluter Information erweckt werden. Selbst das rtl-Boulevard-Magazin *Exklusiv-Weekend* wurde mehrfach mit einer Schalte ins Nachrichtenstudio zu Peter Kloeppel unterbrochen. Bereits am nächsten Tag hatte rtl die erste Computeranimation präsentiert, um kursierende Spekulationen über den Absturz der Columbia visuell umzusetzen. Am Ende konnte man sich des Eindrucks nicht erwehren, dass es vielen Sendern – insbesondere rtl – nicht minder darum ging, einen Audience-Flow zu eigenen Gunsten und damit eine Informationshoheit durch permanente, visuell aufwendige und überdrehte Berichterstattung herbeizuführen.

Praktiker mögen einwenden, dass die Permanenz in der Berichterstattung und vor allem die ständigen Wiederholungen notwendig sind, weil davon auszugehen ist, dass immer wieder neue Zuschauer sich ins Programm schalten. Dagegen ist nichts einzuwenden. Aber hat die Art und Weise der Berichterstattung mit ihrem Aktualitäts- und Visualisierungs-Hype nicht zugleich viele Zuschauer in Bilder-Junkies verwandelt, die nicht genug kriegen konnten?

Vielleicht war die ständige Wiederholung des Immergleichen notwendig um zu begreifen, dass das, was man sah, keine Fiktion war, dass das Schreckliche tatsächlich geschehen ist, und, etwas später, um sich an diese Erkenntnis zu gewöhnen. In der Wiederholung liegt also auch eine vermeintlich psychologisch-therapeutische Komponente zur emotionalen Ab- und inhaltlichen Aufarbeitung der Bilder des Terrors. Die Wiederholungen führten zu einem Distanzierungseffekt, durch den Moderatoren wie Zuschauer das Geschehen in neuen Zusammenhängen diskutieren konnten, zum Beispiel unter Terror- und Sicherheitsaspekten oder als ästhetisches Faszinosum des Schreckens (vgl. Buttler 2003).

In dem Moment, als andere Drehteams vor Ort waren um neue, exklusive Bilder zu liefern, stieg die Zahl der Bilder explosionsartig an. Nicht durch Wiederholungsschleifen, sondern in der Unübersichtlichkeit der Bildermasse kam es zu einer Inflation der Wirkkraft des einzelnen Augenblicks. Profis wie Amateure lieferten unzählige Perspektiven auf das Unfassbare. In unzähligen Einzel- und Nebendramen wurde von den Feuerwehr-Heros und den Betroffenen berichtet. Die Gewaltigkeit des *11.*

September lief angesichts des Bilder-Overkills Gefahr, einer gewissen Überdrüssigkeit zu erliegen. Der von den Medien forcierte Bilder-Masochismus der Zuschauer macht die Entwertung und Inflationierung der Bilder in einem Umkehrschluss wieder zu einem ökonomischen Quoten-Argument, rechtfertigte jede neue Sondersendung und jede neue Zusammenfassung der Bilder des Tages und macht sie damit umso bedenklicher.

Inszenierung

Erprobte Übertragungs- und Darstellungsroutinen greifen selbst bei einer Live-Übertragung schnell, wenn nicht sogar unmittelbar. Mehr noch: In einer Live-Übertragung können unmittelbar nach dem Geschehen Zeitlupen eingeblendet werden. Alles wird beliebig mischbar, das Live-Element geriet im Wechselspiel mit allen anderen Präsentationsformen selbst zum Darstellungselement (vgl. Hickethier 1998: 198-199). Viele hatten gerade beim *11. September* und bei der Berichterstattung über den Absturz der Raumfähre *Columbia* den Eindruck, sie würden gewisse Bilder live sehen.

Mag sein, dass die Bilder der Stunden nach dem ersten Einschlag sich in unbekannter Weise der ästhetisch-dramaturgischen Einflussnahme des Mediums Fernsehen entzogen hatten, aber man ging schnell daran, die Verfügungsgewalt über die Inszenierung zurückzugewinnen. Die Bildwelt des Fernsehens verlangt Kontrolle und Inszenierung. Alles andere liegt weit jenseits des Selbstverständnisses und des Funktionierens dieses Mediums (vgl. Holert 2001: 27). Spätestens mit der jeweils ersten Zusammenfassung der erschütterndsten Bilder des Tages konnte man sich auch am 11. September dieses schnellen Sieges über den Kontrollverlust sicher sein. Es bleibt die Frage, ob diese im Gewand eines aristotelischen Dramas gekleideten Bildcollagen tatsächlich zu einer diskursiven Verständigung bzw. zur Sinnkonstruktion für den Zuschauer beitrugen, oder ob sie mehr Ausdruck einer medialen Selbstreferenz waren, die aus den Ereignissen eine Art Medienereignis machten.

Visualisierungskompetenz sollte nicht auf die technische Umsetzung zur Inszenierung absoluter Information und Aktualität reduziert werden, denn sonst dienen sie nur dem Zweck, dem Zeitdruck Ausdruck zu verleihen und der Hybridisierung Vorschub zu leisten. Die gezielte Selektion von Bildern, deren Einordnung, Kontextualisierung und Interpretation sollten weiterhin wesentliche Bestandteile von Entscheidungsprogrammen sein. »Blitzartige Reizversatzstücke« dürfen bei aller Notwendigkeit zur schnellen Information nicht zum Selbstzweck und jener »medialredaktionell erzeugte Live-Fetischismus« (Dörmann/Pätzold 2002: 11) darf den Zuschauer nicht nur wie Süchtige an die »Droge der Sensation und des Zerstörerischen« (Dörmann/Pätzold 2002: 11) führen, um ihn zu binden. Denn der 11. September habe, so die Leiter des Deutschen Instituts für publizistische Bildungsarbeit/Journalisten-Zentrum Hans Bausch, Ulrich Pätzold und Jürgen Dörmann, vor allem auch eines verdeutlicht, nämlich dass Journalisten lernen müssen, die Koordinaten für Ereignisse neu zu setzen. »Journalisten müssen sich darüber im Klaren werden, dass der moderne Terrorismus als dialektische Kraft der Globalisierung alle Spielregeln übernimmt, die in der globalen Welt gelten. Das Geld, die Börsenspekulation, die Informationstechnologie, die Luftfahrt, die Inszenierung des Spektakulären und symbolischen, die Präsentation in den medialen Netzen.« (Dörmann/Pätzold 2002: 10) Wenn wir auf dieser Folie mehr vom Journalismus erwarten wollen, als dass er uns die Bilder des Terrors, die Tränen der Opfer und die vorschnellen Spekulationen oder Erklärungsansätze liefert, wenn wir die Erwartungen an den Journalismus mit der existenziellen Orientierung für eine Gesellschaft verknüpfen wollen, die selbst durch die »Entstaatlichung und Privatisierung von Gewalt gefährdet ist, auch und gerade im Kontext ihrer globalen Verflochtenheit« (Dörmann/Pätzold 2002: 8), bedarf es mehr und neuer analytischer Anstrengungen. Der Echtzeit-Journalismus überdreht gerade an der Stelle, wo er den Anschein zu erwecken versucht, man könne all dies zugleich von ihm einfordern. Dazu ist er aber wegen seines chronischen Zeitmangels nicht in der Lage und – bezüglich dieses Anspruchshorizonts – deshalb nicht gut genug.

Literatur

Bleicher, J. K. (2002): Medien, Markt und Rezipienten. Aufmerksamkeit als Grundbedingung medialer Kommunikation. In: Hickethier, K./Bleicher, J. K. (Hrsg.) (2008): Aufmerksamkeit, Medien und Ökonomie. Münster et al., 125-148.

Brecht, I. (2002): Ethik war gestern ... Über journalistische Werte gestern und heute. In: Dokumentation des 6. MainzerMedienDisputs vom 27.11.2001 zum Thema »New Journalism – vom Kulturgut zum Wirtschaftsgut«. Herausgegeben von der Friedrich-Ebert-Stiftung, der Staatskanzlei Rheinland-Pfalz und der Landeszentrale für privaten Rundfunk Rheinland-Pfalz, August 2002, 134-136

Brosius, H.-B. (1998): Visualisierung von Fernsehnachrichten. In: Kamps, K./Meckel, M. (Hrsg.) (2998): Fernsehnachrichten. Prozesse, Strukturen, Funktionen. Wiesbaden, 213-224

Buttler, J. (2003): Ästhetik des Terrors – Die Bilder des 11. Septembers 2001. In: Beuthner, M. et al. (Hrsg.) (2003): Bilder des Terrors – Terror der Bilder? Köln, 26-41.

Deutscher Presserat (o.J.): Pressekodex in der Fassung vom 20. Juni 2001. Online: www.presserat.de/site/pressekod/kodex/index.shtml [Zugriff: 20.03.2003].

Dörmann, J./Pätzold, U. (2002): Der 11. September als journalistische Herausforderung. In: journalisten-zentrum haus busch (Hrsg.) (2002): Der 11. September – Wie die Tageszeitungen berichteten. Hagen, 4-13.

Franck, G. (1998): Ökonomie der Aufmerksamkeit. München/Wien.

Friedmann, M. (2001): Impulsvortrag zum Thema »Mediengesellschaft« am 15. September 2001 in Montepulciano. In: djv-Dokumentation zum Internationalen Symposium »Affären-Journalismus – Il giornalimo degli scandali«, 10. bis 16. September 2001. Online: www.djv.de/schwerpunkte/junge/montepulciano.shtml [Zugriff: 20.03.2003].

Haller, M. (2001): Vorwort. In: message – Internationale Zeitschrift für Journalismus, 4. Quartal 2001, 3.

Hickethier, K. (1998): Narrative Navigation durchs Weltgeschehen. Erzählstrukturen in Fernsehnachrichten. In: Kamps, K./Meckel, M. (Hrsg.) (1998): Fernsehnachrichten – Prozesse, Strukturen, Funktionen. Wiesbaden, 185-202.

Holert, T. (2001): Das klaustrophobe Visuelle. In: message – Internationale Zeitschrift für Journalismus, 4. Quartal 2001, 26-29.

Hommel, B. (1998): Visuelle Aufmerksamkeit. In: Strauss, B. (Hrsg.) (1998): Zuschauer. Göttingen/Bern, 29-55.

Iyengar, S. (1991): Is Anyone Responsible? How Television Frames Political Issues. Chicago/London.

Kölbl, H. (2002): Ethik wird über Bord geworfen. In: Dokumentation des 6. Mainzer-MedienDisputs vom 27.11.2001 zum Thema »New Journalism – vom Kulturgut zum Wirtschaftsgut«. Herausgegeben von der Friedrich-Ebert-Stiftung, der Staatskanzlei Rheinland-Pfalz und der Landeszentrale für privaten Rundfunk Rheinland-Pfalz, August 2002, 137-138.

Meckel, M. (1998): Internationales als Restgröße? In: Kamps, K./Meckel, M. (Hrsg.) (1998): Fernsehnachrichten – Prozesse, Strukturen, Funktionen. Wiesbaden, 257-274.

Meckel, M. (1999): Visualisierung im Wandel. Zum Umgang mit Bildern in den Medien. In: medien+erziehung, 43. Jahrgang, 1999, 355-358.

message. Internationale Zeitschrift für Journalismus. »Fall Sebnitz – Anatomie eines Mediengaus«. 1. Quartal 2001, 10-23.

Neverla, I. (2003): Zäsur und Kompetenz. Thesen zur journalistischen Krisenberichterstattung. In: Beuthner, M. et al. (Hrsg.) (2003): Bilder des Terrors – Terror der Bilder? Köln, 58-169.

Schneider, I. (1997): Von der Vielsprachigkeit zur »Kunst der Hybridation«. Diskurse des Hybriden. In: Schneider, I./Thomsen, C. W. (Hrsg.) (1997): Hybridkultur. Medien, Netze, Künste. Köln, 13-66.

Schreiber, H. (1994): ... der unermüdliche Versuch, sehr gut zu sein. Qualitätssicherung durch dialogische Führung. In: Reiter, S./Russ-Mohl, S. (Hrsg.) (1994): Zukunft oder Ende des Journalismus. Publizistische Qualitätssicherung – Medienmanagement – Redaktionelles Marketing. Gütersloh, 29-35.

Schuster, T. (2001): Mediale Mobilmachung. In: message – Internationale Zeitschrift für Journalismus, 4. Quartal 2001, 20-25.

Voss, P. (2002): Wem gehört der Rundfunk? Medien und Politik in Zeiten der Globalisierung. Baden-Baden.

Weischenberg, S. (2001): Begrüßungsrede zum Internationalen Symposium »Affären-Journalismus – Il giornalimo degli scandali« am 15. September 2001 in Montepulciano. In: djv-Dokumentation zum Internationalen Symposium »Affären-Journalismus – Il giornalimo degli scandali«, 10. bis 16. September 2001, Online: www.djv.de/schwerpunkte/junge/montepulciano.shtml [Zugriff: 20.03.2003].

Weischenberg, S. (2001a): Nachrichten-Journalismus. Anleitungen und Qualitäts-Standards für die Medienpraxis. Wiesbaden.

Weischenberg, S. (2002): Apocalypse How? In: Cover – Medienmagazin, 3/2002, 21-23.

Weiss, H.-J. (2002): Programmalltag in Deutschland. Das Informations- und Unterhaltungsangebot der deutschen Fernsehvollprogramme 1999-2001. In: arbeitsgemeinschaft der landesmedienanstalten (Hrsg.) (2002): Programmbericht zur Lage und Entwicklung des Fernsehens in Deutschland 2000/01. Konstanz, 115-173.

Wickert, U. (2002): Am 11. September im Studio. In: journalisten-zentrum haus busch (Hrsg.) (2002): Der 11. September – Wie die Tageszeitungen berichteten. Hagen, 14-17.

Der neue Journalismus – Zum digitalen Big Bang*

*Stephan Weichert***

Der Journalismus befindet sich seit geraumer Zeit in einer aphrodisierenden Begriffswolke aus Neologismen: *Web 2.0* und *Social Media*, *Crowdsourcing*, *Open Source* oder *User Generated Content* sind nur einige der Schlagworte, die den Beruf und seine eigentliche Kernbestimmung zu vernebeln drohen. Einst zu Kennziffern eines zeitgemäßen *Neo-Journalismus* erhoben, taugen sie inzwischen nur noch als abgewetzte Marketingfloskeln. Bemerkenswert dabei ist, dass ihre umtriebigen Souffleure zu Gurus der postpubertären Internet-Aura hochgejubelt werden, weil sie der anschwellenden Kontroverse um das Pflichterbe des professionellen Journalismus einen geheimnisumwitterten Glamour verleihen. Sie werden auch hierzulande gern konsultiert, hofiert, angehimmelt.

So erklärte etwa der Vorzeigeblogger Jeff Jarvis vor einiger Zeit in einer Interview-Reihe bei *Focus Online* (Kramp/Weichert 2010a): »Journalisten dachten allzu oft, sie wären wie Hohepriester und stünden über allem und jedem«. Sie müssten sich vielmehr wie ein Teil unserer Gesellschaft benehmen, sonst würden sie sich entfremden. Chris Anderson, Chefredakteur des Cyber-Magazins *Wired*, drückt es noch am radikalsten aus: »Ich denke gar nicht mehr in solchen Kategorien wie ‚Journalismus'«, sagt er in der gleichen Interview-Reihe (Kramp/Weichert 2010b). »Heutzutage hat eine überwältigende Mehrheit all jener Nutzer, die schreiben, Videos und Hörstücke produzieren – also alle denkbaren Arten von Inhalten produzieren, die vorher den traditionellen Medien vorbehalten waren –, nichts mehr mit berufsmäßigem Journalismus zu schaffen.«

---

* Erstmals veröffentlicht in Publizistik 4/2011: 363-371.

** Prof. Dr. Stephan Weichert ist seit 2013 wissenschaftlicher Leiter des Studiengangs »Digital Journalism« (Executive Master of Arts in Journalism) an der Hamburg Media School und seit 2008 Professor für Journalismus und Kommunikationswissenschaft an der Macromedia Hochschule für Medien und Kommunikation in Hamburg.

Gerade diese Abertausende stünden nun »direkt mit qualifizierten Journalisten im Wettbewerb«, mit denen sie täglich um die Aufmerksamkeit und das Zeitbudget ihrer Mitmenschen konkurrierten.

Es ist auffällig, dass viele Journalisten auf solche vollmundigen Diagnosen gereizt oder sogar verärgert reagieren. Im Club der Vordenker und Utopisten gibt es allerdings noch freimütigere Stimmen, die gar meinen, dass der berufsmäßig betriebene Journalismus bald überflüssig werden könnte – wenn er sich nicht endlich zur Anpassung an die digitalen Medienumgebungen entscheidet. Ansichten wie etwa die des US-Blogger-Stars Jay Rosen oder des Web-2.0-Kritikers Andrew Keen lassen jedenfalls keinerlei Zweifel daran, dass mit den seit Jahren durch die Branche irrlichternden Worthülsen wie ‚multimedial' oder ‚interaktiv' kein Blumentopf mehr, geschweige denn eine Medienrevolution zu gewinnen ist (vgl. Kramp/Weichert 2010c, 2010d):[1] Wer die journalistische Zukunft im Netz wirklich heraufbeschwören will, muss bereit sein, den Beruf gleich neu zu erfinden.

1. Alles auf Anfang: Das neue Denken im Netz

Clay Shirky, ein weiteres Stichwortgeber der Netzbewegung, hat vor zwei Jahren deshalb in seinem fulminanten Essay »Newspapers and Thinking the Unthinkable« (Shirky 2009) im Zuge des Zeitungssterbens bemerkt, dass die Revolution durch das Internet eine eigenartige Umkehrung der öffentlichen Wahrnehmung bewirke: Für gewöhnlich würden Leute als *Pragmatiker* angesehen, die nichts anderes als die Welt um sich herum beschreiben, während andere, die sich bunte Zukunftsszenarien ausmalten, als *Radikale* gelten würden. Doch heute, so Shirky, sei es nachgerade umkehrt – in den Redaktionen würden jetzt die *Pragmatiker* so behandelt, als seien sie »total verrückt geworden«. Einstweilen würden diejenigen, die enthusiastisch ihre Visionen von populären Bezahlschranken- und Micropayment-Modellen verbreiteten nicht als Scharlatane, sondern urplötzlich als Retter der Branche wahrgenommen. Verkehrte Netzwelt.

1 Vgl. auch die aus der Interview-Reihe hervorgegangene Buchpublikation Wiechert/Kramp/von Streit 2010.

Gewiss, die wagemutige Expedition in die digitalen Kommunikationsnischen steht noch ganz am Anfang. Und ein neues Rollenbild von Redakteuren und Reportern beginnt sich erst allmählich zu formieren: Die gezielte, mobile und zeitsouveräne Suche nach Informationen ist nur ein erster Vorgeschmack auf das, was noch kommen wird – wenn die Journalisten es denn zulassen würden. Allein, es fehlt momentan – noch! – an passenden (und ausgereiften) Angeboten, die auf die veränderten Nutzungsgewohnheiten und Wahrnehmungsmuster weiter Bevölkerungskreise reagieren.

Andererseits: Es gibt ja bereits erste Modellversuche, die wirtschaftlich gesehen funktionieren, und das gar nicht mal schlecht: Sogenannte *Content-Farmen* wie *Demand Media* (oder das kanadische Pendant *Suite 101*) liegen mit einem Gewinn von einer Million Dollar im letzten Quartal (bei einem Umsatz von 73,5 Millionen Dollar) weit über den Erwartungen von Branchenkennern. Kasse wird mit einem ebenso simplen wie ausbeuterischen Geschäftsmodell gemacht: Freie Mitarbeiter produzieren Texte, Videos und Fotos, die per Suchmaschinenoptimierung möglichst viele Klicks generieren sollen – und dem Anbieter über gezielte Online-Werbung entsprechende Einnahmen bescheren.

Wenn journalistische Angebote nun aber, langfristig betrachtet, auf der schlichten Idee basieren, Nachrichten nur noch auf reine Werbenachfrage hin zu publizieren, werden Journalisten dann nicht automatisch zu Dumdum-Geschossen der PR-Maschinerie? Es geht ja um nichts weniger als den Tausch der sozialen Realität gegen kühle Algorithmen, die Aufgabe der journalistischen Wahrheitssuche zugunsten von mathematischen Suchmaschinenanfragen und der absoluten Dominanz des ‚Brot-und-Spiele-Prinzips' über den ureigenen Rechercheinstinkt. Die suchmaschinengesteuerte Informationsverdünnung bringt jedenfalls nicht nur herbe Zugeständnisse an das journalistische Berufsethos mit sich, sondern sie ist auch das Ergebnis einer Kapitulation des Aufklärungsjournalismus vor der Kommerzialisierung.

Weniger zentralisiert als früher, weniger hierarchisch und durchlässiger wird sich der neue Journalismus zeigen, so vermutet man: Die Information der Gegenwart kommt in der Nutzung geographieentrückt und zeitlos daher, in der Anwendung ist sie jedoch durch einen starken hyperlokalen Bezug geprägt. Und sie ermöglicht einen immensen Wissenspool abseits des klassischen News-Mainstreams. Das Netz macht Information damit zum *Gemeinschaftserlebnis*, das durch eine Kollaboration traditioneller Quellen mit engagierten Nutzern entsteht. Es gibt inzwischen etliche Beispiele, die belegen, dass dies auch wirklich funktionieren kann – von den GuttenPlag- und VroniPlag-Wikis bis zu den Wikileaks-Enthüllungen. Dennoch hat bisher Niemand, zumindest niemand aus den Entwicklungsredaktionen der etablierten TV- oder Verlagsunternehmen ein Geheimrezept gefunden, wie sich das Netzpotenzial des Internet sinnvoll für den Journalismus ein- und umsetzen lässt – im Gegenteil, es herrscht eine spürbare Verunsicherung, ob die Medienzukunft überhaupt noch den strukturellen, medienpolitischen und wirtschaftlichen Rückhalt für einen gleichermaßen hochwertigen wie hochqualifizierten Journalismus bietet.

2. Neue Akteure: Über tollkühne und experimentierfreudige Netzaktivsten

Große Hoffnungen für professionellen »Qualitätsjournalismus«, wie er gern genannt wird, ruhen zurzeit auf Social-Media-Anwendungen, die zum einen den Prozesscharakter deutlich akzentuieren. Zum anderen erzeugen auch sie, im Ganzen gesehen, eine Art *Parajournalismus*, der sich am Aufkommen neuer sozialer Bewegungen im Netz mit ihren interaktiven und sozialen Elementen orientiert. Im Grunde steuert die Presse ideologisch damit wieder auf die historischen Wurzeln zu, aus denen sie entsprungen ist: Aus dem Räsonnement der Bürger, als ein bloßes Organ des Informationstransports und noch kein Bestandteil »einer Konsumentenkultur«, wie Jürgen Habermas (1962: 201) einst philosophierte. Jedoch gibt es kaum Anzeichen dafür, dass sich das Netz als der für unser Zusammenleben in höchstem Maße beanspruchte kontrollfreie Erscheinungsraum für ein »Projekt der bürgerlichen Imagination«, wie es der 2006 verstorbene britische Medienforscher Roger Silverstone (2008: 89) nannte, auch wirklich eignet. Denn offenkundig, das haben zuletzt die Wikileaks-Aktivitäten eindrucksvoll gelehrt, braucht solcherlei Gemeinschaftspublizistik von Amateuren und Professionellen andere handwerkliche Konzepte und moralische Kodizes, wie Informationen ausrecherchiert, verarbeitet und verbreitet werden – und auch Diskurse, wie unsere Gesellschaft künftig damit umzugehen hat.

Große Hoffnungen für professionellen *Qualitätsjournalismus*, wie er gern genannt wird, ruhen zurzeit auf Social-Media-Anwendungen, die zum einen den Prozesscharakter deutlich akzentuieren. Zum anderen begünstigen auch sie, im Ganzen gesehen, eine Art *Parajournalismus*, der sich am Aufkommen der neuen sozialen Bewegungen im Netz mit ihren interaktiven und sozialen Elementen orientiert. Offenkundig, das haben zuletzt die Wikileaks-Aktivitäten eindrucksvoll gelehrt, braucht solcherlei

Gemeinschaftspublizistik von Amateuren und Professionellen andere handwerkliche Konzepte und moralische Kodizes – und auch Diskurse, wie unsere Gesellschaft künftig damit umzugehen hat.

Natürlich ist Julian Assange kein Journalist im herkömmlichen Verständnis. In seiner verkappten Robin-Hood-Manier ist er wohl eher ein politischer Aktivist, der Journalisten mit Informationen versorgt (hat), die ihm Analyse, Einordnung und Kommentierung willfährig und teilweise eher unkritisch abnehmen. Dennoch verkörpert er ein modernes Helden-Image innerhalb des Journalismus, das schon lange als verloren galt: ein Fürsprecher der Unterdrückten, ein Widerständler gegen »die da oben«, ein idealtypischer Aufdecker dunkler Machenschaften. Assange eignet sich auch deshalb so gut zum Abenteurertum, weil er – ganz öffentlich – darauf spekuliert, dass die Nutzer sich als aktive Teilnehmer an der Aufarbeitung von geheimen Daten beteiligen, wie es auch der »Guardian« und andere Blätter an einer Reihe von Fällen triumphierend bewiesen haben.

Publizistische Archetypen wie Assange sind auch der Grund, warum sich manche Medienschaffende teils technologisch überrumpelt, teils auch intellektuell überfordert fühlen: Genährt aus dem Geist der Aufklärung und des Protests ist der Journalismus irritiert, wenn sich die Grundformen journalistischer Arbeit mit politischem Aktivismus vermischen. Was sich auf der Makroebene an den rejustierten Berufsprofilen zeigt, wenn plötzlich einige Selfmade-Journalisten ihre Duftmarken setzen, macht sich auf der Mikroebene an den neuen Gefechtsstellungen hyperlokaler und themengebundener Blogs wie dem heddesheimblog.de oder dem regionalen Amateurfußballportal FuPa.net bemerkbar, die siegreich auf den Verbreitungsgebieten der ehemaligen publizistischen Platzhirsche, der »Passauer Neuen Presse« und des »Mannheimer Morgen«, wildern.

Auch in deutschsprachigen Medien etabliert sich ein solcher Typus tollkühner und experimentierfreudiger Blog-Pioniere, die Aufklärung um einer bestimmten Sache Willen betreiben, meist ungeachtet persönlicher oder kommerzieller Interessen: Sie heißen Markus Beckedahl (netzpolitik.org) und Matthias Spielkamp (irights.info), Jürg Vollmer (maiak.info) oder Stefan Niggemeier (stefanniggemeier.de). Sie zaudern nicht, sie machen – jeder auf seine Weise – einfach den digitalen Journalismus, der in ihren Augen zeitgemäß ist. Und sie fassen ihren Job frei nach dem Motto auf, das *Zeit-Online*-Chef Wolfgang Blau neulich über Twitter ausrief: »I know its unfair, but I am feeling sick of online manifestos and ‚2020-predicitions'. How about working, experimenting, testing, practicing?« Also, wie wär‘s mit arbeiten, experimentieren, ausprobieren, praktizieren? Klar, warum eigentlich nicht?

3. Der Weckruf der Wiki-Plattformen

Bei aller Euphorie muss am Ende des Tages allerdings eine Zwischenbilanz gestattet sein: Was hat die vermeintliche *Social-Media-Revolution* dem Journalismus bisher wirklich gebracht – außer zusätzliche Vernetzung, massive Eigenwerbung und die Veredelung journalistischer Beiträge durch Like-it-Buttons und Re-Tweets? War das, wenn es irgendwann vielleicht vorbei sein sollte, nicht ein einziger Medien-Hype, ohne den richtigen Kick, der das Metier des Journalisten handwerklich und intellektuell weitergebracht hätte? Aktuelle Studien belegen zumindest, dass Social Media bislang überschätzt wird: Mehr als interessante Hinweise, Links oder Seitenblicke können Twitter, Facebook & Co. – schon aufgrund der Kürze des jeweiligen Eingabeformats – häufig nicht leisten. Ohnehin beziehen sich Nutzer, wenn sie über Social Media kommunizieren, auf die vorhandenen Quellen aus dem klassischen Journalismus. Eigene Geschichten, originäre Recherchen? Fehlanzeige!

Ist also der gern gepredigte *Prozessjournalismus*, der die Presse in ein vermeintliches »goldenes Zeitalter« (Blau 2010) geleiten soll, bloß eine Schimäre? Geht es für die meisten Journalisten im Netz tatsächlich um etwas anderes als ihren Wunsch nach digitaler Prominenz oder Selbstbespiegelung? Und ist der *Prosument*, dieses mediale Zwitterwesen zwischen Produzent und Konsument, vielleicht doch nur heiße Luft? *Dass* die Möglichkeit für viele Nutzer seit längerem besteht sich journalistisch zu betätigen, ist ja gar nicht in Zweifel zu ziehen. Nur ob und wie diese Möglichkeit auch genutzt wird, bleibt nebulös.

In den meisten deutschen Redaktionen hat der *Big Bang*, jedenfalls nach aktuellen Beobachtungen, längst noch nicht stattgefunden – sowohl bei den gestandenen Prestige Papers als auch bei der Regionalpresse geht es eher geräuschlos zu, was die Aufbruchsstimmung angeht: Die Lage ist vielerorts zu kommod, als dass in absehbarer Zeit ein tiefgreifender Sinneswandel zu erwarten wäre. Allerdings ist seit Wikileaks oder den denkwürdigen arabischen Revolutionen bei vielen Journalisten die Bereitschaft stetig gewachsen, ihren Beruf eben nicht mehr als Einbahnstraße zu verklären. Dass der Weckruf der Wiki-Plattformen langsam erhört wird, haben – in einer Nussschale – die Fälle zu Guttenberg und Koch-Mehrin gezeigt: Hier wurde deutlich, wie kreativ und zugleich ergiebig die graduelle Verschiebung vom Festungs- hin zum *Netzwerkjournalismus* sein kann: Indem sich Hunderte an der Dokumentation der plagiierten Textpassagen beteiligten, sorgten sie in Rekordzeit für ein hohes Maß an Transparenz.

4. *Sachverwalter der »Digitalen Mediapolis«*

Doch liegt die Benchmark für guten Online-Journalismus längst nicht nur in einer gesättigten Linkkultur und Fehlerkorrekturen. Qualitätssicherung im digitalen Informationsuniversum heißt nämlich vor allem, das dauerhafte Datenchaos zu bändigen: »Andy Carvin, Chef für digitale Strategien und Social Media Spezialist des US-Radionetzwerks NPR, hat aus seinem US-Büro heraus die interessantesten Tweets zur Revolution in Ägypten zu einem kontinuierlichen, verlässlichen und informativen Nachrichtenstrom zusammengestellt«, reportiert die Medienjournalistin und Bloggerin Ulrike Langer in ihren Linktipps zum Wochenstart vom 13. Februar 2011. »Kuratieren« nennt Langer (2011) es, wenn Journalisten als Sachverwalter der »Digitalen Mediapolis« (Weichert/Kramp/von Streit 2010) die weit verstreuten Informationen bündeln, einordnen, prüfen und für ein Nachrichtenpublikum aufbereiten.

Social-Media-Quellen können also im Idelfall eine entscheidende Rolle im Informationsfluss spielen – wenn mit ihnen journalistisch sauber und nach allen Regeln der Kunst umgegangen wird. Der rasend schnelle Austausch mit Amateuren und Profis kann bestenfalls – Beispiel Kairo und Japan – zu einem integren Netzwerk aus Kollegen, (Hilfs-)Korrespondenten und sogenannten *Stringern* heranreifen, die den professionellen Reportern zu einer vielstimmigen, in höchstem Maße authentischen Krisenberichterstattung aus aller Welt verhelfen.

Redaktionell betreutes Community-Reporting wie bei Augsteins Wochenzeitung *Freitag* oder sorgfältig gefiltertes Crowdsourcing wie bei dessen britischen Verlagspartner »Guardian«, den viele Beobachter trotz finanzieller Schwierigkeiten inzwischen zur Speerspitze des neuen Qualitätsjournalismus im digitalen Zeitalter zählen, deuten darauf hin, dass die massenhafte Teilhabe der Nutzer allmählich ernstzunehmende Blüten treibt. Gescheitere Micro-Funding-Versuche wie bei der *taz* oder die unzähligen, inzwischen aus finanziellen Gründen wieder eingestellten Blogs vieler Tageszeitungen sind nur kleinere Wehrmutstropfen zum Erreichen höherer Ziele. Im *Big Picture* des digitalen Journalismus gehören solche experimentellen Kollateralschäden schlicht mit dazu, denn sie zeigen vor allem eines: Dass die Möglichkeiten nicht ausgeschöpft sind und die Branche einen langen Atem braucht, bis ein praktikables Community-Modell gefunden ist.

Eine der wichtigsten Voraussetzungen für den neuen Journalismus im Netz sind neben den offenen Schnittstellen die sinnvolle Einbindung und Nutzung von Social Media auch auf lokaler und hyperlokaler Berichterstattungsebene: Also überall dort, wo sich die Nutzer gerne informieren und unterhalten, können personalisierte Empfehlungspraktiken, ob regional oder thematisch zugeschnitten, von Reportern und Redakteuren nicht nur zu Recherchezwecken eingesetzt, sondern auch um einen redaktionellen Mehrwert ergänzt werden, der sich (hoffentlich) irgendwann monetarisieren lässt.

Das bisweilen hochprofitable Geschäftsmodell des Internet-Rabattmarkenanbieters Groupon lässt sich – zumindest konzeptionell gesehen – also auch für journalistische Inhalte vorstellen: Der Erfolg des regionalen Dienstes basiert bei genauerem Hinsehen auf den Faktoren Neuigkeit, Kontinuität, Überraschung sowie räumlicher und psychologischer Nähe zum Nutzer, also im Grunde alles Kriterien, die auch im professionellen Nachrichtenjournalismus hohe Gültigkeit besitzen. Hinzu kommt die Kettenbrief-Methode: Erst wenn sich eine belastbare Anzahl Leute für eine ausgerufene Rabatt-Aktion interessiert und diese weiterempfiehlt, kommt der Rabatt wirklich zustande – inklusive einer Provision für Groupon. Übertragen auf den Journalismus bedeutet das idealerweise, dass der Mapping-Gedanke geosozialer Plattformen wie Foursquare zusammen mit den Social-Payment-Services wie bei flattr und kachingle zu etwas Neuem verschmilzt. Der von MSNBC geschluckte hyperlokale News-Aggregator EveryBlock ist ein Angebot, dass diese Fusion in Ansätzen bereits ausprobiert.

5. Das ambivalente Potenzial der Web-2.0-Orgien

Für journalistische Angebote war schon immer eine kritische Masse an zahlenden Nutzern notwendig, um den redaktionellen Aufwand rentabel zu betreiben, sprich: Der vergleichsweise kostengünstige, aber werbeaffine Regionalteil einer Zeitung finanziert immer auch das teurere Auslandsressort oder die investigative Recherche quer. Im Web-2.0 ist aber nicht in erster Linie die ökonomische Transaktion in Form des Verkaufs von Werbefläche oder eines Produkts ausschlaggebend, sondern die Aufmerksamkeit einer kritischen Anzahl an Nutzern, angetrieben und beschleunigt durch ein spiralartiges Empfehlungsmoment. Diesen Gedanken zu Ende gedacht, wird also auch im Journalismus die gelebte – und vermutlich einzige – Leitwährung die *Qualitätszeit* sein, die das Publikum einem publizistischen Gewerk zubilligt – und nicht etwa die geldwerte Übereignung eines physischen Datenträgers. Strukturell haben wir es also neben einer vollkommenen Entbündelung journalistischer Arbeit künftig mit ‚wandernden Inhalten' im Netz zu tun, die eben nicht mehr direkt über die Portale redaktioneller Marken, sondern vorrangig über nicht-journalistische ‚Gatekeeper' wie Facebook und Twitter an einen potenziellen Adressatenkreis gelangen. Dies bestätigt, nebenbei bemerkt, auch die These, dass der Journalismus seiner Gatekeeper-Rolle immer mehr entraubt wird.

Um die digitale Entwurzelung der Nachrichten aufzufangen oder ihr zumindest professionell entgegenzuwirken, werkeln auch einige deutsche Regionalzeitungen wie die *Rhein-Zeitung* oder der *Trierische Volksfreund* und auch manche überregionale Marken wie *Zeit Online* an klugen Community-Konzepten: Es geht dabei um die Nutzung von Social Media als zusätzliche Verbreitungskanäle, aber auch um das Absenken redaktioneller Hürden für diejenigen Nutzer, die normalerweise keine Mails oder Leserbriefe schreiben würden. Denn den Dialog mit dem Publikum hat es immer schon gegeben, neu aber ist, dass die Nutzer auf Themenschwerpunkte und Plattformen nach ihren Präferenzen und Vorstellungen gleich selbst gestaltend einwirken können. Das alles ist kein *Journalismus auf Bestellung*, sondern vielmehr der Versuch, die Chance zum unmittelbaren Feedback freundlich zu stimulieren. Die Nutzer sollen – natürlich ganz im Sinne des Selfmarketings – zu Fan-Gemeinschaften herangezüchtet werden, die sich zur Marke bekennen und deren Content per Mundpropaganda oder genauer gesagt: per Retweet an ihren Freundeskreis verbreiten oder via Facebook ‚teilen'.

Ob Social Media nun Zeitfresser oder eben wahre Klugmacher unter den digitalen Medienangeboten sind, indem sie etwa einen höheren Intensitätsgrad an Partizipation und die Publikationsautonomie der Nutzer beflügeln, sei einmal dahingestellt. Gewiss scheint jedoch, dass das Mitmach-Prinzip eine logische Fortentwicklung des Journalismus ist, der noch nie taub oder blind gegenüber den Vorlieben seiner Nutzer sein durfte und konnte – alleine schon deshalb nicht, weil er am Markt bestehen musste. Dass trotz der Web-2.0-Orgien allerdings noch kaum ein Cent für den Journalismus übrig bleibt, wird auch in Zukunft die Gemüter erhitzen: Denn die Personaldecken in den Sendern und Verlagen werden monatlich dünner, ihre Investitionsbereitschaft in Recherche, Technikausstattung und Ausbildung ist rückläufig (Ausnahmen wie Axel Springer Verlag oder öffentlich-rechtliche Rundfunkanbieter bestätigen die Regel), ihre Experimentierlust unterkomplex und auch die Arbeitsmoral in den Redaktionen könnte, höflich ausgedrückt, intakter sein.

6. Die Suche nach dem »dritten Weg«

Von vereinzelten Vorreitern eines vorzeigbaren Community-Reportings einmal abgesehen atmet das, was in Deutschland heute journalistisch umgesetzt wird, noch zu wenig den Geist eines *New Digital Journalism*, wie er zum Beispiel an der Experimentierlaune einiger anfangs eher belächelte Web-Angebote in den USA abzulesen ist, die gewissermaßen *out of the box* entstanden sind. Dort wurden im Angesicht der Zeitungskrise (vgl. Ruß-Mohl 2009, Weichert/Kramp 2009) Projekte wie *Pro Publica*, *Politico*, *California Watch, Voice of San Diego, Slate* und die inzwischen etablierte *Huffington Post* zu unschlagbaren Online-Zugpferden.

Um die hiesige Branche für solcherlei Online-Experimente zu begeistern, sind die Einschläge aber offenbar nicht nahe genug. Vermutlich erst dann, wenn bei uns großflächig die ersten Zeitungen sterben, werden die Verlage williger sein, die Zukunft des Journalismus wenigstens ein Stück weit in die Hände der Community zu legen. Sie würden gut daran tun, denn die sich langsam stabilisierenden Partizipationskanäle der Nutzer werden künftig immer mehr die Defizite des darbenden Pressewesens ausgleichen müssen, etwa in den Katastrophen- und Krisengebieten von Fukushima über Kairo bis Oslo, wo sie häufig auf die unmittelbare Zeugenschaft der Bevölkerung vor Ort angewiesen sind.

Ungeachtet solcher zivilgesellschaftlichen Prothesen wird Journalismus dabei immer Journalismus bleiben (müssen) – solange er kein Produkt unter vielen ist, dessen Wert sich alleine am Umsatz messen lassen muss. Denn gerade wegen ihrer schrumpfenden Ressourcen müssen sich Unternehmen, die Journalismus bislang verkaufen wollten, in Acht nehmen und sich auch auf alternative Wege einlassen. Der erhoffte Zaubertrank des weisen Druiden wird bekanntlich nur in abgeschiedenen gallischen Dörfern verabreicht, nicht in den hiesigen Verlagsetagen.

So ist denn auch zentral für »die Suche nach dem dritten Weg«, wie ihn die Doyenne der Kommunikationswissenschaft, Marie Luise Kiefer (2011: 19), kürzlich im Fachorgan *M&K* vorschlug, »die Trennung zwischen Journalismus und Medien«: Journalismus müsse als eigenständige Institution begriffen werden, glaubt Kiefer, die nur noch losgelöst von den wirtschaftlichen und strukturellen Zwängen der Medienorganisationen überleben könne. Der technische und gesellschaftliche Wandel untergrabe im Wesen deren »ohnehin ambivalentes Potenzial der Journalismusfinanzierung« (Kiefer 2011: 19). Das Abenteuer, auf das sich unsere Gesellschaft mit einem anderweitig finanzierten Journalismus, etwa über Stiftungen, einlasse, erscheine auf Dauer weitaus ungefährlicher, als die künstliche Beatmung eines Handwerks, das am Markt alleine ohnehin nicht mehr bestehen kann.

Das Jahrhundert, in der professioneller Journalismus noch große Renditen einfahren konnte, mag endgültig zu Ende gehen (vgl. Weischenberg 2010). Doch das gesellschaftliche Versprechen, auf ein goldenes Zeitalter mit einem marktunabhängigen, handwerklich weiterentwickelten und medienpolitisch gestärkten Journalismus zuzusteuern, rechtfertigt den *dritten Weg* allemal.

Literatur

Blau, W. (2010): Es geht erstaunlich gut. In: sueddeutsche.de vom 17. Mai 2010. Online: http://www.sueddeutsche.de/medien/serie-wozu-noch-journalismus-es-geht-erstaunlich-gut-1.943587 [Zugriff: 09.11.2011].

Habermas, J. (1962): Strukturwandel der Öffentlichkeit. Untersuchungen zu einer Kategorie der bürgerlichen Gesellschaft. Neuwied am Rhein/Berlin.

Kiefer, M. L. (2011): Die schwierige Finanzierung des Journalismus. In: Medien & Kommunikationswissenschaft, 1/2011, 5-22.

Kramp, L./Weichert, S. (2010a): »Journalisten dachten, sie seien wie Hohepriester«. Interview mit Kult-Blogger Jeff Jarvis. In: Focus Online vom 18. Januar 2010. Online: http://www.focus.de/digital/internet/digitale-mediapolis/tid-16897/kult-blogger-jeff-jarvis-journalisten-dachten-sie-seien-wie-hohepriester_aid_471139.html [Zugriff: 09.11.2011].

Kramp, L./Weichert, S. (2010b): »Man muss den Online-Zugang begrenzen«. Interview mit Wired-Chef Chris Anderson. In: Focus Online vom 22. Januar 2010. Online: http://www.focus.de/digital/internet/digitale-mediapolis/tid-16939/wired-chefredakteur-chris-anderson-man-muss-den-online-zugang-begrenzen_aid_472470.html [Zugriff: 09.11.2011].

Kramp, L./Weichert, S. (2010c): »Die Phase des Widerstands ist vorbei«. Interview mit US-Blogger Jay Rosen. In: Focus Online vom 18. Februar 2010. Online: http://www.focus.de/digital/internet/digitale-mediapolis/tid-17260/us-blogger-jay-rosen-die-phase-des-widerstands-ist-vorbei_aid_480652.html [Zugriff: 09.11.2011].

Kramp, L./Weichert, S. (2010d): »Der Touchscreen ist ein Segen für den Konsum«. Interview mit Web2.0-Kritiker Andrew Keen. In: Focus Online vom 11. Mai 2010. Online: http://www.focus.de/digital/internet/digitale-mediapolis/tid-18166/web2-0-

kritiker-andrew-keen-der-touchscreen-ist-ein-segen-fuer-den-konsum_aid_505622.html [Zugriff: 09.11.2011].

Langer, U. (2011): Linktipps zum Wochenstart: Kairo kuratiert. In: Medialdigital.de vom 13. Februar 2011. Online: http://medialdigital.de/2011/02/13/linktipps-zum-wochenstart-kairo-kuratiert [Zugriff: 09.11.2011].

Ruß-Mohl, S. (2009): Kreative Zerstörung. Niedergang und Neuerfindung des Zeitungsjournalismus in den USA. Konstanz.

Shirky, C. (2009): Newspapers and Thinking the Unthinkable. Online: http://www.shirky.com/weblog/2009/03/newspapers-and-thinking-the-unthinkable/ [Zugriff: 09.11.2011].

Silverstone, R. (2008): Mediapolis. Die Moral der Massenmedien. Frankfurt am Main.

Weichert, S./Kramp, L. (2009): Das Verschwinden der Zeitung? Internationale Trends und medienpolitische Problemfelder. Studie im Auftrag der Friedrich-Ebert-Stiftung.

Weichert, S./Kramp, L./von Streit, A. (Hrsg.) (2010): Digitale Mediapolis – Die neue Öffentlichkeit im Internet. Köln.

Weischenberg, S. (2010): Das Jahrhundert des Journalismus ist vorbei. Rekonstruktionen und Prognosen zur Formation gesellschaftlicher Selbstbeobachtung. In: Bartelt-Kircher, G. et al. (Hrsg.) (2010): Krise der Printmedien: Eine Krise des Journalismus? Berlin/New York, 32-61.

2. Contentmärkte im Wandel

Volkswirtschaftliche Effizienz und der Markt für Nachrichten*

*Marcel Garz***

Einleitung

Wirtschaftsnachrichten spielen in modernen Ökonomien eine wichtige Rolle. Durch die Medien werden Haushalte, Unternehmen und häufig auch politische Entscheidungsträger über makroökonomische Entwicklungen informiert, etwa hinsichtlich des Wirtschaftswachstums, der Arbeitslosenquote, des Zinsniveaus oder der Preisentwicklung. Nicht selten haben diese Informationen einen Einfluss auf die Wahrnehmungen und Erwartungen der Wirtschaftssubjekte, so dass Wirtschaftsnachrichten ökonomische Entscheidungen und ökonomisches Handeln maßgeblich beeinflussen.

Intuitiv erschließt sich schnell, warum Wirtschaftsnachrichten unser Leben leichter machen: Auf bequeme (und oftmals kostenlose) Weise erhalten wir komprimierte Informationen, mit denen zum Beispiel Konsum-, Spar- oder Investitionsentscheidungen leichter getroffen werden können. Schwieriger zu beantworten ist jedoch die Frage, was Wirtschaftsnachrichten aus der Sicht ökonomischer Theorie rechtfertigt. Dieser Aufsatz untersucht deshalb die volkswirtschaftliche Daseinsberechtigung und Funktion von Wirtschaftsnachrichten. Warum ist die mediale Vermittlung von Informationen über die Wirtschaft aus theoretischer Sicht sinnvoll? Verbessern Wirtschaftsnachrichten das Funktionieren der Märkte? Oder gibt es auch Situationen, in denen medial vermittelte Informationen wirtschaftliches Geschehen behindern?

---

* Dieser Aufsatz basiert auf der Übersetzung eines Teils der Dissertationsschrift »Economic aspects of information processing in the case of labor market news« (2013), Universität Hamburg, Fakultät Wirtschafts- und Sozialwissenschaften.

** Marcel Garz ist wissenschaftlicher Mitarbeiter und seit 2013 an der Hamburg Media School tätig.

Um diese Fragen zu beantworten bedient sich der Aufsatz im Folgenden zunächst theoretischen Ansätzen der Informationsökonomik und Public Choice. Die Betrachtungen zeigen, dass Wirtschaftsnachrichten zur allokativen, produktiven und dynamischen Effizienz von Volkswirtschaften beitragen, indem sie Informationsasymmetrien reduzieren und Transaktionskosten senken. Diese Einsichten werden anschließend mit Hilfe ökonomischer Entscheidungstheorie untersucht, um Aufschluss darüber zu erhalten, wie Wirtschaftssubjekte Informationen verarbeiten – mit dem Ergebnis, dass es auch Einschränkungen bei der effizienzsteigernden Wirkung von Wirtschaftsnachrichten gibt.

Informationsasymmetrien und Transaktionskosten

Auf vollständigen Märkten liefern Preissignale alle relevanten Informationen, um eine effiziente Allokation von knappen Ressourcen zu ermöglichen. Preise geben Auskunft über die Zahlungsbereitschaften und damit Präferenzen von einzelnen Käufern und Verkäufern (Hayek 1945). In der Praxis sind Märkte aber nur selten perfekt. Unvollständige Informationen über heterogene Güter können zu einer Verzerrung von Preissignalen führen, was wiederrum eine suboptimale Allokation von Ressourcen, eine kostenineffiziente Produktion sowie verringerte Innovationsanreize verursachen kann.

Informationsasymmetrien (Akerlof 1970) entstehen, wenn es einzelnen Marktteilnehmern gelingt, Informationen vor anderen Marktteilnehmern unter Verschluss zu halten. Wirtschaftssubjekte haben in vielen Fällen Anreize, Informationen über Mengen, Produktionskosten oder Technologien zu verbergen, um Preise über oder unter dem markträumenden Niveau durchzusetzen.

Nachrichtenmedien sind eine wichtige Institution, um bestimmte Informationsasymmetrien zu reduzieren. Wirtschaftsnachrichten helfen dabei, ökonomische Wahrnehmungen zu formen, zum Beispiel hinsichtlich der konjunkturellen Lage oder aktueller Preisentwicklungen. Ebenso liefern Wirtschaftsnachrichten Informationen, die bei der Bildung von Erwartungen – etwa über Zins-, Lohn- oder Aktienkursentwicklungen – behilflich sind. Ohne Nachrichtenmedien wären Informationsasymmetrien in vielen Bereichen nicht zu vermeiden, was die von Akerlof (1970) postulierten Phänomene adverser Selektion nach sich ziehen könnte. Ein weit größeres Problem wären in diesem Fall jedoch erhöhte Transaktionskosten (Williamson 1981, 2010), weil in der Abwesenheit von Nachrichtenmedien zahlreiche Informationen individuell beschafft werden müssten. Transaktionskosten sind problematisch, weil sie dazu genutzt werden können, Preise über das markträumende Niveau zu setzen (Diamond 1971, Davis/Holt 1996).

Mediendependenz und Arbeitsteilung

Klassische Maßnahmen zur Reduktion von Informationsasymmetrien umfassen beispielsweise das sogenannte Signaling und Screening, Lizenzen, Garantien oder Regulierung (Akerlof 1970, Spence 1973, Stiglitz 1975). Solche Maßnahmen werden häufig durch Nachrichtenmedien komplementiert. Der Mediendependenztheorie zufolge haben medienvermittelte Nachrichten einen umso größeren Einfluss, je schwieriger die entsprechenden Informationen über andere Kanäle (z.B. persönliche Erfahrung, interpersonelle Kommunikation) bezogen werden können (Ball-Rokeach/DeFleur 1976, Palmgreen/Clarke 1977, Zucker 1978). Dementsprechend sind Nachrichtenmedien bei der Beseitigung von Informationsasymmetrien immer dann besonders effektiv, wenn andere Kanäle wenig wirkungsvoll sind. In Extremfällen können Individuen bestimmte Informationen (nahezu) ausschließlich durch die Nachrichtenmedien beziehen, wie zum Beispiel in Hinblick auf makroökonomische Trends oder Wirtschaftspolitik.

Neben der reinen Reduktion von Informationsasymmetrien haben Nachrichtenmedien eine weitere wichtige Funktion: Journalisten wählen aus, bewerten und vereinfachen komplexe Sachverhalte (Burkhardt 2009, von La Roche 2010) und verhindern damit die Informationsüberflutung kognitiv-limitierter Individuen (Jacoby/Speller/Kohn 1974, Malhotra 1982, Van Zandt 2004). Diese Funktion ist besonders bei ökonomischen Themen relevant, weil die entsprechenden Informationen oftmals zu komplex sind um von Laien unmittelbar verstanden zu werden.

Nachrichtenmedien senken damit nicht nur Informations- und Kognitionskosten, sondern wandeln diese auch in monetäre und Opportunitätskosten um (Hänchen/Ungern-Sternberg 1985). Informationen können dadurch güterweise gehandelt und zeitintensiv konsumiert werden. Die Nachfrage nach diesen Informationsgütern entsteht durch die Unvollkommenheit von Märkten. Nachrichtenmedien sind daher das Resultat arbeitsteiliger Volkswirtschaften, wobei der Markt für Nachrichten als auxiliärer Markt bezeichnet werden kann, welcher die ökonomische Effizienz in anderen Märkten verbessert.

Intermediation zwischen der Regierung und der Öffentlichkeit

Das Sammeln und Auswerten von Informationen ist für gewöhnlich mit einem Aufwand verbunden. Sobald Informationen allerdings verfügbar und aufbereitet sind, können diese relativ kostengünstig verbreitet und mit anderen geteilt werden. Informationen – als ökonomisches Gut betrachtet – haben deshalb in der Regel hohe Fix-, aber sehr niedrige variable Kosten. Zudem unterliegen Informationen einer Nicht-Rivalität im Konsum und weisen somit eine Eigenschaft von öffentlichen Gütern auf (Buchanan1968).

Diese Unvollkommenheiten machen es erforderlich, dass die Regierung in bestimmten Situationen Informationen sammeln muss, weil es kein oder nur ein unzureichendes privates Angebot gibt. In der Folge ergibt sich eine typische Prinzipal-Agenten-Beziehung zwischen der Regierung und der Öffentlichkeit. Diese Beziehung ist asymmetrisch, weil die Regierung zwar Anreize zum Sammeln, oftmals aber nicht zum Teilen von Informationen hat. Beispielsweise kann die Regierung ein Interesse daran haben, bestimmte Informationen unter Verschluss zu halten, um Entscheidungen frei vom Einfluss von Interessengruppen treffen zu können. Geheimhaltung verringert auch die Wahrscheinlichkeit, für Fehler beschuldigt zu werden, so dass weniger Rechtfertigungsaufwand betrieben werden muss. Im Falle von Lobbyismus und Korruption kann Geheimhaltung zusätzliche Vorteile schaffen (Mueller 1997).

Es besteht selbstverständlich ein Zielkonflikt zwischen den Anreizen der Regierung, bestimmte Informationen geheim zu halten, sowie den Erfordernissen demokratischer Gesellschaften, etwa Transparenz der Regierungstätigkeit oder die Partizipation informierter Wähler (Stiglitz 2002). Obwohl Medienunternehmen ebenfalls Anreizen unterliegen, die der Transparenz und Qualität von Informationen nicht immer zuträglich sind, können Wirtschaftsnachrichten den Prinzipal-Agenten-Konflikt lindern. Nachrichtenmedien sind daher nicht nur ein wichtiger Bestandteil demokratischer Gesellschaften (Stichwort: Vierte Gewalt), sie verbessern auch die ökonomische Effizienz von politischen Prozessen.

Entscheidungsfindung und Informationsverarbeitung

Vor dem Hintergrund der prinzipiell effizienzsteigernden Wirkung von Wirtschaftsnachrichten bleibt zu klären, ob dieses Postulat uneingeschränkt gilt. Im Folgenden werden deshalb drei wichtige Theorien der ökonomischen Entscheidungsfindung dahingehend befragt, wie die Wirtschaftssubjekte Informationen bzw. Nachrichten verarbeiten und dies ihr ökonomisches Handeln beeinflusst. Die hier dargestellte Auswahl an Entscheidungstheorien ist keinesfalls umfassend. Vielmehr soll ein stilisierter Überblick über mögliche Richtungen von Verzerrungen bei der Informationsverarbeitung geliefert werden. Zunächst wird die Erwartungsnutzentheorie (von Neumann/Morgenstern 1944) betrachtet, weil dieser Ansatz für viele Jahrzehnte das dominierende ökonomische Konzept zur Entscheidungsfindung war und teilweise noch ist. Beispielsweise beruhen viele mikroökonomische (Lehrbuch-) und spieltheoretische Modelle auf der Maximierung des Erwartungsnutzens (Mongin 1997). Als Alternative zu diesem Standardansatz beruft sich die Prospect Theory (Kahneman/Tversky 1979) auf psychologische Erkenntnisse zum menschlichen Verhalten, wobei insbesondere die Rolle negativer Informationen bei der Entscheidungsfindung betont wird. Im Gegensatz dazu geht die Theorie der optimistischen Informationsverarbeitung (Bénabou/Tirole 2002) auf Verzerrungen ein, die durch das individuelle Streben nach einem positiven Selbstbild entstehen.

Erwartungsnutzentheorie

Ausgehend von der Arbeit Bernoulli's (1738) treffen Individuen der Erwartungsnutzentheorie zufolge Entscheidungen unter Unsicherheit, indem die erwarteten Nutzen von Ergebnissen miteinander verglichen werden. Der Ansatz gibt einerseits normativ vor, wie ein hypothetisches, unendlich intelligentes Individuum Entscheidungen trifft und wird andererseits als deskriptives Modell genutzt (Grant/Van Zandt 2009). Um zu illustrieren, wie ein Individuum der Erwartungsnutzentheorie nach Informationen verarbeitet, ist es zunächst sinnvoll, den Fall einer einzigen Entscheidung mit *sicherem Ergebnis* zu betrachten. Gegeben sind ein Satz X Konsummöglichkeiten und die Budgetmöglichkeiten A des Entscheidungsfinders. Die Wahlregel lautet $C(\cdot)$, während $C(A)$ die Elemente beschreibt, die mit der Wahl des Individuums für jede Teilmenge $A \subset X$ an Alternativen korrespondieren. Die Präferenzen des Individuums sind offen, vollständig und transitiv (Samuelson 1938, Arrow 1959). Präferenzen über zwei Alternativen können unter diesen Voraussetzungen als

$$x \succcurlyeq y \Leftrightarrow U(x) \geq U(y) \tag{1}$$

geschrieben werden, wobei x der Alternative y vorgezogen wird und als Nutzenfunktion $U(\cdot)$ darstellbar ist (Debreu 1954). In dieser Hinsicht kann die Wahlregel $C(\cdot)$ spezifiziert werden als:

$$C(A) = \arg\max U(x) \tag{2}$$

wonach Entscheidungen durch die Maximierung von Präferenzen getroffen werden. Unter Unsicherheit wird der Erwartungsnutzentheorie zufolge angenommen, dass der Entscheidungsfinder die (objektiven) Wahrscheinlichkeiten der Ergebnisse von Entscheidungen kennt. Da die Ergebniswahrscheinlichkeiten bekannt sind, wird dieser Typ der Entscheidung als *Entscheidung mit Risiko* bezeichnet und oftmals mittels Lotterien oder Lotteriebäumen illustriert. Danach bezieht sich ein Satz Lotterien P auf ein Entscheidungsproblem mit einer gegebenen Anzahl an möglichen Ergebnissen. Jedes Ergebnis $z \in Z$ hat eine beobachtete Eintrittswahrscheinlichkeit p, die auch als einzelne Lotterie bezeichnet wird. Falls das Entscheidungsproblem die Bedingung $\sum_{z \in Z} p(z) = 1$ erfüllt, kann die Erwartungsnutzendarstellung wie folgt formuliert werden:

$$U(p) = \sum_{z \in Z} p(z)u(z) \tag{3}$$

wobei $U(p)$ der erwartete Wert des Nutzens u ist, gegeben der objektiven Wahrscheinlichkeiten (von Neumann/Morgenstern 1944). Diese Darstellung beruht auf den beiden zusätzlichen Annahmen der Aktionsunabhängigkeit und dynamischer Konsistenz. Dies bedeutet zum einen, dass die Attraktivität einer Alternative auch in mehrstufigen Entscheidungsprozessen nicht von der Attraktivität der anderen Alternativen abhängt. Zum anderen ändert der Entscheidungsfinder seinen (vorbestimmten) Entscheidungspfad in der nächsten oder weiteren Stufen nicht, da alle Informationen von vornherein vorliegen. In der zweistufigen Beispiellotterie, die in Abbildung 1 dargestellt ist, sieht sich das Individuum in der ersten Stufe mit einem Zufallsereignis konfrontiert, das bestimmt ob die Lotterie p oder r in der zweiten Stufe relevant ist. Die Entscheidung des Individuums auf der zweiten Stufe hängt jedoch nicht vom Ergebnis der ersten Stufe ab. Aus diesem Grund kann die mehrstufige Lotterie t zu einer einstufigen Lotterie, wie auch jedes andere komplexe Entscheidungsproblem, zusammengefasst werden.

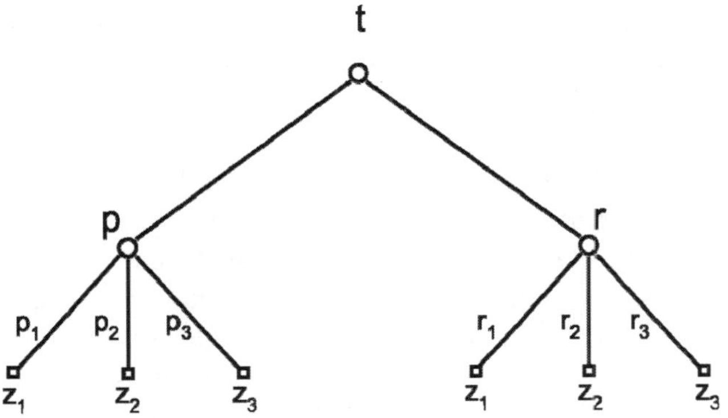

Abbildung 1: Beispiel einer zweistufigen Lotterie

Quelle: Eigene Darstellung.

Um die Annahme der bekannten und objektiven Eintrittswahrscheinlichkeiten zu lockern, sieht der Ansatz des subjektiven Erwartungsnutzens (Ramsey 1931, Savage 1954) die Gewichtung der Ergebnisse mit individuellen Einschätzungen über Zustände vor. Weder die objektive noch subjektive Erwartungsnutzentheorie berücksichtigen allerdings die Möglichkeit der asymmetrischen Verarbeitung von Informationen. Beide Ansätze schließen die Möglichkeit der unterschiedlichen Behandlung von Informationen aus, weil der Entscheidungsfinder alle möglichen Alternativen und die entsprechenden Eintrittswahrscheinlichkeiten kennt, unabhängig davon, wie komplex das Entscheidungsproblem ist.

Der Blick in die empirische Literatur zeigt deshalb, dass die Erwartungsnutzentheorie als deskriptives Modell oftmals versagt. Offensichtlich agieren Menschen nicht so holistisch wie postuliert, vor allem weil die Annahmen hinsichtlich Verfügbarkeit und Verarbeitung von Informationen unrealistisch sind (Schoemaker 1982, Camerer 1995).

Prospect Theory

Wegen der empirischen Anomalien und der häufigen Verstöße gegen die zugrundeliegenden Annahmen der Erwartungsnutzentheorie präsentieren Kahneman/Tversky (1979) einen alternativen Ansatz für Entscheidungen unter Risiko, der auf experimentellen und psychologischen Erkenntnissen zum menschlichen Verhalten beruht.

Gemäß Prospect Theory spielt das *Framing* eines Entscheidungsproblems eine große Rolle. Wenn beispielsweise die Reihenfolge von Alternativen verändert wird, kann dies sogar dann die Präferenzen beeinflussen, wenn das Entscheidungsproblem mathematisch äquivalent bleibt (Tversky/Kahneman 1986). Im Gegensatz zur Erwartungsnutzentheorie werden Entscheidungen nicht zwangsläufig unabhängig von anderen Alternativen getroffen. Es ist zudem möglich, dass sich die Präferenzen mit jeder Stufe eines mehrstufigen Entscheidungsproblems ändern. Dem *Sicherheitseffekt* zufolge bewerten Menschen sichere Ereignisse im Vergleich zu nur wahrscheinlichen Resultaten über. Außerdem werden sehr wahrscheinliche, aber unsichere Ergebnisse als sicher wahrgenommen, so dass Veränderungen in den Wahrscheinlichkeitsbereichen nahe 0 und 1 die Präferenzen stärker beeinflussen als äquivalente Veränderungen in anderen Bereichen. Der *Isolationseffekt* bewirkt, dass Menschen Elemente, die in alternativen Entscheidungsoptionen gleichermaßen enthalten sind, ignoriert werden. Um Entscheidungsprobleme zu vereinfachen, finden stattdessen häufig nur die Unterschiede Beachtung, wodurch Präferenzen ebenfalls verändert werden. Noch wichtiger sind jedoch sogenannte *Referenzpunkte* (z.B. Status quo, Anspruchsniveaus) für die Entscheidungsfindung. Abweichungen von solchen Punkten werden häufig nicht symmetrisch wahrgenommen, weil Gewinne unterschiedlich behandelt werden als Verluste. Generell tendieren Menschen dazu, risikoscheu gegenüber Gewinnen und risikofreudig gegenüber Verlusten zu sein. Im Gegensatz zur Erwartungsnutzentheorie kann ein und dieselbe Person deshalb konkave und konvexe Nutzenfunktionen in sich vereinen. Analog dazu bewirkt der *Ausstattungseffekt* (Thaler 1980), dass Menschen gegenwärtigen Besitz überbewerten. In diesem Fall wird der Status quo beispielsweise einem korrespondierenden Glücksspiel mit einer 50/50-Chance auf gleichwertigen Gewinn und Verlust vorgezogen, weil durch die *Verlustaversion* Einbußen in Entscheidungsproblemen stärker wiegen als Gewinne.

Diese Phänomene können in einer Funktion mit charakteristischen Eigenschaften zusammengefasst werden, um den Wert des Ausblicks V zu beschreiben (Levy 1992):

$$V = \sum_{i=1}^{n} v(x_i)w(p_i) \tag{4}$$

wo die p_i die individuell wahrgenommenen Eintrittswahrscheinlichkeiten der Ergebnisse x_i darstellen. Die S-förmige Wertfunktion $v(x)$ ist von einem Referenzpunkt gekennzeichnet, um welchen herum sie konkav für Gewinne und konvex für Verluste ist (siehe Abbildung 2, linker Teil). Diese Funktion ist für Verluste außerdem steiler als für Gewinne, so dass der marginale Positiv-Nutzen für Gewinne stärker ansteigt als der marginale Negativ-Nutzen für Verluste. Die Gewichtungsfunktion $w(p)$ gibt den Einfluss der Eintrittswahrscheinlichkeit eines Ereignisses auf die Erwünschtheit eines Resultates an. Diese Funktion weicht von der objektiven Wahrscheinlichkeitsverteilung ab, was mit der gestrichelten Linie im rechten Teil von Abbildung 2 angedeutet wird. Zudem verhält sich die Gewichtungsfunktion an den Endpunkten nicht regulär, um den erhöhten Einfluss auf Präferenzen in den Wahrscheinlichkeitsbereichen nahe 0 und 1 wiederzugeben.

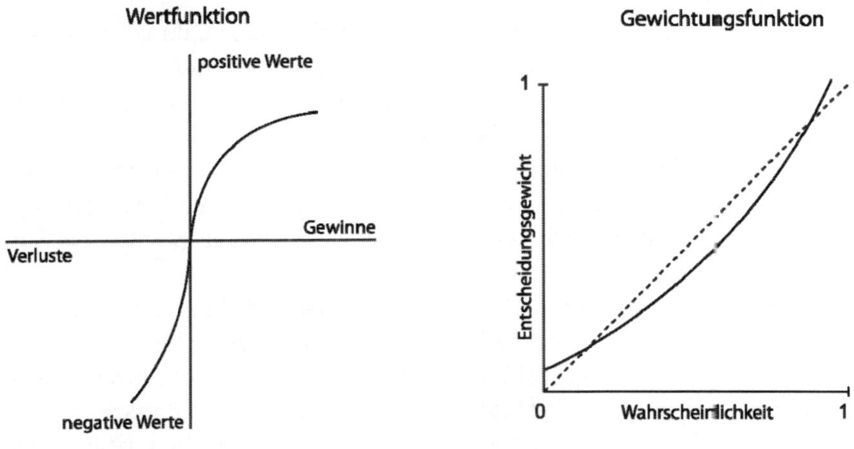

Abbildung 2: Typische Wert- und Gewichtungsfunktionen der Prospect Theory

Quelle: In Anlehnung an Kahneman/Tversky 1979.

Nicht nur die formale Darstellung, sondern auch das zugrundeliegende Fundament der Prospect Theory widersprechen den Annahmen der Erwartungsnutzentheorie (z.B. Transitivität der Präferenzen, dynamische Konsistenz, Unabhängig von irrelevanten Alternativen oder Gleichgültigkeit gegenüber verschiedenen Darstellungen desselben Entscheidungsproblems). In dieser Hinsicht postuliert die Prospect Theory, dass Menschen Informationen asymmetrisch verarbeiten, weil Verlustaversionen und Ausstattungseffekte schlechte Nachrichten stärker wirken lassen als gute Nachrichten. Dementsprechend können negative Veränderungen in ökonomischen Variablen die Wahrnehmung der Menschen stärker beeinflussen als äquivalente positive Veränderungen (Kahneman/Knetsch/Thaler 1991, Tversky/Kahneman 1991).

Optimistische Informationsverarbeitung

Die Theorie der optimistischen Informationsverarbeitung (Bénabou/Tirole 2002) basiert auf der Idee, dass viele Menschen ihr Erreichtes und die eigenen Fähigkeiten überschätzen, vor allem im Vergleich zu anderen (Weinstein 1980, Tayler/Brown 1988). Die zentrale Annahme dieses Ansatzes lautet deshalb, dass Menschen aus drei Gründen eine intrinsische Nachfrage nach Selbstbewusstsein haben:

- Konsumnutzen. Individuen ziehen einen direkten Nutzen aus einem positiven Selbstbild. Nutzenmaximierung führt deshalb zum Streben nach Erhalt oder Verbesserung des Selbstbewusstseins.
- Signalwirkung. Personen, die stark an ihre eigenen Fähigkeiten glauben, können andere einfacher von diesen Fähigkeiten überzeugen – manchmal sogar dann, wenn diese Signale falsch oder übertrieben sind.
- Motivation. Selbstvertrauen erhöht die Motivation zu agieren, was eine wichtige Grundvoraussetzung für Erfolg ist.

In der Literatur werden zahlreiche (oftmals unbewusste) Mechanismen diskutiert, mit denen Selbstbewusstsein geschützt oder verbessert werden kann. Beispielsweise tendieren Menschen dazu, das Ego bedrohende Nachrichten zu verleugnen, deren Kontext zu verändern, zu reinterpretieren oder zu vergessen. Dagegen können Informationen, die das Selbstbild verbessern, eine erhöhte Aufmerksamkeit erfahren. Als Konsequenz haben Menschen häufig bessere Erinnerungen an Erfolge als an Misserfolge (Mischel/Ebbesen/Zeiss 1976). Selektive Erinnerung kann auch bedeuten, dass Menschen erfolgreiche Ereignisse eigenen Aktionen und Fähigkeiten zuordnen, während Misserfolge mit externen Faktoren erklärt werden (Zuckerman 1979, Kunda/Sanitioso 1989, Murray/Holmes 1993).

Bénabou/Tirole (2002) zeigen, dass die Nachfrage nach einem positiven Selbstbild zur optimistisch-verzerrten Verarbeitung von Informationen führen kann. In einem Drei-Perioden-Spiel der Selbsttäuschung entscheidet das Individuum in $t+1$ ob es ein Projekt durchführen möchte, welches in $t+2$ nutzbringend werden kann. Die Wahrscheinlichkeit θ bestimmt die Aussichten für den Erfolg des Projektes. Diese Wahrscheinlichkeit ist zugleich ein Maß für das Selbstbewusstsein, weil sie die individuelle Wahrnehmung der eigenen, unvollständig beobachteten Fähigkeit reflektiert. Selbstbewusstsein erhöht folglich die Chancen auf den Erfolg des Projektes. Zum Zeitpunkt t, zu Beginn des Spiels, erhält das Individuum Informationen über sich selbst, womit die eigenen Fähigkeiten und damit die Erfolgsaussichten besser beurteilt werden können. Das Individuum ist in der Lage, die Wahrscheinlichkeit λ zu verändern, sich an diese Informationen in $t+1$ zu erinnern, beispielsweise durch Unterdrückung oder erhöhte Aufmerksamkeit. Allerdings involviert die Änderung von λ Erinnerungskosten $M(\lambda)$, wodurch sich der Nettonutzen des Projektes verringert. Im Gegensatz zur Erwartungsnutzentheorie sind zeitliche Inkonsistenzen mit diesem Ansatz also möglich.

Das Signal σ, welches das Individuum in t empfängt, beeinflusst die wahrgenommene eigene Fähigkeit θ. Mit der Wahrscheinlichkeit $1-\theta$ enthält dieses Signal schlechte, mit einem Verlust an Selbstvertrauen einhergehende Nachrichten ($\sigma = L$). Mit einer Wahrscheinlichkeit q empfängt das Individuum keine Nachrichten ($\sigma = \varnothing$), was aus Gründen der Vereinfachung als gute Nachricht interpretiert wird. Verlust (θ_L) und Gewinn (θ_G) an Selbstbewusstsein beziehen sich auf die erwartete Fähigkeit in $t+1$ und sind definiert als:

$$\theta_L \equiv E[\theta|\sigma = L] < E[\theta|\sigma = \varnothing] \equiv \theta_G \qquad (5)$$

Da σ bei der Beurteilung der eigenen Fähigkeiten behilflich ist, würde das Individuum in $t+1$ davon profitieren, während das Individuum in t aufgrund der potentiellen Bedrohung für das Selbstbewusstsein einen Anreiz zur Unterdrückung der Informationen hat. Die Wahrscheinlichkeit, sich an die schlechten Nachrichten zu erinnern, ist definiert als:

$$\lambda \equiv \Pr[\hat{\sigma} = L | \sigma = L] \quad (6)$$

wobei $\hat{\sigma} \in \{\emptyset, L\}$ die Erinnerung an das Signal in $t+1$ bezeichnet. Unter diesen Bedingungen wählt das Individuum in t einen Wert für die Erinnerungswahrscheinlichkeit λ um das folgende Maximierungsproblem zu lösen:

$$\max_{\lambda}\{\lambda U_T(\theta_L) + (1-\lambda)U_C(\theta | r^*) - M(\lambda)\} \quad (7)$$

wo U_T den erwarteten Nutzen bezeichnet, wenn sich das Individuum an die schädigenden Informationen erinnert und U_C den entsprechenden Wert, wenn das Signal vergessen wird. Vereinfacht dargestellt läuft das Maximierungsproblem auf einen Vergleich zwischen Grenznutzen und -kosten der Selbsttäuschung hinaus. Da sich das Individuum in $t+1$ darüber im Klaren ist, das Informationen möglicherweise unterdrückt wurden, muss es die Reliabilität r^* des Nicht-Erinnerns evaluieren. Mit Hilfe der Wahrscheinlichkeit λ^* (schlechte Nachrichten sind erinnerbar) und $1-\lambda^*$ (schlechte Nachrichten sind nicht erinnerbar) kann r^* definiert werden als:

$$r^* \equiv \Pr[\sigma = \emptyset \,|\hat{\sigma} = \emptyset, \lambda^*] = \frac{q}{q+(1-q)(1-\lambda^*)} \quad (8)$$

wonach das Individuum mittels Bayes-Theorem die Reliabilität des Nicht-Erinnerns berechnen kann. Daraus folgt, dass eine optimale Erinnerungsstrategie in t die rationale Unterdrückung schlechter Nachrichten implizieren kann.

Schluss

Als Resultat der Arbeitsteilung moderner Volkswirtschaften helfen Nachrichtenmedien durch die Beschaffung, Bewertung, Vereinfachung und Vermittlung von Informationen über die Wirtschaft dabei, Informationsasymmetrien zu beseitigen und Transaktionskosten zu senken. Auf dem Markt für (Wirtschafts-)Nachrichten werden Informationen angeboten und aufgrund der Unvollkommenheit anderer Märkte nachgefragt. Dieser Austausch sorgt wiederrum dafür, dass die knappen Ressourcen der Volkswirtschaft besser verteilt werden, Anbieter kostengünstiger produzieren und mehr Anreize für Innovationen entstehen – kurzum: aus Neuer Politischer und informationsökonomischer Sicht trägt der auxiliäre Nachrichtenmarkt zur Erhöhung der volkswirtschaftlichen Effizienz bei. Nachrichtenmedien sind darauf spezialisiert, Informationen kostengünstig anzubieten, die von den Wirtschaftssubjekten ansonsten nicht oder nur schwer über andere Quellen bezogen werden könnten.

Der Blick auf ökonomische Entscheidungstheorien zeigt jedoch, dass die effizienzsteigernde Wirkung von Wirtschaftsnachrichten nicht ohne Einschränkungen ist. So sorgen psychologische Mechanismen bei der Informationsverarbeitung, wie zum Beispiel Verlustaversion oder Ausstattungseffekte dafür, dass negative Nachrichten im Vergleich zu positiven überbewertet werden. Zahlreiche empirische Studien haben die Existenz solcher Verzerrungen in den vergangen Jahren in verschiedenen ökonomischen Bereichen untermauert (z.B. Soroka 2006, Jungermann et al. 2007, Easaw 2010, Dräger/Menz/Fritsche 2011, Shin/Yu/Greenwood-Nimmo 2011). Aber auch für Verzerrungen bei der Verarbeitung von (Wirtschafts-)Nachrichten in die entgegengesetzte Richtung gibt es mittlerweile experimentelle und empirische Anhaltspunkte (Eil/Rao 2011, Garz 2012). Unabhängig von der Richtung der Verzerrung sind solche Fehler bei der Informationsverarbeitung problematisch, weil dadurch die wahren Präferenzen der Wirtschaftssubjekte bei Markttransaktionen verdeckt werden – mit der Folge, dass es zu einer suboptimalen Ressourcenallokation kommen kann.

In diesem Aufsatz wurde lediglich die Nachfrageseite des Nachrichtenmarktes in Hinblick auf Verzerrungen betrachtet. Es ist jedoch sehr wahrscheinlich, dass Fehler nicht erst bei der Verarbeitung, sondern schon bei Produktion von Wirtschaftsnachrichten auftreten können. Für diese Vermutung finden sich in der Literatur ebenfalls zahlreiche Anhaltspunkte. Beispiele hierfür sind Negativismus-Phänomene in den Nachrichten (Kepplinger 2000, Hester/Gibson 2003, Soroka 2006, Garz 2013) oder Abweichungen von objektiven ökonomischen Entwicklungen zugunsten der Ausrichtung der Berichte an den Präferenzen der Rezipienten (Mullainathan/Shleifer 2005, Gentzkow/Shapiro 2006, 2010) und den ideologischen Interessen der Nachrichtenproduzenten (Patterson/Donsbach 1996, Groseclose/Milyo 2005).

Literatur

Akerlof, G. A. (1970): The market for 'lemons': Quality uncertainty and the market mechanism. In: Quarterly Journal of Economics, 84/1970, 488-500.

Arrow, K. J. (1959): Rational choice functions and orderings. Economica, 26, 121-127.

Ball-Rokeach, S. J./DeFleur, M. L. (1976): A dependency model of mass media effects. In: Communications Research, 3/1976, 3-21.

Bénabou, R./Tirole, J. (2002): Self-confidence and personal motivation. In: Quarterly Journal of Economics, 117/2002, 871-915.

Bernoulli, D. (1738): Specimen theoriae novae de mensura sortis. In: Commentarii Academiae Scientiarum Imperialis Petropolitanae, 5/1738, 175-192.

Buchanan, J. M. (1968): The demand and supply of public goods. Chicago, IL.

Burkhardt, S. (2009): Praktischer Journalismus. München.

Camerer, C. F. (1995): Individual decision making. In: Kagel, J. H./Roth, A. E. (Hrsg.) (1995): The handbook of experimental economics. Princeton, NJ, 587-703.

Davis, D. D./Holt, C. A. (1996): Consumer search costs and market performance. Economic Inquiry, 34, 133-151.

Debreu, G. (1954): Representation of a preference ordering by a numerical function. In: Thrall, R. M./Coombs, C. H./Davis, R. L. (Hrsg.) (1954): Decision processes. New York, NY, 159-165.

Diamond, P. A. (1971): A model of price adjustment. In: Journal of Economic Theory, 3/1971, 156-168.

Dräger, L./Menz, J./Fritsche, U. (2011): Perceived inflation under loss aversion. Hamburg: DEP Discussion Papers Macroeconomics and Finance Series 5/2011, Universität Hamburg.

Easaw, J. (2010): It's all 'bad' news! Voters' perception of macroeconomic policy competence. In: Public Choice, 145/2010, 253-264.

Eil, D./Rao, J. M. (2011): The good news-bad news effect: Asymmetric processing of objective information about yourself. In: American Economic Journal: Microeconomics, 3/2011, 114-138.

Garz, M. (2012): Job insecurity perceptions and media coverage of labor market policy. Journal of Labor Research, 33, 528-544.

Garz, M. (2013): Unemployment expectations, excessive pessimism, and news coverage. In: Journal of Economic Psychology, 34/2013, 156-168.

Gentzkow, M./Shapiro, J. M. (2006): Media bias and reputation. In: Journal of Political Economy, 114/2006, 280-316.

Gentzkow, M./Shapiro, J. M. (2010): What drives media slant? Evidence from U.S. daily newspapers. In: Econometrica, 78/2010, 35-71.

Grant, S./Van Zandt, T. (2009): Expected utility theory. In: Anand, P./Pattanaik, P./ Puppe, C. (Hrsg.) (2009): Handbook of rational and social choice. Oxford, 21-68.

Groseclose, T./Milyo, J. (2005): A measure of media bias. In: Quarterly Journal of Economics, 120/2005, 1191-1237.

Hänchen, T./Ungern-Sternberg, T. (1985): Information costs, intermediation and equilibrium price. In: Economica, 52/1985, 407-419.

Hayek, F. A. (1945): The use of knowledge in society. In: American Economic Review, 35/1945, 519-530.

Hester, J. B./Gibson, R. (2003): The economy and second-level agenda setting: A time-series analysis of economic news and public opinion about the economy. In: Journalism & Mass Communication Quarterly, 80/2003, 73-90.

Jacoby, J., Speller, D. E./Kohn, C. A. (1974): Brand choice behavior as a function of information load. In: Journal of Marketing Research, 11/1974, 63-69.

Jungermann, H./Brachinger, H. W./Belting, J./Grinberg, K./Zacharias, E. (2007): The Euro changeover and the factors influencing perceived inflation. In: Journal of Consumer Policy, 30/2007, 405-419.

Kahneman, D./Knetsch, J. L./Thaler, R. H. (1991): The endowment effect, loss aversion, and status quo bias. In: Journal of Economic Perspectives, 5/1991, 193-206.

Kahneman, D./Tversky, A. (1979): Prospect theory: An analysis of decision under risk. In: Econometrica, 47/1979, 263-292.

Kepplinger, H. M. (2000): Die Demontage der Politik in der Informationsgesellschaft. Freiburg.

Kunda, Z./Sanitioso, R. (1989): Motivated changes in the self-concept. In: Journal of Experimental Social Psychology, 25/1989, 272-285.

Levy, J. S. (1992): An introduction to prospect theory. In: Political Psychology, 13/1992, 171-186.

Malhotra, N. K. (1982): Information load and consumer decision making. In: Journal of Consumer Research, 8/1982, 419-430.

Mischel, W./Ebbesen, E. B./Zeiss, A. M. (1976): Determinants of selective memory about the self. In: Journal of Consulting and Clinical Psychology, 44/1976, 92-103.

Mongin, P. (1997): Expected utility theory. In: Davis, J./Hands, W./Maki, U. (Hrsg.) (1997): Handbook of economic methodology. London, 342-350.

Mueller, D. C. (1997): Perspectives on public choice: A handbook. Cambridge.

Mullainathan, S./Shleifer, A. (2005): The market for news. In: American Economic Review, 95/2005, 1031-1053.

Murray, S. L./Holmes, J. G. (1993): Seeing virtues in faults: Negativity and the transformation of interpersonal narratives in close relationships. In: Journal of Personality and Social Psychology, 65/1993, 707-722.

Palmgreen, P./Clarke, P. (1977): Agenda-setting with local and national issues. In: Communications Research, 4/1977, 435-452.

Patterson, T. E./Donsbach, W. (1996): News decisions: Journalists as partisan actors. In: Political Communication, 13/1996, 455-468.

Ramsey, F. P. (1931): Truth and probability. In: Braithwaite, R. B. (Hrsg.) (1931): The foundations of mathematics and other logical essays. London, 156-198.

Samuelson, P. A. (1938): A note on the pure theory of consumer's behaviour. In: Economica, 5/1938, 61-71.

Savage, L. J. (1954): The foundations of statistics. New York, NY.

Schoemaker, P. J. H. (1982): The expected utility model: Its variants, purposes, evidence and limitations. In: Journal of Economic Literature, 20/1982, 529-563.

Shin, Y., Yu, B./Greenwood-Nimmo, M. J. (2011): Modelling asymmetric cointegration and dynamic multipliers in a nonlinear ARDL framework. Leeds: Working Paper, Leeds University Business School.

Soroka, S. N. (2006): Good news and bad news: Asymmetric responses to economic information. In: Journal of Politics, 68/2006, 372-385.

Spence, M. (1973): Job market signaling. In: Quarterly Journal of Economics, 87/1973, 355-374.

Stiglitz, J. E. (1975): The theory of 'screening', education, and the distribution of income. In: American Economic Review, 65/1975, 283-300.

Stiglitz, J. E. (2002): Transparency in government. In: Islam, R. (Hrsg.) (2002): The right to tell: The role of mass media in economic development. Washington, D.C., 27-44.

Taylor, S. E./Brown, J. D. (1988): Illusion and well-being: A social psychological perspective on mental health. In: Psychological Bulletin, 103/1988, 193-210.

Thaler, R. (1980): Toward a positive theory of consumer choice. In: Journal of Economic Behavior and Organization, 1/1980, 39-60.

Tversky, A./Kahneman, D. (1986): Rational choice and the framing of decisions. In: Journal of Business, 59/1986, S251-S278.

Tversky, A./Kahneman, D. (1991): Loss aversion in riskless choice: A reference-dependent model. In: Quarterly Journal of Economics, 106/1991, 1039-1061.

Van Zandt, T. (2004): Information overload in a network of targeted communication. In: RAND Journal of Economics, 35/2004, 542-560.

von La Roche, W. (2010): Einführung in den praktischen Journalismus. Berlin.

von Neumann, J./Morgenstern, O. (1944): Theory of games and economic behavior. Princeton, NJ.

Weinstein, N. D. (1980): Unrealistic optimism about future life events. In: Journal of Personality and Social Psychology, 39/1980, 806-820.

Williamson, O. E. (1981): The economics of organization: The transaction cost approach. In: American Journal of Sociology, 87/1981, 548-577.

Williamson, O. E. (2010): Transaction cost economics: The natural progression. In: American Economic Review, 100/2010, 673-690.

Zucker, H. G. (1978): The variable nature of news media influence. In: Ruben, B. D. (Hrsg.) (1978): Communication yearbook 2. New Brunswick, NJ, 225-240.

Zuckerman, M. (1979): Attribution of success and failure revisited, or: The motivational bias is alive and well in attribution theory. In: Journal of Personality, 47/1979, 245-287.

Der Markt für E-Books in Deutschland: Erfahrungen, Probleme, Perspektiven

Jonathan Pfenning[**]

Es ist ein Markt mit dem Zeug zum ewigen Talent: Seit über einem Jahrzehnt scheint die digitale Revolution auf dem Buchmarkt möglich. Doch noch immer stehen die Umsätze mit E-Books in keinem Verhältnis zum herkömmlichen Geschäft mit gedruckten Büchern. In den USA hat sich Amazon als zentraler Akteur auf dem Markt für elektronische Bücher etabliert. Mit einem umfangreichen Inhalteangebot, einem passenden Endgerät und einer durchdachten Distributionsstrategie gelang es dem Onlineversandhaus den US-Markt in den letzten zwei Jahren derart in Bewegung zu versetzen, dass das E-Book jenseits des Atlantiks heute eine realistische Chance auf Erfolg hat. Wie sich der Markt in Deutschland entwickelt und welche Konsequenzen sich daraus für deutsche Verlage ergeben, wird in vier Stufen analysiert.

1. Produkt und Rahmenbedingungen

1.1 Enge Kopplung der E-Book-Eigenschaften an das jeweilige Endgerät

Für den Laien ist ein E-Book die elektronische Form eines gedruckten Buches, also ein Buch in digitaler Darstellung, das er auf einem dafür vorgesehenen Lesegerät rezipiert. Der Fachmann trifft eine genauere Unterscheidung. Er trennt zwischen dem Inhalt (E-Book) und dem Trägermedium (E-Reader). Unter einem E-Book versteht man also »the content of a book made available to the reader in electronic form" (Hawkins 2000: 16).

** Jonathan Pfenning ist Assitent im Europabüro des Deutschen Anwaltvereins in Brüssel. An der Hamburg Media School war Jonathan Pfenning vom 2010 bis 2011 als wissenschaftlicher Mitarbeiter tätig.

Die in diesem Beitrag vorgenommene Marktanalyse bezieht sich auf E-Books, nicht auf E-Reader. Jedoch lassen sich beide Elemente nicht vollständig getrennt voneinander betrachten, da die Produkteigenschaften eines E-Books eng an die des Endgeräts gekoppelt sind.

Die Endgeräte unterscheiden sich nach Lesegeräten, die speziell zum Anzeigen elektronischer Bücher entwickelt wurden, sogenannten dedizierten Lesegeräten, und anderen Endgeräten, wie PCs, Tablets oder Smart Phones. Handelt es sich um ein dediziertes Lesegerät, spricht man von einem E-Reader.

Auf drei unterschiedlichen Wirkungsebenen besitzt das Endgerät Einfluss auf die Produkteigenschaften des E-Books: die Nutzungssituation, die Displaygröße und die Bildschirmtechnik (siehe Tabelle 1). Besondere Bedeutung kommt bei E-Readern der verwendeten Displaytechnologie zu. Die »elektronische Tinte« funktioniert durch elektrische Polung von schwarzen und weißen Farbkügelchen. Nur zum Aufbau einer neuen Seite wird Strom verbraucht (eInk 2010). Dadurch entsteht ein ruhiges, augenschonendes Bild, das gedrucktem Papier sehr nahe kommt. Zudem kommt es durch die stromsparende Darstellung zu deutlich längeren Akkulaufzeiten.

Einflussfaktor	Endgerätetyp		
Nutzungssituation	ortsungebunden/lean-backward E-Reader, Tablet, Smartphone		ortsgebunden/lean-forward PC
Displaygröße	3,5 Zoll Smartphone	6 Zoll E-Reader	9,7 Zoll Tablet
Bildschirmtechnik	LCD PC, Tablet, Smartphone		eInk E-Reader

Tabelle 1: Das jeweilige Endgerät beeinflusst die Produkteigenschaften des E-Books

Quelle: Eigene Darstellung.

Die Aufstellung der Produktunterschiede verdeutlicht, dass E-Reader den Eigenschaften eines gedruckten Buches viel näher kommen als die elektronische Darstellung von Buchinhalten auf anderen Endgeräten. Entscheidend für die weitergehenden strategischen Überlegungen und Analysen ist dabei die Frage, welchen Einfluss diese Produkteigenschaften für die Konsumentscheidung der Rezipienten haben. Im Moment sind im Markt zwei parallele Entwicklungen zu verzeichnen. Gute Verkaufszahlen des iPads sowie hohe Downloadzahlen der iBook-App deuten darauf hin, dass es ein Interesse an digitalen Buchinhalten auf multifunktionalen Endgeräten gibt, die nicht eigens für das Lesen konzipiert sind. Demgegenüber hat Amazon mit seinem originären, rein für das Lesen digitaler Bücher konzipierten Lesegerät, dem Kindle, ebenfalls gute Verkaufszahlen für das Jahr 2010 vorzuweisen. Jeff Bezos, CEO von Amazon, hält auch nach der Einführung des iPads an seiner Strategie eines eigenständigen Lesegerätes fest. Er glaubt »reading deserves a dedicated device« (Newsweek 2010).

1.2 Fehlen von Softwarestandards führt zu Problemen einer einheitlichen Nutzung auf allen Endgeräten

Einen weiteren wichtigen Produktaspekt bildet die für das Lesen von E-Books benötigte Software. Generell wird zwischen offenen und geschlossenen, sogenannten proprietären Formaten unterschieden.

In der Branche hat sich weitestgehend das offene Format ePub durchgesetzt. Empfohlen wird es unter anderem vom Börsenverein des Deutschen Buchhandels. Am Ziel eines einheitlichen Standards, der eine einfache, flächendeckende Verbreitung von E-Books unterstützt, wird schon seit dem Jahr 2002 gearbeitet (Renear/Golovchinsky 2002). Jedoch gibt es mit Amazon einen wichtigen Marktteilnehmer, der sich nicht diesem offenen Format angeschlossen hat. Alle E-Books, die von Amazon angeboten werden, sind im proprietären Dateiformat AZW verfasst. Damit bindet das Unternehmen die über seinen Online-Shop verkauften E-Books an sein Lesegerät (Roesler-Graichen 2008a: 29 f). Zwar wurde mittlerweile die Möglichkeit geschaffen, mittels einer Applikation E-Books von Amazon auch für andere Endgeräte lesbar zu machen, die unterschiedlichen Formate führen jedoch zu einer Fragmentierung des Marktes. Die nicht durchgehende Verwendung einheitlicher, offener Softwarestandards führt zu Problemen einer einheitlichen Nutzung auf allen Endgeräten (Bode 2008: 20) und bedeutet damit ein wesentliches Hemmnis für die Marktdurchdringung.

1.3 Technische Fortentwicklung der Endgeräte als entscheidender Treiber für die positive Entwicklung im E-Book-Markt

Eine positive Entwicklung der gesamtwirtschaftlichen Lage, einhergehend mit einer steigenden Kaufkraft der Haushalte, sorgt derzeit für günstige ökonomische Rahmenbedingungen für den E-Book-Markt. Ein sich änderndes Mediennutzungsverhalten hin zur mobilen digitalen Mediennutzung, gerade bei der jüngeren Generation – den digital natives –, verstärkt ebenfalls den positiven Einfluss auf den E-Book-Markt. Bezogen auf rechtliche Aspekte wird von der Buchbranche bemängelt, dass für E-Books der volle Mehrwertsteuersatz von 19 Prozent und nicht der für gedruckte Bücher geltende Satz von sieben Prozent fällig wird. Wesentlicher Einflussfaktor auf dem E-Book-Markt ist jedoch die technische Fortentwicklung der Endgeräte: Die angebotenen Geräte befinden sich in der zweiten oder dritten Generation und sind somit soweit ausgereift, dass dem digitalen Buchkonsum technisch nichts mehr im Wege steht. Zudem kam es in der Vergangenheit zu erheblichen Preissenkungen. So hat Amazon in den USA den Preis für den Kindle 3 um 30 Prozent auf 189 Dollar gesenkt, was eine wichtige Ursache dafür sein dürfte, dass sich die Verkaufszahlen verdreifacht haben (Amazon 2010a). Damit befinden sich die Geräte jetzt in einem massentauglichen Preissegment.

1.4 Digitale Piraterie gefährdet das Geschäftsmodell

Mit steigender Popularität der E-Books sieht sich die Buchbranche jedoch auch mit dem Problem der vermehrten digitalen Piraterie konfrontiert (Schwietert 2008: 66). Der Börsenverein des Deutschen Buchhandels schätzt, dass bereits heute 39 Prozent aller E-Books und 49 Prozent aller Hörbücher illegal heruntergeladen werden (Börsenverein 2010a). Damit wird die Buchbranche von den gleichen Problemen eingeholt, mit denen Musik- und Filmindustrie bereits seit langer Zeit kämpfen. Die Möglichkeiten des Internets machen sowohl eine technische wie auch eine juristische Lösung äußerst schwierig. Dennoch ist es wichtig, weiterhin Optionen zu erarbeiten, wie auch von staatlicher Seite gegen den Verstoß gegen Urheberrechte vorgegangen werden kann.

Aufgrund der Fülle an Vorfällen sehen sich Gerichte und Staatsanwaltschaften mit einer systematischen Aufarbeitung aller Delikte überfordert. Abmahnungen, die zum Teil auch über private Kanzleien erwirkt werden, zeigen nur bei den Betroffenen ihre Wirkung. Andere Nutzer illegaler Downloadangebote lassen sich davon kaum beeindrucken. Gerade bei Jugendlichen herrscht zwar ein Unrechtsbewusstsein, und auch die Angst erwischt zu werden ist vorhanden, jedoch führt dies offenbar nicht dazu, das eigene Verhalten zu ändern (Börsenverein 2010b). Deshalb kommen immer wieder Forderungen nach einer Verschärfung des Urheberrechtes auf. Einen Gegenpol dazu bilden jedoch die Sorgen um andere Rechtsgüter wie den Datenschutz. Dies führt dazu, dass mit der Thematik in der deutschen Politik recht zurückhaltend umgegangen wird.

Ein Beispiel für ein strengeres Vorgehen gegen Urheberrechtsverletzungen liefert Frankreich. Hier ermöglicht es das Gesetz »Loi Hadopi«, bei wiederholtem Verstoß den Internetzugang des Täters für einen gewissen Zeitraum zu sperren. Nicht ganz so drastisch fällt der in Großbritannien verabschiedete »Digital Economy Act« aus. Das Gesetz ermöglicht es in Zusammenarbeit mit den Internet Service Providern, Warnhinweise an betroffene Personen zu verschicken. Diese haben dann die Möglichkeit ohne juristische oder finanzielle Folgen von ihrem Handeln Abstand zu nehmen. Eine solche Kooperationsmöglichkeit mit den Internet Service Providern wird auch von der deutschen Buchbranche gefordert (Börsenverein 2010a).

In enger Verbindung zur Raubkopierproblematik steht die Diskussion um einen Kopierschutz für digitale Werke, der unter dem Kürzel DRM (Digital Rights Management) geführt wird. Ziel des Kopierschutzes ist es, ein digitales Werk vor einer unbeschränkten Vervielfältigung zu schützen. Man unterscheidet zwischen sogenanntem »hartem« und »weichem« DRM. Hartes DRM erlaubt es dem Verlag, ein E-Book an ein bestimmtes Gerät zu binden, beziehungsweise nur eine begrenzte Anzahl an Kopien zuzulassen (Buczynski 2010). Beim weichen oder sozialen DRM wird das E-Book mit einem digitalen Wasserzeichen versehen. Dieses beinhaltet Informationen über den Buchkäufer, wie etwa seinen Namen. Dadurch kann das Buch, sollte es ins Netz gestellt werden, immer zu seinem Besitzer zurückverfolgt werden. Dies soll eine psychologische Hürde darstellen, die den Besitzer daran hindern soll, das Buch anderen Personen zur Verfügung zu stellen. Schwierigkeiten bereitet den Verlagen diese Variante, weil es keine technischen Barrieren gibt, die die Weitergabe des Buches verhindern. Sie präferieren folglich in der Regel hartes DRM. Derzeit verwenden die meisten großen Verlage mit Adobe Digital Editions ein solches hartes DRM-Modell. Somit halten sie, entgegen der Empfehlung des eigenen Branchenverbandes, an einem strengen Kopierschutz fest, und es droht die Gefahr, dass ihnen der gleiche Fehler unterläuft wie zuvor der Musikindustrie. Zu lange hatten die großen Labels an einem harten Kopierschutz festgehalten und damit Raubkopien den Boden bereitet.

Der entscheidende Nachteil an hartem DRM ist, dass derart gesicherte E-Books die Nutzung für den Kunden erschweren oder gar einschränken (Huemer 2010: 90). So ist ein relativ aufwendiger Registrierungsprozess notwendig, bei dem der Kunde seine Daten zur Verfügung stellen muss, um das Buch für die eigene Person zu registrieren. Zudem können die so gesicherten E-Books nicht von allen Lesegeräten dargestellt werden (Piguet 2009: 56). Es kommt somit zu Kompatibilitätsproblemen.

Die so für den Kunden entstehenden Nachteile erhöhen die Wahrscheinlichkeit, dass er zu einem frei zur Verfügung stehenden, illegalen Hörbuch greift, anstatt den aufwendigen Registrierungsprozess auf sich zu nehmen. Verlagen muss also daran gelegen sein, den Buchkauf so einfach wie möglich zu gestalten. Dabei muss die Devise gelten, dass der Kauf eines legalen Buches nicht sehr viel schwieriger sein sollte als ein illegaler Download. Insofern erscheint die Sicherung der Bücher mit einem weichen, sozialen Kopierschutz als praxistauglichste Lösung, da sie eine leichte Handhabbarkeit mit einem Mindestmaß an Kontrolle vereint. Weiches DRM beseitigt einerseits die Nachteile harter DRM-Maßnahmen und bietet andererseits eine bessere Kontrolle, als mittlerweile in der Musikindustrie üblich. Dort vertreibt Apple, der inzwischen wichtigste Distributor digitaler Musik, seit Januar 2009 sämtliche Musiktitel über seine Plattform iTunes ohne jeglichen Kopierschutz (Apple 2009).

2. *Angebot und Nachfrage*

2.1 Angebot von E-Books für die mobile Nutzung auf E-Readern in Deutschland noch schwach ausgeprägt

Betrachtet man das Angebot von E-Books, so muss man zwischen wissenschaftlicher Fachliteratur und belletristischen Werken unterscheiden. Damit einher geht eine Unterscheidung zwischen den verwendeten Dateiformaten.

Im Bereich des Fachbuchs gibt es seit geraumer Zeit ein breites Angebot an digitaler Literatur (Roesler-Graichen 2008b: 16). Gerade für Wissenschaftsverlage sind digitale Versionen der erscheinenden Bücher mittlerweile unverzichtbarer Bestandteil ihres Verlagsprogramms (Börsenverein 2010c: 16). Seit geraumer Zeit werden die allermeisten Neuerscheinungen nicht nur als Druckversion, sondern auch als Digitalversion angeboten (Piguet 2009: 98). Dabei ist jedoch zu beachten, dass diese Bücher hauptsächlich im PDF-Format zur Verfügung stehen. Damit eignen sie sich besser für eine stationäre Nutzung am PC oder Mac als auf mobilen Endgeräten, da die fixierte Seitengestaltung keine neuen Zeilenumbrüche erlaubt (Bode 2008: 23). Um Fachliteratur in Zukunft auch für mobile Endgeräte besser nutzbar zu machen, ist eine vollständige Umstellung der

Dokumentenproduktion auf das medienneutrale XML-Format notwendig. Einer der größten Anbieter wissenschaftlicher Fachliteratur ist der Wissenschaftsverlag Springer science+business media. Sein Angebot umfasst derzeit rund 42.500 E-Books (Springer science+business media 2010).

Anders sieht es im Bereich der Belletristik aus. Zwar steigt auch hier das Angebot an elektronischen Büchern. Betrachtet man jedoch nur im ePub-Format verfasste Bücher, die sich für eine mobile Darstellung eignen, so wird klar, dass es sich noch um einen recht jungen Markt handelt. So waren Mitte 2010 nur rund 8.000 E-Books im ePub-Format in Deutschland verfügbar (PWC 2010). Die größten deutschen Publikumsverlage haben zwischen 500 und 900 E-Books in ihrem Programm, einzig Random House besitzt ein Portfolio von rund 2.100 E-Books in den Bereichen Literatur und Unterhaltung (Random House 2010; Stand: Dezember 2010). Bei den angebotenen Büchern handelt es sich hauptsächlich um die sogenannte Frontlist der Verlage. Das bedeutet, dass vor allem die größeren Publikumsverlage mehr und mehr dazu übergehen, ihre Neuerscheinungen auch als E-Book zu veröffentlichen. Zum Vergleich: Im Jahr 2009 gab es knapp 14.000 gedruckte Novitäten im Bereich der schönen Literatur (Börsenverein 2010c: 62). Jedoch ist das Angebot an deutschsprachigen E-Books noch keinesfalls flächendeckend. Für dieses Phänomen gibt es mehrere Gründe: Zum einen sind die Kosten für die Aufbereitung der kompletten Backlist als E-Books für die Verlage relativ hoch. Daneben spielt ein rechtlicher Aspekt eine Rolle. Bis zur Novellierung des Urheberrechtes zum 1. Januar 2008 war eine Übertragung der Nutzungsrechte von den Autoren auf die Verlage nur für bekannte Nutzungsarten möglich. Daher müssen in vielen Fällen die Nutzungsrechte für die neue Form der Darstellung als E-Book nachverhandelt werden. Auch beim Onlineversandhaus Amazon führen langwierige Vertragsverhandlungen mit den Verlagen zu einem geringen Angebot deutschsprachiger Literatur. Derzeit werden nur gut 7.000 der insgesamt 523.000 E-Books im europäischen Kindle Store in deutscher Sprache angeboten (Amazon 2010b; Stand: Dezember 2010). Bei den meisten Titeln handelt es sich dazu um ältere, nicht mehr urheberrechtlich geschützte Werke, Neuerscheinungen großer Verlage fehlen meist. Für den Nachfrager bedeutet dies, dass er immer wieder Gefahr läuft, Bücher in elektronischer Form nicht angeboten zu bekommen. Damit stellt das geringe Titelangebot ein anbieterseitiges Hemmnis für eine stärkere Marktdurchdringung dar.

Auch finanziell gesehen ist der E-Book Markt im Bereich der Belletristik bisher weitgehend unbedeutend. So wird der Umsatz für das Jahr 2010 auf lediglich 20 Millionen Euro geschätzt, was einem Marktanteil von weniger als einem Prozent entspricht. Jedoch könnte der Umsatz bis zum Jahr 2015 ansteigen auf über 350 Millionen Euro, was einem Marktanteil von 6,3 Prozent entspräche (PWC 2010).

Verlagstyp	Anzahl an angebotenen E-Books
Wissenschaftsverlage*	
Walter de Gruyter	60.000
Springer Science+Business Media	42.485
Publikumsverlage** (Belletristik)	
Random House	2.209
Fischerverlage (u.a. S.Fischer, Krüger, Scherz)	885
Bastei Lübbe	529***
Rowohlt	415
Droemer Knaur	353
Kiepenheuer & Witsch	182****
Piper	117
Suhrkamp Verlag (Suhrkamp, Insel)	110
Klett-Cotta	94

* Hauptsächlich im PDF-Format vorliegende E-Books.
** Hauptsächlich im ePub-Format vorliegende E-Books.
*** Sortiment besteht neben Belletristik auch aus Sach- sowie Kinder- und Jugendbüchern.
**** Sortiment besteht neben Belletristik auch aus Sachbüchern.

Tabelle 2: Die wichtigsten Anbieter von E-Books in Deutschland

Quelle: Unternehmensangaben.

Einen starken Wachstumsmarkt für E-Books stellen derzeit die USA dar. Hier hat sich der Marktanteil in diesem Jahr deutlich erhöht. Für den Zeitraum Januar bis August stieg er von drei Prozent im Jahr 2009 auf neun Prozent im Jahr 2010 (AAP 2010). In absoluten Zahlen entspricht dies einem Umsatz von knapp 300 Millionen US Dollar, die in den ersten neun Monaten im Großhandel umgesetzt wurden (IPDF 2010; siehe Tabelle 2). Die Zahlen verdeutlichen den zeitlichen Vorsprung des US-Marktes gegenüber dem deutschen Markt.

Insgesamt lässt sich festhalten, dass Verlage sich zwar mehr und mehr auf die mediale Darstellungsform E-Book einlassen. Gerade die größeren Publikumsverlage bringen ihre Titel verstärkt zeitgleich als gedrucktes Buch und als E-Book auf den Markt. Jedoch ist dies nicht bei allen Titeln und nicht bei allen Verlagen der Fall. Zudem stellen für kleinere Verlage die Anfangsinvestitionen der Digitalisierung ein Hindernis dar. Daher ist das Verhalten der Verlage bisher insgesamt als eher zurückhaltend zu bezeichnen (Huemer 2010: 80).

2.2 Präferenzen der Vielleser entscheiden über die zukünftige Bedeutung des E-Books

Bei der Betrachtung der Nachfrageseite bietet sich erneut eine Unterscheidung nach Fachliteratur und Belletristik an. Im Fachbuchbereich besitzt die digitale Rezeption einige klare Vorteile gegenüber dem gedruckten Buch (Roszinsky-Terjung 2009: 54). Hier sind zum einen die vereinfachten Recherchemöglichkeiten via Volltextsuche zu nennen. Zum anderen werden Fachbücher meist nicht am Stück, sondern nur stellenweise rezipiert, was für eine Verwendung digitaler Bücher spricht. Daher ist in diesem Bereich die Nachfrage nach digitaler Literatur bereits ausgeprägt (Sandler et al. 2007). Auch hier sind die USA der Vorreiter. Dort ist es mittlerweile gängige Praxis, wissenschaftliche Literatur als E-Book herunterzuladen (Huemer 2010: 45).

Im Bereich der schönen Literatur, bei der man von einer Rezeption auf einem mobilen Endgerät ausgehen kann, lässt sich die konkrete Nachfrage zum gegenwärtigen Zeitpunkt nur schwer abschätzen. Da die Anzahl an verkauften Endgeräten in Deutschland noch recht gering ist, liegen den wenigen Erhebungen, die es bisher zu dem Thema gibt, keine konkreten Erfahrungswerte, sondern theoretische Überlegungen seitens der Konsumenten zu Grunde. Und das auch nur dann, wenn der Verbraucher überhaupt eine Vorstellung davon hat, was ein E-Book ist. So wusste nur knapp die Hälfte der Befragten einer Studie der Unternehmensberatung PricewaterhouseCoopers etwas mit dem Begriff E-Book anzufangen (PWC 2010) und nur fünf Prozent würden sich als Experten bezeichnen, wenn es um das Thema Endgeräte geht (trnd 2010). Angesichts der Tatsache, dass derzeit lediglich zwei Prozent der Befragten einen E-Reader besitzen, verwundert diese Erkenntnis kaum. Auch äußerten die Probanden nur sehr zurückhaltend konkrete Kaufabsichten – so planen lediglich zwei Prozent der Deutschen sich in den nächsten sechs Monaten einen E-

Reader zu kaufen, für ein iPad liegt die Zahl gerade einmal bei drei Prozent (PWC 2010).

Zur engeren E-Book Zielgruppe zählen informations- und elektronikaffine Mediennutzer. Diese können sich am ehesten vorstellen, Bücher auch als E-Book zu lesen (Stiftung Lesen 2008). Generell gilt, dass E-Books eher zur Information als zur Unterhaltung herangezogen werden (Kochhan/Patzig 2009). Der Personenkreis, der E-Books am aufgeschlossensten gegenüber steht, zeichnet sich folglich durch eine hohe Internetnutzung aus, ist überwiegend männlich und jünger als 50 Jahre. Für jene Zielgruppe ist eine Nutzung informativer Inhalte am PC oder an dedizierten Lesegeräten reizvoll. 56 Prozent können sich vorstellen, E-Books zum Zwecke der Information zu nutzen, 38 Prozent, um sich zu unterhalten (Stiftung Lesen 2008). Bedeutend skeptischer zeigte sich in der gleichen Umfrage die Gruppe der unterhaltungsorientierten Vielleser. Diese besonders an schöner Literatur interessierte Zielgruppe, die sich durch eine überdurchschnittlich hohe Rezeption an Büchern und die Bereitschaft auszeichnet, für Bücher mehr Geld auszugeben, bevorzugt demnach das gedruckte Buch (Stiftung Lesen 2008).

Gerade diese Personengruppe stellt jedoch die für die Buchbranche relevante Zielgruppe dar. Soll das E-Book einen relevanten Marktanteil im Bereich der Belletristik erringen, gilt es jene Nutzergruppe von den Vorzügen des elektronischen Lesens zu überzeugen. Bislang wiegen die Haptik des auf Papier gedruckten Buches und das damit verbundene Leseerlebnis offenbar schwerer als mögliche Vorteile des elektronischen Buchs (Bardeleben 2010: 43). Ob sich das E-Book in relevantem Maße durchsetzen wird – sei es bei der Rezeption auf einem E-Reader, einem Tablet oder einem Smartphone –, hängt davon ab, ob die Produkteigenschaften des Endgerätes den Nutzer überzeugen können. Gibt es genügend Menschen in Deutschland, die sowohl gerne und viel lesen und gleichzeitig ausreichend technikaffin sind? Die positiven Entwicklungen der Verkaufszahlen in den Vereinigten Staaten deuten darauf hin, dass innerhalb der nächsten beiden Jahre auch in Deutschland die Schwelle zu einem ökonomisch relevanten Marktsegment überschritten werden könnte.

3. Markt und Wettbewerb

3.1 Trägermedium beeinflusst nachhaltig die Bedeutung der Marktteilnehmer

Die Trennung von Inhalt und Trägermedium führt zu einer anderen Wertschöpfungskette für E-Books als wir sie von herkömmlichen Büchern her kennen. Mit den Endgeräteherstellern hat sich eine neue Gruppe von größtenteils branchenfremden Akteuren auf dem Markt etabliert. Ihre Position und Verhandlungsmacht ist dabei nicht zu unterschätzen, da das Lesegerät fortan elementarer Bestandteil des digitalen Lesens ist. Das Trägermedium beeinflusst somit entscheidend die Bedeutung der Marktteilnehmer.

Wichtige Marktteilnehmer	**Autoren**	**Verlage**	**Distributoren**	**Endgerätehersteller**
Bisher (gedrucktes Buch)	Liefern kreativen Input	Auswahl und Aufbereitung des Inhaltes Mediale Verwandlung: Verbindung des Inhaltes mit Trägermedium Vermarktung des fertigen Produktes	Verbreitung des fertigen Produktes Verhandlungsmacht großer Buchhandelsketten und großer Onlinehändler	Nicht vorhanden
Neu (elektronisches Buch)	Liefern kreativen Input	Auswahl und Aufbereitung des Inhaltes Vermarktung des digitalen Inhalts	Verbreitung des digitalen Inhalts Zunehmende Verhandlungsmacht großer Onlinehändler	Ermöglichen die Rezeption der digitalen Inhalte durch das Bereitstellen der Endgeräte, also des Trägermediums
Bedeutungszugewinn des Marktteilnehmers	0	-	+	+

Abbildung 1: Die verstärkte Verhandlungsmacht der Onlinedistributoren und das Auftreten der Endgerätelieferanten als neue Marktteilnehmer bedrohen die Marktposition der Verlage

Quelle: Eigene Darstellung.

Für Verlage hat dies gravierende Auswirkungen. Durch die Digitalisierung gewinnt mit dem Trägermedium ein Bereich der Wertschöpfungskette an Relevanz, für den sie bislang keine Kernkompetenz besitzen. Das war bisher anders: Neben dem Auswählen und Aufbereiten von Manuskripten und der späteren Vermarktung der fertigen Bücher gehörte auch der Verwandlungs- und Herstellungsprozess zur Kernkompetenz eines Verlages. So kontrollierte dieser klar die Herstellung des gedruckten Buches. Das Abdrucken stellte eher einen mechanischen Prozess als eine Schlüsselposition in der Entstehungsgeschichte eines Buches dar. Druckereien besaßen keine ausgeprägte Verhandlungsmacht. Die Neuerungen des digitalen Lesens verringern somit den Machtradius der Verlage zu Gunsten der Endgerätehersteller (siehe Abbildung 1).

3.2 Online-Plattformen gewinnen als Distributionskanal entscheidend an Bedeutung

Betrachtet man die verschiedenen Vertriebswege für gedruckte Bücher, so hat sich der Onlineversand bereits 2008 neben dem Sortimentsbuchhandel und dem Direktvertrieb als drittwichtigste Distributionsform durchgesetzt (Börsenverein 2010d). Die Pionierrolle fällt auch in diesem Bereich Amazon zu. Das Unternehmen begann im Jahr 1994 Bücher über das Internet zu vertreiben (Huemer 2010: 35). Blickt man nun auf mögliche Vertriebsformen für E-Books, so liegt es auf der Hand, dass der Onlinevertrieb in Zukunft noch erheblich an Bedeutung gewinnen wird. Der digitale Charakter der Bücher legt einen direkten, ortsungebundenen Bezug über das Internet derart nahe, dass es kaum vorstellbar erscheint, dass E-Books in großem Umfang in stationären Buchhandlungen gekauft werden. Im digitalen Buchzeitalter werden Onlineplattformen somit weiterhin als Distributoren an Bedeutung gewinnen. Bedrohlich ist diese Entwicklung vor allem für den stationären Buchhandel, da dieser auf die Kundschaft vor Ort angewiesen ist. Dieser strategischen Herausforderung versuchen die beiden großen deutschen Buchhandelsketten (Thalia, DBH) derzeit mit der Einführung eigener Lesegeräte zu begegnen. Damit soll die Kundschaft langfristig an das Unternehmen gebunden werden. Doch auch für Verlage droht Gefahr, sollte der Einfluss der Onlinedistributoren weiterhin rasant ansteigen.

3.3 Für Verlage ist es schwer, Vertriebskanäle selbst zu besetzen

Die Reichweite großer Onlinedistributoren wie Amazon und Apple birgt für Verlage Chancen und Risiken zu gleich. Aufgrund ihrer großen Kundenbasis bieten die Unternehmen mit ihren Online-Stores (Kindle Store, iBook-Store) den Verlagen die Aussicht auf eine große Ausbreitung im Endkundenmarkt. Gleichzeitig erhöht sich die Marktmacht der Internetriesen mit jeder weiteren Kooperation, die ein Verlag mit ihnen eingeht. Besonders gefährlich für Verlage sind dabei proprietäre Standards, die ein E-Book an ein bestimmtes Lesegerät binden. Dieser von Amazon verfolgte Ansatz kann, eine genügend große Marktdurchdringung vorausgesetzt, zu einer noch größeren Marktdominanz des Onlinehauses führen.

Offene Dateiformate, die eine lesegerätunabhängige Darstellung ermöglichen, ein möglichst kleinteiliger Markt an Endgeräten sowie verschiedene Online-Plattformen für den Buchkauf unterstützen die Verlage dabei, ihre Position als wichtiger Akteur im Buchmarkt zu verteidigen. Jedoch macht ihnen gerade bei dem Versuch, Vertriebskanäle mit Endkundenbezug selbst zu besetzen, die Dynamik des Internets zu schaffen. Hat ein Unternehmen eine kritische Masse an Nutzern erreicht, sorgen Netzeffekte dafür, dass es nur sehr schwer möglich ist, sich neben diesem Unternehmen zu behaupten (Winner-takes-it-all-Märkte). So sah sich beispielswiese der Börsenverein des Deutschen Buchhandels gezwungen, seine Online-Plattform libreka! strategisch neu auszurichten. Gestartet als eine an den Endkunden gerichtete Plattformalternative zur Volltextsuche von Google Books und zu den Online-Shops von Amazon, Apple, Ciando und Co, soll sie künftig als B2B Plattform dienen (libreka! 2010a). Dazu wurde eine strategische Partnerschaft mit Apple eingegangen, das künftig für den Vertrieb an Endkunden zuständig ist. Als durchaus vorteilhaft könnte sich für Verlage daher der Eintritt der Deutschen Telekom in den Vertriebsmarkt erweisen. Diese startet einen Onlinekiosk für Bücher, Zeitungen und Zeitschriften und belebt damit die Konkurrenz auf dem Feld der Distribution (Financial Times Deutschland 2011).

3.4 Erlöschancen auf dem E-Book-Markt für Verlage noch ungewiss

Die Erlösgenerierung auf dem elektronischen Buchmarkt unterliegt Einflüssen, die für Verlage neu sind und die von ihnen nur bedingt gesteuert werden können. Zentral sind dabei zwei ineinander greifende Aspekte: Zum einen die vermutet geringere Zahlungsbereitschaft der Kunden, zum anderen die Preispolitik der Distributionspartner beziehungsweise Endgerätehersteller. Aufgrund entfallender Druck-, Lager- und Transportkosten erwartet der Endkunde, dass ein Teil der Kostenersparnisse an ihn weitergegeben wird (Meyer/Treutler 2009). Die Tatsache, dass zusätzliche Kosten, beispielsweise für die Digitalisierung durch externe Dienstleister, entstehen, zählt für den Kunden wenig. Dieser sieht sich eher mit einer finanziellen Doppelbelastung konfrontiert. Neben dem E-Book muss er auch den E-Reader erwerben. Da er kein physisches Buch in der Hand hält, das er im Zweifelsfall einfach weiterverkaufen oder verschenken kann, dürfte er einen Preisabschlag erwarten. Wie hoch die tatsächliche Zahlungsbereitschaft ist, wird sich in der Praxis erst endgültig durch Versuch und Irrtum erheben lassen. Bisherige Schätzungen, deren Aussagegehalt unter methodischen Gesichtspunkten oft problematisch ist, sehen die Zahlungsbereitschaft bei rund 60 Prozent des Taschenbuchpreises, was einem Preis von circa sechs Euro entspricht (PWC 2010). Da Verlage am Verkauf der Endgeräte nicht partizipieren, verschlechtert sich aus ihrer Sicht das Marktpotenzial deutlich.

Verschärft wird für sie die Situation durch die Preispolitik der Distributionspartner beziehungsweise Endgerätehersteller. Durch ihre hohe Marktmacht ist es Herstellern wie Amazon und Apple möglich, eine Preisstruktur vorzugeben, die Verlage weitgehend hinnehmen müssen. Vor allem Amazon stand bei den Verlagen mit seinem einheitlichen Preis von 9,99 Euro pro E-Book in der Kritik. Dieses Großhandelsmodell wurde erst aufgeweicht, als Apple mit seinem Agency-Modell in den Markt eintrat. Hier hat der Verlag die Möglichkeit, den Preis des E-Books selbst festzulegen. Analog zum Verkauf von Musikdownloads behält Apple 30 Prozent des Umsatzes ein, eine Marge, die im Verlagsbereich oft als zu hoch kritisiert wird. Gleichzeitig wird befürchtet, dass durch zu niedrige E-Book-Preise der Markt für Hard-Cover-Titel kannibalisiert werde. Insgesamt reduzieren sich damit für die Publikumsverlage die Möglichkeiten ihre Titel profitabel anzubieten.In einer besseren Position dürften sich Fachverlage befinden. Bearbeitungs- und Personalisierungsfunktionen können als Möglichkeit gesehen werden, dem Produkt einen zusätzlichen Nutzen hinzuzufügen. Dadurch kann es möglich sein, solche E-Books zum Teil sogar teurer zu verkaufen als die gedruckte Ausgabe (Simon Kucher & Partners 2009).

3.5 Trennung von Trägermedium und Inhalt ermöglicht neue Geschäftsmodelle

Obwohl sich die Trennung von Inhalt und Trägermedium zunächst als Nachteil für Publikumsverlage darstellt, kann sie auch eine Chance bedeuten, denn die digitale Form der Bücher ermöglicht neue Wege der Erlösgenerierung. Neben Erlösmodellen, die nicht einen Verkauf des Buchs, sondern nur eine zeitweilige Nutzung vorsehen (Pay Per Use), stellen vor allem Abo-Modelle mit Flatrate-Charakter für die Verlage interessante Optionen dar (Huemer 2010: 46). Dabei wird dem Kunden der Zugriff auf eine bestimmte oder unbestimmte Anzahl an Titeln für einen festen Betrag pro Zeitintervall gewährt. Dieses Abo-Angebot ermöglicht es, die für einzelne Titel niedrigere Zahlungsbereitschaft durch diese Form des Bundlings insgesamt wieder zu erhöhen (Bakos/Brynjolfsson 1999: 1625). Voraussetzung für das Gelingen eines solchen Modells ist ein ausreichend großes Titelportfolio des Verlags. Erfolgsversprechend könnte dieses aus vielen anderen digitalen Branchen bekannte Konzept speziell für die Buchbranche sein, da der Leser trotz theoretisch unbeschränktem Zugang einem Zeitbudget unterliegt, das ihn daran hindert, seine Möglichkeiten unbegrenzt auszunutzen. Eine notwendige Voraussetzung für den Erfolg von Abo-Modellen dürfte eine dauerhafte Internetanbindung der Endgeräte sein. Nur so ist es dem Nutzer möglich, sich stets mobil mit der neuesten Literatur zu versorgen (PWC 2010).

Im Fachbuchbereich finden Abo- und Flatrate-Modelle für E-Books bereits Verwendung. So bietet beispielsweise der Gabler Verlag (zugehörig zu Springer Science+Business Media) eine E-Book-Flatrate für Endkunden an. Auch für wissenschaftliche Bibliotheken ist es möglich, E-Books im Paket zu beziehen (Connaway/Wicht 2007) – ein Angebot, was bei fachlicher Übereinstimmung zwischen wissenschaftlichen Forschungsinstitutionen und dem inhaltlichen Spektrum eines Fachverlags offenbar gerne genutzt wird (Piguet 2009: 133).

3.6 Konzentration im Bereich der Distribution verschärft den Wettbewerb für Verlage

Wie die bisherige Analyse des Marktes und des Wettbewerbs gezeigt hat, kommt es im Bereich der Distribution zu erhöhten Konzentrationstendenzen. Mit diesem Problem sehen sich Verlage auch im herkömmlichen Vertrieb konfrontiert. Besonders die in den letzten Jahren immer weiter voranschreitende Konzentration im Sortiment macht den Verlagen zu schaffen (Huemer 2010: 22). Aufgrund ihrer starken Verhandlungsmacht gelingt es den großen Buchhandelsketten immer höhere Rabatte durchzusetzen. Es besteht die Gefahr, dass sich dieselbe Entwicklung auch beim Onlinevertrieb wiederholt. Zudem können die bereits beschriebenen Netzeffekte dazu führen, dass das Ungleichgewicht hier noch stärker ausfällt. Einzig der Markteintritt Apples ermöglichte es den Verlagen, sich ein Stück weit aus dem Kostendiktat des Onlineriesen Amazon zu lösen. Insofern stellt der baldige Markteintritt Googles in das E-Book-Geschäft eine gute Nachricht für Verlage da, da nun ein weiterer gewichtiger Wettbewerber um den Endkunden wirbt. Dies erhöht die Vielfalt der Kooperationsmöglichkeiten für die Verlage. Prinzipiell gilt, dass Verlage sich aktiv um den Vertrieb ihrer Produkte auf möglichst vielen Vertriebskanälen kümmern müssen. Dabei sollten Angebote von Zwischenbuchhändlern ebenso berücksichtigt werden wie die Offerten reiner E-Book-Plattformen. Geschieht dies nicht, droht den Verlagen ein erheblicher Machtverlust.

4. Ergebnisse und Konsequenzen

4.1 E-Book-Markt bislang nur eingeschränkt funktionsfähig

Die Analyse des E-Book-Marktes muss aus volkswirtschaftlicher Sicht im Kern die Frage beantworten, ob die Funktionsfähigkeit des Marktes und des Wettbewerbs gewährleistet ist. Anschließend können Handlungsempfehlungen an den Gesetzgeber und an Regulierungsbehörden ausgesprochen werden. Zur Beurteilung wird unter anderem das Kriterium der allokativen, der produktiven und der dynamischen Effizienz herangezogen. Während dynamische Effizienz durch ausreichend starke Innovationsprozesse gewährleistet sein dürfte, ist eine produktive Effizienz aufgrund des noch relativ jungen Marktes nicht gewährleistet: Eine Standardisierung des Herstellungsprozesses, der zu einer Senkung der Produktionskosten führt, hat noch nicht eingesetzt. Das eigentliche Problem, das zu einer nur eingeschränkten Funktionsfähigkeit des Marktes führt, liegt jedoch im Bereich der allokativen Effizienz. Hier offenbaren sich gleich mehrere Aspekte, die den Präferenzen der Nachfrager widersprechen. Der Wunsch des Nachfragers ist ein einfacher und unkomplizierter Buchkauf. Erstes Hindernis dabei ist der Mangel an deutschsprachigen E-Books. Die derzeit geringen Auswahlmöglichkeiten führen zur Zurückhaltung der potenziellen Käufer, auf das elektronische Buch umzusteigen. Einen wieteren Aspekt stellen die durch unterschiedliche Dateiformate entstehenden Inkompatibilitäten dar. Zusätzlich erschwert die Anwendung von harten Kopierschutzvorgaben einen einfachen Kauf und die Verwendung auf unterschiedlichen Endgeräten. Schließlich führt ein Auseinanderfallen der Preiserwartungen zwischen Verlagen und Endkunden zu einem weiteren Problem. Begründet durch die digitale Natur des E-Books erwartet der

Kunde hier gegenüber dem gedruckten Buch einen deutlich niedrigeren Preis. Die Preisstrategie der meisten Verlage kommt diesen Vorstellungen jedoch nicht nach. Somit liegt derzeit auf dem E-Book-Markt das Problem der allokativen Ineffizienz vor. Dies schränkt die Funktionsfähigkeit des Marktes entscheidend ein. Allerdings ist daraus nicht abzuleiten, dass diesen Ineffizienzen durch staatliche Regulierung zu begegnen ist. Das Bemühen um eine staatliche Durchsetzung von Standards hat, wie das Beispiel des Digitalradios zeigt, nicht immer zu einer schnelleren Diffusion einer Technologie geführt. Zurzeit spricht nicht viel dafür, auf einen Wettbewerb der Systeme zu verzichten.

Ein zweiter Aspekt, der den Wettbewerbsmechanismus nachhaltig behindert, ist das Auftreten digitaler Piraterie. Im ersten Abschnitt wurde dargestellt, dass die Buchbranche vor ähnlichen Herausforderungen wie die Musik- und die Filmindustrie steht. Wie für alle Contentindustrien ist die Definition und Durchsetzung von Eigentumsrechten jedoch eine Grundvoraussetzung für langfristige Produktionsanreize und das Entstehen funktionsfähigen Wettbewerbs. Allein der Umstand, dass es in der Vergangenheit zu massiven Verletzungen gekommen ist und die Bekämpfung des Problems sich als äußerst schwierig gestaltet, sollte kein Anlass dafür sein, Forderungen nach einem stärkeren Schutz des Urheberrechtes aufzugeben. Nur durch eine strengere Wahrung des Urheberrechtes werden digitale Geschäftsmodelle mit Kreativinhalten langfristig überleben. Somit ergibt sich aus der volkswirtschaftlichen Analyse des E-Book-Marktes die klare Aufforderung an den Gesetzgeber, der digitalen Piraterie im Internet durch die strengere Handhabung oder eine Verschärfung der bestehenden Gesetze Einhalt zu gebieten. Die angeführten Beispiele anderer Länder können dabei als erste Anregung dienen.

Daneben sollte von Seiten des Gesetzgebers darüber nachgedacht werden, inwiefern eine unterschiedliche Besteuerung von gedruckten und elektronischen Büchern stimmig ist. Nach §2 BuchPrG (Buchpreisbindungsgesetz) müssen E-Books ebenfalls preisgebunden werden, da sie der Sache nach einem herkömmlichen Buch entsprechen (Bundesministerium der Justiz 2002). Da es sich folglich um gleiche Produkttypen handelt, wäre auch eine einheitliche Besteuerung sinnvoll.

Neben diesen eher volkswirtschaftlichen und wirtschaftspolitischen Implikationen stellt sich den potenziellen und bereits im Markt befindlichen Akteuren die Frage nach der Attraktivität des Marktes und den Handlungsalternativen.

4.3 Mittelfristig stellen E-Books ein ernstzunehmendes Erlösfeld dar

Technisch immer ausgereiftere Endgeräte lassen eine größere Verbreitung des elektronischen Lesens erwarten und sind in der vorliegenden Analyse klar als Markttreiber beschrieben worden. Dem gegenüber steht die Frage nach den Kundenwünschen. Gerade im Bereich der schönen Literatur bleibt abzuwarten, ob die digitale Rezeption den Wünschen der Kunden entspricht. In diesem Zuge wird sich auch klären, ob sich E-Reader als eigenständiges Endgerät mit originärem Lesenutzen durchsetzen werden, oder ob die Lesefunktion im Zuge einer Konvergenz der Endgeräte beispielsweise in Tablets aufgehen wird.

Vor allem die aktuelle Entwicklung der Marktzahlen in den USA lässt erwarten, dass auch in Deutschland ein ökonomisch relevanter Markt für E-Books entstehen wird. Mittelfristig ist für Deutschland ein ähnlich gutes Angebot an Inhalten, Endgeräten und Distributionsmöglichkeiten zu erwarten, wie es der amerikanische Markt heute bietet. Damit stellen E-Books ein ernstzunehmendes und zusätzliches Erlösfeld dar. Deshalb müssen Verlage, soweit dies noch nicht geschehen ist, internes Know-how für die Produktion von E-Books entwickeln und Organisation und Abläufe im Haus an die Eigenheiten des neuen Mediums anpassen.

Diesen positiven Entwicklungen stehen jedoch zwei Aspekte entgegen, die die Attraktivität des Marktes einschränken. Zum Ersten werden die digitalen Erlösmöglichkeiten durch die Gefahr und die Masse an Raubkopien entscheidend in Frage gestellt. Dies kann jedoch kein Argument dafür sein, sich nicht im Feld des digitalen Publizierens zu bewegen. Vielmehr muss es das Bestreben der Verlage sein, ihre Produkte den Endkunden in einer Weise aufzubereiten und zugänglich zu machen, dass diese eine attraktivere Alternative zur Raubkopie besitzen. Zum Zweiten sind die Konzentrationstendenzen auf Distributionsebene im digitalen Bereich besonders stark ausgeprägt. Mit Amazon und Apple besetzen branchenfremde Unternehmen einen Großteil des Zugangs zum Endkundenmarkt. Prinzipiell muss den Verlagen an einer möglichst großen Anzahl an Distributionskanälen und Endgeräten gelegen sein. Je intensiver sich der Wettbewerb hier entfaltet, desto weniger wahrscheinlich wird die Möglichkeit für die Zwischenhandelsstufe, Marktmacht zulasten der Verlage auszunutzen. Verlage müssen daher versuchen, den Vertrieb ihrer Produkte möglichst aktiv zu gestalten, um dem drohenden Bedeutungsverlust entgegenzuwirken. Der Endkundenkontakt sollte deshalb auch über die Onlineplattformen von Zwischenbuchhändlern und reinen E-Book-Händlern gesucht werden.

Insgesamt präsentiert sich der E-Book-Markt also mehr denn je als ein für Unternehmen attraktives Betätigungsfeld. Die Aufgabe der Wirtschaftspolitik wird darin bestehen, zügig für Rahmenbedingungen zu sorgen, die es den Verlagen erlaubt, die Potenziale des Marktes auszuschöpfen. Neben einer unterstützenden Funktion bei der Definition und Durchsetzung von Eigentumsrechten kann dies vor allem in der aufmerksamen Begleitung durch die Wettbewerbspolitik geschehen, die gerade dort gefordert ist, wo – wie auf der Distributionsstufe häufig der Fall – die Wahrscheinlichkeit der missbräuchlichen Ausnutzung von Marktmacht traditionell besonders hoch ist.

Literatur

AAP (The Association of American Publishers) (2010): AAP Reports Publisher Book Sales for August. Online: http://www.publishers.org/main/PressCenter/Archicves/2010_Oct/AugustStatsPressRelease.htm [Zugriff: 29.11.2010].

Amazon (2010a): Kindle Device Unit Sales Accelerate Each Month in Second Quarter; New $189 Price Results in Tipping Point for Growth. Online: http://phx.corporate-ir.net/phoenix.zhtml?c=176060&p=irol-newsArticle&ID=1449176&highlight= [Zugriff: 02.12.2010].

Amazon (2010b): Kindle Store: German Edition. Online: http://www.amazon.com/s/ref=nb_sb_noss?url=search-alias%3Ddigital-text&field-keywords=german+edition &x=0&y=0&ih=13_4_1_0_0_0_0_0_0_1.42_116&fsc=9 [Zugriff: 07.12.2010].

Apple (2009): Entwicklungen im iTunes Store. Online: http://www.apple.com/de/pr/library/2009/01/06itunes.html [Zugriff: 20.12.2010].

Bakos, Y./Brynjolfsson, E. (1999): Bundling Information Goods: Pricing, Profits, and Efficiency. In: Management Science, 45/1999, 1613-1630.

Bardeleben, M. (2010): Erfolgreiches Marketing von E-Books. Hamburg.

Bode, V. (2008): Von der Druckfahne zum E-Book: Wege der Digitalisierung. In: Schild, R. (Hrsg.) (2008): Gutenberg 2.0 – Die Zukunft des Buches. Frankfurt am Main, 19-28.

Börsenverein des Deutschen Buchhandels (2010a): Deutschland verschläft den Anschluss. Online: http://www.boersenverein.de/de/portal/Archivmeldungen/190547?meldung_ id=378681 [Zugriff: 25.11.2010].

Börsenverein des Deutschen Buchhandels (2010b): Illegal aber egal? Online: http://www.boer senverein.de/sixcms/media.php/976/Illegal_aber_egal.pdf [Zugriff: 20.12.2010].

Börsenverein des Deutschen Buchhandels (2010c): Buch und Buchhandel in Zahlen 2010. Frankfurt am Main.

Börsenverein des Deutschen Buchhandels (2010d): Branchen Monitor Buch. Online: http://www.boersenverein.de/de/portal/Januar_2010/353409 [Zugriff: 10.12.2010].

Buczynski, J. A. (2010): Library eBooks: Some Can`t Find Them, Others Find Them and Don`t Know What They Are. In: Internet Reference Services quarterly, 01/2010, 11-19.

Bundesministerium der Justiz (2002): Buchpreisbindungsgesetz vom 2. September 2002 (BGBl. I S. 3448), zuletzt geändert durch das Gesetz vom 14. Juli 2006 (BGBl. I S. 1530). Online: http://bundesrecht.juris.de/buchprg/BJNR344810 002.html [Zugriff: 10.12.2010].

Connaway L. S./Wicht H. L. (2007): What Happened to the E-book Revolution? The Gradual Integration of E-Books into Academic Libraries. In: The Journal of Electronic Publishing, 3/2007.

eInk (2010): Technology. Online: http://www.eink.com/technology.html [Zugriff: 06.12.2010].

Financial Times Deutschland (2011): Telekom eröffnet Verlagen Alternative zu Apple. Online: http://www.ftd.de/it-medien/computer-technik/:plattform-pageplace-tele kom-eroeffnet-verlagen-alternative-zu-apple/60019707.html [Zugriff: 15.03.2011].

Hawkins, D. T. (2000): Electronic Books: A Major Publishing Revolution. Part 1: General Considerations and Issues. In: Online, 4/2000, 14-28.

Huemer, K. (2010): Die Zukunft des Buchmarktes. Boizenburg.

IDPF (The International Digital Publishing Forum) (2010): Industry Statistics, US Trade Wholesale Electronic Book Sales. Online: http://www.idpf.org/doc_library/ industrystats.htm [Zugriff: 29.11.2010].

Kochhan C./Patzig G. (2009): Buch und E-Book aus Nutzersicht. In: Media Perspektiven, 6/2009, 309-324.

Meyer, A./Treutler, M. (2009): Online-Distribution digitaler Bücher. In: Clement, M./Blömeke, E./Sambeth, F. (Hrsg.) (2009): Ökonomie der Buchindustrie. Wiesbaden, 241-258.

Newsweek (2010): Read On, Why the iPad hasn´t killed the Kindle. Online: http://www.news week.com/2010/07/26/read-on.html [Zugriff: 06.12.2010].

Piguet, A. M. (2009): E-Books: Entwicklung und Einführung an wissenschaftlichen Bibliotheken. Berlin.

PriceWaterhouse Coopers (2010): E-Books in Deutschland: Der Beginn einer neuen Gutenberg-Ära? Frankfurt am Main.

Random House (2010): Auswahl: E-Books. Online: http://www.randomhouse.de/ catalog/catalog.jsp?hca=BOOKSMORE&smc=false&nov=false&fnv=false&lbl=0 &aul=&edl=&cty=0&subsort=0&age=0&pg=CATLOG&shcat=false&displayMod e=detail&sort=2&men=1401&submen=1721&koc=EBOOK&maincat=WWWLIT U&subsec=&pprm=&ppr=all&x=36&y=12 [Zugriff: 06.12.2010].

Renear, A./Golvchinsky, G. (2002): Content Standards for Electronic Books. In: Journal of Library Administration, 1/2002, 99-123.

Roesler-Graichen, M. (2008a): Auf der Suche nach dem Standardformat. In: Schild, R. (Hrsg.) (2008): Gutenberg 2.0 – Die Zukunft des Buches. Frankfurt am Main, 29-36.

Roesler-Graichen, M. (2008b): Das E-Book zwischen Enttäuschung und Euphorie. In: Schild, R. (Hrsg.) (2008): Gutenberg 2.0 – Die Zukunft des Buches. Frankfurt am Main, 9-18.

Roszinsky-Terjung, A (2009): Wettbewerbsanalyse. In: Clement, M./Blömeke, E./Sambeth, F. (Hrsg.) (2009): Ökonomie der Buchindustrie. Wiesbaden, 43-58.

Sandler, M./Armstrong, K./Nardini, B. (2007): Market Formation for E-Books: Diffusion, Confusion or Delusion? In: The Journal of Electronic Publishing, 3/2007.

Schwietert, S. (2008): Gute Zeiten für Datendiebe. In: Schild, R. (Hrsg.) (2008): Gutenberg 2.0 – Die Zukunft des Buches. Frankfurt am Main, 65-74.

Simon Kucher & Partners (2009): eBooks: Erlöschance oder Teufelszeug? Online: http://www2.simon-kucher.com/files/WP_ebooks.pdf [Zugriff: 08.12.2010].

Springer science+business media (2010): Springer – Startseite. Online: http://www.springer.com/?SGWID=1-102-0-0-0, [Zugriff: 20.12.2010].

Stiftung Lesen (2008): Lesen in Deutschland 2008. Mainz.

trnd Meinungsstudie (2010): Tablet-Computer und eBook-Reader. Online http://www.trndload.com/meinungsstudie/trnd_tablets_e-reader.pdf [Zugriff: 07.12.2010].

Gibt es zu viele (deutsche) Filme in den Kinos? Eine Analyse anhand empirischer Daten der Filmwirtschaft*

*Oliver Castendyk***

Gibt es ein Überangebot an deutschen Filmen?

Seit einiger Zeit wird in Deutschland eine Diskussion darüber geführt, ob es ein Überangebot an deutschen Filmen gibt und ob dieses Überangebot – falls es existiert – durch »Kinoverstopfung« die Ursache dafür sein könnte, dass der einzelne deutsche Film eine immer kürzere und geringere Chance erhält, im Kino erfolgreich zu sein.[1] Was für die einen eine Art »kinematographischer Kannibalismus«[2] ist, ist für die anderen Indiz einer blühenden Kreativität und Produktivität der deutschen Filmbranche und eine Ursache für die höchsten Marktanteile des deutschen Films seit 40 Jahren zwischen 2005 und 2011. Eine vergleichbare Diskussion wurde mit Bezug auf kleinere Mitgliedsstaaten der EU geführt.[3]

Anstehende FFG-Novelle bildet Hintergrund der Diskussion

Die Diskussion um ein mögliches Überangebot findet nicht im luftleeren Raum statt: In diesem Jahr steht die Reform des Filmförderungsgesetzes (FFG) auf der politischen Agenda. Dessen Regelungen könnten zukünftig

---

* Erstmals veröffentlicht in Media Perspektiven 1/2013: 21-32.

** Prof. Dr. Oliver Castendyk ist Leiter des Forschungs- und Kompetenzzentrums Audiovisuelle Produktion und seit 2010 an der Hamburg Media School tätig.

1 Vgl. Deutsche Filmakademie 2011a, Filmfest Hamburg 2011, Filmkunstmesse Leipzig 2011.

2 So lautete die Formulierung in der Einladung zur Podiumsdiskussion am 04.10.2011 auf dem Filmfest Hamburg (vgl. Anm.1).

3 Vgl. MacPherson 2010.

etwas andere Schwerpunkte setzen. Zum Beispiel könnte geregelt werden, dass statt vieler Filme mit geringeren Mitteln künftig weniger Filme mit höheren Mitteln gefördert werden. Auch beim Deutschen Filmförderfonds (DFFF) könnte eine Beschränkung auf weniger Filme erreicht werden – etwa dadurch, dass nur noch Filme mit höheren Budgets gefördert werden oder nur solche Filme, bei denen der Verleih einen höheren Herausbringungsaufwand garantiert.

Pro- und Contra-Argumente anhand von Fakten überprüfen

Um die Debatte auf eine gesicherte Faktenbasis zu stellen, werden im Folgenden die Pro- und Contra-Argumente genauer untersucht und anhand der verfügbaren Daten von Filmförderungsanstalt (FFA)[4] und Spitzenorganisation der Filmwirtschaft (SPIO) empirisch überprüft. Die Ergebnisse dürften sowohl Befürworter als auch Gegner der These, dass zu viele deutsche Filme in die Kinos kommen, überraschen.

Pro und Contra

Argumentation: »Es gibt zu viele Filme«

Die Argumentation der »Zu-viele-Filme«-Fraktion lautet wie folgt: Die Anzahl der Produktionen aus Deutschland ist in den letzten zehn Jahren stark angestiegen. Gleichzeitig ist die Zahl der Kinoleinwände konstant geblieben, was zur Erschöpfung der Aufnahmekapazität des Kinomarkts führt. Die Folge: Die Filme nehmen sich gegenseitig einen Teil ihrer Verwertungschancen. Manuela Stehr, Geschäftsführerin der X Verleih AG, erklärt, wie zum Beispiel Verwertungschancen reduziert werden können:

> »Mein Lieblingsbeispiel ist immer ein Kino mit vier Leinwänden. Die haben früher sechs bis acht Filme gespielt, vielleicht noch einen Kinderfilm oder etwas Neues zur Matinée. Heute spielen sie am Start-Donnerstag – mit den bereits laufenden – 20 Filme. Das bedeutet, dass du für deinen Neustart unter Umständen

---

4 Der Autor dankt der FFA, namentlich Dr. Britta Nörenberg, sehr herzlich für die Bereitstellung der Daten.

nur noch eine Vorstellung bekommst. Und nicht wie früher, als all diese Filme ganz normal in der Nachmittags-, Abend-, Spätvorstellung eingesetzt wurden. (…) Das führt natürlich dazu, dass du nur ein Drittel der Vorstellungen hast und es am ersten Wochenende nicht schaffst, die magische Zahl zu erreichen, die dafür steht, dass dein Film Potenzial hat. Ein Film, der sonst für 200 000 Zuschauer gut ist, der macht dann eben nur noch 100 000.«[5]

These: Filme nehmen sich gegenseitig die Verwertungschancen

Auch wenn der Marketingaufwand (anders als die Zahl der Leinwände) keine feste Größe ist, sind die finanziellen Möglichkeiten der Verleiher doch begrenzt, in die Herausbringung von Kinofilmen zu investieren. Man könnte deshalb vermuten, dass auch der durchschnittliche Verleihaufwand pro deutschen Film in den letzten Jahren gesunken ist. Zusammengefasst lautet die These der Kritiker des Status Quo, dass der einzelne deutsche Film nicht mehr die Auswertungschancen im Kino bekommt, die ihm früher zuteilwurde, weil sich die Filme gegenseitig im Wege stehen.

Argumentation: »Es gibt nicht zu viele Filme«

Die Gegenposition kann an verschiedenen Punkten ansetzen: Zunächst könnte man in Zweifel ziehen, dass die Zahl der jährlich produzierten und ins Kino gekommenen deutschen Filmen tatsächlich so deutlich gewachsen ist. Außerdem könnte man einwenden, dass es auch bei ausländischen Filmen ein hohes Wachstum gegeben habe. Darüber hinaus könnte man differenzieren und die These aufstellen, dass innerhalb der Gesamtmenge der »deutschen Filme« nicht der deutsche Spielfilm gewachsen ist, sondern nur die deutsch-ausländische Koproduktion mit deutschem Ursprungszeugnis und der Dokumentarfilm.

Ferner wäre es möglich, den Fokus nicht auf die Zahl der produzierten und im Kino herausgebrachten Filme zu legen, sondern stattdessen auf die Zahl der Startkopien abzustellen, mit denen ein Film ins Kino gebracht

5 Manuela Stehr beim Roundtable der Deutschen Filmakademie am 08.04.2011, die dort allerdings nicht die These vertritt, dass es »zu viele deutsche Filme« gibt (vgl. Deutsche Filmakademie 2011b).

wird. Die umstrittene Überdeckung wäre dann nicht Folge einer Ausweitung der Produktion, sondern einer Ausweitung der Filmkopien. Schließlich könnte man an den möglichen Folgen der Marktübersättigung ansetzen: einem Rückgang der Marketinginvestitionen oder der Verweildauern von deutschen Filmen im Kino.

Argument: Größerer Output erhöht Chancen auf Markterfolg

Man könnte die Zunahme von heimischen Produktionen als positiv ansehen und darauf verweisen, dass der deutsche Film in den letzten Jahren sehr erfolgreich gewesen ist. Die Begründung wurde einmal pointiert von Peter Aalbæk Jensen, dem dänischen Produzenten von Lars von Trier, zusammengefasst: »Da Film eine Lotterie ist, ist es wichtig, viele Lose in der Trommel zu haben, nicht nur eins.«[6]

Wenn niemand weiß, warum manche Kinofilme erfolgreich sind[7] und manche nicht, braucht man eine Anzahl von Versuchen, um einen Hit zu landen. Die US-amerikanischen Major-Studios (Warner, Paramount etc.) gehen zum Beispiel davon aus, dass von zehn herausgebrachten Filmen zwei erfolgreich sind, zwei zumindest kein Geld verlieren und sich sechs als Flops herausstellen.[8] Je mehr »Lose« man für das Glücksspiel »Kinoerfolg« kauft, desto höher sind die Chancen, das große Los zu ziehen. Denkbar ist auch eine Kombination beider Wirkungen: Grundsätzlich erhöht ein größerer Output deutscher Produktionen die Chance auf mehr Markterfolg. Ab einem gewissen Punkt aber ist die Zahl der Produktionen so groß geworden, dass der gegenteilige Effekt der gegenseitigen Behinderung einsetzt.

Im Folgenden soll versucht werden, diese Diskussion mit empirischen Daten, die in der Regel von der Filmförderungsanstalt (FFA) stammen, zu versachlichen und – soweit es die Daten zulassen – die einzelnen Hypothesen empirisch zu überprüfen.

---

6 In einem Interview mit Sigrid Herrenbrück, vgl. Medienboard News 2003: 14.

7 Die berühmte »nobody knows anything«-These, die in Hollywood gerne zitiert wird stammt von Drehbuchautor W. Goldmann, zitiert hier nach Vany/Walls 1999: 285 ff.

8 Vgl. Vogel 1998: 31.

Empirische Überprüfung der Grundthese

Mehr Kinostarts von Filmen mit deutschem Ursprungszeugnis (»deutsche Filme«)

1998 startete wöchentlich eine deutsche Produktion in den deutschen Kinos; 2005 waren es fast drei. 2011 liefen im Durchschnitt 3,9 deutsche Filme pro Woche an (vgl. Abbildung 1). Der Begriff des »deutschen Films« richtet sich nach §§ 15 und 16 Filmförderungsgesetz (FFG) und wurde 1991 aus europarechtlichen Gründen geöffnet. Danach ist ausreichend, wenn der Hersteller seinen Wohnsitz oder eine Niederlassung in Deutschland hat, eine Endfassung des Films in deutscher Sprache erstellt, technische Dienstleistungen aus Europa in Anspruch genommen wurden und der/die Regisseur/Regisseurin oder bestimmte andere kreative Mitwirkende dem deutschen oder europäischen Kulturkreis angehören. Bei internationalen Koproduktionen reicht es gem. § 16 FFG (ggf. in Verbindung mit einem bi- oder multilateralen Koproduktionsabkommen) aus, wenn eine angemessene finanzielle, künstlerische und technische Beteiligung aus Deutschland vorliegt. Aus diesem Grunde sind auch Filme wie »Asterix bei den olympischen Spielen«, »Die fabelhafte Welt der Amelie« oder »V for Vendetta« »deutsche Filme«.

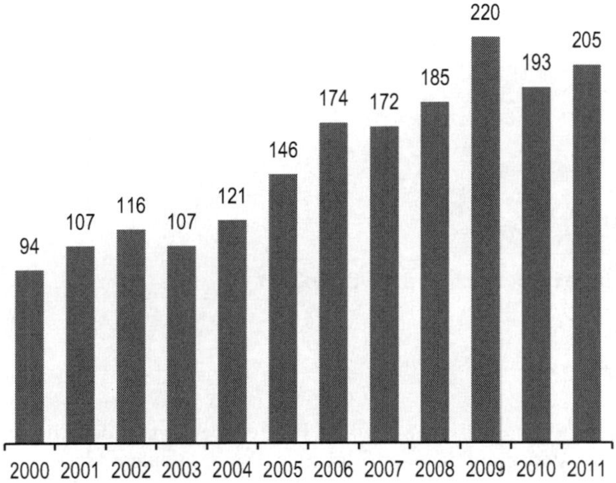

Abbildung 1: Erstaufgeführte deutsche Langfilme 2000 bis 2011

Quelle: SPIO (2012:13), (2010:13).

Zahl der Kinoleinwände seit 2000 relativ konstant

Von der Zahl der Erstaufführungen lässt sich auf die Zahl der Produktionen schließen, die in den Jahren zuvor produziert wurden. Allerdings wird nicht jeder für die Auswertung im Kino produzierte Film auch tatsächlich in einem Filmtheater (erst-) aufgeführt. Um als erstaufgeführt zu gelten, muss der Film für mindestens sieben Tage gezeigt werden.[9] Zum Teil findet ein fertig gestellter Film keinen Verleih oder der Verleih keinen Kinobetreiber, der den Film bestellt. Deshalb ist die Zahl der in den letzten Jahren produzierten Kinofilme noch etwas höher als die der erstaufgeführten. Die Zahl der Kinoleinwände ist hingegen seit 2000 in etwa gleich geblieben. Bis 2005 gab es eine leichte Steigerung, danach eine Verringerung auf 4 640 Leinwände in Deutschland im Jahr 2011 (vgl. Tabelle 1).

Jahr	Kinoleinwände
1998	4 435
1999	4 651
2000	4 783
2001	4 792
2002	4 868
2003	4 868
2004	4 870
2005	4 889
2006	4 848
2007	4 832
2008	4 810
2009	4 734
2010	4 699
2011	4 640

Tabelle 1: Kinoleinwände in Deutschland 1998 bis 2011

Quelle: FFA (2012: 4), (o.J.).

9 Eine reguläre Erstaufführung ist gem. § 14 a FFG gegeben, wenn der Film erstmalig an mindestens sieben aufeinander folgenden Tagen in einem kinogeeigneten technischen Format in einem Filmtheater mit regelmäßigem Spielbetrieb im Inland gegen ein marktübliches Entgelt vorgeführt wurde.

In welchen Filmkategorien fand das Wachstum statt?

Nachdem feststeht, dass die Zahl deutscher Kinofilme in den letzten zehn Jahren deutlich gestiegen ist, stellt sich die Frage, in welchen Kategorien das Wachstum stattfand: in der Kategorie Dokumentarfilm[10], in der Kategorie deutsch-ausländischer Spielfilm[11] oder beim »rein deutschen« Spielfilm[12] (vgl. Abbildung 2).

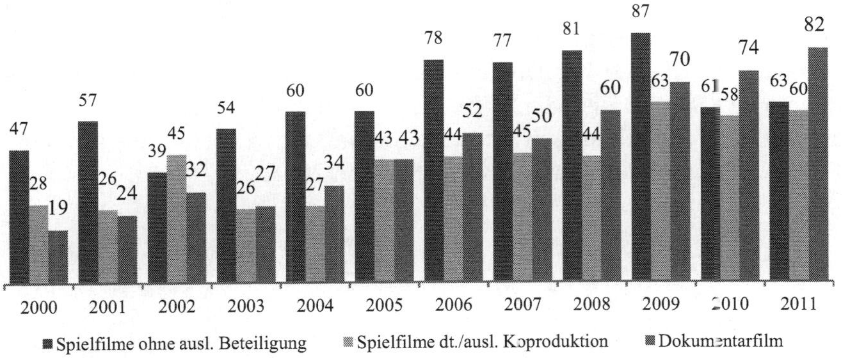

Abbildung 2: Erstaufgeführte deutsche Langfilme 2000 bis 2011

Quelle: SPIO (2012: 13), (2010: 1).

---

10 Beispiele aus 2010: »Kinshasa Symphony«, »12 Monate Deutschland«, »Berlin-Stettin«, »Jedem Kind ein Instrument«, »Plastic Planet«, »Kein Ort«, »Die Konkurrenten – Russlands Wunderkinder«, »David wants to fly«, »Das kreative Universum – Naturwissenschaft & Spiritualität im Dialog«, »Forgetting Dad«, »Herbstgold«, »Neukölln Unlimited«.

11 Beispiele: »Bon Appetit«, »Die ewigen Momente der Maria Larsson«, »Du sollst nicht lieben«, »Ein russischer Sommer«, »Henri IV«, »Lourdes«, »Mr. Nobody«, »Habermann«, »Der Ghostwriter«, »Au revoir Taipeh«, »Small world«, »Tandoori Love«, »Resident Evil«, »Der Räuber«, »Carlos – der Schakal«, »Black Ice«, »Here & There«, »Ich«, »Tomek«, »L.A. Zombie«.

12 Beispiele: »Vincent will Meer«, »Zeiten ändern Dich«, »Wir sind die Nacht«, »Vorstadtkrokodile 2«, »Teufelskicker«, »Schwerkraft«, »Same but different«, »Rock it«, »Max Schmeling«, »Parkour«, »Jerry Cotton«, »Hier kommt Lola«, »Hanni & Nanni«, »Goethe!«, »Drei«, »Freche Mädchen«, »Die Taube auf dem Dach«, »Die Friseuse«, »Die Fremde«, »13. Semester«.

Geringste Zunahme bei rein deutschen Spielfilmen

Die Zunahme war bei Dokumentarfilmen und bei deutsch-ausländischen Koproduktionen (die jedoch nach §§ 15, 16, 16 a FFG rechtlich als »deutsche Produktionen« gelten und deshalb auch grundsätzlich Anspruch auf Förderung haben)[13] wesentlich stärker als bei rein deutschen Spielfilmen.[14] Bei Dokumentarfilmen hat sich die Zahl der Veröffentlichungen seit 2004 mehr als verdoppelt. Dies gilt auch für internationale Koproduktionen mit deutscher Beteiligung, deren Zahl 2004 noch bei 27 und 2011 bei 60 Spielfilmen lag. Der Anstieg von 60 rein deutschen Produktionen in 2004 auf das bisherige Maximum von 87 im Jahr 2009, fällt deutlich geringer aus als der bei Dokumentarfilmen und internationalen Koproduktionen. Seitdem ist die Zahl der Kinostarts deutscher Filme ohne ausländische Beteiligung wieder rückläufig und erreichte 2011 mit 63 Filmen erneut das Niveau der Jahre 2004 und 2005.

Differenzierung der Erstaufführungen nach Herkunftsland

Ist die Steigerung der Erstaufführungen eine Besonderheit deutscher Filme? Dies wäre nicht der Fall, wenn auch die Zahl der Kinostarts ausländischer Filme, zum Beispiel aus den USA, Frankreich oder Großbritannien, in den letzten zehn Jahren in vergleichbarem Maße angestiegen sein sollte.

13 Nicht bekannt ist, ob es sich dabei um majoritär deutsche oder majoritär ausländische Produktionen handelt und ob in anderen europäischen Staaten, zum Beispiel Frankreich, der Anteil an majoritär ausländischen, aber dennoch »französischen« Filmen größer oder kleiner ist als in Deutschland.

14 Der Begriff Spielfilm wird als Gegenbegriff zum Dokumentarfilm verwendet und beinhaltet fiktionale Elemente und Schauspieler. Die Übergänge sind teilweise fließend, wenn Dokumentarfilmen fiktionale Elemente (z.B. in Form des sog. Reinactment historischer Szenen oder bei sog. Scripted Reality) enthalten oder wenn in fiktionale Filme dokumentarische Szenen eingeschnitten sind.

Mehr Erstaufführungen nur bei deutschen und türkischen Filmen

Tabelle 2 zeigt, dass sich nur die Zahl der Erstaufführungen deutscher und türkischer Spielfilme deutlich vergrößert hat. Die Zahl erstaufgeführter US-amerikanischer, britischer und französischer Spielfilme ist hingegen zurückgegangen bzw. hat sich in etwa auf dem Niveau des Jahres 2000 gehalten. 2009 war insoweit ein denkwürdiges Jahr, als erstmals ebenso viele Spielfilme deutschen Ursprungs gestartet wurden wie US-amerikanische Spielfilme.

Herstellungsland	2000	2001	2002	2003	2004	2005	2006	2007	2008	2009	2010	2011	2011 in %
USA	165	144	123	135	166	129	151	156	139	150	150	146	34,8
Deutschland	75	83	84	80	87	103	122	122	125	150	119	123	29,4
Frankreich	34	27	27	21	27	18	19	21	23	24	31	25	6,0
Großbritannien	21	10	15	10	10	23	19	16	18	11	15	24	5,7
Türkei	3	7	6	6	5	12	11	11	9	19	17	17	4,1

Tabelle 2: Erstaufgeführte Spielfilme 2000 bis 2011 nach Herstellungsländern in Deutschland

Quelle: SPIO 2012: 24.

Differenzierung nach Herstellungskosten

Als weiteres Differenzierungsmerkmal können die Herstellungskosten herangezogen werden. Man könnte die These, zu viele deutsche Filme stünden sich gegenseitig im Wege, dahingehend spezifizieren, dass vor allem die Zahl der Filme mit »kleinen« Budgets zugenommen hätten und dass diese die optimale Auswertung der »mittleren« und »größeren« Filme erschweren würden.

Dokumentarfilme generell mit relativ kleinem Budget

Für den Dokumentarfilm liegen keine Zahlen über durchschnittliche Budgets vor.[15] Ein Blick in die Förderstatistik des DFFF, der aufgrund seiner Richtlinie (§ 5 Abs. 2) ohnehin nur Dokumentarfilme mit einem höheren Budget fördern darf, zeigt, dass die dort geförderten Filme Budgets deutlich unterhalb von 1,5 Mio Euro aufweisen. Da sich die Zahl der im Kino gestarteten Dokumentationen deutscher Herkunft in den letzten zehn Jahren mehr als verdreifacht hat, hat damit auch die Zahl der Filme mit »kleinem« Budget zugenommen.

Spielfilme nach Produktionsgrößenklassen

Will man die Entwicklung der Budgets und Zahlen erstaufgeführter deutscher Kinofilme von 2001 bis 2011 betrachten, so müssen diese Größenklassen entsprechend eingeordnet werden. Die Jahrbücher der Spitzenorganisation der Filmwirtschaft (SPIO) unterscheiden folgende Größenklassen (vgl. Tabelle 3):

Produktionskosten in €	Kategorie
unter 0,5 Mio	Very Low Budget
0,5 bis 1,5 Mio	Low Budget
1,5 bis 3 Mio	Low Budget
3 bis 5 Mio	Mittleres Budget
5 bis 10 Mio	Höheres Budget
über 10 Mio	Hohes Budget

Tabelle 3: Produktionsgrößenklassen

Quelle: SPIO 2012: 17.

15 Die Studie Produzentenstudie 2012 hat zwar durchschnittliche Budgets für das Jahr 2011 erhoben, nicht aber für die Jahre davor; vgl. Castendyk/Goldhammer 2012.

Die durchschnittlichen Herstellungskosten lagen in den Jahren 2003 bis 2011 zwischen 3,1 und 5 Mio Euro.[16] Dementsprechend ist die SPIO-Kategorie eines Budgets von 3 bis 5 Mio Euro die mittlere Kategorie, die Kategorien darunter können deshalb als kleinere Budgets, die darüber als größere Budgets bezeichnet werden. Die Kategorien unter 0,5 Mio Euro werden hier als Very Low Budget, die von 0,5 bis 1,5 Mio Euro als Low Budget bezeichnet.[17]

Herstellungskosten sind leider nicht von allen deutschen Kinofilmen bekannt. Im Durchschnitt waren zwischen 2003 und 2011 die Herstellungskosten nur bei 61 Prozent der erstaufgeführten Spielfilme bekannt (bei einer Schwankungsbreite von 45 bis 74 %). Es ist deshalb zweifelhaft, ob die Stichprobe der Spielfilme, bei denen die Herstellungskosten bekannt sind, mit der Grundgesamtheit aller in diesem Jahr erstaufgeführten deutschen Spielfilme übereinstimmt. Die FFA kennt die Herstellungskosten nur dann, wenn es entweder eine DFFF-Förderung oder eine Projektförderung gab. Aufgrund der Schwellenwerte beim DFFF ist deshalb wahrscheinlich, dass Spielfilme mit kleinen Budgets weniger stark in der Stichprobe vertreten sind. Tabelle 4 ist deshalb nur mit Vorsicht zu betrachten.

Tendenz zu höheren Budgets bei deutschen Filmen

Mit der oben genannten Einschränkung möglicherweise mangelnder Repräsentativität lässt sich die These, dass – mit Ausnahme der Dokumentationen – Very-Low-Budget-und Low-Budget-Spielfilme zugenommen haben, nicht bestätigen. Ihr Anteil an dem gesamten Volumen an erstaufgeführten Kinofilmen ist entweder gleich geblieben (bei Very-Low-Budget-Filmen) oder leicht gesunken (bei Low-Budget-Filmen). Mit anderen Worten: Da die Zahl der erstaufgeführten deutschen Kinofilme insgesamt zugenommen hat, haben auch die günstiger produzierten Filme zu-

16 Vgl. Spitzenorganisation der Filmwirtschaft (SPIO) (2012: 16); Castendyk 2008: 111.

17 Bei Dokumentarfilmen ist die Bezeichnung insofern irreführend, als ein Budget von über 1 Mio Euro für eine Kinodokumentation durchaus schon relativ hoch sein kann. Die Budgets dürften deshalb im Bereich unterhalb von 1,5 Mio Euro liegen.

genommen, allerdings proportional weniger stark als die etwas teureren Filme. Die Entwicklung der Herstellungskosten und die seit Einführung des DFFF nochmals verbesserte Fördersituation hat dazu geführt, dass die Herstellungskosten im Durchschnitt gestiegen sind und dass vor allem die Kategorie der Spielfilme mit einem Budget von 5 bis 10 Mio Euro deutlich zugenommen hat.

Produktionskosten in €	2003 in%	2004 in%	2005 in%	2006 in %	2007 in %	2008 in %	2009 in %	2010 in %	2011 in %	Ø 2003 bis 2011 in %
unter 0,5 Mio	10	9	6	4	7	9	9	10	7	8
0,5 bis 1,5 Mio	27	27	32	18	25	30	23	29	21	26
1,5 bis 3 Mio	24	30	25	29	20	24	16	13	16	22
3 bis 5 Mio	19	22	22	25	24	19	17	19	28	22
5 bis 10 Mio	12	8	8	20	14	9	28	21	16	15
über 10 Mio	8	5	6	4	10	8	7	9	12	8
gesamt	100	100	100	100	100	100	100	100	100	100
Anteil der Filme, zu denen der SPIO Angaben zu Produktionskosten vorliegen (2011: 57 Filme)	74	74	61	45	58	69	61	59	46	61

Tabelle 4: Anteile der Kostenklassen an den erstaufgeführten deutschen Spielfilmen 2003 bis 2011

Quelle: SPIO 2012: 17.

Zwischenfazit

Die Zahl der Erstaufführungen deutscher Kinofilme ist deutlich gestiegen – von 94 im Jahr 2000 auf 205 Kinofilme im Jahr 2011. Die Zahl der erstaufgeführten deutschen Spielfilme erreichte 2009 erstmals die Zahl der US-amerikanischen First Releases in Deutschland. Die Zahl der in Deutschland erstaufgeführten Filme aus den USA, Frankreich und Großbritannien ist gleich geblieben oder leicht gesunken.

Der Anstieg bei den Dokumentarfilmen und bei den deutsch-ausländischen Koproduktionen ist stärker als bei den rein deutschen Spielfilmen. Bei den Spielfilmen ist in den letzten Jahren eine Steigerung bei den mittleren und höheren Budgets zu verzeichnen. In der Very-Low- und Low-Budget-Kategorie gibt es eine Steigerung durch die Zunahme von Dokumentarfilmen.

Kapazitätsgrenzen der Kinoauswertung und Rolle der Startkopien

Zahl der Startkopien

Wenn es um die Frage geht, ob bestimmte Kapazitätsgrenzen erreicht werden, ist neben der Zahl der Kinostarts auch die Zahl der Startkopien[18] relevant. So mögen zum Beispiel derzeit jährlich nicht mehr US-amerikanische Filme gestartet werden als noch im Jahr 2001, aber möglicherweise werden die Filme mit mehr Kopien gestartet. Um den möglichen »Verstopfungseffekt« genauer beurteilen zu können, muss also nicht nur die Anzahl der gestarteten Filme, sondern auch die Anzahl der Startkopien berücksichtigt werden. Die empirisch überprüfbare These lautet demnach: Nicht (nur) die Anzahl der gestarteten deutschen Filme, sondern (auch) die Anzahl der Startkopien ist gestiegen.

Tabelle 5 bestätigt die These nur sehr eingeschränkt. Eine Steigerung der Kopienanzahl im Vergleich von 2005 und 2010 ist zu verzeichnen. Gleichzeitig beweist die Zahl der durchschnittlichen Startkopien dieser beiden Jahre, dass nicht mehr Startkopien, sondern nur mehr Filme gestartet wurden: der Durchschnitt an Startkopien pro Film blieb in diesen beiden Jahren gleich.

	2005	2006	2007	2008	2009	2010	Gesamt
Kinostarts (gesamt)	146	183	186	187	217	189	1 108
Kopienanzahl (gesamt)	9 576	13 199	12 557	13 097	18 736	12 354	79 519
Startkopien pro Film (Ø)	66	72	68	70	86	65	72
Startkopien pro Film (Median)	20	12	13	15	19	19	15
Hinweis: Abweichungen zu Daten im FFA-Geschäftsbericht, FFA-Info und SPIO-Jahrbüchern können aufgrund von Nachmeldungen vorkommen.							

Tabelle 5: Anzahl der Kinostarts und Kopienanzahl für deutsche Erstaufführungen 2005 bis 2010

Quelle: FFA auf Basis der Verleihmeldungen.

18 Eine Startkopie ist eine Filmkopie (unabhängig vom Format, zum Beispiel 16 mm oder 35 mm, analog oder digital), die bei Filmstart erstmals eingesetzt wird. Bei einem erfolgreichen Film werden nach Filmstart weitere Kopien in den Markt gebracht.

Bei ausländischen (einschließlich der US-amerikanischen) Filmen sieht es nicht anders aus. Auch hier gibt es einen Spitzenwert (52 133 Kopien in 2010); ansonsten schwankt die Kopienzahl in den letzten Jahren zwischen ca. 43 000 und 47 000 Kopien. Der Durchschnitt von 2005 liegt nicht weit unter dem von 2010 (vgl. Tabelle 6).

	2005	2006	2007	2008	2009	2010	Gesamt
Kinostarts (gesamt)	311	322	324	289	297	319	1 862
Kopienanzahl (gesamt)	46 117	47 332	47 484	43 189	44 769	52 133	281 024
Startkopien pro Film (Ø)	148	147	147	149	151	163	151
Startkopien pro Film (Median)	46	54	50	50	54	62	52
Hinweis: Abweichungen zu Daten im FFA-Geschäftsbericht, FFA-Info und SPIO-Jahrbüchern können aufgrund von Nachmeldungen vorkommen.							

Tabelle 6: Anzahl der Kinostarts und Kopienanzahl für internationale Erstaufführungen (ohne deutsche und deutsch-ausländische Koproduktionen) 2005 bis 2010

Quelle: FFA auf Basis der Verleihmeldungen.

Filme werden im Durchschnitt nicht mit mehr Kopien gestartet

Die These, dass der ausländische Film zwar nicht bei den jährlichen Neustarts, aber dafür bei den Filmkopien gewachsen ist und damit zur »Überdeckung« beigetragen hat, kann auf Basis der Zahlen ab 2005 nicht bestätigt werden. Ebenso wenig kann die These bestätigt werden, dass die Zahl der Startkopien pro deutschen Film gestiegen ist. Die Zahl der Kopien ist vor allem deshalb gestiegen, weil die Zahl der Neustarts gestiegen ist und nicht, weil die Filme mit durchschnittlich mehr Kopien gestartet werden (vgl. Tabelle 7).

Anzahl Startkopien	2005 abs.	2005 in %	2006 abs.	2006 in %	2007 abs.	2007 in %	2008 abs.	2008 in %	2009 abs.	2009 in %	2010 abs.	2010 in %	Gesamt abs.	Gesamt in %
0–9	50	34,2	87	47,5	74	39,8	68	36,4	73	33,6	65	37,6	417	37,6
10–29	40	27,4	43	23,5	33	17,7	54	28,9	52	24,0	58	28,6	208	25,3
30–99	31	21,2	21	11,5	48	25,8	33	17,6	43	19,8	36	18,0	212	19,1
100–299	16	11,0	17	9,3	17	9,1	16	8,6	25	11,5	15	7,9	106	9,6
ab 300	9	6,2	15	8,2	14	7,5	16	8,6	24	11,1	15	7,9	93	8,4
Kinostarts (gesamt)	146	100	183	100	186	100	187	100	217	100	189	100	1108	100
Kopienanzahl (gesamt)	9 576		13 199		12 557		13 097		18 736		12 354		79 519	
Startkopien pro Film (Ø)	66		72		68		70		86		65		72	
Startkopien pro Film (Median)	20		12		13		15		19		19		15	

Hinweis: Abweichungen zu Daten im FFA-Geschäftsbericht, FFA-Info und SPIO-Jahrbüchern können aufgrund von Nachmeldungen vorkommen.

Tabelle 7: Anzahl der Filme nach Startkopien für deutsche Erstaufführungen 2005 bis 2010

Quelle: FFA auf Basis der Verleihmeldungen.

Auf Dokumentarfilme und (Very-) Low-Budgetfilme entfallen unter 10 % der Startkopien

Haben die vielen Filme mit kleineren Budgets dazu geführt, dass es eine immer größere Zahl an ebenso kleinen Filmstarts gibt? Oder tragen die kleinen Filme nur wenig zur Überdeckung bei, weil sie ohnehin mit wenig Aufwand und mit wenigen Kopien gestartet werden? Der Anteil der »kleinen« Kinostarts mit null bis neun Kopien am Gesamtaufkommen von Startkopien ist sehr gering; selbst wenn man die Kategorie von zehn bis 29 Startkopien noch hinzunimmt, liegen beide zusammengerechnet im Durchschnitt der letzten Jahre bei unter 10 Prozent (vgl. Tabelle 8).

Anzahl Startkopien	in %
0–9	2
10–29	6
30–99	12
100–299	24
ab 300	55
Kopienanzahl (gesamt)	100

Hinweis: Gemessen an der Gesamtkopienanzahl in den Jahren 2005 bis 2010.

Tabelle 8: Verteilung der fünf Startkopien-Kategorien 2005 bis 2010 (Erstaufführung deutscher Langfilme)

Quelle: FFA auf Basis der Verleihmeldungen.

Die Zahlen auf Basis der Verleihmeldungen zeigen, dass Herausbringungen mit null bis neun Kopien von 2005 auf 2006 zwar gestiegen, anschließend aber gesunken sind. Die Zahl der Herausbringungen zwischen zehn und 29 Kopien ist hingegen von 2005 bis 2010 von 40 auf 58 gewachsen. Ein Grund dafür mag in den DFFF-Richtlinien begründet liegen, die vorschreiben, dass bei einem Zuschuss von weniger als 320 000 Euro für eine Produktion diese immerhin noch mit 15 Kopien gestartet werden muss. Dokumentarfilme benötigen nur vier Kopien.

Zwischenfazit

Die Zahl der Startkopien pro Filmstart hat sich in den letzten fünf Jahren nicht wesentlich verändert. Dies gilt sowohl für den deutschen als auch für den ausländischen Film. Absolut gerechnet liegt die Zahl der Startkopien 2010 insgesamt höher als 2005, weil mehr Filme gestartet wurden.

Dokumentarfilme und Filme mit einer geringen Zahl von Startkopien machen nur einen kleinen Teil der in den letzten Jahren gestiegenen Kopienzahlen deutscher Filme aus. Dementsprechend sind sie auch kein wesentlicher Kausalfaktor für die Zunahme der Startkopien deutscher Filme in den letzten Jahren.

Mögliche positive und negative Folgen der Zunahme an Kinofilmen

Verbessern oder verschlechtern viele Filme die Erfolgschancen im Kino?

Angesichts der Tatsache, dass sich die Zahl der deutschen Kinoproduktionen seit 1998 fast verdreifacht hat, stellt sich die Frage, welche Folgen diese Tatsache für den Erfolg des deutschen Films im Kino hat. Denkbar sind völlig gegenläufige Szenarien: das einer gegenseitigen Behinderung – und damit einer Verringerung – oder das einer Erhöhung der Chancen.

Das Szenario der Behinderung wurde bereits dargestellt. Bei nachweisbar begrenzter Aufnahmekapazität steht pro Film zeitlich und/oder räumlich weniger Abspielfläche zur Verfügung. Dem Kinobetreiber bleiben nur folgende Varianten: a) einzelne deutsche Filme werden gar nicht erstaufgeführt, b) sie werden auf weniger Leinwänden gespielt oder c) sie werden weniger lange gespielt – sei es, dass ihre Verweildauer im Kino geringer ist (z.B. nur vier anstelle von acht Wochen); sei es, dass sie in einem Kinosaal nicht mehrmals pro Tag, sondern nur noch einmal pro Tag

(»Schiene«) angeboten werden. Ob diese Folgen eingetreten sind, lässt sich empirisch ebenso überprüfen wie die These, dass eine Zunahme von Neustarts deutscher Filme die Chancen, einen Hit zu landen, erhöht und damit letztlich den Marktanteil deutscher Filme verbessert hat.

Mögliche Folge: Höhere Besucherzahlen und steigender deutscher Marktanteil

Zunächst wird geprüft, ob die zunehmende Zahl von Kinostarts deutscher Filme dazu führt, dass der Marktanteil (oder die absolute Zahl verkaufter Tickets) der deutschen Kinofilme im Inland gestiegen ist.[19] Dies würde voraussetzen, dass der Marktanteil deutscher Filme ebenfalls gestiegen ist und würde weiterhin beinhalten, dass eine Korrelation zwischen beiden Werten besteht, die auf kausale Effekte hindeuten würde (vgl. Abbildung 3). Zunächst ist festzuhalten, dass der Marktanteil deutscher Filme in den letzten zehn Jahren gestiegen ist. Er lag in den 1990er Jahren (1991 bis 2000) bei durchschnittlich 11,86 Prozent[20], in den Jahren 2001 bis 2011 bei 20,5 Prozent und hat sich damit fast verdoppelt. Auch bei Durchführung einer Trendanalyse[21] ergibt sich eine klare Entwicklung nach oben.

---

19 Besucherzahlen sind ein wichtiger Indikator für den Erfolg eines Films, jedoch nicht das einzige Kriterium. Wichtig ist auch der künstlerische Erfolg. Der rein künstlerische Erfolg ist nicht leicht zu definieren und deshalb auch schwerer zu messen als der Publikumserfolg. Das FFG macht ihn am »Erfolg bei international bedeutsamen Festivals und Preisen« (§ 22 Abs. 1 S. 2 FFG) fest. Und dazu kommt: Künstlerischer Erfolg ist nicht notwendigerweise gleichbedeutend mit künstlerischer Qualität. Ein Film kann unter ästhetischen, kreativen und filmhistorischen Gesichtspunkten herausragend sein, dennoch kann man von einem solchen Film sagen, er habe leider weder beim Publikum noch bei den Jurys diverser Festivals Erfolg gehabt, ohne dabei in Selbstwiderspruch zu geraten. Jeder hat das Recht, seine subjektive, künstlerische Wertung neben oder sogar über die von Publikum oder Jurys zu stellen. Wenn man sich auf die Definition im FFG einlässt und die kulturellen Referenzpunkte als ausreichenden Indikator für kulturellen Erfolg ansehen wollte, könnte man den Zusammenhang zwischen Anzahl der jährlichen Kinostarts deutscher Filme und ihrem Festival/Preis-Erfolg messen. Dabei können die deutschen Preise außer Betracht bleiben, die nur deutsche Filme küren, wie etwa der Bayerische Filmpreis.

20 Vgl. SPIO 2012: 16; Castendyk 2008: 91.

21 Vgl. SPIO o.J.

Betrachtet man nur die Spielfilme (ohne Dokumentarfilme), lassen sich drei Phasen unterscheiden: zunächst die Zeit 1990 bis 2000, in der jährlich 50 bis 75 deutsche Spielfilme auf den Markt gebracht wurden; der Zeitraum 2001 bis 2004, als die Zahl der Erstaufführungen zwischen 80 und 87 Filmen lag und schließlich die Phase ab 2006, als die Zahl zwischen 119 und 150 (2009) Kinostarts schwankte.

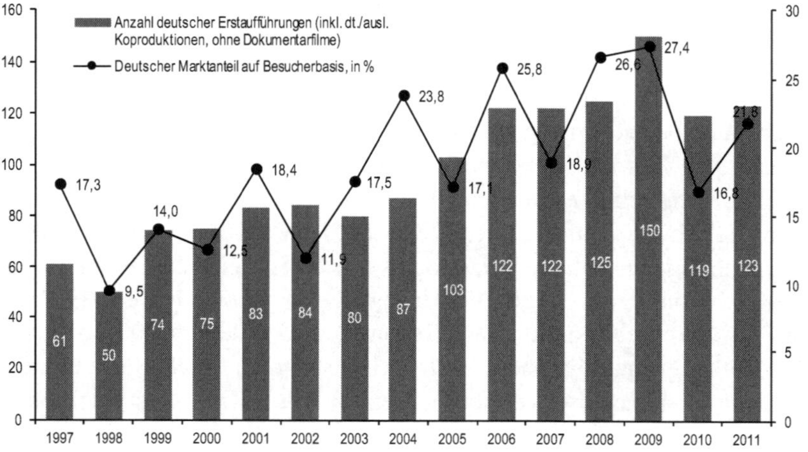

Abbildung 3: Anzahl der erstaufgeführten deutschen Spielfilme und deutscher Marktanteil 1997 bis 2011

Quelle: SPIO (2011: 13), (2007: 24), (2003: 24) sowie FFA (2012: 4), (o.J.).

Zusammenhang von steigenden Filmstarts und steigenden Marktanteilen

Die spannende Frage lautet: Steht die positive Entwicklung des deutschen Marktanteils – die sich allerdings 2010 und 2011 Jahren nicht fortsetzte – in einem Zusammenhang mit der Zunahme des Angebots an deutschen Filmen? Zur Messung dieses Zusammenhangs wurde der Korrelationskoeffizient herangezogen. Dieser kann zwischen 0 und 1 (bzw. bei einer negativen Korrelation zwischen 0 und -1) liegen. Eine Korrelation von unter 0,4 dokumentiert einen schwachen Zusammenhang zwischen Marktanteil und Angebotszunahme, bei einer Korrelation zwischen 0,8 und 1,0 spricht man von einer hohen Korrelation, also einem starken Zusammenhang.

Vergleicht man den Kinomarktanteil von deutschen Filmen mit der Anzahl erstaufgeführter deutscher Filme[22] in den letzten zwölf Jahren von 2000 bis 2011, so ergibt sich eine Korrelation von 0,642. Werden die Dokumentarfilme nicht berücksichtigt, ist der Zusammenhang etwas stärker ausgeprägt; die Korrelation liegt hier bei 0,702. Wirklich interessant wird das Ergebnis, wenn man die Entwicklung des deutschen Marktanteils ausschließlich mit der Entwicklung der Anzahl rein deutscher Spielfilmproduktionen (ohne deutsch-ausländische Koproduktionen und Dokumentarfilme) der letzten zwölf Jahre vergleicht. Hier liegt die Korrelation bei erstaunlichen 0,868. Diese Einschätzung wird unterstützt, wenn man die Korrelation von Markterfolg und deutsch-ausländischen Koproduktionen der letzten zwölf Jahre vergleicht: Hier liegt die Korrelation lediglich bei 0,318; dieser Wert ist so gering, dass man nicht von einem Zusammenhang zwischen Markterfolg und der Anzahl deutsch-ausländischer Koproduktionen sprechen kann. Das heißt nicht, dass nicht auch deutsch-ausländische Koproduktionen Markterfolge haben (können), sondern nur, dass die Vergrößerung ihrer Anzahl wahrscheinlich nicht zur Steigerung des deutschen Marktanteils beigetragen hat. Der Einfluss der Neustarts im Bereich der Dokumentarfilme liegt mit einer Korrelation von 0,532 zwar höher, kann aber nicht als stark bezeichnet werden.

Rein deutsche Spielfilme tragen stärker zum Markterfolg bei als Koproduktionen und Dokus

Es gibt einen klaren statistischen Zusammenhang zwischen Anzahl der Filme und Markterfolg. Rein deutsche Spielfilme tragen im statistischen Durchschnitt deutlich stärker zum Markterfolg bei als Dokumentationen und deutsch-ausländische Koproduktionen.

---

22 Basis für den nationalen Vergleich sind die bei der Spitzenorganisation der Filmwirtschaft (SPIO) gemeldeten Spielfilme mit einer Länge von über 59 Minuten, die in den Filmtheatern gewerblich ausgewertet wurden. Unter die erstaufgeführten Spielfilme fallen alle Filme, die mindestens eine Woche auf mindestens einer Leinwand in einem kommerziellen Kino vorgeführt worden sind.

Höhere Gewinne bei mehr Filmen und höheren Marktanteilen?

Höhere Marktanteile für den deutschen Film werden filmpolitisch positiv bewertet. Aus Sicht des Filmproduktionsunternehmens kann die Entwicklung jedoch unterschiedlich betrachtet werden. Denn ein höherer Marktanteil des deutschen Films bedeutet weder, dass die einzelnen Produktionsfirmen mehr Umsatz generieren (die steigenden Umsätze können sich auch auf eine steigende Zahl von Unternehmen verteilen), noch bedeutet er, dass die einzelnen Firmen oder die gesamte Filmproduktionsbranche mehr Gewinne machen.

Die Überprüfung einer These, wonach die zunehmende Anzahl von Kinostarts deutscher Filme dazu führt, dass immer mehr Kinofilme (differenziert nach Budgetklassen[23]) ihre Investitionen zurückführen (sog. Recoupment) kann mit den bestehenden Daten nicht geleistet werden.[24] Man müsste die – bisher empirisch noch niemals erhobenen – Produzenten- und Verleihergewinne der in den letzten zehn Jahren herausgebrachten 1 639 deutschen Kinofilme (einschließlich der Dokumentarfilme) ermitteln und miteinander vergleichen. Zum hohen empirischen Aufwand kommen weitere Schwierigkeiten hinzu, wie etwa die Tatsache, dass Gewinne auch von der konkreten Vertragsgestaltung und Vertriebsstruktur abhängen und deshalb nicht – wie Zuschauer oder Preise – nur Kriterium für den Erfolg des Films, sondern auch Kriterium für eine gute Vertragsgestaltung sein können.

Ein einfacher zu messender Indikator könnten die Rückzahlungsquoten der Projektfilmförderung (bei FFA und Länderförderung) sein. Allerdings sind die Filme mit Projektförderung nicht unbedingt repräsentativ für alle in Deutschland produzierten Kinofilme, es geben bisher nur wenige Länderförderinstitutionen diese Daten heraus, und selbst wenn dies geschieht, wird nicht zwischen Dokumentarfilmen, inländischen Spielfilmen und deutsch-ausländischen Koproduktionen differenziert.

---

23 Manche Vertreter von Produktionsunternehmen, die Kinofilme mit geringen Herstellungskosten produzieren, vertreten die Auffassung, dass Zuschauer bzw. Box Office kein gerechter Erfolgsmaßstab sind, weil diese Kriterien zu einem »Bias« zugunsten höher budgetierter Filme führten. Der Gewinn sei ein besseres Kriterium, weil »kleinere« Filme zwar weniger Zuschauer generierten, aber auch schneller in die Gewinnzone kämen.

24 Einen solchen Versuch macht Jensen (2005: 191 und 209 f.).

Zusammenhänge nicht ermittelbar

Zusammenhänge zwischen dem Wachstum von Filmstarts und der Umsatz- und Gewinnsituation einzelner Produktions- und Verleihunternehmen können mangels entsprechender Daten derzeit nicht ermittelt werden.

Sinkender Herausbringungsaufwand bei mehr Filmstarts?

Eine weitere Folge der zunehmenden Anzahl von Kinostarts deutscher Filme könnte sein, dass weniger Aufwand in die Herausbringung eines Films gesteckt wird. Diese Aufwendungen umfassen sowohl die Zahl der Startkopien als auch den weiteren Marketingaufwand. Soweit sich der Aufwand auf die Anzahl der Startkopien bezieht, ist das Bild uneinheitlich. Bei der Entwicklung der Startkopien deutscher Filme (vgl. Tabelle 7) wurde bereits gezeigt, dass sich die Gesamtzahl seit 2006 vergrößert hat und mit Ausnahme des Jahres 2009 in etwa zwischen 12 000 und 13 000 Kopien liegt. Betrachtet man die durchschnittliche Zahl von Kopien, so hat sich diese seit 2005 nicht verringert. Es gibt insoweit keine einheitliche Entwicklung in den Größensegmenten, die auf eine Verringerung des Herausbringungsaufwands bezüglich der Kopienzahl hindeuten

Unsichere Datenlage

Es ist zu beachten, dass die der FFA zur Verfügung stehenden Daten zu Marketingbudgets begrenzt sind. Es handelt sich um Filme, die FFA-Projektförderung oder DFFF-Förderung erhalten haben.[25] Es liegen Zahlen von den 2008 bis 2010 gestarteten Filmen vor, bei denen bei 80 Prozent (= 206 Filme) die P&A-Kosten (Publicity and Advertising) von den Verleihern gemeldet bzw. von den FFA-Bewilligungsbescheiden entnommen wurden. Die Stichprobe ist demnach sehr klein. Die Gefahr einer Verzerrung des Ergebnisses ist nicht auszuschließen, weil möglich ist, dass gerade die »kleineren« Filme mit geringeren Herstellungskosten

25 Die aus der Verleihförderung vorliegenden Daten wurden bisher von der FFA nicht zusammengefasst und ausgewertet.

nicht in der Stichprobe enthalten sind. Auch sind die drei Jahre ein zu kurzer Zeitraum, um nachhaltige Aussagen über den Bereich Marketingaufwand treffen zu können.

Hinzu kommt, dass der Marketingaufwand nur teilweise eine feststehende Größe ist. Insbesondere nach dem Start wird sich der Marketingaufwand nach dem bisherigen Erfolg des Films richten. Aus diesen Gründen muss die nachfolgende Interpretation mit Vorsicht behandelt werden. Da die Anzahl der Filme, die in den Jahren 2008 bis 2010 mit ihren Startbudgets bekannt wurden, unterschiedlich ist, können beim Vergleich der drei Jahre miteinander nur die prozentualen Anteile betrachtet werden (vgl. Tabelle 9).

	Starts 2008-2010 (ges.)		Starts 2008		Starts 2009		Starts 2010	
Größenkategorien Startbudgets in €	Anzahl	in %	Anzahl	in %	Anzahl	in %	Anzahl	in %
Filme (gesamt)	206	100,0	46	100,0	84	100,0	76	100,0
bis 99 Tsd	50	24,3	10	21,7	13	15,5	27	35,5
100 – 299 Tsd	49	23,8	9	19,6	26	31,0	14	18,4
300 – 499 Tsd	17	8,3	6	13	6	7,1	5	6,6
500 – 999 Tsd	25	12,1	3	6,5	11	13,1	11	14,5
1 - 1,9 Mio	44	21,4	14	30,4	18	21,4	12	15,8
über 2 Mio	21	10,2	4	8,7	10	11,9	7	9,2

Anmerkung: Von den rund 250 zwischen 2008 und 2010 gestarteten Filmen mit FFA-Projektförderung und/oder DFFF-Förderung liegen für 206 Filme bzw. ca. 80 % der Filme die P&A-Kosten

Tabelle 9: Startbudgets der Erstaufführungen (Filme mit FFA-Projektförderung und/oder DFFF-Förderung 2008 bis 2010)

Quelle: FFA nach Angaben der Verleiher.

Dennoch Tendenz zu niedrigeren Startbudgets erkennbar

Auf den ersten Blick scheint es keine deutliche Entwicklung zu geben. Fasst man jedoch die zwei niedrigsten und die zwei höchsten Segmente zusammen, zeigt sich eine Steigerung von 41 Prozent in 2008 auf 54 Prozent in 2010 bei Filmen mit einem Startmarketingaufwand bis zu 300 000 Euro und eine Abnahme von 39 Prozent auf 25 Prozent bei Filmen mit einem Aufwand von 1 Mio Euro aufwärts. Wenn, wie zu vermuten ist, Filme mit geringeren Herstellungskosten in der Stichprobe unterrepräsentiert sind, würde dies vermutlich an diesem Trend nichts ändern. Denn diese Filme dürften in aller Regel bei einem Marketingaufwand von eher unter 300 000 Euro pro Film liegen. In anderen Worten: Aus der Tabelle ergibt sich, dass sich die niedrigeren Startbudgets vermehren und die höheren Startbudgets ab 1 Mio Euro verringern.

Zwischenfazit

Die Zahlen sprechen eher für die Hypothese, dass sich der Marketingaufwand pro Film verringert. Es müssten jedoch weitere Jahre und umfassendere Daten erhoben werden, um die Hypothese belastbar überprüfen zu können.

Verweildauer der Filme im Kino und Zahl der Kinostarts

Werden Filme kürzere Zeit im Kino gespielt?

Die zunehmende Anzahl von Kinostarts deutscher Filme könnte dazu geführt haben, dass sich die Filme gegenseitig in der Auswertung behinderten mit der Folge, dass zum Beispiel nur noch eine Schiene pro Tag mit der Kopie bespielt wird oder die Filme immer kürzere Verweildauern im Kino aufweisen. Unter Verweildauer wird hier der Zeitraum (gemessen in Wochen) verstanden, in dem ein Kinofilm in einem Kinosaal gespielt wird.

Die FFA hat bisher keine Daten zu Verweildauern einzelner Filme erhoben oder herausgegeben. Auch das »auf Schiene spielen« wurde bisher nicht gemessen. Allerdings existieren Daten zur Anzahl der Besucher pro Startkopie für deutsche Erstaufführungen 2005 bis 2010. Diese Zahlen könnten wie folgt mittelbar Aufschluss über die Verweildauern geben: Nehmen wir an, dass die These, wonach die Verweildauern pro Film abnehmen, richtig ist. Die notwendige Folge wäre, dass die Besucher pro Startkopie abnehmen müssten. Wenn also, wie im angeführten Beispiel illustriert, ein Film (hier: Startkopie des Films) nicht mehr zehn, sondern nur noch fünf Wochen im Kino liefe, müssten die Zuschauer pro Startkopie im Durchschnitt abnehmen, und zwar auch in den Jahren, in denen der deutsche Film erfolgreich war (2004, 2006, 2008 und 2009) (vgl. Tabelle 10). Eine ähnliche Logik gilt, wenn Kinofilme nur noch an einem Zeitpunkt (Schiene) und nicht mehr (bzw. weniger häufig) mehrfach pro Tag gespielt werden. In beiden Fällen wird die Startkopie weniger genutzt, ihr Ausnutzungsgrad sinkt.

Verweildauer	Film A: Besucher	Film B: Besucher
Woche 1	20 000	20 000
Woche 2	20 000	20 000
Woche 3	20 000	20 000
Woche 4	20 000	20 000
Woche 5	20 000	20 000
Woche 6	20 000	/
Woche 7	20 000	/
Woche 8	20 000	/
Woche 9	20 000	/
Woche 10	20 000	/
Gesamt	200 000	100 000
Film A: Kinostart: 1998, Verweildauer: 10 Wochen, Besucherzahl pro Woche (Ø): 20 000.		
Film B: Kinostart: 2010, Verweildauer: 5 Wochen, Besucherzahl pro Woche (Ø): 20 000.		

Tabelle 10: Zusammenhang zwischen Verweildauer und Besucherzahlen (Fiktives und stark vereinfachtes Beispiel)

Quelle: Eigene Darstellung.

Besucher pro Startkopie als Indikator

Besucher pro Startkopie sind auch deshalb ein guter Indikator für den Ausnutzungsgrad einer Kopie, weil es unwahrscheinlich ist, dass andere (Erfolgs-)Faktoren kausal werden und das Ergebnis verfälschen. Denn wenn die Zuschauerzahl pro Startkopie zurückgeht, die Zuschauerzahlen aber gleichzeitig nicht sinken, muss der Ausnutzungsgrad geringer sein – sei es weil die Verweildauer kürzer ist und/oder weil nur noch eine Schiene pro Tag mit der Kopie bespielt wird. Denn ein weiterer Faktor, der den Rückgang im Ausnutzungsgrad beeinflussen könnte, ist nicht ersichtlich (vgl. Tabelle 11).

Die Ergebnisse in Tabelle 11 sind erstaunlich deutlich: Zwischen 2005 und 2010 hat sich die Zahl der Besucher pro Startkopie bei deutschen Filmen fast halbiert: von 2 168 im Jahr 2005 auf 1 418 im Jahr 2010. Der von »Ausreißern« weniger beeinflusste und deshalb realistischere »Median« der Besucher pro Startkopie zeigt nicht nur das gleiche Ergebnis (die Halbierung des Wertes von 2005), sondern lässt deutlicher den Entwicklungsverlauf erkennen. Danach ist zwischen 2007 und 2008 der stärkste Abfall von 806 auf 577 Besucher (entspricht 28,6 %) pro Startkopie deutscher Filme zu erkennen.

	2005		2006		2007		2008		2009		2010		Gesamt	
Besucher pro Kopie	abs.	in %	abs.	in %	abs.	in %	abs.	in %	abs.	in %	abs.	in %	abs.	in %
0 – 999	84	57,5	108	59	108	58,1	124	66,3	147	67,7	138	73	709	64
1 000 – 1 999	26	17,8	40	21,9	35	18,8	34	18,2	35	16,1	29	15,3	199	18
2 000 – 4 999	27	18,5	26	14,2	27	14,5	20	10,7	27	12,4	17	9	144	13
ab 5 000	9	6,2	9	4,9	16	8,6	9	4,8	8	3,7	5	2,6	56	5,1
Kinostarts (gesamt)	146	100	183	100	186	100	187	100	217	100	189	100	1 108	100
Besucher pro Startkopie (Ø)	2 168		2 708		2 206		2 338		2 146		1 418		2 170	
Besucher pro Startkopie (Median)	836		830		806		577		582		463		644	
Hinweis: Abweichungen zu Daten im FFA-Geschäftsbericht, FFA-Info und SPIO-Jahrbüchern können aufgrund von Nachmeldungen vorkommen.														

Tabelle 11: Anzahl der Filme nach Besuchern pro Startkopie für deutsche Erstaufführungen 2005 bis 2010

Quelle: FFA auf Basis der Verleihmeldungen.

Ausnutzungsgrad der Startkopien deutlich gesunken

Die Zahlen zeigen, dass der Ausnutzungsgrad einer Startkopie deutlich abgenommen hat, entweder weil die Verweildauern sich verringern oder die tägliche Ausnutzung einer Kopie pro Leinwand geringer wurde. Dieses Ergebnis ist umso interessanter als in den Jahren 2005 bis 2010 drei der erfolgreichsten Jahre des deutschen Films seit 40 Jahren liegen.

Ebenso spannend ist die Antwort auf die Frage, ob die Verringerung des Ausnutzungsgrads mehr an den zunehmenden Kopienzahlen oder mehr an den zunehmenden Filmstarts liegt: Korreliert man die Mittelwerte (hier: den Median) mit dem Anstieg der Kopienzahlen, so zeigt sich eine – allerdings nur schwache – negative Korrelation von -0,412; das bedeutet, je höher die Zahl der Kopien, desto wahrscheinlicher ist es, dass der Ausnutzungsgrad pro Startkopie sinkt.

Korrelation mit Zahl der Neustarts stärker als mit Zahl der Kopien

Ein sehr viel deutlicherer Zusammenhang (mit einer Korrelation von -0,807) besteht zwischen der Zahl der Neustarts deutscher Filme und der Zahl der Besucher pro Startkopie. Je mehr Neustarts es gibt, desto stärker sinkt die Zahl der Besucher je Startkopie und damit ihr Ausnutzungsgrad. Die Zahlen legen damit nahe, dass sich die Zahl der Neustarts problematischer auf den Ausnutzungsgrad der Startkopien auswirkt als die Kopienzahl selbst.

Somit zeigt die Entwicklung bei den Besuchern pro Startkopie, dass es einen Zusammenhang zwischen dem Ausnutzungsgrad der Kopie und der Zahl der Filmstarts (nicht aber der Anzahl der Startkopien) gibt: Je mehr Neustarts es gibt, desto stärker sinkt die Zahl pro Besucher je Startkopie und damit ihr Ausnutzungsgrad.

Fazit

Befunde der Analyse

Die Zahl der Erstaufführungen deutscher Kinofilme ist deutlich gestiegen – von 94 im Jahr 2000 auf 205 Kinofilme im Jahr 2011. Die Zahl der erstaufgeführten deutschen Spielfilme erreichte 2009 erstmals die Zahl der US-amerikanischen First Releases in Deutschland.

Die Zahl der in Deutschland erstaufgeführten Filme aus den USA, Frankreich und Großbritannien ist gleich geblieben oder leicht gesunken. Der Anstieg der jährlichen Filmstarts bei den Dokumentarfilmen und bei den deutsch-ausländischen Koproduktionen ist stärker als bei den rein deutschen Spielfilmen. Bei den Spielfilmen ist in den letzten Jahren eine Steigerung bei den mittleren und höheren Budgets zu verzeichnen. In der Very-Low- und Low-Budget-Kategorie gibt es eine Steigerung durch die Zunahme von Dokumentarfilmen. Die Zahl der Startkopien pro Filmstart hat sich in den letzten fünf Jahren nicht wesentlich verändert. Dies gilt sowohl für den deutschen als auch für den ausländischen Film. Absolut gerechnet liegt die Zahl der Startkopien 2010 insgesamt höher als 2005, weil mehr Filme gestartet wurden. Dokumentarfilme und Filme mit einer geringen Zahl von Startkopien machen nur einen kleinen Teil der in den letzten Jahren gestiegenen Kopienzahlen deutscher Filme aus.

Es gibt eine klare Korrelation zwischen Anzahl der Filme und Markterfolg: Je mehr Filme (im Durchschnitt der letzten Jahre) gestartet wurden, desto höher lag der deutsche Marktanteil. Dabei tragen allerdings die rein deutschen Spielfilme deutlich stärker zum Markterfolg bei als Dokumentationen und deutsch-ausländische Koproduktionen. Das heißt nicht, dass nicht auch deutsch-ausländische Koproduktionen (mit deutschem Ursprungszeugnis) Markterfolge haben (können), sondern nur, dass die Vergrößerung ihrer Anzahl sehr wahrscheinlich nicht zur Steigerung des deutschen Marktanteils beiträgt.

Die Zahlen sprechen eher für die Hypothese, dass sich der Marketingaufwand pro Film in den letzten Jahren verringert hat. Es müssten jedoch weitere Jahre und umfassendere Daten erhoben werden, um die Hypothese belastbar überprüfen zu können.

Die Entwicklung bei den Besuchern pro Startkopie zeigt, dass es einen Zusammenhang zwischen dem Ausnutzungsgrad der Kopie und der Zahl der Filmstarts (nicht aber der Anzahl der Startkopien) gibt: Je mehr Neustarts es gibt, desto stärker sinkt die Zahl pro Besucher je Startkopie und damit ihr Ausnutzungsgrad.

Literatur

Castendyk, O. (2008): Die deutsche Filmförderung – eine Evaluation. Konstanz.

Castendyk, O./Goldhammer, K. (2012): Produzentenstudie 2012 – Daten zur Filmwirtschaft in Deutschland 2011/2012. Berlin.

Deutsche Filmakademie (2011a): Genug ist nicht genug. Vom 08.04.2011: Online: http://www.deutsche-filmakademie.de/veranstaltungen/kinogespraeche/kinogespraeche-2011/genug-ist-nicht-genug.html [Zugriff: 09.01.2012].

Deutsche Filmakademie (2011b): Roundtable am 08.4.2011, Standpunkte der Gesprächsteilnehmerin Manuela Stehr. Online: http://www.deutsche-filmakademie.de/veranstaltungen/meinungen/meinungen-2011/genug-ist-nicht-genug.html [Zugriff: 06.01.2012].

FFA – Filmförderungsanstalt (2012): Kinoergebnisse 2011. In: FFA-Info 1/2012, 4. Online: http://www.ffa.de/downloads/publikationen/ffa_intern/FFA_info_1_2012.pdf [Zugriff: 09.01.2012].

FFA – Filmförderungsanstalt (o.J.): Kinoergebnisse – 5 Jahre auf einen Blick, 1996 bis 2010. Online: http://www.ffa.de/index.php?page=marktdaten [Zugriff: 09.01.2012].

Filmfest Hamburg (2011): Muss jeder Deutsche Film ins Kino? Online: http://www.filmfest-hamburg.de/de/programm/rahmen/Muss-jeder-Deutsche-Film-ins-Kino%3F/7323/ vom 04.10.2011 [Zugriff: 09.01.2012].

Filmkunstmesse Leipzig (2011): Podiumsdiskussion am 20.09.2011. Online: http://www.filmkunstmesse.de [Zugriff: 09.01.2012].

Jensen, C. (2005): The Performance of German Motion Pictures, Profits and Subsidies: Some Empirical Evidence. In: Journal of Cultural Economics 29/2005. 191-212.

MacPherson, R. (2010): Is bigger better? Film Success in smaller Countries – the case of Scotland, Ireland and Denmark. Research Paper. Online: http://researchrepository.napier.ac.uk/3752/ [Zugriff: 08.1.2013].

Medienboard News (2003): Interview von Peter Aalbæk Jensen durch Sigrid Herrenbrück. In: Medienboard News 3/2003, 14.

SPIO – Spitzenorganisation der Filmwirtschaft (2012): Filmstatistisches Jahrbuch 2012. Baden-Baden.

SPIO – Spitzenorganisation der Filmwirtschaft (2011): Filmstatistisches Jahrbuch 2011. Baden-Baden.

SPIO – Spitzenorganisation der Filmwirtschaft (2010): Filmstatistisches Jahrbuch 2010. Baden-Baden.

SPIO – Spitzenorganisation der Filmwirtschaft (2007): Filmstatistisches Jahrbuch 2007. Baden-Baden.

SPIO – Spitzenorganisation der Filmwirtschaft (2003): Filmstatistisches Jahrbuch 2003. Baden-Baden.

SPIO – Spitzenorganisation der Filmwirtschaft (o.J.): Erfolgsstory Deutscher Film. Online: http://www.spio.de/index.asp?SeitID= 379&TID=3 [Zugriff: 09.01.2012].

Vany, A./Walls, D. D. (1999): Uncertainty in the movie business: Does starpower reduce the terror of the box office. In: Journal of Cultural Economics 23/1999, 285 ff.

Vogel, H. L. (1998): Entertainment Industry Economics, 31.

II. Veränderungen im Handlungsumfeld von Medienunternehmen

1. Medienwirtschaftliche Grundfragen

Internationalisierungsstrategien deutscher Medienkonzerne*

*Insa Sjurts*** *und Mania Strube****

1. Die strategische Handlungssituation deutscher Medienkonzerne zu Beginn des 21. Jahrhunderts

Der Beginn des 21. Jahrhunderts ist für die großen deutschen Medienkonzerne nach vielen Jahren stetigen Wachstums durch Erlösrückgänge und eine zunehmende Wettbewerbsintensität auf den klassischen Medienteilmärkten in Deutschland gekennzeichnet. Grund für die krisenhafte Entwicklung ist allem voran eine wachsende Diskrepanz zwischen der Nachfrage- und Angebotssituation auf den jeweiligen Rezipienten- und Werbemärkten (Sjurts 2005: 35 ff.). Die andauernde Wirtschaftskrise verstärkt die schwierige Lage noch zusätzlich. So gingen in der letzten Dekade die Werbeinvestitionen in Deutschland um über vier Milliarden Euro zurück, was einem Minus von 16 Prozent entspricht (ZAW 2010). Auf den Rezipientenmärkten von Zeitungen und Zeitschriften, aber auch bei Hörfunk und Fernsehen sind Sättigungstendenzen nicht mehr zu übersehen (Sjurts 2005: 35 ff.). Insbesondere die Entwicklung der Auflagenzahlen von Printprodukten folgt seit Jahren einem Abwärtstrend (IVW 2009). Gleichzeitig wuchs im gleichen Zeitraum die Zahl der Medienangebote. Im Fern-

---

* Erstmals veröffentlicht in MedienWirtschaft 2/2010:16-22.

** Prof. Dr. Insa Sjurts ist seit 2003 an der Hamburg Media School tätig, zunächst als wissenschaftliche Leiterin der Studiengänge zum Medienmanagement, später dann als Akademische Direktorin aller Studiengänge und seit 2009 als Geschäftsführerin. Sie hat ferner einen Lehrstuhl für Betriebswirtschaftslehre, insbesondere Medienmanagement an der Universität Hamburg.

*** Dr. Mania Strube arbeitete von 2006 bis 2009 gemeinsam mit Prof. Dr. Insa Sjurts am Lehrstuhl für Betriebswirtschaftslehre, insbesondere Medienmanagement an der Universität Hamburg. Nach einer Tätigkeit bei einer strategischen Unternehmensberatung ist sie heute im internationalen Customer Relationship Management bei der AUDI AG.

sehmarkt sind heute mit 147 bundesweiten Privatfernseh- und Teleshoppingprogrammen fast dreimal so viele Programme empfangbar wie noch fünf Jahre zuvor (ALM 2009: 55). Und der Zeitschriftenmarkt in Deutschland ist einer der am dichtesten besetzten der Welt (FIPP 2010). Wachstum ist in diesen Märkten nur noch durch Verdrängung zu erreichen.

Neben diesen medienteilmarkt-spezifischen Problemen sind die Medienkonzerne mit einer steigenden cross-medialen Konkurrenz konfrontiert. Diese resultiert zum einen aus der Entstehung des Internets als neuem Teilmedium, das in Substitutionskonkurrenz insbesondere zu Tageszeitungen tritt und auch Zeitschriften und das Fernsehen in Bedrängnis bringt. Zum anderen erwächst neue Konkurrenz aus dem Markteintritt branchenfremder Akteure. So sind mittlerweile finanzstarke Telekommunikationsunternehmen und Kabelnetzbetreiber auch im Fernsehmarkt mit eigenen Programmangeboten aktiv. Mit ihren Endkundenbeziehungen stellen sie für die klassischen Fernsehveranstalter eine ganz neue Bedrohung im Wettbewerb um die Aufmerksamkeit der Werbekunden und damit um Erlöspotenziale dar.

Vor dem Hintergrund von Nachfragerückgängen, Angebotsfragmentierung und zunehmender Wettbewerbsintensität auf den heimischen Medienmärkten haben die großen deutschen Medienkonzerne seit geraumer Zeit ihren Blick verstärkt auf ausländische Medienmärkte gerichtet. Ihre besondere Attraktivität resultiert dabei vor allem aus der Hoffnung auf überdurchschnittliche Wachstumsraten in der Zukunft. So werden für Länder des Asien-Pazifik-Raums stetig steigende Werbeausgaben prognostiziert. Sie werden als die Medienmärkte der Zukunft angesehen (ZenithOptimedia 2010). Das Interesse am Markteintritt wird weiter dadurch befördert, dass ehemals vorhandene Barrieren wie die zum Teil strikte Regulierung ausländischer Rundfunkmärkte oder Knappheiten bei Übertragungswegen heute kaum noch von Bedeutung sind (Malzanini 2007). Unabhängig von den vermuteten Wachstumspotenzialen und erleichterten Markteintrittsbedingungen auf ausländischen Medienmärkten erscheint ein internationales Engagement aber auch schon deshalb ökonomisch attraktiv, weil dies die im Medienbereich so wichtige Mehrfachverwertung vorhandenen Contents, die Ausnutzung von Skaleneffekten sowie die internationale Verlängerung erfolgreicher nationaler Marken ermöglicht (Schroeder 1994, Liewehr 2002, Doyle 2002, Picard 2002). Schon heute erwirtschaften alle großen deutschen Medienkonzerne Umsätze außerhalb Deutschlands und haben die Ausweitung der internationalen Geschäftstätigkeit zu einem zentralen strategischen Ziel erhoben. Für viele ist das Ausland mittlerweile sogar eine der tragenden Umsatzsäulen geworden.

Ziel der folgenden Untersuchung ist es, die Internationalisierungsstrategien der größten deutschen Medienkonzerne zu rekonstruieren, zu analysieren und zu erklären. Von Interesse sind dabei zum einen die strategischen Handlungsmuster beim Markteintritt, zum anderen die Art der Marktbearbeitung im Ausland. Die Analyse konzentriert sich dabei jeweils auf die zentralen Tätigkeitsfelder der einzelnen Konzerne. Im Vergleich zu einer vor rund sechs Jahren veröffentlichten Studie (Sjurts 2004) können abschließend Trends in den strategischen Handlungsmustern im Zeitablauf identifiziert und zu erklären versucht werden.

2. *Strategiemuster deutscher Medienkonzerne im Ausland*

2.1 Dimensionen der Analyse

Um die Strategien bei der Internationalisierung der größten deutschen Medienkonzerne identifizieren und systematisieren zu können, sind vorab die Analysedimensionen zu bestimmen. Diese sollen zum einen die Form des Markteintritts abbilden und zum anderen die Form der Marktbearbeitung erfassen (zum Folgenden Sjurts 2004: 23).

(1) Die Form des Markteintritts

Hinsichtlich der Form des Eintritts in ausländische Märkte kann für eine Bestimmung und Systematisierung der Vorgehensweisen auf klassische Ansätze aus dem Bereich des internationalen Managements zurückgegriffen werden. Als Kriterien zur Systematisierung der Markteintrittsform werden dabei ganz überwiegend das Ausmaß der Kontroll- und Steuerungsmöglichkeit der Marktpräsenz im Ausland und der Umfang der Beanspruchung unternehmenseigener Ressourcen herangezogen. Danach lassen sich grundsätzlich folgende Formen des Markteintritts unterscheiden (vgl. Abbildung 1):

- die *Vertretung durch Dritte* mit den Varianten Export, Lizenzierung und Franchising;
- die *Kooperation* durch die Gründung eines Joint Ventures oder die Übernahme einer Beteiligung;
- die *Akquisition* oder *Gründung* einer ausländischen Tochtergesellschaft.

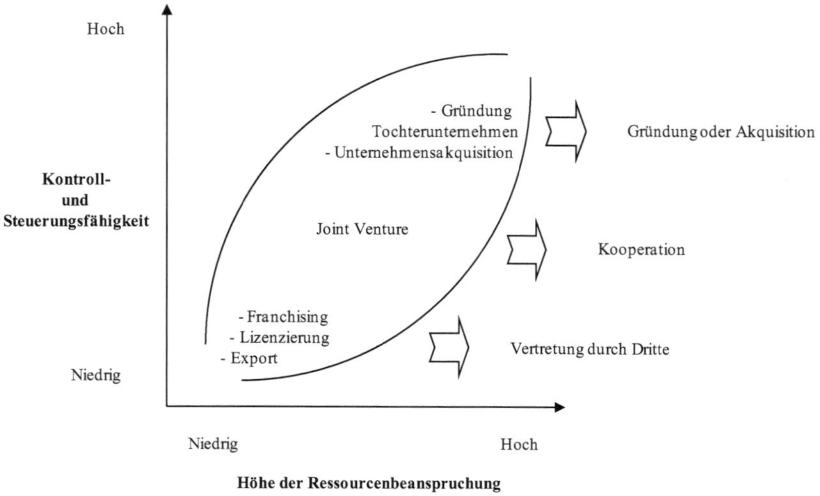

Abbildung 1: Markteintrittsformen

Quelle: In Anlehnung an Müller-Stewens/Lechner 1997: 237.

(2) Die Form der Marktbearbeitung

Die Form der Marktbearbeitung wird klassischerweise bestimmt und systematisiert anhand des Ausmaßes, in dem die jeweilige Strategie im Ausland die Nutzung von Globalisierungs- und/oder Lokalisierungsvorteilen in den Mittelpunkt stellt. Vier Strategievarianten lassen sich unterscheiden (Ghoshal 1987) (vgl. Abbildung 2):

- Bei der *globalen* Strategie steht die Nutzung von Globalisierungsvorteilen im Mittelpunkt. Zur umfassenden Ausschöpfung von Kostendegressions- und Synergievorteilen werden von der Mutter- und den lokalen Tochtergesellschaften alle in- und ausländischen Märkte mit ein und demselben Produkt und der identischen Wettbewerbsstrategie bearbeitet.
- Bei der *multinationalen* Strategie wird der gegenteilige Ansatz verfolgt. Hier wird für den inländischen und jeden ausländischen Markt eine spezifische Produktvariante entwickelt und eine lokal abgestimmte Wettbewerbsstrategie eingesetzt. Die Vorteile einer Lokalisierungsstrategie liegen in höheren Erlösen oder auch in erhöhter Flexibilität der internationalen Einheiten.

- Bei der *internationalen* Strategie werden weder Globalisierungsvorteile ausgenutzt, noch eine lokale Differenzierung verfolgt. Der Schwerpunkt der Aktivitäten liegt vielmehr weiter im Heimatland. Der ausländische Markt wird typischerweise im Wege des Exports bedient.
- Bei der *glocalen*[1] Strategie wird eine globale Dachstrategie mit einer lokal abgestimmten Produktstrategie kombiniert. Dadurch werden Globalisierungsvorteile genutzt, gleichzeitig werden aber auch die Vorteile durch Lokalisierung auszuschöpfen versucht.

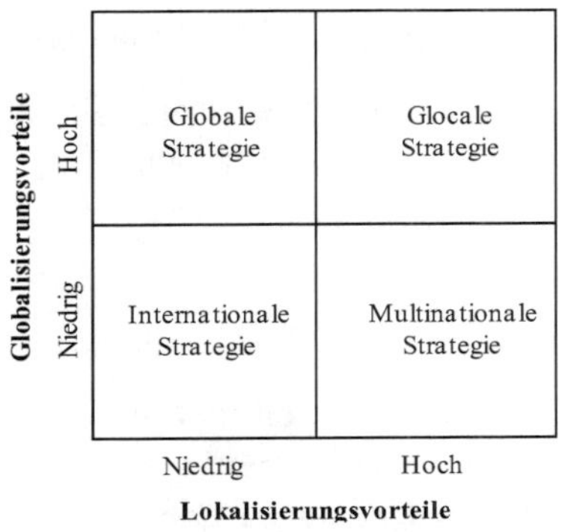

Abbildung 2: Marktbearbeitungsformen

Quelle: In Anlehnung an Goshal 1987: 425 ff..

2.2 Die Internationalisierungsstrategien der größten deutschen Medienkonzerne

Die Analyse der Internationalisierungsstrategien bezieht sich auf die größten deutschen Medienkonzerne. Dieses waren im Jahr 2009 nach der Höhe ihres Auslandsumsatzes: die Bertelsmann AG, die Bauer Media Group, die ProSiebenSat.1 Media AG, die Axel Springer AG und die Hubert Burda Media (vgl. Tabelle 1).

1 Gelegentlich wird auch von einer transnationalen Strategie gesprochen.

	Auslandsumsatz 2009 in Mio. Euro	**Auslandsumsatzanteil 2009 in Prozent**
Bertelsmann AG	10.395	67,7
Bauer Media Group	1.181*	57,2
ProSiebenSat.1 Media AG	842**	30,5
Axel Springer AG	548	21,0
Hubert Burda Media	420[3]	24,0***

* Hochrechnungen des Konzerns; ** eigene Berechnung, ohne Österreich und Schweiz; *** Angaben für 2008

Tabelle 1: Auslandsumsätze der größten deutschen Medienkonzerne im Jahr 2009

Quelle: Bertelsmann AG (2010a: 57), ProSiebenSat.1 Media AG (2010a: 67), Bauer Media Group (2010a: 8), Axel Springer AG (2010a: 61), Hubert Burda Media (2009: 76).

2.2.1 Bertelsmann AG

Die Bertelsmann AG ist in mehr als 50 Ländern vertreten und mit einem Auslandsumsatz von 10.395 Mio. Euro im Jahr 2009 sowie einem Auslandsanteil am Konzernumsatz von 67,7 Prozent das am stärksten internationalisierte deutsche Medienunternehmen (Bertelsmann AG 2010a: 9, 57). Alle fünf Unternehmensbereiche des Konzerns – RTL Group, Random House, Gruner + Jahr, Arvato und Direct Group – erwirtschaften heute den überwiegenden Teil ihrer Erlöse im Ausland.

Schon Anfang der sechziger Jahre begann das Gütersloher Medienunternehmen über die *Gründung* von Buchklubs, die bereits in Deutschland Quelle des Erfolgs gewesen waren, mit der internationalen Ausweitung der Geschäftsaktivitäten (zum Folgenden Sjurts 2004: 23 f., Sjurts 2005: 466 f., Bertelsmann AG 2010b). Zielländer waren zunächst Spanien, Österreich und Frankreich, es folgten Buchgemeinschaften u.a. in den Niederlanden, Portugal und Großbritannien. Grund für das frühe Auslandsengagement war die deutsche Kartellgesetzgebung, die eine weitere Expansion im Inland verhinderte. Im Musikbereich wurde die Internationalisierung in den 70er Jahren mit der *Gründung* von Tochterlabels der Ariola u.a. in den USA, Spanien, Frankreich, England und Mexiko vorangetrieben. Die *Akquisition* von Musikverlagen in den USA, so das Plattenlabel Arista (1979) oder der Musikriese RCA (1986), bildete die Basis für die schließlich 1987 gegründete Bertelsmann Music Group (BMG). 2008 verkaufte Bertelsmann seinen Anteil am Joint Venture Sony BMG und zog sich somit aus diesem wachstumsschwachen Markt zurück.

Auch im Buchgeschäft wurde die *Akquisitions-* und *Gründungspolitik* fortgesetzt und ab Ende der 70er Jahre das Auslandsengagement mit der Übernahme der amerikanischen Verlagshäuser Bantam Books und Doubleday verstärkt. Ende der 90er Jahre erfolgte mit dem Kauf von Random House und der Zusammenführung mit den bisherigen Buchverlagsaktivitäten eine nochmalige Ausweitung der Präsenz im US-Buchmarkt. Die Strategie der Marktbearbeitung im ausländischen Buchgeschäft erfolgte bei Bertelsmann von Anbeginn *multinational*. Noch heute werden die Angebote der Buchklubs in den einzelnen Ländern auf die nationalen Lesegewohnheiten abgestimmt.

Auch bei den weiteren Geschäftsbereichen von Bertelsmann ist das Strategiemuster aus Markteintritt über *Akquisition* oder *Gründung* einer Tochtergesellschaft dominierend. Was die Marktbearbeitung angeht, wird eine *multinationale* oder *glocale* Strategie bevorzugt. So begann das Verlagshaus Gruner + Jahr 1978 über die *Akquisition* eines Verlags in Spanien als erster deutscher Zeitschriftenverlag im Ausland tätig zu werden (Gruner + Jahr 2010). Das Auslandsengagement wurde auf die USA ausgedehnt und es folgten die *Gründung* von Tochtergesellschaften u.a. in Frankreich, Polen und Russland sowie *Kooperationen* mit Verlagshäusern in Osteuropa, Griechenland und China (Gruner + Jahr 2010). Die Aktivitäten in den USA wurden 2005 nach anhaltenden Verlusten eingestellt (o. V. 2005). Heute umfasst das internationale Zeitschriftenportfolio von Gruner + Jahr mehr als 500 Titel in über 30 Ländern; knapp 55 % des Verlagsumsatzes wurden 2009 im Ausland erwirtschaftet (Bertelsmann AG 2010a: 66). Bei der Marktbearbeitung setzt Gruner + Jahr bevorzugt auf eine *multinationale* Strategie. Europas größter Zeitschriftenverlag entwickelt speziell zugeschnittene Publikationen im Einklang mit länderspezifischen Interessen und Lesegewohnheiten. Im Falle der Kooperationen wird auf das lokale Know-how sowie die Infrastrukturen der Partner zurückgegriffen (Tumpach/Karle 2006: 35). Im *Lizenzgeschäft* wird eine *glocale* Marktbearbeitung favorisiert, indem die Stammtitel mit einheitlicher Marke an die lokalen Leseinteressen angepasst werden.[2] Auf diesem Wege können Synergievorteile ausgenutzt und die Produktionskosten gering gehalten werden.

2 So sind bei der Zeitschrift Geo bis zu 80 % der Inhalte in den Ländern identisch, 20% werden lokal angepasst (Hoffmann 2005).

Ein ähnliches Strategiemuster zeigt sich im Rundfunkbereich (zum Folgenden Sjurts 2004: 25, RTL Group 2010a, RTL Group 2010b). Hier ist Bertelsmann seit Start des Privatfernsehens 1984 mit der Ufa Film und Fernseh GmbH aktiv gewesen. Durch die *Fusion* zunächst mit der französischen Compagnie Luxembourgeoise de Télédiffusion (1997) und später mit der britischen Gesellschaft Pearson TV (2000) entstand die RTL Group. Das Unternehmen ist heute mit 45 Fernseh- und 31 Radiostationen in elf Ländern der größte Fernsehkonzern Europas, europäischer Marktführer im werbefinanzierten Fernsehen und einer der führenden Inhalteproduzenten weltweit. Die Hörfunkaktivitäten im Ausland konzentrieren sich insbesondere auf Frankreich und Luxemburg, in denen RTL mit *Tochtergesellschaften* präsent ist.

Die Ausdehnung der internationalen Fernsehaktivitäten erfolgte über *Akquisitionen* oder *Kooperationen* in Form von Beteiligungen. So beispielsweise 2005 im russischen Markt über eine Minderheitsbeteiligung am Privatsender Ren TV oder 2008 im griechischen Markt über den Erwerb der Mehrheit an der Alpha Media Group. Im Produktionsbereich werden überwiegend Tochtergesellschaften *gegründet* oder auch *akquiriert*. Die RTL-eigene Produktionsgesellschaft Fremantle Media beispielsweise produziert in 57 Ländern Programme und hat gerade kürzlich die US-amerikanische Produktionsgesellschaft Original Productions erworben.

Bei der Marktbearbeitung dominiert bei den Rundfunkaktivitäten der RTL Group eine *glocale* Strategie. So werden die unternehmenseigenen Hörfunk- und Fernsehsender ganz überwiegend unter dem Dach der Marke RTL positioniert,[3] die Inhalte jedoch länderspezifisch angepasst. Was die Produktion von Content für die Sender angeht, entwickelt die Tochtergesellschaft Fremantle Media Serien, Telenovelas, Spiel- oder Realityshows wie »The X Factor« oder »Pop Idol« zunächst für einen lokalen Markt und überprüft anschließend, inwieweit sich das Konzept auf andere Länder übertragen lässt und passt sodann bei Bedarf nationalspezifisch an. Auch bei der Ausdehnung der Aktivitäten auf den kroatischen Fernsehmarkt im Jahr 2004 wurde dieses Strategiemuster verfolgt. Bertelsmann gründete ein Gemeinschaftsunternehmen, das mit kroatischen

3 In den Niederlanden, in Belgien und Ungarn agieren die TV-Sender unter dem RTL-Label, ebenso die Hörfunksender in Belgien und Frankreich (Sjurts 2004: 25).

Mitarbeitern an den lokalen Geschmack angepasste Programme entwirft bzw. internationale Formate adaptiert. Heute ist RTL Televizija Marktführer bei den 18 – 49-Jährigen im kroatischen Fernsehen.

2.2.2 Bauer Media Group

Die Bauer Media Group erwirtschaftete im Jahr 2009 einen hochgerechneten Auslandsumsatz von 1.081 Mio. Euro, entsprechend einem Auslandsumsatzanteil von 48,3 Prozent (Bauer Media Group 2010a: 8). Der Konzern gibt 308 Zeitschriften in 14 Ländern heraus und ist in Großbritannien sowie in Polen im Rundfunkbereich aktiv (Bauer Media Group 2010a: 5, 20 ff.). Die internationalen Aktivitäten begannen bereits 1980 mit der *Gründung* der Tochtergesellschaft Heinrich Bauer North America in den USA (zum Folgenden Sjurts 2004: 27 f., Bauer Media Group 2010a, Bauer Media Group 2010b). Heute erwirtschaftet das Unternehmen mehr als 10 Prozent seines Umsatzes in den USA. Grund für die einzigartige Erfolgsgeschichte ist eine stringente Strategie der Kostenführerschaft im Rezipientenmarkt. Anstatt sich, wie die meisten US-Verlage, über Anzeigen zu finanzieren, setzte Bauer von Anbeginn auf niedrige Verkaufspreise im Rezipientenmarkt und konzentrierte sich auf den Einzelverkauf am Kiosk sowie in Supermärkten (Schön 2005).

Sein Engagement auf dem britischen Markt begann Bauer mit der *Gründung* der Tochtergesellschaft H. Bauer Publishing, die sich auf die Publikation von Frauen- und Programmzeitschriften konzentrierte. Durch die *Akquisition* der Magazin- sowie Radio-Sparte des britischen Medienkonzerns emap in 2007 weitete Bauer seine Aktivitäten auf den Hörfunkbereich aus. Heute ist Großbritannien der wichtigste Auslandsmarkt des Unternehmens. Die Bauer Media Group ist hier Marktführer im Zeitschriftensegment beim Einzelverkauf (Bauer Media Group 2010a, 2010b, 2010c).

Weitere Auslandsaktivitäten finden sich in Osteuropa. Die polnische *Verlagstochter* ist Marktführer im Segment der Zeitschriften und hat 2007 die Radio-Senderkette Broker FM, zu der u.a. ein Radiosender und ein Internetportal gehören, *erworben*. Weitere Standorte im Ausland befinden sich in Tschechien, Rumänien, Österreich, Frankreich, Spanien, Portugal, Mexiko, China, Russland, der Slowakei und der Ukraine. Auch hier werden über *Tochtergesellschaften* oder *Kooperationen* in Form von Beteiligungen vor allem die Segmente der niedrigpreisigen Programm-, Frauen- und Jugendzeitschriften bedient (Bauer Media Group 2010b, 2010c).

Die vorherrschende Marktbearbeitung von Bauer ist dabei *multinational.* Zeitschriften werden bevorzugt länderspezifisch entwickelt (Pauker 2006: 80), ein internationaler Titeltransfer erfolgt kaum. Internationale Titel wie die ursprünglich US-amerikanische »InTouch«, die erfolgreich in Spanien und in Deutschland eingeführt wurde, bilden im Bauer-Portfolio die Ausnahme. Nur das Flaggschiff »Bravo« wurde u.a. nach Spanien, Portugal, Rumänien und Polen transferiert (Bauer Media Group 2010c).

2.2.3 ProSiebenSat.1 Media AG

Die ProSiebenSat.1 Media AG ist mit über 20 werbefinanzierten TV-Kanälen in vierzehn Ländern aktiv und erwirtschaftete in 2009 im europäischen Ausland 842 Mio. Euro (außer Österreich und Schweiz) (ProSiebenSat.1 Media AG 2010a: 67). Die Internationalisierung der Geschäftstätigkeit wurde zunächst allerdings nur sehr zögernd voran getrieben. Erster Schritt war der *Export* von TV-Programmen via Satellit oder Kabel nach Österreich und die Schweiz (Sjurts 2004: 27). Die Inhalte entsprechen auch heute noch überwiegend dem deutschen Programm. Lokale Programmfenster sorgen dafür, dass die Programme auch als Werbeumfeld für österreichische oder Schweizer Unternehmen interessant sind (Loretan 1999: 6 f.). Die dominierende Strategie der Marktbearbeitung ist somit tendenziell *glocal.*

Ein nächster Schritt bei der Ausweitung des Auslandsengagements war im September 2004 die Gründung einer Tochtergesellschaft für den internationalen Vertrieb von TV-Produktionen (vgl. zum Folgenden ProSiebenSat.1 Media AG 2010b). Aufgabe der SevenOne International ist die weltweite Vermarktung von Ausstrahlungsrechten an Produktionen des Konzerns. Seit ihrer Gründung hat das Unternehmen Rechte an Unterhaltungsshows, Event-Produktionen, TV-Movies, Serien und Telenovelas in mehr als 100 Länder verkauft, also *exportiert.* Bei der Marktbearbeitung wird somit eine *internationale* Strategie präferiert. Die Programminhalte werden erst durch den jeweiligen Käufer für das Zielland modifiziert. Wieterhin wurde 2005 mit ProSiebenSat.1 Welt ein deutschsprachiger TV-Sender in den USA *gegründet,* der seit 2006 auch in Kanada empfangen werden kann und dessen Inhalte sich aus Sendeinhalten von Sat.1, ProSieben, Kabel 1 und N24 zusammensetzen. Hier erfolgt eine Wiederverwertung von ehemals für den deutschen Markt produzierten Programminhalten, verfolgt wird also eine *internationale* Strategie.

Im Sommer 2007 erfolgte mit der *Akquisition* der SBS Broadcasting Group eine erhebliche Ausdehnung der internationalen Aktivitäten, die die ProSiebenSat.1 Media AG zu Europas zweitgrößter Sendergruppe mit Fernseh- und Hörfunkprogrammen avancieren ließ (ProSiebenSat.1 Media AG 2010b). Von der Übernahme versprach sich der Konzern erhebliche Synergieeffekte bei der Programmherstellung. Die Einspareffekte entstehen vor allem durch die Nutzung der gleichen Infrastruktur, also von Studios und Kulissen, wo nacheinander eine Show in der deutschen und sodann z.B. in der holländischen Fassung aufgezeichnet wird (Knappmann 2008). Ziel ist außerdem die Etablierung gruppenweiter Produktionsstrukturen, weshalb im Januar 2010 die Red Arrow Entertainment Group gegründet wurde, die unternehmenseigene Produktionsfirmen, Entwicklungspartner sowie den internationalen Programmvertrieb bündelt und ihr internationales Portfolio weiter ausbauen soll (ProSiebenSat.1 Media AG 2010a: 97). Somit kann von einer zunehmend *glocalen* Marktbearbeitungsstrategie ausgegangen werden.

2.2.4 Axel Springer AG

Europas größter Zeitungskonzern begann vergleichsweise spät mit der Internationalisierung. Hintergrund war die Vermutung, dass Zeitungstitel – das Stammgeschäft des Verlages – nur schwerlich erfolgreich ins Ausland transferiert werden können. Lange beschränkte sich Axel Springer deshalb auf eine *internationale* Strategie durch *Export* der Titel Bild und Welt nach Österreich und in die Schweiz.

Im Zeitschriftenbereich setzte Springer ebenfalls lange Jahre bevorzugt auf eine Strategie der *Vertretung durch Dritte*, nämlich die *Lizenzierung* heimischer Titel (Sjurts 2004: 25 f.). Im Unterschied zu den Zeitungen wurden die Titel inhaltlich jedoch an die lokalen Marktverhältnisse angepasst, allerdings unter Wahrung großer gestalterischer und inhaltlicher Nähe zum Original (Mielke 2005). Ein Beispiel für diese Vorgehensweise aus Lizenzierung und *glocaler Strategie* bildet der Titel »Auto Bild«. Die Zeitschrift ist heute – überwiegend als Lizenztitel – in über 30 Ländern präsent (Axel Springer AG 2010c). Ebenso wurden bereits Line Extensions der »Auto Bild« sowie die Titel »Computer Bild«, »Computer Bild Spiele« und »Audio Video Foto Bild« über die *Vertretung durch Dritte* via Lizenzen erfolgreich ins Ausland übertragen.

Mit der zunehmenden Ausweitung des Auslandsengagements erfolgte ab 1988 ein Kurswechsel in der Markteintrittsstrategie auf Printmärkten.

Der Springer Verlag konzentrierte sich zunehmend auf die *Akquisition* oder *Gründung* ausländischer Tochtergesellschaften (Sjurts 2004: 26). Beispiele waren die Markteintritte in Frankreich, Ungarn, Spanien, Polen, Tschechien, Schweiz und Russland (Axel Springer AG 2010c). Nur in Rumänien und Indien wurde die *Kooperation* durch Gründung von Joint Ventures präferiert (Axel Springer AG 2010c). Außerdem setzt der Verlag bei ausländischen Markteintritten außerhalb seines Print-Kerngeschäfts zunächst bevorzugt auf die risikoärmere Form der *Kooperation*. So wurden Anteile am französischen Internetportal aufeminin.com sowie an der türkischen Dogan TV Holding A.S. erworben (o. V. 2007a, Axel Springer AG 2010a: 55). Die Beteiligung an der internationalen Jobbörse StepStone ASA, Oslo, wurde stufenweise ausgeweitet, sodass Axel Springer inzwischen über 100 Prozent verfügt (Axel Springer AG 2010a: 55).

Die in den Zielländern ansässigen Verlage sind angehalten, länderspezifische Objekte zu entwickeln und verfolgen dementsprechend eine *multinationale Strategie*. Besondere Aufmerksamkeit zog in Polen die Neugründungen der Boulevardzeitung Fakt, der überregionalen Qualitätszeitung Dziennik sowie der Sportzeitung Przeglad Sportowy auf sich. Im Bereich der nationalen Tageszeitungen ist Axel Springer hier heute Marktführer mit einem Marktanteil von knapp 36,6 % (Axel Springer AG 2010a: 35).

Trotz der mittlerweile breit gestreuten Auslandsaktivitäten von mehr als 160 Publikationen in über 30 Ländern ist der generierte Auslandsumsatzanteil von Axel Springer weiterhin recht gering. Mit 21 Prozent (548 Mio. Euro) im Jahr 2009 liegt er unterhalb der Werte anderer deutscher Medienkonzerne (Axel Springer-Verlag AG 2010a: 35, 61).

2.2.5 Hubert Burda Media

Hubert Burda Media kann auf eine lange Historie im Auslandsgeschäft zurückblicken. Schon 1987 wurde in Russland mit Burda Moden der Grundstein für die internationalen Aktivitäten gelegt (Hubert Burda Media 2010a). Heute ist das Münchner Medienunternehmen mit 186 Titeln in elf Ländern vertreten und setzte im Jahr 2008 24 Prozent (420 Mio. Euro) seines Umsatzes im Ausland um (Hubert Burda Media 2009: 28, 76).

Bis 2004 erfolgte der Eintritt in internationale Märkte vorwiegend in *Kooperation* mit dem italienischen Verlag Rizzoli Corriere della Sera (RCS Editori). Nachdem jedoch die langjährige Partnerschaft mit Rizzoli beendet wurde, musste Burda seine internationalen Aktivitäten neu ordnen

(o. V. 2004: 17). Der Verlag verkaufte seinen 40-Prozent-Anteil an dem Gemeinschaftsunternehmen RCS Periodici und übernahm im Gegenzug von Rizzoli die Anteile an der Burda Verlag Osteuropa GmbH und der Burda RCS International Holding GmbH (Hubert Burda Media 2010b). Die vorherrschende Strategie des Markteintritts verlagerte sich von dort an auf die *Akquisition* oder *Gründung* von Tochtergesellschaften.

Internationale Aktivitäten finden sich in der Burda-Gruppe nun in diversen Einheiten des Unternehmens. So bündelt Burda Eastern Europe die Aktivitäten der *Tochterverlage* in Russland sowie den osteuropäischen Ländern Polen, Tschechien, Rumänien, Ukraine und Kasachstan (Hubert Burda Media 2010c). Burda Russland verlegt mehr als 30 Magazine und ist damit der größte ausländische Verlag des Landes, das Portfolio umfasst Eigengründungen sowie Lizenzausgaben (Nötting 2006: 52 ff.). *Akquisitionen* sowie *Lizenzvergaben* in Slowenien, Kroatien und Serbien haben die Marktposition in der osteuropäischen Region weiter verstärkt (Hubert Burda Media 2010c).

Burda Holding International sowie die CHIP Holding geben in Westeuropa und Asien Publikationen über *Tochtergesellschaften* oder in *Kooperation* mit diversen Partnern heraus. Wichtigster Markt neben Frankreich ist Großbritannien, wo Burda seit Anfang 2005 aktiv ist und im Mai 2006 das englische Verlagshaus Essential Publishing sowie in 2008 zusätzliche Titel von zwei Verlagen *übernommen* hat (Hubert Burda Media UK 2010). In der Türkei unterhält Burda eine *Kooperation* mit der größten türkischen Mediengruppe Dogan Media. In Asien konzentrieren sich die Aktivitäten auf Südkorea, Thailand, Malaysia und China (Hubert Burda Media 2009a: 86 ff., Hubert Burda Media 2010c).

Im Rundfunk-Bereich setzt Burda auf eine *Kooperationsstrategie* und ist seit Ende 2007 mit einer Beteiligung an dem Sender »Austria 9« in den österreichischen Fernsehmarkt eingetreten. Damit dehnt das Unternehmen seine Aktivitäten im Ausland über das Stammgeschäft der Zeitschriften hinaus aus (Hanfeld 2007).

Was die Strategie der Marktbearbeitung angeht, setzt Burda auf eine *multinationale Strategie*. In den Zielländern existieren jeweils länderspezifische Produkte. Nur bei großen Lizenztiteln wie Burda Moden, der in fast 90 Ländern präsent ist, oder beim Computermagazin Chip, das in 15 Ländern erscheint, wird eine *glocale* Strategie aus globaler Dachmarke und lokal angepassten Inhalten verfolgt (Hubert Burda Media 2009: 28).

2.3 Fazit: Medienkonzerne, Medienteilmärkte und Internationalisierungsstrategien

Das Ergebnis der Analyse der Internationalisierungsstrategien der größten deutschen Medienkonzerne fasst Tabelle 2 zusammen.

	Contentmärkte			Content-Packaging-Märkte			
				Print		Rundfunk	
	Buch	Musik	Film	Zeitungen	Zeitschriften	Hörfunk	Fernsehen
Bertelsmann AG	• Akquisition/ Gründung		• Akquisition/ Gründung		• Akquisition/ Gründung • Kooperation • Lizenzierung	• Akquisition/ Gründung	• Akquisition/ Gründung • Kooperation
	• Multinational		• glocal		• multinational • glocal	• glocal	• glocal
Bauer Media Group					• Akquisition/ Gründung • Kooperation	• Akquis.	
					• multinational	• multinational	
ProSieben Sat.1 Media AG			• Akquisition/ Gründung • Export			• Akquisition/ Gründung	• Akquisition/ Gründung
			• glocal • international			• multinational	• glocal • international
Axel Springer AG				• Akquisition/ Gründung • Export	• Akquisition/ Gründung • Kooperation • Lizenzierung		
				• International • Multinational	• multinational • glocal		
Hubert Burda Media					• Akquisition/ Gründung • Kooperation • Lizenzierung		• Kooperation
					• multinational • glocal		• multinational

Tabelle 2: Markteintritts- und Marktbearbeitungsstrategien der größten deutschen Medienkonzerne auf ausländischen Märkten

Quelle: Eigene Darstellung.

Die Übersicht zeigt, dass die größten deutschen Medienkonzerne als Strategie des Markteintritts im Ausland ganz überwiegend auf die Akquisition einheimischer Unternehmen bzw. die Gründung von Tochtergesellschaften im Zielland setzen. Im Zeitschriftenbereich kommen daneben Kooperationen in Form von Beteiligungen an lokalen Unternehmen oder mittels Gründung eines Gemeinschaftsunternehmens eine hohe Bedeutung als Markteintrittsstrategie zu. Die Marktbearbeitung erfolgt vorwiegend multinational. Im Lizenzgeschäft von Zeitschriften und im Film- und Rundfunkbereich werden glocale Strategien präferiert. Da sowohl multinationale als auch glocale Strategien die Nutzung von Lokalisierungsvorteilen in den Vordergrund stellen, ist damit für alle Medienkonzerne und über alle Medienteilmärkte hinweg weiterhin eine Dominanz lokal abgestimmten Vorgehens festzustellen. Die Unternehmen setzen somit auf eine Strategie des »think global – act local«. Die möglichen Gründe für das dominierende strategische Handlungsmuster aus Markteintritt durch Unternehmensakquisition bzw. -gründung oder Kooperation und Marktbearbeitung in Form einer multinationalen oder glocalen Strategie sollen im Folgenden eruiert werden.

3. *Erklärungsansätze zur Wahl der Internationalisierungsstrategie*

Von zentraler Bedeutung für die Erklärung der Internationalisierungsstrategien der größten deutschen Medienkonzerne ist die Einsicht, dass Medienprodukte *kulturgebundene Güter* sind. Medienprodukte sind Teil der jeweils länderspezifischen Interessenzentren und Gefühls- bzw. Erlebniswelten, die sie aufgreifen und inhaltlich widerspiegeln (Schroeder 1994: 9 ff., Picard 2002: 214 ff., Hollifield 2004: 85 ff., Sjurts 2004: 29). Weiter unterscheiden sich die Art der Informationsaufbereitung und der Kommunikationsstil von Land zu Land. Internationalisierungsversuche deutscher Medienkonzerne müssen diese Kulturgebundenheit berücksichtigen. Ein Erfolg im Wettbewerb auf ausländischen Medienmärkten ist nur möglich, wenn die Medienprodukte an die jeweiligen länderspezifischen Bedürfnisse angepasst werden. Der Anpassungsbedarf ist dabei umso höher, je stärker ein Medienprodukt von der Struktur der *redaktionellen Inhalte* her im nationalen kulturellen Kontext verankert ist (Liewehr 2002: 28f., Schroeder 1994: 9ff., Sjurts 2004: 29). Dies ist insbesondere bei textgebundenen, vorwiegend *informativen Medienprodukten* und hier wiederum vor allem bei Zeitungen der Fall. Geringere Anpassungsbedarfe bestehen bei *unterhaltenden Medienprodukten* und hier bei Medienprodukten mit bildlicher Kommunikation, da diese eher an die emotionalen Erlebniswelten der Rezipienten knüpfen, die international weniger differenziert sein dürften als die jeweiligen Informationsbedürfnisse.

Für die Wahl der *Marktbearbeitungsstrategie* bedeuten diese Einsichten, dass – wie auch die Befunde oben belegen – Medienkonzerne bei Aktivitäten auf ausländischen *Printmärkten* bevorzugt auf eine Strategie der multinationalen Marktbearbeitung setzen werden. Nur für Verlage, die Titel mit einem hohen Bildanteil produzieren, dürfte nach dieser Logik auch eine glocale Strategie sinnvoll sein. Belege für diese These sind bildlastige Zeitschriftentitel wie Geo (Gruner + Jahr), Auto Bild (Axel Springer) oder Burda Moden (Burda), die unter einem weltweit einheitlichen

Titel mit einheitlichem Konzept, aber in länderspezifischen Ausgaben angeboten werden.

Für Medienkonzerne mit Aktivitäten auf ausländischen *Rundfunkmärkten* ist dagegen die Verfolgung einer glocalen Strategie ökonomisch rational. Durch den ganz überwiegend kulturunabhängigen Charakter unterhaltender Sendeinhalte können in diesen produktionskostenintensiven Märkten die Synergievorteile einer globalen Dachstrategie genutzt und gleichzeitig durch eine länderspezifische lokale Anpassung die jeweiligen Rezipientenbedürfnisse befriedigt werden. Dass Bauer und Burda bei ihren Engagements in ausländischen Hörfunk- bzw. Fernsehmärkten eine multinationale Strategie präferieren, steht hierzu nicht im Widerspruch. Für beide Konzerne stellen diese Engagements neuartige Geschäftsfelder dar, die auch im deutschen Heimatmarkt von ihnen jeweils nur randständig bedient werden. Die Globalisierungsvorteile einer glocalen Strategie lassen sich somit nicht nutzen. Dementsprechend ist, zur Nutzung zumindest von Lokalisierungsvorteilen, die multinationale Strategie für diese Konzerne die ökonomisch sinnvollste Vorgehensweise.

Die länderspezifische Ausgestaltung der redaktionellen Inhalte ist jedoch nicht nur wichtig, um die Rezipienten vor Ort für das Medienprodukt zu interessieren, sondern auch, um *Werbekunden* zu gewinnen. Diese werden nämlich nur dann Werbung in einem Medienprodukt schalten, wenn dieses die gewünschte quantitative und qualitative Reichweite aufweist. Die Werbeeinnahmen können vom Medienunternehmen genutzt werden, um den Content zu verbessern oder den Copy-Preis zu reduzieren und so die Reichweite im Rezipientenmarkt weiter zu steigern. Dadurch kommt ein Spiraleffekt (Anzeigen-Auflagen- bzw. Werbespot-Reichweiten-Spirale) in Gang: Die Reichweitensteigerung am Rezipientenmarkt hat eine neuerliche Steigerung der Nachfrage am Werbemarkt zur Folge; die Werbeerlöse können in eine weitere Verbesserung des Contents oder eine Senkung des Copy-Preises investiert werden. Diese Interdependenz von Rezipienten- und Werbemarkt bildet neben der Kulturgebundenheit redaktioneller Inhalte die zweite Triebkraft für den Trend zur lokalen Abstimmung von Medienprodukten.

Was die Wahl der Form des *Markteintritts* im Ausland angeht, so ist auch diese strategische Entscheidung beeinflusst durch die Kulturgebundenheit von Medienprodukten. Die festgestellte Präferenz für die Akquisition einheimischer Unternehmen bzw. die Gründung von Tochtergesellschaften im Zielland sichert dem internationalen Medienkonzern das höchste Maß an Steuerungs- und Kontrollmöglichkeiten bei der Produktgestaltung vor Ort. Bei der Akquisition lassen sich zudem uno actu lokale

Ressourcen und Know-how aneignen, die eine wichtige Basis für eine kulturadäquate Gestaltung von Medienprodukten bilden. Soweit Kooperationen eingegangen, also Beteiligungen an lokalen Unternehmen erworben oder mit Partnern vor Ort Gemeinschaftsunternehmen gegründet werden, kann auch hier die Kulturgebundenheit von Medienprodukten als zentraler Entscheidungsfaktor für die Wahl der Markteintrittsform angesehen werden. Durch eine Partnerschaft sichern sich die Konzerne zum Ersten den Zugang zu lokalen Ressourcen und Wissen, zum Zweiten reduzieren sie das finanzielle Risiko des internationalen Engagements. Beides ist vor allem dort von kritischer Bedeutung, wo es sich um Zielländer handelt, die erhebliche (kulturelle) Differenzen zum Heimatland aufweisen oder aber in Märkten, in denen ähnlich wie in Deutschland schon heute ein Verdrängungswettbewerb herrscht und deshalb Neugründungen schwierig und Übernahmen sowie der Launch von neuen Produkten teuer geworden sind (Karle 2006: 24, o.V. 2007b).

4. Resümee

Die Analyse der Internationalisierungsstrategien der größten deutschen Medienkonzerne hat eine Präferenz für eine lokal abgestimmte Strategie der Marktbearbeitung deutlich werden lassen. Die Unternehmen agieren – wie schon in der vorausgegangenen Analyse vor sechs Jahren (Sjurts 2004) – auf ausländischen Märkten bevorzugt nach dem Prinzip »think global – act local«. Die Gründe für diese Strategiewahl liegen in den Spezifika von Medienprodukten als Wirtschafts- und Kulturgüter begründet. Sie sind insoweit zeitunabhängig. Ein aktueller Trend im strategischen Handeln auf ausländischen Märkten ist nur bei der Form des Markteintritts festzustellen. In Anbetracht der ökonomisch angespannten Situation im deutschen Heimatmarkt setzen die Konzerne bei der Internationalisierung verstärkt auch auf weniger kostenintensive Kooperationen anstelle von Akquisition oder Gründung. Mit der wachsenden Bedeutung von Kooperationen im Zielland ergeben sich für die deutschen Medienkonzerne allerdings zunehmend coopetitive Konstellationen (Brandenburger/Nalebuff 1996, Sjurts 2000: 154 ff.), also Situationen, in denen im Heimatmarkt konkurrierende Konzerne im Zielland zusammenarbeiten. So veröffentlicht Burda in Thailand die »Auto Bild« von Axel Springer; die Zeitschrift »Joy« der Marquard Media AG wird in Rumänien von Axel Springer und in Russland sowie Tschechien von Burda herausgegeben (Turnpach/Karle 2006: 35). Coopetitive Beziehungen bieten den Partnern Vorteile, indem komplementäre Ressourcen wertsteigernd zusammengeführt werden können. Gleichzeitig besteht jedoch immer auch die Gefahr eigennützigen Handelns der Partner, da diese – wenn auch in anderen Märkten – weiterhin in Konkurrenz zueinander stehen. Das Management coopetitiver Beziehungen verlangt entsprechend Flexibilität im strategischen Denken über Unternehmensgrenzen und tradierte Handlungsmuster hinaus.

Für die Zukunft ist ein kontinuierlicher Ausbau der internationalen Tätigkeit der deutschen Medienkonzerne anzunehmen. Im Ergebnis dürften sich die Aktivitäten auf jene ausländischen Medienteilmärkte konzentrieren, in denen der jeweilige Konzern auch im Heimatland schon über umfangreiche Erfahrung verfügt. Hier können die vorhandenen Kompetenzen vorteilsstiftend zum Einsatz gebracht werden. Portfolio-Ergänzungen wie die von Bauer durch Akquisitionen in ausländischen Hörfunkmärkten oder die Beteiligung von Burda im österreichischen Fernsehmarkt dürften dann auch eher die Ausnahme bleiben. Marktaustritte, beispielsweise von Gruner + Jahr in den USA oder in Russland, zeigen ferner, dass neben der medialen Fokussierung auch eine Konzentration auf wenige regionale Kernmärkte, in denen führende Marktpositionen eingenommen und Gewinne realisiert werden können, langfristig als zielführender angesehen wird als ein breites Ziellandspektrum der internationalen Aktivitäten. Der kompetenzorientierte und zielmarktfokussierte Aufbau eines strategischen Internationalisierungs-Portfolios wird deshalb in der Zukunft für die deutschen Medienkonzerne einen wichtigen Erfolgsfaktor ihrer Auslandsaktivitäten darstellen.

Literatur

ALM (2009): ALM Jahrbuch 2008: Landesmedienanstalten und privater Rundfunk in Deutschland. Berlin.

Axel Springer AG (2010a): Geschäftsbericht 2009. Berlin.

Axel Springer AG (2010b): Chronik. Online: http://www.axelspringer.de/chronik/cw_chronik_index_de_85762.html[Zugriff: 07.05.2010].

Axel Springer AG (2010c): Internationale Lizenzen. Online: http://www.axelspringer.de/artikel/Internationale-Lizenzen_155964.html [Zugriff: 07.05.2010].

Bauer Media Group (2010a): Geschäftsbericht 2009. Hamburg.

Bauer Media Group (2010b): Historie. Online: http://www.bauermedia.com/166.0.html [Zugriff: 07.05.2010].

Bauer Media Group (2010c): Internationale Standorte. Online: http://www.bauermedia.com/standorte_int.0.html [Zugriff: 07.05.2010].

Bertelsmann AG (2010a): Geschäftsbericht 2009. Gütersloh.

Bertelsmann AG (2010b): Die Bertelsmann Chronik. Online: http://www.bertelsmann.de/bertelsmann_corp/wms41/bm/index.php?ci=371&language=1 [Zugriff: 07.05.2010].

Brandenburger, A. M./Nalebuff, B. J. (1996): Co-opetition. New York u.a.

Doyle, G. (2002): Understanding media economics. London.

FIPP (2009): World Magazine Trends 2009/2010. London.

Ghoshal, S. (1987): Global Strategy: An Organizing Framework. In: Strategic Management Journal, 8/1987, 425-440.

Gruner + Jahr (2010): Chronik. Online: www.guj.de [Zugriff: 07.05.2010].

Hanfeld, M. (2007): Burda im Fernsehen. In: FAZ vom 06.12.2007.

Hoffmann, T. (2005): Raumgewinn ist nur im Ausland möglich. In: Horizont 21/2005.

Hollifield, C. A. (2004): The economics of international media. In: Alexander, A. et al. (Hrsg.) [2004): Media Economics. Theory and Practice. Mahwah, NJ, 85-106.

Hubert Burda Media (2009): Geschäftsbericht 2008. München.

Hubert Burda Media (2010a): Historie. Online: http://hubert-burda-media.de/unternehmen/historie, [Zugriff: 07.05.2010].

Hubert Burda Media (2010b): Burda und Rizzoli tauschen Anteile aus. Online: http://hubert-burda-media.de/unternehmen/zahlen/burda_und_rizzoli_tauschen_anteile_aus__6861 [Zugriff: 07.05.2010].

Hubert Burda Media (2010c): Burda im Ausland. Online: http://hubert-burda-media.de/geschaeftsfelder/magazine/international/burda_im_ausland__11713 [Zugriff: 07.05.2010].

Hubert Burda Media UK (2010): About Hubert Burda Media. Online: http://www.hubert burdamediauk.com/about_burda.php [Zugriff: 07.05.2010].

IVW (2009): Werbeträgerdaten – Quartalsauflagen. Online: http://www.ivw.de/index.php?menuid=37 [Zugriff: 10.12.2009].

Karle, R. (2006): Print-Offensive im Ausland. In: Global Marketer Summit 2006.

Knappmann, L. (2008): Sparen auf Biegen und Brechen. In: Financial Times Deutschland vom 28.01.2008.

Liewehr, M. (2002): Internationalisierungspotenziale im Zeitschriftenmarkt. Wiesbaden.

Loretan, M. (1999): Die Schweiz vor dem TV-Boom. In: Zoom Kommunikation und Medien, 12/13/1999.

Malzanini, B. (2007): Medienkonzentration in Europa. Online: www.eurotopics.net/de/magazin/medienmaerkte-2007-12/medienkonzentration/ [Zugriff: 14.01.2008].

Mielke, R. (2005): Autos und Computer gehen überall. In: Berliner Zeitung vom 28.09.2005.

Müller-Stewens, G./Lechner, C. (1997): Unternehmensindividuelle und gastlandbezogene Einflussfaktoren der Markteintrittsform. In: Macharzina, K./Österle, M.-J. (Hrsg.) (1997): Handbuch Internationales Management. Wiesbaden, 231-252.

Nötting, T. (2006): Zehn neue Zeitschriften. In: Werben & Verkaufen, 22/2006.

o.V. (2004): Medienkonzern RCS bricht mit Burda. In: Handelsblatt vom 30.04.2004.

o.V. (2005): Gruner + Jahr beendet US-Zeitschriftengeschäft. In: Netzeitung vom 22.06.2005.

o.V. (2007a): Springer kauft Website für Frauen in Frankreich. In: Handelsblatt vom 28.06.2007.

o.V. (2007b): Go East! In: Horizont Special vom 30.08.2007

Pauker, M. (2006): Ein steiniger Weg. In: Werben & Verkaufen, 42/2006.

Picard, R.G. (2002): The Economics and Financing of Media Companies. New York.

ProSiebenSat.1 Media AG (2010a): Geschäftsbericht 2009. Unterföhring.

ProSiebenSat.1 Media AG (2010b): Geschichte. Onlnie: http://www.prosieben sat1.com/unternehmen/geschichte/ [Zugriff: 07.05.2010].

RTL Group (2010a): Annual Report 2009. Luxembourg.

RTL Group (2010b): History. Online: http://www.rtlgroup.com/www/htm/AboutUs _History.aspx [Zugriff: 07.05.2010].

Schön, G. (2005): Lohnende Geschäfte im Supermarkt. In: Horizont, 01/2005.

Schroeder, M. (1994): Internationale Markt- und Managementstrategien für Print-Medien, München 1994.

Sjurts, I. (2000): Kollektive Unternehmensstrategie. Grundfragen einer Theorie kollektiven strategischen Handelns. Wiesbaden.

Sjurts, I. (2004): Think global, act local – Internationalisierungsstrategien deutscher Medienkonzerne. In: Aus Politik und Zeitgeschichte, Band 12-13, 22-29.

Sjurts, I. (2005): Strategien in der Medienbranche. 3. Aufl., Wiesbaden.

Tumpach, S./Karle, R. (2006): Wachstum in der Ferne. In: Horizont, 46/2006.

ZAW (2010): Werbemarkt in Deutschland 2009-2010. Online: http://www.zaw.de/doc/ Dossier_Deutscher_Werbemarkt_2010.pdf [Zugriff: 07.05.2010].

ZenithOptimedia (2010): News. Online: http://www.zenithoptimedia.com/about/news/ pdf/Adspend%20forecasts%20April%202010.pdf [Zugriff: 07.05.2010].

Corporate Social Responsibility in und von Medienunternehmen – eine Literaturschau

*Ribana Wollermann***

1. Einleitung

Die Bezeichnung Corporate Social Responsibility, kurz CSR, hat ihre Ursprünge in der anglo-amerikanischen Literatur und meint wörtlich übersetzt die unternehmerische Verantwortung gegenüber der Gesellschaft. Eine einheitliche Begriffsdefinition oder Konzeptualisierung existiert bis heute nicht. In Wissenschaft und Praxis werden vielfach unterschiedliche Schwerpunkte bei der Erörterung des Themas gesetzt. Zur Verwirrung trägt die oftmals synonyme Verwendung verwandter Begriffe wie Corporate Citizenship[1] oder Corporate Sustainability[2] bei. Festgehalten werden kann jedoch, dass sich CSR auf die freiwillige Übernahme gesellschaftlicher Verantwortung bezieht und i.d.R. für die drei Handlungsfelder Ökonomie, Ökologie und Soziales/Gesellschaftliches (Triple Bottom Line) thematisiert wird.[3] Dahinter steht die Einsicht, dass die unternehmerische Tätigkeit Auswirkungen auf Dritte hat bzw. haben kann (externe Effekte). Daraus folgt eine Legitimationspflicht von Unternehmen gegenüber der Gesellschaft im Sinne einer license to operate. Verantwortliches unternehmerisches Handeln liegt damit im Interesse der Gesellschaft wie auch der Unternehmen selbst.

Die Verantwortung gegenüber der Gesellschaft geht bei Medienunternehmen über die von Unternehmen anderer Branchen hinaus. Grund hier-

---

** Ribana Wollermann ist wissenschaftliche Mitarbeiterin und seit 2008 an der Hamburg Media School tätig.

1 Vgl. Habisch/Wegner 2005: 113, Hansen/Schrader 2005: 376 und Waddock 2004: 26.

2 Vgl. Scholz/Eisenbeis/Schaaf 2009.

3 Für theoretisch-konzeptionelle Beispiele der expliziten Adressierung aller drei Veranwortungsfelder vgl. van Marrewijk 2003: 101 ff.

für ist die Sonderstellung dieser Unternehmen innerhalb der Gesellschaft. Medienunternehmen haben neben der vordergründigen Erstellung von redaktionellen Inhalten (auch) öffentliche und demokratische Funktionen zur erfüllen und tragen zur Meinungsbildung und zur Meinungsvielfalt in einer Gesellschaft zentral bei.[4] Medienunternehmen kommen diesen Funktionen im Rahmen ihres publizistischen Handelns nach. Da es sich bei Medienprodukten um Kultur- und Wirtschaftsgüter zugleich (duale Güter) handelt, verfolgen Medienunternehmen zwar ebenfalls ökonomische Ziele und tragen dementsprechend eine Verantwortung als ökonomische Akteure. Jedoch steht ihr publizistisches Wirken in der CSR-Literatur gerade in Abgrenzung zu anderen Unternehmen klar im Fokus. Der vorliegende Artikel nimmt hier seinen Ausgangspunkt und zeigt, welche Verantwortungsfelder für Medienunternehmen in der Literatur benannt werden.

2. *Gesellschaftliche Verantwortung von Medienunternehmen*

2.1 Verantwortung für Kommunikation und Kultur

Den zentralen Gegenstand der Diskussion um die gesellschaftliche Verantwortung von Medienunternehmen bildet ihre Rolle als berichterstattende und meinungsbildende Akteure. Matthias Karmasin und Franzisca Weder ergänzen die zumeist wirtschaftswissenschaftliche Auseinandersetzung mit der CSR-Thematik für Medienunternehmen durch eine kommunikationswissenschaftliche Perspektive, indem sie die Verantwortungsbereiche Ökonomie, Ökologie und Soziales (Triple Bottom Line) um eine vierte Dimension – die kommunikative Verantwortung – zur sogenannten Quatriple Bottom Line erweitern.[5] Medienunternehmen werden hier auch als Hersteller von Öffentlichkeit verstanden. Demgemäß sprechen die Autoren von einer *Corporate Communicative Responsibility*, in deren Mit-

4 Für die Funktionen von Medien im Einzelnen vgl. Meyn/Tonnemacher 2012: 13 ff. und Fechner 2013: 8 ff.

5 Vgl. Karmasin/Weder 2009.

telpunkt die kulturelle Verantwortung für Kommunikation und die kommunikative Verantwortung *von, in* und *durch* Medienunternehmen steht.

Die kommunikative Verantwortung *von* Medienunternehmen meint dabei (1) die Verantwortungswahrnehmung über Kommunikation und (2) die Kommunikation der Verantwortungswahrnehmung. Ersteres bezieht sich auf ein verantwortungsvolles Kommunikationsmanagement gegenüber internen und externen Stakeholdern. Der zweite Punkt zielt auf die Publikation der eigenen Wahrnehmung unternehmerischer Verantwortung, z.B. in Form von Nachhaltigkeits- oder Umweltberichten oder auf entsprechenden Websites.[6] Die Verantwortungswahrnehmung *in* Medienunternehmen umfasst individual- und unternehmensethisch basierte selbstregulative Maßnahmen in der Geschäftstätigkeit von Medienunternehmen. Verantwortungswahrnehmung *durch* Medienunternehmen stellt ab auf die Herstellung von Öffentlichkeit: Medienunternehmen schaffen in ihrer Funktion als Berichterstatter eine Plattform (Medium) für die Verantwortungswahrnehmung anderer Institutionen.[7]

Der besondere Beitrag der Arbeit von Karmasin und Weder besteht in der Visualisierungskraft der Quatriple Bottom Line, die einer grundsätzlichen Verständigung darüber dient, dass die CSR gerade für Medienunternehmen um eine kulturelle Verantwortung für Komunikation ergänzt werden muss.

Auch Anke Trommershausens Konzept der *Corporate Responsibility für Kommunikation und Kultur* konzentriert sich auf die kommunikative und kulturelle Verantwortung von Medienunternehmen.[8] Dieser Ansatz ist jedoch deutlich fokussierter als der von Karmasin/Weder (2009), da hier ganz konkret die Auswirkungen des technologischen Wandels in den Blick genommen werden. Öffentlichkeit wird danach nicht mehr ausschließlich durch Massenmedien konstituiert, sondern – infolge des technologischen Fortschritts und der Medienkonvergenz – immer mehr durch digitale Netzwerkmedien. Dies wiederum hat zu starken gesellschaftlich-kulturellen Veränderungen beigetragen, aus denen sich für Medienunternehmen – sogar für die gesamte TIME-Branche – neue Verantwortungsfelder ergeben.

---

6 Vgl. Karmasin/Weder 2009: 47.
7 Vgl. Karmasin/Weder 2009: 49.
8 Vgl. Trommershausen 2011.

Trommershausen versteht das Kerngeschäft der Medien hier im Sinne der Ermöglichung von Zugang zur und Teilhabe an Öffentlichkeit, die im Rahmen von individuellen und medienvermittelten Beziehungen entsteht. Da die Kommunikation und dadurch die Konstitution von Öffentlichkeit in bzw. durch Netzwerkmedien stattfinden, leitet die Autorin für Unternehmen der TIME-Branche als Bereitsteller der digitalen Infrastruktur eine Verantwortung bezüglich des gleichen und gerechten Zugangs sowie eines sicheren Umgangs mit diesen Medien ab.[9] Deutlich gemacht wird das besonders für Schwellen- und Entwicklungsländer: Diese verfügen häufig über keinen flächendeckenden Rundfunk und so stellen vor allem Netzwerkmedien eine wesentliche Möglichkeit der gesellschaftlichen Teilhabe dar. Engagieren sich Medienunternehmen in diesen Teilen der Welt verantwortungsbewusst, leisten sie Trommershausen zufolge neben der Verfolgung eigener wirtschaftlicher Zielsetzungen auch einen gesellschaftlichen Beitrag im Hinblick auf Teilhabe und Inklusion von Öffentlichkeit, möglichweise sogar einen Beitrag zur ökonomischen Stabilität.[10] Mögliche, sich hieraus ergebende strategische Potenziale im Sinne der Generierung von Wettbewerbsvorteilen – und damit der ökonomische Aspekt von CSR – werden ebenfalls in das Konzept integriert. Anders als in vielen CSR-Konzepten, die – wie in der Einleitung bereits erwähnt – i.d.R. die gesamte Triple Bottom Line thematisieren, erfolgt hier jedoch bewusst keine Adressierung der ökologischen Verantwortung.

2.2 Verantwortung für Nachhaltigkeit

Mit der gesellschaftlichen Verantwortung von Medienunternehmen im Sinne von Nachhaltigkeit[11] befassen sich Christian Scholz, Uwe Eisenbeis

9 Vgl. Trommershausen 2011: 121.
10 Vgl. Trommershausen 2011: 45.
11 Nachhaltigkeit meint allgemein die langfristig ausgewogene Adressierung ökonomischer, ökologischer und sozialer Zielsetzungen, um die Bedürfnisse gegenwärtiger wie auch künftiger Generationen erfüllen zu können. Nachhaltigkeit ist damit ein Aspekt unternehmerischer Verantwortung gegenüber der Gesellschaft.

und Nadine Schaaf.[12] Es erfolgt hier eine medienmanagementbezogene Annäherung an die Thematik, unter Heranziehung des Saarbrücker Modells der Medienwirkung. Zunächst werden zwei Bereiche identifiziert, für die Nachhaltigkeit zu thematisieren ist: (1) Nachhaltigkeit *in* Medienunternehmen (Nachhaltigkeit als Element des Zielsystems, wirtschaftliche und kulturelle Werte zu schaffen) und (2) Nachhaltigkeit *über/durch* Medienunternehmen (Nachhaltigkeit als Nachricht). Punkt eins bezieht sich auf nachhaltiges Wirtschaften, das auch durch alle anderen ökonomischen Akteure erfolgen sollte. Punkt zwei stellt ab auf das publizistische Wirken von Medienunternehmen.

Den Autoren zufolge können über Nachhaltigkeit kulturelle und ökonomische Wertbeiträge geschaffen werden, sowohl in den Medienunternehmen selbst als auch in der Gesellschaft. Nachhaltigkeit bzw. eine gezielte CSR wirkt demnach auf den Unternehmenserfolg und ermöglicht Wettbewerbsvorteile, wenn sie in das Zielsystem integriert wird.[13]

Das hier verwendete Modell der Medienwirkungen beschreibt drei spezifische Funktionen von Medienunternehmen: Sie schaffen (1) Wirklichkeit, (2) Märkte und (3) Werte. Punkt eins bezieht sich auf die Berichterstattung. Durch sie erfolgt die Darstellung von (einer bestimmten) Realität bzw. Wirklichkeit, welche wiederum auf Einstellungen und Verhalten wirkt. Punkt zwei – das Schaffen von Märkten – wird als Voraussetzung für Punkt drei betrachtet, kulturelle sowie ökonomische Werte erzeugen zu können.[14] Dieses Modell wird von Scholz, Eisenbeis und Schaaf als Instrument zur Systematisierung von Handlungsoptionen sowie zur Strategieplanung herangezogen und soll den Unternehmen bei der Koordination ihrer Nachhaltigkeitsaktivitäten helfen. Anhand empirischer Befunde wird dargestellt, dass (1) Nachhaltigkeit *in* Medienunternehmen (ökologisch, ökonomisch und sozial) bisher keinen hohen Stellenwert einnimmt und kaum in das Zielsystem integriert ist.[15] Bezüglich (2) Nachhaltigkeit

12 Vgl. Scholz/Eisenbeis/Schaaf 2009. Nachhaltigkeit und CSR werden von den Autoren im Übrigen synonym verwendet (vgl. hierfür z.B. Scholz/Eisenbeis/Schaaf 2009: 24, 27 und 29).

13 Vgl. Scholz/Eisenbeis/Schaaf 2009: 29.

14 Vgl. Scholz/Eisenbeis/Schaaf 2009: 25.

15 Es handelt sich hierbei um die Analyse von Geschäftsberichten als Darstellung des Ist-Zustands sowie um die Befragung des Managements nach der Wichtigkeit

über/durch Medienunternehmen zeigt sich, dass das Thema als Nachricht zumindest phasenweise aufgegriffen wird.[16]

Durch die Heranziehung des Medienwirkungsmodells als Analyse- und Koordinationsinstrument für Medienunternehmen hinsichtlich ihrer Nachhaltigkeitsaktivitäten verknüpfen die Autoren die Theorie mit der Praxis und stellen so einen Anwendungsbezug mit Nutzwert her.

Auch Alexander Moutchnik nimmt das Thema Nachhaltigkeit in Medienunternehmen in den Blick und verknüpft diese mit einer kommunikationswissenschaftlichen Perspektive.[17] Die Besonderheit bei Medienunternehmen liegt gemäß Moutchnik in der Dreidimensionalität von Nachhaltigkeit: (1) die meinungsbildende Funktion der Medien, (2) die meinungsabbildende Funktion der Medien und (3) Medienmanagement im Sinne der Verantwortung von Medienunternehmen für die eigene nachhaltigkeitsbezogene Politik und die eigene Nachhaltigkeitsberichterstattung.

In Punkt eins und zwei werden Aspekte adressiert, die mit den publizistischen Zielen von Medienunternehmen verbundenen sind. Um der meinungsbildenden Funktion nachzukommen, müssen Medien nachhaltigkeitsbezogene Themen aufgreifen und darüber berichten. Als Grundvoraussetzung hierfür nennt Moutchnik die publizistische Unabhängigkeit und die Meinungsäußerungsfreiheit.[18] Die meinungsabbildende Funktion der Medien meint die Reflektion dessen, was die Gesellschaft als relevant einstuft. Medien werden daher oft als Abbild der Gesellschaft bezeichnet. Die dritte Nachhaltigkeitsdimension von Medienunternehmen stellt ab auf die eigene nachhaltigkeitsbezogene Politik und Berichterstattung. Moutchnik stellt hier fest, dass Medienunternehmen im praxis- und forschungsorientierten Nachhaltigkeitsdiskurs bisher kaum fokussiert wurden, weil die Medienproduktion als weniger umweltbelastend betrachtet wird als beispielsweise die Herstellung von Chemikalien. Der Autor kann jedoch zeigen, dass auch für Medienunternehmen Umweltmanagementsysteme sinnvoll sind, die sich beispielsweise mit dem Rohstoff Papier, dem Druckprozess, dem Vertrieb der Printprodukte und der Wiederverwertbar-

bestimmter Zielinhalte als Abbild der strategischen Ausrichtung (vgl. Scholz/Eisenbeis/Schaaf 2009: 26 f.).

16 Ausgewertet wurden Nachrichtensendungen hinsichtlich ihres thematischen Bezugs zu Nachhaltigkeit (vgl. Scholz/Eisenbeis/Schaaf 2009: 27 f.).

17 Vgl. Moutchnik 2009.

18 Vgl. Moutchnik 2009: 14.

keit von CDs, Fernsehgeräten, Computern usw. befassen.[19] Eine entsprechende Nachhaltigkeitsberichterstattung dient Moutchnik zufolge nicht nur der Transparenz gegenüber der Öffentlichkeit, sondern auch gegenüber Wettbewerbern, mit denen es gemeinsam gilt, Branchenstandards zu schaffen. Der Beitrag von Moutchnik adressiert eine Vielzahl von Aspekten, die im Rahmen der Verantwortungswahrnehmung von Medienunternehmen zu berücksichtigen sind und ist damit gerade in seiner Breite sehr informativ. Der besondere Mehrwert dieses Artikels liegt aber vor allem darin, dass er sich im Gegensatz zu allen anderen hier vorgestellten Beiträgen ausführlich den ökologischen Auswirkungen der Geschäftstätigkeit von Medienunternehmen widmet.

2.3 Verantwortung für Public Value

In jüngerer Zeit wird im Rahmen der Verantwortungszuschreibung von Medien häufig vom Public Value gesprochen. Public Value heißt wörtlich übersetzt öffentlicher Wert bzw. Nutzen und wurde für den Mediensektor 2004 von der British Broadcasting Corporation adaptiert.[20] Mittlerweile findet er auch in der deutschsprachigen Literatur Anwendung, spätestens seitdem der britische Drei-Stufen-Test von Public Value für den öffentlich-rechtlichen Rundfunk in Deutschland angepasst und im Jahre 2009 im Rahmen des § 11 f. Abs. 4 Rundfunkstaatsvertrag verankert wurde.

Ein eng gefasstes, auf das publizistische Erzeugnis öffentlich-rechtlicher Rundfunkanstalten begrenztes Begriffsverständnis von Public Value findet sich bei Regula Troxler, Daniela Süssenbacher und Matthias Karmasin.[21] Public Value wird hier als gesellschaftlicher Verständigungsprozess verstanden, der durch die systematische Einbeziehung der öffent-

---

19 Vgl. Moutchnik 2009: 20.

20 Vgl. Moore 1995 und British Broadcasting Corporation 2004. Der Begriff Public Value ist allerdings nicht einheitlich definiert. In der Literatur finden sich je nach Schwerpunkt verschiedene Auslegungen. Die Betrachtung kann sich auf das publizistische Wirken von Medienunternehmen beschränken oder auch ihre Rolle als wirtschaftliche Akteure einbeziehen. Vgl. Karmasin/Süssenbacher/Gonser 2011: 11.

21 Vgl. Troxler/Süssenbacher/Karmasin 2011.

lichen Meinung und Bedürfnisse die Legitimation des öffentlich-rechtlichen Rundfunks ermöglichen könnte.[22]

Ebenfalls mit Public Value beschäftigen sich Carsten Winter und Anke Trommershausen.[23] Sie verstehen die Produktion von Public Value sehr allgemein im Sinne von wertvollen Stakeholderbeziehungen, die zu den Externalitäten des Kerngeschäfts von Medienunternehmen zählen und im Rahmen des CSR-Konzepts professionell gemanagt werden sollten.[24] Die Autoren weisen außerdem darauf hin, dass Public Value sowohl für öffentlich-rechtliche Rundfunkanstalten als auch für private Medienunternehmen zu thematisieren ist.[25]

Eine genauere Begriffseingrenzung erfolgt durch Franzisca Weder und Larissa Krainer. Sie betrachten Public Value als eine durch Kommunikationsprozesse bedingte Sinn- und Wertstiftung.[26] Public Value kann den Autoren zufolge durch die Wahrnehmung der Corporate Communicative Responsibility erzeugt werden. Wie bereits im vorherigen Abschnitt dieses Artikels erläutert, handelt es sich hierbei um einen Ansatz, der die kommunikative Verantwortung *durch*, *in* und *von* Medienunternehmen beschreibt.[27] Die besondere Verantwortung gegenüber der Gesellschaft liegt für Medienunternehmen in der Herstellung von Öffentlichkeit. Im Sinne des Corporate Communicative Responsibility-Konzepts handelt es sich hierbei um die kommunikative Verantwortung *durch* Medienunternehmen, d.h. Medienunternehmen schaffen einen Raum, in dem andere Unternehmen ihre Verantwortung gegenüber Stakeholdern wahrnehmen können.

---

22 »Public Value als ›Mehrwert für alle‹ entsteht … nicht durch bestimmte Sender- oder Angebotsmerkmale, sondern deliberativ im Prozess der Legitimation durch die konsequente Einbindung der Stakeholder – und insbesondere der Öffentlichkeit – in der Konzeption, Produktion und Evaluation öffentlich-rechtlicher Medienangebote.« (Troxler/Süssenbacher/Karmasin 2011: 134).

23 Vgl. Winter/Trommershausen 2011.

24 Vgl. Winter/Trommershausen 2011: 338 und 342.

25 Vgl. Winter/Trommershausen 2011: 342.

26 »Die Öffentlichkeit als … Kommunikationsnetzwerk ist … *wert*voll, macht die Akteure und damit auch die gesellschaftlichen Organisationen, die an dieser gesellschaftlichen Strukturation durch Kommunikation beteiligt sind, zu Sinn- und *Wert*stiftern. Eine zentrale Rolle für die Herstellung und die Sicherung dieses 'Public Value' spielen Medienunternehmen.« (Weder/Krainer 2011: 355).

27 Vgl. hierfür Abschnitt 2.1 dieses Beitrags und das dort vorgestellte Konzept der Corporate Communicative Responsibility von Karmasin/Weder 2009.

Public Value entsteht Weder und Krainer zufolge allerdings erst, wenn sich Medienunternehmen ihrer öffentlichen Wertstiftung bewusst sind und diese strukturell im Sinne einer angewandten Medienethik sicherstellen. Public Value wird also nur dann generiert, wenn auch die Wahrnehmung der kommunikativen Verantwortung *in* (innerhalb der Organisation durch selbstregulative Maßnahmen) und *von* Medienunternehmen (verantwortungsvolle Kommunikation und verantwortungsvolles Handeln nach außen) erfolgt.[28]

Die fest umrissenste Definition präsentieren Boris Alexander Kühnle und Martin Gläser.[29] Sie beschreiben Public Value als sich aus drei Dimensionen konstituierend: (1) Vielfalt im Sinne eines publizistischen Wertbeitrags, (2) Identität als gesellschaftlicher Wertbeitrag und (3) Wertschöpfung bezogen auf den wirtschaftlichen Wertbeitrag.[30] Der so konkretisierte Begriff dient den Autoren als Basis für die Entwicklung eines Konzeptes zur Messung von Public Value, welches dann im Rahmen einer empirischen Analyse auf private regionale TV-Veranstalter angewendet wurde.[31] Public Value wird hier nicht nur in seiner Vielseitigkeit dargestellt, sondern auch messbar gemacht, sodass eine solide Beurteilung von TV-Sendern möglich wird.

3. *Zusammenfassung und Ausblick*

Die Literaturschau zeigt, dass die Diskussion von CSR und Medienunternehmen voranschreitet. Dies erfolgt – im Vergleich zu anderen Branchen – jedoch sehr spät; der Forschungsgegenstand ist noch vergleichsweise neu.[32] Bisher erfolgt die Auseinandersetzung mit der gesellschaftlichen Verantwortung von Medienunternehmen in verschiedenen Themenfeldern und eher losgelöst voneinander. Die Überschneidungen der einzelnen Verantwortungsdimensionen 1) Kommunikation und Kultur, 2) Nachhaltigkeit und 3) Public Value werden zwar immer wieder an verschiedener

28 Vgl. Weder/Krainer 2011: 361.
29 Vgl. Kühnle/Gläser 2011.
30 Vgl. Kühnle/Gläser 2011: 15.
31 Vgl. Kühnle/Gläser 2011.
32 Vgl. Moutchnik 2009: 20.

Stelle deutlich, doch eine Systematisierung und/oder eine integrierte Aufarbeitung der Gesamtthematik ist biser noch nicht erfolgt.

Die vorliegenden Beiträge zeigen, dass die CSR von Medienunternehmen sowohl in der Praxis als auch in der Forschung vermehrt Aufmerksamkeit erzielt. Dass CSR gerade für Medienunternehmen hohe Relevanz hat, liegt auf der Hand: Zum einen, weil es bei CSR immer auch um Kommunikation und Information geht. Und genau hier liegt das Kerngeschäft von Medienunternehmen. Zum anderen, weil im Mittelpunkt des Handelns von Medienunternehmen die Verbindung von ökonomischen und gesellschaftlichen Zielen steht – und um diese Verbindung kreist auch das Anliegen von CSR. Es ist daher zu erwarten, dass das Thema auch in der näheren Zukunft in der Forschung und in der Praxis weiter verfolgt werden wird. Dabei muss das publizistische Wirken von Medienunternehmen im Mittelpunkt der Betrachtung stehen. So werden reine CSR-Ansätze insbesondere um medienethische Aspekte ergänzt werden müssen. Ebenfalls relevant ist und bleibt die Frage, welche Bedeutung Medienunternehmen dem CSR-Konzept für ihre eigene Geschäftstätigkeit beimessen. Vor allem eine interdisziplinäre Herangehensweise an die Thematik scheint aussichtsreich.

Literatur

British Broadcasting Corporation (2004): Building public value – Renewing the BBC for a digital world. Online: http://downloads.bbc.co.uk/aboutthebbc/policies/pdf/bpv.pdf [Zugriff: 21.04.2013].

Fechner, F. (2013): Medienrecht. 14. Aufl., Tübingen.

Habisch, A./Wegner, M. (2005): Overcoming the Heritage of Corporatism. In: Habisch, A./Jonker, J./Wegner, M./Schmidpeter, R. (Hrsg.) (2005): Corporate Social Responsibility across Europe. Berlin u.a., 111-124.

Hansen, U./Schrader, U. (2005): Corporate Social Responsibility als aktuelles Thema der Betriebswirtschaftslehre. In: Die Betriebswirtschaft, 65/2005, 373-395.

Karmasin, M./Süssenbacher, D./Gonser, N. (Hrsg.) (2011): Public Value – Theorie und Praxis im internationalen Vergleich. Wiesbaden.

Karmasin, M./Weder, F. (2009): Verantwortung von, in und durch Medien. In: Umweltwirtschaftsforum. Berlin u.a., 45-50.

Kühnle, B. A./Gläser, M. (2011): Vielfalt – Identität – Wertschöpfung: Public Value privater regionaler TV-Veranstalter. Stuttgart.

Meyn, H./Tonnemacher, J. (2012): Massenmedien in Deutschland. 4. Aufl., Konstanz.

Moore, M. H. (1995): Creating Public Value: Strategic Management in Government. Cambridge, USA u.a.

Moutchnik, A. (2009): Nachhaltigkeitsdimensionen der Medienbranche. In: Umweltwirtschaftsforum, 1/2009, 13-22.

Scholz, C./Eisenbeis, U./Schaaf, N. (2009): Nachhaltigkeit als Ziel und Mittel der Medienunternehmen. In: Umweltwirtschaftsforum, 1/2009, 23-31.

Trommershausen, A. (2011): Corporate Social Responsibility in Medienunternehmen. Köln.

Troxler, R./Süssenbacher, D./Karmasin, M. (2011): Public-Value-Management als Antwort auf die Legitimationskrise und Chance für neue Strategien der Mehrwertgewinnung. In: Gundlach, H. (Hrsg.) (2011): Public Value in der Digital- und Internetökonomie. Köln, 121-143.

van Marrewijk, M. (2003): Concepts and Definitions of CSR and Corporate Sustainability: Between Agency and Communication. In: Journal of Business Ethics, 2/3/2003, 95-105.

Waddock, S. (2004): Parallel Universes. Companies, Academics, and the Progress of Corporate Citizenship. In: Business & Society Review, 1/2004, 5-42.

Weder, F./Krainer, L. (2011): Public Value und die Verantwortung von Medienunternehmen. Corporate Communicative Responsibility als Bedingung für die Möglichkeit der Herstellung von Public Value. In: Gundlach, H. (Hrsg.) (2011): Public Value in der Digital- und Internetökonomie. Köln, 355-377.

Winter, C./Trommershausen, A. (2011): Potenziale und Probleme der Corporate Social Responsibility (CSR) von TIME-Unternehmen unter den Bedingungen der Medienkonvergenz. In: Gundlach, H. (Hrsg.) (2011): Public Value in der Digital- und Internetökonomie. Köln, 335-354.

2. Verlage vor neuen Herausforderungen

Geschäftsfelderweiterung in Verlagsunternehmen*

*Caspar Schauseil***

Einführung

Das Thema meiner Doktorarbeit beschäftigte sich mit der Frage nach dem Diversifizierungsspielraum deutscher Zeitschriftenverlage. Im Zeitraum zwischen Frühjahr und Herbst 2010 befragte ich 21 Verlagsvertreter nach der Attraktivität industrieübergreifender, neuer Geschäftsfelder und Trends der Verlagsbranche , so z.B. die Bereiche ePublishing, Professional Publishing oder auch Merchandising, und bat um eine Einstufung dieser auf der Grundlage der wichtigsten Kernressourcen eines Zeitschriftenverlages. Ergänzt wurden diese ressourcenorientierten Ergebnisse um eine auf gängige Marktkriterien ausgerichtete Erhebung zur Erfassung des Marktpotenzials ebendieser Diversifizierungsfelder. Im Rahmen der Dissertationsschrift kamen Nutzwertanalyse und Analytical Hierarchy Process als methodische Verfahren zum Einsatz. Seit der Erhebung und empirischen Analyse der Daten meiner Arbeit sind nunmehr über drei Jahre vergangen. Im Folgenden möchte ich das Promotionsvorhaben zusammenfassend skizzieren und eine Einordnung ebendieser in die heutige Zeit vornehmen.

---

* Aufsatz zur Dissertation »Strategische Geschäftsfelderweiterung deutscher Zeitschriftenverlage: Eine empirische Untersuchung mithilfe der Anwendung von Scoring-Modellen« (2011).

** Dr. Caspar Schauseil ist Senior Product Manager bei Amazon. An der Hamburg Media School war Dr. Caspar Schauseil von 2009 bis 2011 als wissenschaftlicher Mitarbeiter tätig.

Vierstufige Herleitung eines Diversifizierungsrahmenmodells für deutsche Zeitschriftenverlage

Die Herleitung eines Rahmenmodells zur strategischen Planung von Diversifizierungsaktivitäten deutscher Zeitschriftenverlage stand im Zentrum meines Dissertationsvorhabens. Der Hintergrund dieser Fragestellung lag in den strukturellen Verwerfungen der Verlagsindustrie begründet, die sich einerseits in rückläufigen Print-Reichweiten und den durch die Online-Migration hervortretenden Veränderungen im Nutzungsverhalten der Leser, andererseits in einer konjunkturell bedingten Reduzierung des Werbebudgets äußerten. Die Herleitung des Diversifizierungsrahmenmodells sollte Zeitschriftenverlage neue Geschäftsfelder, insbesondere mit Hinblick auf eine chancenreiche Digitalisierungsstrategie, aufzeigen und erfolgte im Rahmen einer vierstufigen Vorgehensweise. In einem ersten Schritt wurden die potenziellen Diversifizierungsräume identifiziert, um sie anschließend entlang der ressourcen- und marktorientierten Kriterien bewerten zu können. Dafür wurde in einer ersten Befragung ein Sample von über fünfzig Unternehmensberatern der auf die Medien- und Telekommunikationsbranche spezialisierten, strategischen Beratungsfirma *Solon Management Consulting* nach den aussichtsreichsten Diversifizierungsfeldern befragt. Anschließend wurden die Antworten bereinigt, hierarchisiert und in einer Liste von Diversifizierungsmustern angeordnet. Im Folgenden ist das Ergebnis dieser Befragung grafisch skizziert.

Diversifizierungsmuster I ***Stoßrichtung Content***	**Diversifizierungsmuster II** ***Stoßrichtung Online***	**Diversifizierungsmuster III** ***Stoßrichtung Offline***
1. Professional Publishing	**4. ePublishing**	**7. Corporate Publishing**
▪ Monetarisierbares Angebot exklusiver, professionell aufbereiteter Daten, Recherchen und Analysen für Abonennten, Verlagskunden und Unternehmen zur Bereitstellung auf allen Plattformen	▪ Monetarisierung eigener Inhalte durch Apps oder der Entwicklung neuer Online-Vertriebsplattformen und -Bezahlmodelle zur Nutzung auf mobilen Endgeräten und im stationären Internet	▪ Redaktionelle Herstellung und Druck von Advertorials, Kunden- und Mitarbeiterzeitschriften, Corporate Books und Newslettern ▪ Angebot neuer Formate zur internen und Kundenkommunikation
2. Content Syndication	**5. Online-Portal**	**8. Merchandising**
▪ Mehrfachverwertung eigener, i.d.R. redaktioneller Inhalte durch den Weiterverkauf an Wettbewerber (B2B-Geschäft) ▪ Mehrfachnutzung der Inhalte zur Integration in eigene Zeitschriften, TV-Produktionen o.ä.	▪ Schaffung verlagsnaher, monetarisierbarer Internetplattformen, ggf. unter dem Dach bestehender Formatmarken, i.e. ▫ eCommerce ▫ eLearning/eCoaching ▫ Anzeigen/Inserate	▪ Erlösquellengenerierung durch Zusatzprodukte u. -services unter dem Dach bereits etablierter Zeitschriftenmarken, i.e. Editionen, Reisen oder Seminare ▪ Ggf. Realisierung durch Unternehmenskooperationen

3. Line Extension	6. Internet Service Agency	9. Event Management
▪ Redaktionelle Herstellung neuer Zeitschriftentitel u. -formate unter dem Dach bereits etablierter Marken u. integraler Bestandteil der Markenfamilie	▪ Internet- und verlagsspezifisches Dienstleistungsangebot, i.e. ▫ Webseitenaufbau, -launch u. -hosting ▫ Adressvermarktung/-handel ▫ Crossmediale Vermarktungskampagnen	▪ Veranstaltungsorganisation zur Sichtbarmachung u. Verlängerung der eigenen Zeitschriftentitel und Formatmarken ▪ PR-Effekt durch Berichterstattung in den Medien sowie den eigenen Zeitschriftentiteln

Abbildung 1: Identifizierte Diversifizierungsmärkte deutscher Zeitschriftenverlage

Quelle: Eigene Darstellung.

Im zweiten Schritt wurden nach Klärung des Diversifikationsbegriffes die relevanten Bewertungsprofile erstellt, um die Attraktivität aller sinnvollen Diversifizierungsaktivitäten bewerten zu können. Diese Bewertungskriterien orientierten sich im Kern an den von *Lindstädt* und *Hauser* in mehrjähriger Forschungsarbeit identifizierten Determinanten zur Bestimmung des strategischen Wirkungskreises einer Unternehmung[1] und dem *Wirtzschen* Modell zur Illustration der Kernressourcen und -kompetenzen von Medienunternehmen[2]. Aufgrund des stark ressourcenorientierten Fokus wurde ein zweites Bewertungsprofil aus marktorientierter Sicht erstellt. Die Herleitung der entsprechenden Determinanten zur marktorientierten Bewertung erfolgte auf Grundlage der von *Porter* deduzierten *Five Forces*[3].

Der dritte Schritt, der den wichtigsten Beitrag zur Erhebung der dieser Arbeit zugrunde liegenden Ergebnisse darstellt, bestand in der Gewichtung aller identifizierten Diversifizierungsaktivitäten entlang der vorab definierten Auswahl der ressourcen- und marktorientierten Kriterien. Dazu wurden zwei separate Bewertungsschritte unternommen: Zunächst kamen zur Datengenerierung leitfadengestützte Tiefeninterviews mit 21 ausgesuchten Branchenvertretern zum Einsatz, die sich in einen quantitativen und einen qualitativen Teil untergliederten. Befragt wurden Verleger, strategieverantwortliche Manager, Geschäftsführer und Abteilungsleiter führender deutscher Zeitschriftenverlage. Die strenge Auswahl des Experten-

1 Lindstädt/Hauser 2004.
2 Wirtz 2009.
3 Porter 1990.

samples war damit zu begründen, dass diese Personengruppe die unternehmensinternen Ressourcen und Kompetenzen eines Zeitschriftenverlages am besten kennt und gleichzeitig über die notwendigen Kompetenzen verfügt, Diversifizierungsentscheidungen maßgeblich mit zu beeinflussen. Wie es das hier eingesetzte, methodische Verfahren der *Nutzwertanalyse* vorsieht, mussten die vorgegebenen Diversifizierungsoptionen entsprechend der identifizierten ressourcenorientierten Kriterien auf einer Skala von 1 bis 5 beurteilt werden. Anschließend konnten die individuellen Nutzwerte aller Diversifizierungsoptionen aus ressourcenorientierter Sicht errechnet und entsprechend hierarchisiert werden. Der qualitative Teil ermöglichte eine bessere Abbildung der (internen) Diversifizierungsentscheidungen und -prozesse, erlaubte aber auch, auf spezifische Kernressourcen oder -kompetenzen einzugehen und deren Rolle näher zu beleuchten. Außerdem diente er zur Klärung letzter Verständnisfragen sowie der möglichen Ergänzung um zusätzliche Diversifizierungsmärkte, die vom Interviewpartner als relevant eingestuft wurden, bislang im Bewertungsschema jedoch noch nicht abgebildet worden waren.

In einem parallelen Schritt wurden die vorab identifizierten Diversifizierungsmärkte auch einer empirischen, marktorientierten Bewertung unterzogen. Hier wurde auf die Marktkenntnis der Unternehmensberatung *Solon Management Consulting* zurückgegriffen, wobei das Sample der befragten Unternehmensberater unverändert blieb. Bei der Bearbeitung des quantitativen Teils kam der *Analytical Hierarchy Process* zum Einsatz: Mittels Paarvergleichsmethode wurden die vorab hergeleiteten, marktorientierten Bewertungskriterien gewichtet. Schließlich konnte mithilfe der Errechnung aller Eigenvektoren eine erste Gewichtung der Diversifizierungsmärkte vorgenommen und die Konsistenz der Ergebnisse überprüft werden. Der Gang der empirischen Untersuchung ist hier zum besseren Verständnis noch einmal skizziert.

Empirie	1. Schritt	2. Schritt	3. Schritt	4. Schritt
	Identifikation der Diversifizierungsräume	**Identifikation der m/r-orientierten Kriterien**	**M/r-orientierte Bewertung der Diversifizierungsräume**	**Auswertung und Integration der Ergebnisse**
Zentrale Fragestellung	▪ Welche Diversifizierungsmärkte lassen sich für deutsche Zeitschriftenverlage identifizieren? ▪ Lässt sich der strategische Diversifizierungsraum deutscher Zeitschriftenverlage abbilden?	▪ Welche markt- und ressourcenorientierten Kriterien lassen sich identifizieren? ▪ Wie lassen sich die markt- und ressourcenorientierten Kriterien am besten herleiten?	▪ Wie attraktiv sind die identifizierten Diversifizierungsmärkte aus ressourcenorientierter und markt-orientierter Sicht?	▪ Wie lassen sich die Diversifizierungsmärkte entsprechend der ermittelten NWA- und AHP-Bewertungen kategorisieren? ▪ Ist das entworfene Rahmenmodell für die strategische Planung geeignet?
Vorgehen/angewendete Methodik	***Generische Befragung*** ▪ Unternehmensinterne Befragung bei *Solon Management Consulting* (Fallzahl: 40) ▪ Bereinigung, Hierarchisierung und Anordnung der Diversifizierungsmärkte zu sog. Diversifizierungsmustern	***Literaturanalyse und Expertenbefragung*** ▪ Analyse der entsprechenden Fachliteratur und Unternehmensfallstudien ▪ Persönliche Interviews mit Branchenexperten	***NWA und AHP*** ▪ Unternehmensinterne Befragung bei *Solon Management Consulting* (Fallzahl: 40) ▪ Persönliche Tiefeninterviews mit Verlagsmanagern auf Basis eines teilstandardisierten Fragebogens (Fallzahl = 8) ▪ Alternativ: Elektronischer Kurzfragebogen (Fallzahl = 2)	***Auswertungsverfahren*** ▪ Auswertung der Ergebnisse und Überprüfung der Konsistenz ▪ Einordnung der Diversifizierungsmärkte in das NWA/AHP-Portfolio ▪ Überprüfung der Korrelation aller ermittelten Attraktivitätskennzahlen für die Diversifizierungsmärkte

Abbildung 2: Gang der empirischen Untersuchung

Quelle: Eigene Darstellung.

Abschließend erfolgte die Auswertung der gesammelten Daten im Rahmen einer Portfolio-Analyse. Zur Konzipierung des Diversifizierungs-Rahmenmodells wurden die Ergebnisse aus den Experteninterviews mit den Ergebnissen der marktorientierten Bewertung der Diversifizierungsmärkte miteinander kombiniert. Schließlich konnte die Ermittlung der attraktivsten Diversifizierungsmärkte für Zeitschriftenverlage unter Berücksichtigung der empirischen ressourcen- und marktorientierten Bewertungsprofile abgeschlossen werden. Auf der Grundlage dieses Modells konnten dann erste Normstrategien und Handlungsempfehlungen entworfen und formuliert werden. Außerdem erfolgte eine abschließende Analyse zur Messung des unternehmerischen Risikos in der Umsetzung entsprechender Diversifizierungsaktivitäten entlang der ressourcen- und marktorientierten Dimensionen. Die abschließenden Ergebnisse der empirischen Erhebung sind in der folgenden Abbildung zusammengefasst und zur besseren Übersicht in insgesamt vier Diversifizierungsclustern angeordnet worden.

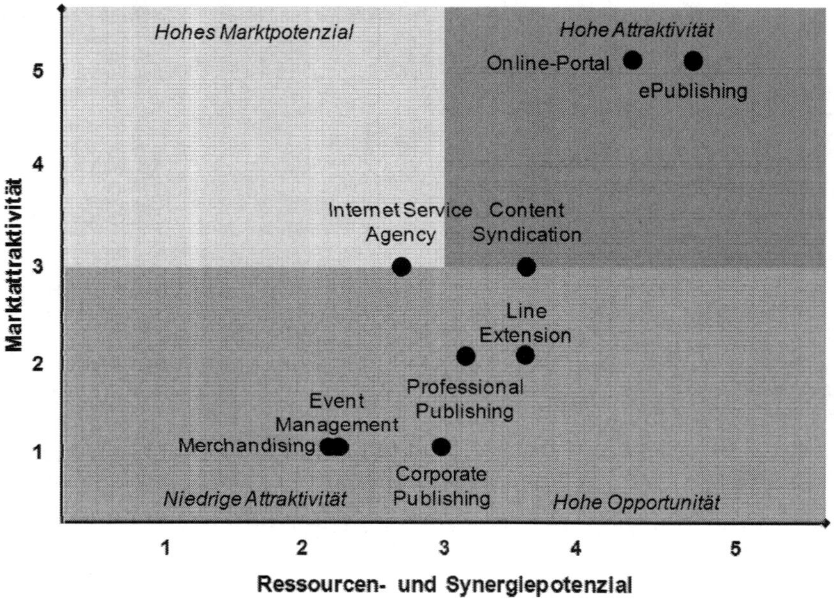

Abbildung 3: Das Diversifizierungsrahmenmodell für Zeitschriftenverlage

Quelle: Eigene Darstellung.

Einordnung der Ergebnisse

Seit der Publikation der Ergebnisse dieser Arbeit ließen sich zwei maßgebliche Trends erkennen: Erstens, die Digitalisierung von Content zielt auf die zahlungsbereite Klientel ab und wird getragen von Freemium-Modellen. Zweitens, stagnierende oder gar unprofitable Zeitungs- bzw. Zeitschriftensparten werden eher abgestoßen bzw. geschlossen, als dass man durch die Zusammenlegung der Redaktionsarme einen unternehmenseigenen Mantel überwirft. Die Emotionalität mit Bedacht auf Erhalt der eigenen Kernkompetenz in der Produktion von Content weicht der wirtschaftlichen Ratio. Der jüngste Verkauf von großen Teilen des Springerschen Printgeschäftes ist ein weiterer Beweis dafür. Nachdem meine Arbeit die Wichtigkeit des Contentgeschäftes bereits klar herausgebildet hat

– nachzuvollziehen an der hohen Einordnung der Geschäftsfelder ePublishing und Content Syndication – stehen Zeitschriftenverlage heute mehr denn je vor der Frage, wie sich das Kerngeschäft Content digital gewinnbringend monetarisieren lässt – und das in Zeiten, in denen die Reduzierung der Titelvielfalt parallel voranschreitet. Wie lassen sich diese Ziele erreichen?

Die Wandlung zum Digital Player

Viele Zeitschriftenunternehmen erweitern ihr Digitalportfolio durch strategische Zukäufe, i.e. einer Erweiterung des Geschäftsfeldes Online Portale. Im Rahmen dieser Maßnahmen fallen Erwägungen zur kurzfristigen Umsatzsteigerung den resultierenden, marginalen Profitabilitätseffekten jedoch oftmals zum Opfer. Außerdem stellt sich die Frage, wie viel der ursprünglichen Verlagsidentität unter diesen Umständen bewahrt werden kann und was sie genau dann unterscheidet von herkömmlichen Internetunternehmen. Sicherlich liegt in der Risikostreuung durch diese Form der Diversifikation zunächst ein Reiz – schließlich diversifiziert man sich anstatt sich auf wenige Erlösquellen zu fokussieren. Langfristig ist der Wettbewerb jedoch um ein Vielfaches höher. Sicherlich gibt es strategische Stoßrichtungen, die sich für einen Zeitschriftenverlag anbieten, so bspw. die Verlängerung des physischen Anzeigenangebotes durch digitale Rubriken oder die Präsenz als Online-Marketing-Player – ein Ergebnis, das im Rahmen meiner Studien auch durch die Attraktivität des Geschäftsfeldes Internet Service Agency deutlich dokumentiert werden konnte. Dennoch sehen sich Verlagsunternehmen der Gefahr ausgesetzt, ihre eigentliche Kernkompetenz zu verwässern.

Der limitierte Zugang zu Plattformen und Lesern

Der Kampf um den Leser entscheidet sich in der Besetzung und der Aufrechterhaltung der Endkundenbeziehung. Aktuell, bemühen sich diverse Zeitschriftenverlage um proprietäre Plattform-Lösungen, eine langfristige Beziehung zum Leser aufzubauen. Leider nur reichen diese Bemühungen im globalen Wettbewerb gegen Contentportale wie Apple oder Amazon kaum aus. Die Angst der Zeitschriftenverlage, ihre Endkundenbeziehung mit anderen teilen zu müssen, führt dazu, dass keine gemeinsamen Plattformlösungen entstehen und sie die Dominanz der wirklich großen Player am Markt stattdessen akzeptieren. Insbesondere diejenigen Unternehmen, die mit eigenen Geräten imstande sind, den User über einen Lock-In Effekt an sich zu binden, sind die heimlichen Gewinner dieser Entwicklung. Sie verdienen prächtig an den lizenzgetriebenen Vergütungsmodellen, die ihnen eine Umsatzbeteiligung für den auf ihren Portalen publizierten Paid Content einspielt.

Fazit

Der Trend der Marktfragmentierung verstärkt sich indessen weiterhin. Einerseits entstehen große (noch immer printfokussierte) Verlagsunternehmen oder -einheiten, die durch Rationalisierungsbemühungen und die Zusammenlegung der Redaktionen die Wirtschaftlichkeit der Titel – teilweise verbunden mit hohen Qualitätseinbußen – zu erzwingen suchen, andererseits treiben alle Verlagsunternehmen das digitale Paid-Content Angebot der verbleibenden Titel mit hoher Publikumswirkung kontinuierlich voran.

Die eigentliche Alternative sähe indessen weitreichende unternehmerische Konsequenzen vor. Sie bestünde meiner Ansicht nach in der logischen Kooperation, ggf. sogar dem Zusammenschluss von Zeitschriftenverlag und Gerätehersteller. Die Nutzung der immer wichtigeren Content-Outlets, die letztlich nur über die Endgeräte hergestellt werden kann, ist eine Kernvoraussetzung für die gewinnbringende Monetarisierung – zumindest auf langfristige Sicht. Außerdem gäbe es eine Vielzahl attraktiver Synergieefeekte, die im Rahmen vertikaler Effekte in den Bereichen Billing, Site Merchandising oder crossmediale und geräteübergreifende Vermarktung erzeugt werden könnten. Es bleibt daher zu hoffen, dass sich die Zeitschriftenverlage solchen Ansätzen weiter öffnen, um die Trendwende einzuleiten.

Literatur

Lindstädt, H./Hauser, R. (2004): Strategische Wirkungsbereiche des Unternehmens: Spielräume und Integrationsgrenzen erkennen und gestalten. Wiesbaden.

Porter, M. E. (1990): Wettbewerbsstrategie: Methoden zur Anlayse von Branchen und Konkurrenten. 6. Aufl., Frankfurt am Main.

Wirtz, B. W. (2009): Medien- und Internetmanagement. 5. Aufl., Wiesbaden.

Markenführung bei Zeitschriftenverlagen Theoretische und empirische Konzeption von Markenführungserfolg aus Sicht der betriebswirtschaftlichen Strategielehre*

*Judith Gentz***

1. Markenführung als Antwort auf den Strukturwandel im Zeitschriftenmarkt

Zeitschriftenverlage befinden sich seit über einer Dekade in einem strukturellen Wandel, der sie vor große strategische Herausforderungen stellt. Gravierende technologische Entwicklungen im Zuge der Digitalisierung, die Auflösung von Marktschranken und die Deregulierung von Medien- und Telekommunikationsmärkten sind massive Treiber einer Intensivierung des Wettbewerbs und gefährden das angestammte Zeitschriftengeschäft. Anbieter aus der Telekommunikations-, Informationstechnologie- und Unterhaltungsbranche konkurrieren gemeinsam mit den Zeitschriftenverlagen um die Aufmerksamkeit der Rezipienten und die Budgets der Werbekunden. Zeitschriftenverlage müssen sich auf den seit einigen Jahren stagnierenden Zeitschriftenmärkten behaupten. Auf Grund eines tiefgreifenden gesellschaftlichen Wandels erhöhen sich zudem die Ansprüche von Lesern und Anzeigenkunden, was Zeitschriftenverlage unter weiteren Handlungsdruck versetzt. Vor dem Hintergrund dieser Entwicklungen gewinnt die professionelle Markenführung bei Zeitschriftenverlagen an Bedeutung. Sie bietet Lösungsmöglichkeiten, die Zukunftsfähigkeit von Verlagen und ihrer Zeitschriftenangebote in einem zuneh-

* Aufsatz zur gleichnamigen Dissertation (2010).

** Dr. Judith Gentz ist geschäftsführende Gesellschafterin der milabent GmbH. An der Hamburg Media School war Dr. Judith Gentz von 2004 bis 2009 als wissenschaftliche Mitarbeiterin tätig.

mend komplexen und dynamischen Umfeld zu sichern (Siegert 2003, Caspar 2001, Baumgart 2004a, Althans/Brüne 2004).

Die Markierung von Zeitschriften soll gleichbleibende Qualität signalisieren, Vertrauen herstellen und durch die Differenzierung von Konkurrenzangeboten die Bindung der Leser an das Zeitschriftenangebot erhöhen. Verlage versprechen sich durch gezielte Imagebildung klar definierte Zielgruppen, um langfristig konstante Reichweiten zu erzielen und damit ein attraktives Werbeumfeld anbieten zu können. Mit der crossmedialen Erweiterung von Zeitschriftenmarken in neue Märkte erhofft man sich eine strategische Option, die eine kalkulierbare, risikominimierende Vorgehensweise darstellt, neue Geschäftsfelder zu erschließen. Die Verbreitung von Markeninhalten über verschiedene Medienkanäle scheint ebenfalls eine angemessene Antwort auf den branchenübergreifenden Wettbewerb, auf die Substitution durch andere Medien im Werbemarkt oder die veränderte Mediennutzung zu sein. Die Lizenzierung von Zeitschriftenmarken eröffnet zudem eine attraktive Möglichkeit, um in ausländische Märkte vorzustoßen oder heimische Märkte mit erfolgreichen Auslandstiteln zu bedienen.

Während Einigkeit darüber besteht, dass Marken wichtige Werttreiber und Vermögensgegenstände auch für Verlage darstellen können und über das Potenzial verfügen, Schutz vor steigendem Wettbewerbsdruck zu bieten, herrscht Unklarheit darüber, wie Wettbewerbsvorteile durch Zeitschriftenmarken konkret generiert werden können. Der Prozess der Markenführung ist im Gegensatz zu vielen Konsum- und Industriegüterunternehmen bei Zeitschriftenverlagen nicht bereits seit Jahrzehnten institutionalisiert und professionalisiert. Auf Grund besonderer produktbezogener Merkmale von Zeitschriften und Marktgegebenheiten lassen sich die Erfolgskonzepte der Markenführung der Konsum- und Industriegüterbranche auch nicht einfach übertragen.

Angesichts der praktischen Bedeutung der Markenführung bei Zeitschriftenverlagen und der defizitären theoretischen Zugriffsmöglichkeiten widmet sich dieser Beitrag dieser Thematik. Er stellt einen Auszug eines Dissertationsprojektes dar, das sich mit der theoretisch-fundierten Erklärung von Markenführung und deren Erfolg bei Zeitschriftenverlagen beschäftigte. Neben der Herleitung eines konzeptionellen Erklärungsmodels liefert die Arbeit Ergebnisse über die wichtigsten Erfolgstreiber, die Zeitschriftenmarken dazu befähigen, eine nachhaltige Wettbewerbsfähigkeit herzustellen sowie Gestaltungsempfehlungen für eine erfolgreiche Markenführung bei Zeitschriftenverlagen. Für ein tieferes Interesse sei auf die Dissertationsschrift verwiesen.

2. *Markenführung ist strategisches Handeln*

Die Branchenpresse ist von einer Begriffsvielfalt und unterschiedlichen Auffassungen über die Führung von Marken in Verlagshäusern geprägt. Zuweilen wird der Eindruck erweckt, jede Zeitschrift sei eine Marke und Markenführung lasse sich kurzerhand in bestehende Verlagsstrukturen integrieren. Geht man der Thematik jedoch genauer auf den Grund, ist leicht nachvollziehbar, dass Markenführung strategisches Handeln mit einem langfristig angelegten Planungshorizont bedeutet. Metoo-Produkte mit austauschbarem Namen, verwechselbaren Titeln und leicht zugänglichen Inhalten können im Vergleich zu Zeitschriftenmarken keine nachhaltigen Wettbewerbsvorteile generieren. Diese Zeitschriften entstehen unter effizienzoptimalen Produktionsbedingungen und werden als kurzfristig angelegte Handlungsoption ohne Erwartung einer Nachhaltigkeit zur (Mit-) Abschöpfung von Marktsegmenten eingesetzt, in denen die Kaufentscheidung hauptsächlich über den Preis getroffen wird. Langfristig aufgebaute Zeitschriftenmarken haben dagegen einen stärkeren, nicht offensichtlichen Imitationsschutz, der als Markteintrittsbarriere kurzfristig aufgebauten Wettbewerbsdruck durch Nachahmerprodukte abwehren kann.

Markenführung bedeutet strategisches Handeln, da die Entscheidungen der Markenführung richtunggebend und der Zeitbezug strategischer Markenziele überwiegend langfristig orientiert ist (Meffert/Burmann/Koers 2005, Sattler/Völckner 2007, Weinberg/Diehl 2001) Zeitschriftenmarken generieren nach geläufiger Definition langfristige Vorteile gegenüber dem Wettbewerb durch werthaltige, nutzenstiftende Wirkungen bei den Konsumenten und werden zur Erreichung folgender strategischer Ziele aufgebaut und gepflegt:

- Erreichung eines preispolitischen Spielraums,
- Nachhaltige Profilierung gegenüber dem Wettbewerb,
- Erschließung von Wachstumspotenzialen in konvergenten und internationalen Märkten,
- Stabilisierung des Absatzes,
- Differenzierte Marktbearbeitung,
- Schaffung von Orientierung,
- Bildung von Vertrauen und langfristigen Kundenbeziehungen,
- Steigerung der Innovationsfähigkeit.

Verlage erreichen mit Marken etwa einen preispolitischen Spielraum in Form einer zusätzlichen Zahlungsbereitschaft bei Lesern und Anzeigenkunden, die das Zeitschriftenangebot vom Preiswettbewerb isoliert, wirtschaftlichen Druck verringert und etwaigen Marktschwankungen entgegenwirkt (Meffert/Burmann/Koers 2005, Aaker 1992). Marken dienen der Risikominimierung beim Erschließen von Wachstumspotenzialen. Eine geografische Markenexpansion und Markentransfers in neue, nicht verwandte Produktkategorien (Brand Extension) senken Markteinführungskosten und das Floprisiko bei der Erschließung neuer Märkte (Sattler 2001, Burmann/Meffert/Blinda 2005). Marken senden außerdem Signale und geben Garantien für eine bestimmte Leistungsqualität, wodurch das subjektiv empfundene Risiko vermindert wird.

Wie lassen sich jedoch diese Ziele in ein konsistentes Zielsystem der Markenführung überführen und was sind die wichtigsten Erfolgstreiber zur Erreichung dieser Ziele?

3. Besonderheiten der Markenführung bei Zeitschriftenverlagen

Zur Beantwortung der vorangegangenen Fragen lohnt ein Blick in den Forschungsstand zur Markenführung, der sich klassischerweise mit Konsumgütermarken beschäftigt. Da sich Zeitschriften jedoch in vielerlei Hinsicht von Konsum- und Industriegütern unterscheiden, lassen sich die Erkenntnisse aus der Markenforschung und praktischen Anwendung in diesem Bereich nicht einfach auf die Markenführung bei Zeitschriftenverlagen übertragen. Nehmen wir nur drei Beispiele der vielschichtigen Produktbesonderheiten von Zeitschriften heraus, so wird deutlich, dass diese Besonderheiten erheblichen Einfluss auf die Markenführung bei Zeitschriftenverlagen ausüben.

- Zeitschriften sind wegen der Immaterialität der Inhalte für die Leser Erfahrungs- oder Vertrauensgüter (Sjurts 2005, Heinrich 2001). Rationales Verhalten des Konsumenten bei der Zeitschriftenwahl ist nahezu ausgeschlossen. Durch die Immaterialität der Inhalte fehlen funktionale Anhaltspunkte, die – wie bei physischen Gegenständen – vor dem Konsum messbar sind und entsprechend bewertet werden können. Ob eine Zeitschrift das individuelle Unterhaltungs- oder Informationsbedürfnis befriedigt, kann also erst nach dem Konsum festgestellt werden. Die Zahlungsbereitschaft ist demnach nicht Ausdruck positiv bewerteter objektiver Qualitätsmaße, sondern kann vielmehr als Folge ausgesendeter Marktsignale etwa durch Werbung, Bekanntheit oder Präsentation bzw. als Folge allgemeiner positiver Einstellungen oder positiver Erfahrungen mit dem Produkt durch vorangegangene Konsumerlebnisse gewertet werden (Kiefer 2005). Hierbei spielt der Aufbau von

Markenvertrauen eine besondere Rolle. Markenvertrauen entsteht über eine gewisse Zeit der Markennutzung, in der der Konsument eine Beziehung zu einer Marke aufbaut. Es bezeichnet das subjektiv empfundene Maß, mit dem ein Konsument glaubt, sich auf die Marke verlassen zu können (Esch/Langner/Brunner 2005, Chaudhuri/Holbrook 2001). Markenvertrauen führt zur Verringerung des empfundenen Kaufrisikos und einer emotionalen Verbundenheit mit der Marke. Es übernimmt somit bei Zeitschriftenmarken eine besondere Funktion.

- Zeitschriftenprodukte werden zu einem Preis angeboten, wodurch Ausschluss vom Konsum grundsätzlich hergestellt werden kann (Heinricht 2001). Zeitschriften stehen jedoch auch im intermediären Wettbewerb mit TV-, Radio- oder Internetangeboten, für deren Konsum die Rezipienten keinen Preis bezahlen müssen. Zeitschriftenmarken müssen vor diesem Hintergrund noch stärkere Nachfrageanreize schaffen, die sich durch Einzigartigkeit gegenüber anderen Medienangeboten auszeichnen, um die Zahlungsbereitschaft sicherzustellen und zu erhöhen. Die Einzigartigkeit der Marke findet ihren Ausdruck in einer überlegenen Leistung, die von Konsumenten als unverwechselbar und wichtig wahrgenommen wird und sich von Konkurrenzangeboten in einer gewissen Dauerhaftigkeit differenziert, wodurch sie Präferenzen für die Marke schafft (Specht 2001, Meffert/Burmann/Koers 2005). Sie spielt unter dem intensiven Wettbewerbsdruck, der auf Zeitschriften einwirkt, eine bedeutende Rolle.
- Zeitschrifteninhalte sind immateriell, weshalb sie rechtlich nur begrenzt schutzfähig sind und sich leichter imitieren lassen als materielle Güter. Sie sind dennoch in der Lage nachhaltigen Imitationsschutz aufzubauen. So beurteilen Rezipienten Zeitschriftenmarken mehr nach ihrer Kompetenz, Glaubwürdigkeit oder dem persönlichen Nutzwert, der sich aus subjektiven und emotionalen Eigenschaften zusammensetzt wie etwa Prestige, Reputation oder Lebensstil (Gleich 2009, Freundt 2006). Diese Beurteilung findet ihr Maß im Image einer Marke. Das Markenimage beschreibt ein bei externen Zielgruppen fest verankertes Vorstellungsbild einer Marke, das in Form von Markenassoziationen im Gedächtnis gespeichert ist (Sattler/Völckner 2007). Das Markenimage repräsentiert die subjektive Bewertung der Markenleistungen in Bezug auf die Befriedigung von Bedürfnissen, ohne dass ein Konsum der Marke dafür nötig ist (Meffert/Burmann 2005b). Vor diesem Hin-

tergrund kommt dem Aufbau eines unverwechselbaren Markenimage bei Zeitschriften eine herausragende Bedeutung zu.

Sowohl die Triebkräfte, die Zeitschriftenverlage zu einer Professionalisierung der Markenführung antreiben, als auch die Gesamtheit (und soeben - nur exemplarisch aufgezeigten) produktbezogenen Besonderheiten von Zeitschriften, bilden spezifische Anforderungen an die Markenführung bei Verlagen. Jedoch liefert die Literatur der betriebswirtschaftlichen Auseinandersetzung mit Medien hierfür keine fundierten Erklärungsmodelle. Die theoretische Auseinandersetzung im Marketing ist daneben durch divergierende Sichtweisen, begriffliche Vielfalt und Partialanalysen fragmentiert, weshalb es auch hier nur defizitäre Zugriffsmöglichkeiten zur Erklärung der Markenführung und ihres ökonomischen Erfolgs existieren.

4. Untersuchungshergang zur Erklärung erfolgreicher Markenführung bei Zeitschriftenverlagen

Es besteht die Notwendigkeit ein theoretisches Erklärungsmodell zu identifizieren, das in der Lage ist, die grundlegenden Erklärungen für den Erfolg der Markenführung und für Handlungsspielräume einer erfolgreichen Markenführung zu liefern. Da eine Theorie zumeist im Sinne ihrer Allgemeingültigkeit die Spezifizierung einer konkreten Anwendungssituation offen lässt, sind auf Basis des ermittelten theoretischen Erklärungsmodells weiterhin die Erfolgsfaktoren und Gestaltungsparameter der Markenführung bei *Zeitschriftenverlagen* empirisch zu konkretisieren, um den Praxistransfer des abgeleiteten Erklärungsmodells leisten zu können. Hierfür wird eine empirische Methodik benötigt, die im Einklang mit dem theoretischen Framework steht, damit ihre Ergebnisse für die Gesamterklärung wieder in das modelltheoretisch formulierte Konzept zurückgeführt werden können. Für die Konzeption der empirischen Untersuchung wird außerdem das Maß der Zielerreichung der Markenführung benötigt, in welchem sich der Erfolg des Handelns ausdrückt. Ausgehend von diesem Erfolgsmaß lassen sich die Treiber für den Erfolg der Markenführung bei Zeitschriftenverlagen ermitteln.

4.1 Der Open System View als ökonomisches Erklärungsmodell der Markenführung

Da Markenführung auf den Aufbau und die Sicherung strategischer Wettbewerbsvorteile zielt und somit strategisches Handeln impliziert, wird man zur Erklärung ihres ökonomischen Erfolgs in der betriebswirtschaftlichen Strategielehre fündig (Rumelt/Schendel/Teece 1991, Knyphausen-Aufseß 2004). Anhand der besonderen Anforderungen an die Markenführung bei Zeitschriftenverlagen kann nur ein den wissenschaftstheoretischen Forderungen genügendes multiparadigmatisches Framework den Markenführungserfolg bei Zeitschriftenverlagen solide zu erklären. Der sogenannte Open System View entspricht den identifizierten formalen und konzeptionellen Prüfkriterien (im Einzelnen vgl. Gentz 2010). Er ging als multiparadimatisches Framework aus der ressourcenorientierten Strategielehre hervor.

Mit seinem Strategiekonzept dem ‚open system model of the firm' führt der Open System View strategische Wettbewerbsvorteile auf ein Netz aus Ursache-Wirkungsbeziehungen zwischen mehreren Einflussfaktoren zurück (Sanchez/Heene 1996, 1997a, 1997b). Danach ist ein Zeitschriftenverlag ein zielorientiertes mit der Umwelt in Beziehungen stehendes offenes System, das sich aus hierarchisch zu einander stehenden, interdependenten Elementen und Prozessen zusammensetzt. Vorteilhafte Stellungen im Markt werden durch heterogene strategische Logiken und einzigartige Ressourcenbündel begründet.

Unternehmen als offene Systeme handeln zielorientiert. Über strategische Wettbewerbsvorteile verfügt nach dem Open System View dasjenige Unternehmen, welches unter veränderlichen Markt- und Wettbewerbsbedingungen durch überlegene Fähigkeiten der Entwicklung und Ausschöpfung der eigenen Ressourcen und der unternehmensübergreifenden Ressourcenflüsse seine strategischen Ziele erreicht. Beim Open System View stehen Ressourcen, welche sich auch außerhalb der Unternehmensgrenzen befinden können, und unternehmensindividuelle Prozesse als Erklärungsgrößen für Wettbewerbsvorteile im Fokus. Mit seinen fünf ‚competence modes' begründet der Open System View die Generierung von Handlungsspielräumen, die auf allen Stufen des Unternehmen eine frühzeitige Anpassung des Unternehmens an veränderte Bedingungen ermöglichen bzw. bestimmte Veränderungen sogar initiieren können, um das Unternehmen vor Wettbewerbskräften zu schützen.

Mit dem Open System View liegen die modelltheoretischen Zusammenhänge zur Erklärung der Erfolgsfaktoren der Markenführung bei Zeitschriftenverlagen und ihres Handlungsspielraums systematisiert vor. Für die konkrete Anwendungssituation herrscht noch Konkretisierungsbedarf. Neben den spezifischen Besonderheiten aus Umwelteinflüssen und Wettbewerbsbedingungen im Zeitschriftenmarkt oder der Produktion von Zeitschriften, ist vor allem der Ausgangspunkt der Markenführung zu spezifizieren. Er definiert das Erfolgsmaß, welchem sich als übergeordnetes Ziel der Markenführung alle Handlungen und Erfolgstreiber unterordnen.

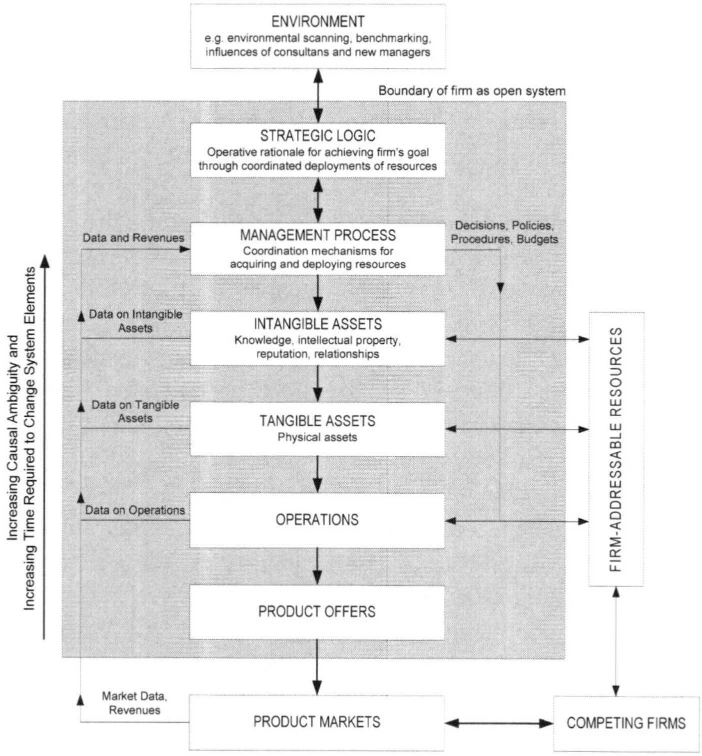

Abbildung 1: Model of the firm as an open system

Quelle: Sanchez/Heene 1996: 41.

4.2 Ökonomischer Markenwert als Erfolgsmaß der Markenführung

Das zu maximierende Oberziel subsumiert die strategischen Markenziele von Zeitschriftenverlagen zu einem Erfolgsmaß, welches seinen Niederschlag in nachhaltigen Wahrnehmungsvorteilen der Marke findet. Die direkten Unterziele dieser Spitzenkennzahl treten nach dem Open System View an die Stelle der strategischen Logik und bilden so die Steuerungs- und Kontrollparameter als Grundlage erfolgreicher Management-Prozesse. Aus ihnen leiten sich die erfolgskritischen Aktivitäten und die weiteren zentralen Einflussgrößen einer erfolgreichen Markenführung auf den nachgelagerten Stufen des 'open system model of the firm' ab.

In der Literatur (wie auch in der Praxis) wird übereinstimmend die *langfristige Steigerung des ökonomischen Markenwertes als Erfolgsmaß der Markenführung* festgestellt (Bonoma/Clark 1988, Esch 2007, Meffert/Koers 2005). Wegen der langfristigen Perspektive der Markenführung wird die Spitzenkennzahl hier ausschließlich durch qualitative Leistungskenngrößen maximiert, die zusammen die Stärke einer Marke repräsentieren. Diese qualitativen Leistungskenngrößen sind den finanzorientierten, quantitativen Kernergebnisgrößen kausal vorgelagert und determinieren folglich Größen wie Mengenpremium, Preispremium, Kosten, Umsatz oder Marktanteil (Keller 1993, Esch 2007). Wegen dieser feststehenden positiven Korrelation können die finanzorientierten Kennzahlen in der Betrachtung des Zielsystems der Markenführung ausgegrenzt werden. Die qualitativen Erfolgsindikatoren, die auch untereinander Abhängigkeiten aufweisen, sind *Markenzufriedenheit*, *Markenloyalität*, *Markenvertrauen*, *Markensympathie*, *Markenbekanntheit*, *Einzigartigkeit* und *Markenimage* (u.a. Aaker 1992, Keller 1993, Chaudhuri/Holbrook 2001).

Die qualitativen Leistungskenngrößen stellen die Indikatoren für eine strategisch erfolgreiche Markenführung dar und bilden das Zielsystem der strategischen Logik nach dem Open System View. Zur Ermittlung der Erfolgstreiber einer zeitschriftenspezifischen Markenführung auf allen nachfolgenden Stufen des Open System View müssen die Erfolgsindikatoren mit Hilfe einer empirischen Untersuchungsmethodik operationalisiert und konkretisiert werden.

4.3 Methodik des Vernetzten Denkens zur Operationalisierung des Markenführungserfolgs

Auf Grund der erfolgsdeterminierenden Vernetzung wesentlicher Einflussgrößen des Markenführungserfolgs, die durch den Open System View in Form eines komplexen Wirkungsgefüges vielschichtiger erfolgsrelevanter Faktoren erklärt wird, kann die Methodik des Vernetzten Denkens als eine geeignete empirische Systemmethodik mit einem qualitativen Erhebungsverfahren gewählt werden. Die Grundannahmen des vernetzten Denkens gehen mit dem Open System View einher: Ganzheit und Teil, Vernetztheit, Offenheit, Komplexität, Ordnung, Lenkung und Entwicklung.

Die Methodik des Vernetzten Denkens erlaubt auf Basis qualitativ erhobener Daten die Analyse eines komplexen Untersuchungsproblems, das durch ein zielgerichtetes Zusammenwirken einer großen Anzahl verschiedener, miteinander verknüpfter Elemente geprägt ist (Gomez/Probst 1987, 1991a sowie Probst/Gomez 1991). Sie ermöglicht für die Operationalisierung des ökonomischen Markenwerts und seiner qualitativen Leistungskenngrößen, eine Integration von quantitativen und qualitativen Daten sowie die Quantifizierung qualitativer Daten.

Die Methodik des Vernetzten Denkens liefert im vorliegenden Kontext in zwei Schritten die gewünschten Ergebnisse:

- Bestimmung der Einflussfaktoren durch Modellierung der Problemsituation und
- Bestimmung der erfolgskritischen Einflussfaktoren durch Analyse der Wirkungsverläufe.

Die Modellierung der Problemsituation erfolgt nach vorheriger Erhebung der Modelldaten (vgl. hierzu im Detail Gentz 2010) mit Hilfe der Netzwerktechnik. Das Ergebnis ist ein Untersuchungsmodell bestehend aus Elementen, die die erhobenen Einflussgrößen bezeichnen, und aus Beziehungen zwischen den Elementen, die die Interaktionen zwischen den Einflussgrößen repräsentieren. Das Untersuchungsmodell kann im Sinne der Netzwerktechnik als endlicher, gerichteter, benannter und gewichteter Graph definiert werden.

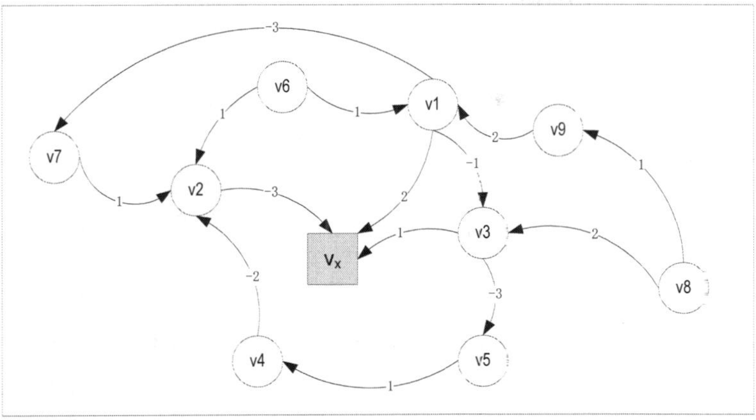

Abbildung 2: Exemplarischer Teilgraph mit abhängiger Größe v_x

Quelle: Eigene Darstellung.

Durch die Verknüpfung der Einflussgrößen zu einem weit verzweigten Wirkungsnetz können nicht nur einfache Ursache-Wirkungszusammenhänge erfasst, sondern ganze Wirkungsketten erschlossen werden. Sie geben Auskunft über Interaktionen zwischen Elementen, die über andere Elemente miteinander verknüpft sind oder auch über das Zeitverhalten von weitreichenden Wirkungsverläufen.

Die Wirkungsbeziehungen zwischen den Elementen weisen eine bestimmte Wirkungsrichtung, eine Wirkungsintensität und ein Zeitverhalten auf, die jeweils einen Wert aus einem qualitativen Wertebereich annehmen. Sei für einen Digraphen (directed graph) $G = \langle V, E \rangle$, wobei V die Menge der Elemente und E die Beziehung zwischen zwei Elementen definieren, eine lineare Sortierung

$$V = \{v_1, \ldots, v_n \mid i \in \mathbb{Z}_+\}$$

gegeben, so können die gerichtete Wirkungsintensität F für alle Beziehungen E des Graphen wie folgt definiert werden:

$$\forall\, (v_i, v_j) \in E:$$

$$f: E \rightarrow F, \quad \text{wobei } f(v_i, v_j) = \begin{cases} +3 & \text{starke positive Intensität} \\ +2 & \text{mittlere positive Intensität} \\ +1 & \text{geringe positive Intensität} \\ -1 & \text{geringe entgegengesetzte Intensität} \\ -2 & \text{mittlere entgegengesetzte Intensität} \\ -3 & \text{starke entgegengesetzte Intensität} \end{cases}$$

Formel 1: Relative Gewichtung der gerichteten Wirkungsintensität

Der Wertebereich der Wirkungsintensität F (-3,-2,-1,+1,+2,+3) wird in relative Werte transformiert. Folgende Darstellung zeigt das oben gewählte Beispiel des Teilgraphen transformiert zu einem gerichteten Einflussbaum in Abhängigkeit von der Größe v_x. Ein solcher Einflussbaum wird für jeden der sieben Leistungsindikatoren des ökonomischen Markenwerts gebildet und untersucht.

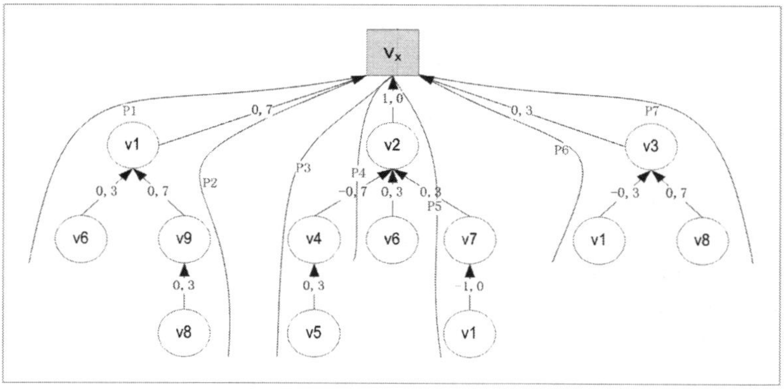

Abbildung 3: Einflussbaum mit abhängiger Größe v_x

Quelle: Eigene Darstellung.

Die im Anschluss an die Modellierung der Problemsituation durchzuführende Analyse der Wirkungsverläufe teilt sich wiederum in zwei Bereiche:

1. Es wird eine Pfadanalyse von gerichteten Teilgraphen durchgeführt, deren Endpunkt jeweils ein qualitativer Leistungsindikator als abhängige

Variablen darstellt. Die Pfadanalyse gibt im Ergebnis Aufschluss über die relevantesten Einflussfaktoren, die zur Steigerung des ökonomischen Markenwerts beitragen, indem diese Faktoren jeweils einen seiner Leistungsindikatoren maximieren.

Für jedes in dem betrachteten Teilgraph vorkommende Element soll die Wirkungsintensität bestimmt werden, mit der es auf die abhängige Erfolgsgröße einwirkt. Ist ein Element Bestandteil mehrerer Wirkungsketten (= Pfade P) des Einflussbaums eines Teilgraphen, so müssen die durch eine mögliche Zustandsänderung ausgelösten einzelnen Wirkungsverläufe zu einem Gesamtimpuls kumuliert werden, der insgesamt auf die abhängige Größe wirkt. In der Pfadanalyse spricht man in diesem Zusammenhang von einem Total-Effekt, der sich aus der Addition direkt-kausaler und indirekt-kausaler Effekte einer unabhängigen Variable auf eine abhängige Größe ergibt (Opp/Schmidt 1976). Für die Berechnung der Gesamtwirkungsstärke von Elementen auf einen betrachteten Leistungsindikator durch die Funktion fc gilt:

$$fc(v_k, v_x) = \sum_{1} \prod_{k}^{m-1} f'(v_k, v_{k+1}) \quad \forall\, P_1 = (v_k, \ldots, v_m) \in V' \wedge (v_x = v_m)$$

Formel 2: Funktion zur Berechnung der Gesamtwirkungsstärke

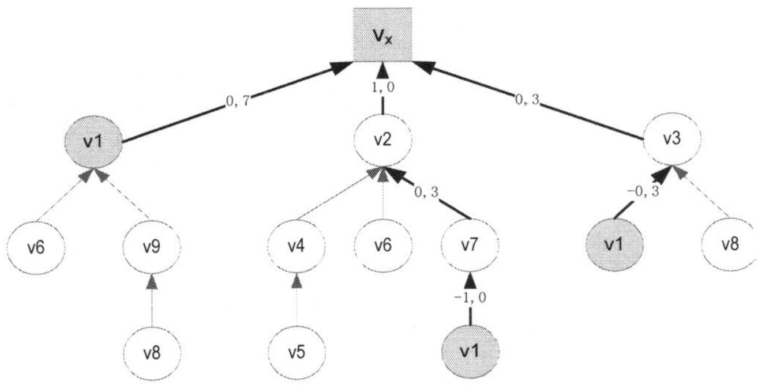

$$\begin{aligned} fc(v_1, v_x) &= 0,7 + (-1 \cdot 0,3 \cdot 1) + (-0,3 \cdot 0,3) \\ &= 0,7 - 0,3 - 0,09 \\ &= 0,31 \end{aligned}$$

Abbildung 4: Berechnung der Gesamtwirkungsstärke des Elementes v_1 auf die abhängige Größe v_x

Quelle: Eigene Darstellung.

Aus einer qualitativen Erhebung der Modelldaten (vgl. Gentz 2010) konnten das Graph-System für die Führung von Zeitschriftenmarken modelliert und im Anschluss die für die weitergehende Analyse relevanten Einflussgrößen abgeleitet werden. Anhand des qualitativen Leistungsindikators Markenvertrauen sei die Pfadanalyse beispielhaft dargestellt.

Die Ergebnisse der Pfadanalyse werden im Anschluss mit Hilfe des 'open system model of the firm' in das übergeordnete Erklärungsmodell übertragen und interpretiert.

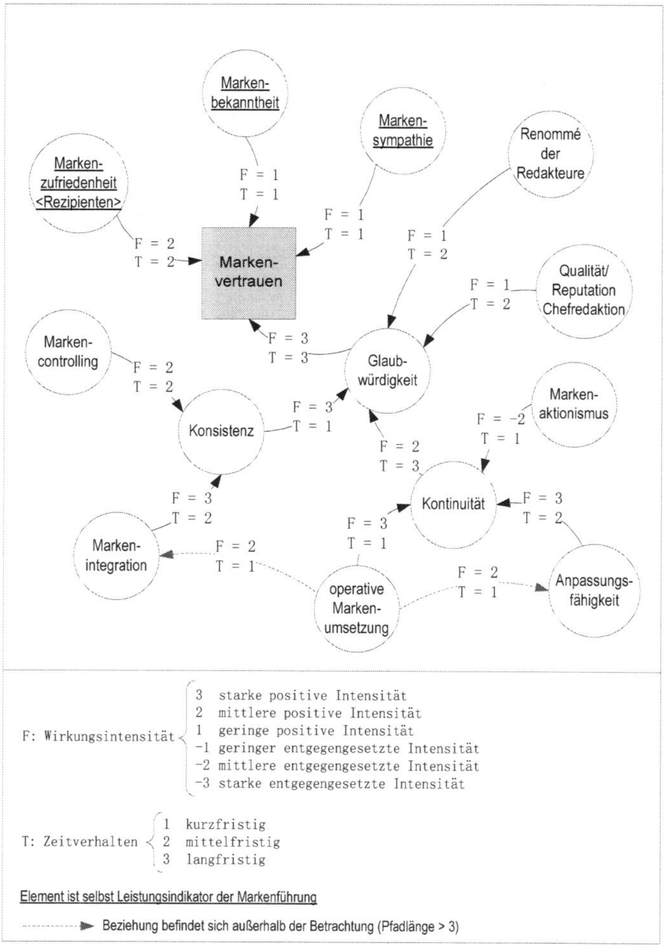

Abbildung 5: Extrahierter Teilgraph der abhängigen Größe Markenvertrauen

Quelle: Eigene Darstellung.

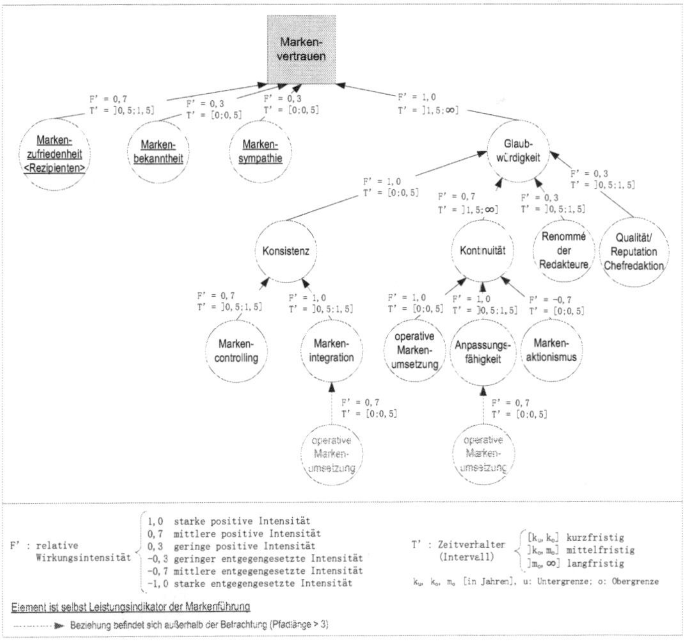

Abbildung 6: Transformation des Teilgraphs zum Einflussbaum der abhängigen Größe Markenvertrauen

Quelle: Eigene Darstellung.

2. Im Zuge der Analyse der Wirkungsverläufe wird eine Untersuchung des gesamten Wirkungsnetzes durchgeführt. Diese dient der Identifikation von Schlüsselfaktoren, die einen besonderen Einfluss auf das Gesamtgefüge nehmen. In Abhängigkeit vom jeweiligen Unabhängigkeits- oder Verflechtungsgrad übernimmt jeder einzelne Faktor eine bestimmte Rolle im Gesamtsystem. Jeder Faktor übt einen aktiven, passiven, kritischen, puffernden oder neutralen Einfluss auf das Gesamtsystem aus und hat bei hoher Gewichtung einen zentralen Einfluss auf den Erfolg der Markenführung. Interessant sind hierbei insbesondere die aktiven Faktoren, die als direkt beeinflussbare Stellschrauben gelten, und die kritischen bzw. dynamischen Faktoren, die direkt beeinflusst werden können, aber durch Rückkopplungskreisläufe auch wieder selbst beeinflusst werden.

Einen Gesamtüberblick über die Rollenverteilung der Elemente im Wirkungsgefüge des Untersuchungsmodells liefert die zweidimensionale Darstellung der Elemente im Spannungsfeld aus Unabhängigkeitsgrad und

Verflechtungsgrad, das sich über die Schlüsselrollen aktiv und passiv sowie dynamisch und puffernd aufspannt.

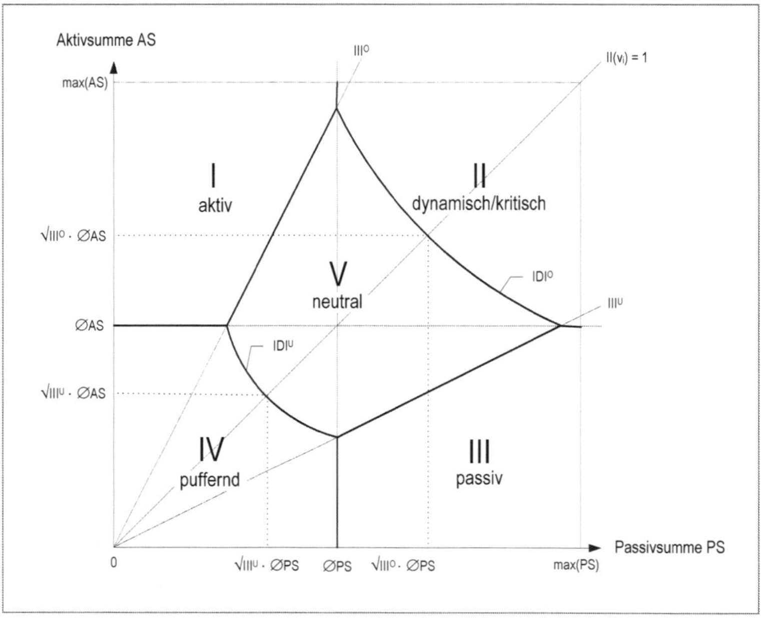

Abbildung 7: Rollenverteilung der Elemente

Quelle: In Anlehnung an Vester 2008, Probst/Gomez 1991.

5. *Erfolgreiche Markenführung bei Zeitschriftenverlagen*

Zusammenfassend ergibt sich eine erfolgreiche Markenführung bei Zeitschriftenverlagen aus dem Zusammenwirken zentraler Einflussgrößen zu einem gemeinsamen Oberziel, nämlich der Maximierung des ökonomischen Markenwerts. Nach dem Open System View vollzieht sich die Führung von Marken zur Erreichung dieser übergeordneten Zielsetzung auf allen Ebenen des Unternehmens in Interaktion mit der Unternehmensumwelt. Dabei sind die übergeordneten strategischen Handlungen und intangiblen Ressourcen grundsätzlich von erfolgsrelevanterer Bedeutung als die Handlungen auf der operativen Ebene der Leistungserstellung. Welches die Treiber und Stellschrauben mit dem größten Einfluss auf den Markenwert sind, soll im Folgenden kurz erläutert werden. Auf welcher unternehmerischen Stufe sie im Sinne des Open System View innerhalb des Verlages wirken, wie sich die Rollenverteilung im Einzelnen darstellt und welche Wirkungsbeziehungen im Hinblick auf die einzelnen Leistungsindikatoren *Markenzufriedenheit*, *Markenloyalität*, *Markenvertrauen*, *Markensympathie*, *Markenbekanntheit*, *Einzigartigkeit* und *Markenimage* bestehen, kann der Dissertationsschrift entnommen werden (vgl. Gentz 2010).

Bei der Betrachtung der hier vorgestellten Resultate sind zwei Betrachtungsebenen zu differenzieren:

- Einflussfaktoren der Markenführung: Welche Faktoren haben den größten Einfluss (positiv wie negativ) auf den Erfolg der Markenführung?
- Leistungsindikatoren des Markenwerts: Gibt es Unterschiede zwischen den Leistungsindikatoren, konkret: Welche Leistungsindikatoren des Markenwerts vereinen die relevantesten Einflussfaktoren, also die mit dem größten Einfluss auf den Erfolg, auf sich?

Einflussfaktoren der Markenführung:

Die Analyse des Gesamtwirkungsnetzes machte Einflussgrößen offenbar, die den größten Einfluss (positiv wie negativ) auf den Erfolg der Markenführung haben. Die zehn wichtigsten Erfolgsfaktoren werden im Folgenden überblicksartig vorgestellt:

Strategische Markenplanung

Die Strategische Markenplanung hat zur Aufgabe, aus den Zielen der Markenführung unter Berücksichtigung der internen und externen Gegebenheiten strategische Handlungsoptionen zu erarbeiten. Aus ihr gehen Entscheidungen zur Markenpositionierung im Rezipienten- und Werbemarkt sowie zur konkreten Zeitschriftenkonzeption hervor, die u.a. die Festlegung von Themenmix, Heftstruktur, Heftkomposition sowie das Leitbild redaktioneller Inhalte umfasst. Die Aufgaben der strategischen Markenplanung befassen sich zudem mit der Konfliktvermeidung zwischen Mutterprodukt – der Zeitschrift – und den Transferprodukten der Zeitschriftenmarke z.B. im Zuge der Erschließung neuer Märkte. Aus dem Markenplanungsprozess gehen auch Entscheidungen für die grundlegende Weiterentwicklung der Zeitschriftenmarke durch den Entwurf alternativer

Entwicklungskonzepte hervor. Dafür stehen verschiedene Markenevolutionsstrategien zur Verfügung. Zu unterscheiden sind hier die beiden grundlegenden Handlungsmuster Markenexpansion und Konsolidierung der Zeitschriftenmarke. Die Identifikation und Akquisition der für die Umsetzung notwendigen Ressourcen gehört ebenfalls zum Aufgabenumfang der Markenplanung.

Anpassungsfähigkeit an sich wandelnde Bedingungen

Zu den wichtigsten Fähigkeiten gehört die Anpassungsfähigkeit des strategischen Handelns, der Unternehmensressourcen und der operativen Prozesse an die Anforderungen, die die Umwelt an die Zeitschriftenmarke stellt. Mit Blick auf das sich dynamisch ändernde Anspruchsniveau der Rezipienten ist die Anpassungsfähigkeit insbesondere für den Erhalt des Markenvertrauens bedeutend. Die systematische Förderung der Flexibilität und Anpassungsfähigkeit von Mitarbeitern und Technologien zielt auf eine selbstregulative, teamorientierte, autonom problemlösende Leistungserbringung auf Mitarbeiterebene.

Innovationsfähigkeit des Verlages

Wegen der hohen Angebots- und Nachfrageflexibilität und dem branchenübergreifenden Innovationsdruck hinsichtlich technologischer Entwicklungen, die eine ständige Substitutionsgefahr für Zeitschriftenangebote darstellen, sehen sich Verlage einem permanenten Innovationsprozess ausgesetzt. Mit Innovationen sind hier sowohl disruptive, aber auch weniger bahnbrechende kontinuierliche Neuerungen gemeint. Genauer ausgedrückt dienen Innovationen dazu, neu entdeckte Marktsegmente zu erkennen und zu bedienen, der Wechselbereitschaft ihrer Rezipienten entgegenzuwirken, das Imitationsrisiko zu senken, mit technologischen Neuheiten inter- und extramediärem Wettbewerb zu begegnen oder Pionierrenten durch innovative Neuheiten und Produktverbesserungen zu erzielen.

Marken haben die Fähigkeit, Innovationskraft subjektiv wahrnehmbar zu machen und auf neue Produktangebote zu transferieren. Zu beachten ist, dass eine ausgeprägte Innovationsfähigkeit einen dynamischen Charakter hat. Von ihr können unerwünschte Nebeneffekte ausgehen, die unter bestimmten Umständen auch zu einer Markenerosion führen können.

Kognitive und koordinative Fähigkeiten der Entscheidungsträger

Für eine erfolgreiche Umsetzung der zuvor genannten Erfolgsfaktoren sind besondere kognitive und koordinative Fähigkeiten der Entscheidungsträger notwendig. Manager richten ihr Handeln zwar grundsätzlich nach den strategischen Zielen des Unternehmens, sind aber aufgrund kognitiver Limitationen nicht immer in der Lage, rational zu handeln. Häufig konzentrieren sich Entscheidungsträger auf sogenannte ‚lower-order control loops' (Sanchez/Heene 1996) auf operativer Ebene, wodurch organisationale Trägheit entsteht. Operative Lücken zeigen sich oft in messbaren, quantitativen Größen, wie Kosten oder die abgesetzte Menge und lassen sich deshalb leichter erfassen und mit gezielten Maßnahmen kurzfristig beheben. Jedoch sind es vor allem die ‚higher-order control loops', die strategische Relevanz und langfristige Wirkungen erzielen, wie etwa das Erkennen von Wissenslücken für die richtige Beurteilung von Marktsignalen oder mangelnde soziale Interaktion, die für Neuerungsprozesse notwendig sind. Ein erfolgskritischer Faktor zur Erreichung von Wettbewerbsfähigkeit liegt im kontinuierlichen Abbau dieser Limitationen.

Kontinuierliches Markencontrolling

Das Markencontrolling dient der Überwachung aller wertgenerierenden Prozesse sowie der Erfassung sämtlicher Informationsrückkopplungen. Es liefert damit die Grundlage zur Sicherung der Markenqualität, die benötigt wird, um das Vertrauen der Rezipienten über die Zeit aufzubauen und im Zeitablauf nicht zu enttäuschen. Dazu zählt auch die Überwachung der Übereinstimmung zwischen dem nach innen gerichteten Verständnis der Marke und dem extern tatsächlich wahrgenommenen Markenbild. Das Markencontrolling muss insgesamt eine hohe Informationsqualität aller beobachteten, relevanten Größen gewährleisten, die sich zu einem möglichst vollständigen kohärenten System verdichten.

Systematische Markenintegration

Die Markenintegration bezeichnet die Koordination aller Aktivitäten zu einer konsistenten, widerspruchsfreien, qualitätskonstanten Markenleistung. Sie ist vor dem Hintergrund der Gefahr zur Qualitätsvarianz durch Periodizität und eingeschränkte Reversibilität von Zeitschriften wettbewerbsrelevant. Auch im Zusammenhang mit der Forderung einer widerspruchsfreien Positionierung auf dem Rezipientenmarkt und dem Werbemarkt ist die Markenintegration als erfolgskritisch einzustufen.

Reputation, fachliche und soziale Kompetenz der Chefredaktion

Die Bekanntheit und soziale Anerkennung des Chefredakteurs besitzt für die Rezipienten starken symbolischen Nutzwertcharakter, der auf die Glaubwürdigkeit einer Zeitschrift eine hohe Strahlkraft aufweist. Auch steht die Qualität und Reputation der Chefredaktion im Zusammenhang mit der Ratgeberqualität einer Zeitschriftenmarke, die sich positiv auf die Zufriedenheit der Rezipienten auswirkt. Dabei geht es den Rezipienten um das Vertrauen in die Fachkompetenz im gegebenen redaktionellen Umfeld und die Empfehlungs- und Zitierfähigkeit jeglichen medialen Leistungsangebotes der Zeitschriftenmarke.

Netzwerk der Redakteure

Im Zusammenhang mit den redaktionellen Fähigkeiten spielt das Netzwerk der Redakteure eine bedeutende Rolle, um sich den Zugang zu einzigartigen Quellen, Autoren, Informanten, Korrespondenten, Fotografen oder anderen externen Ressourcen zu verschaffen. Denn nur so können einzigartige redaktionelle Beiträge produziert werden, die am Markt Wahrnehmungsvorteile erzielen.

Brand Commitment der Mitarbeiter

Das Brand Commitment bezeichnet die gefühlsmäßige und stark verankerte Bindung der Mitarbeiter an die Marke. Wann immer Mitarbeiter mit Rezipienten oder Werbekunden in Kontakt treten, wird die eigene, authentische Markenüberzeugung zum Ausdruck gebracht. Ein hohes Brand Commitment wirkt sich positiv auf die Markenloyalität und somit auf die Bindung an die Marke aus. Ein hohes Brand Commitment führt außerdem zu überdurchschnittlichen Arbeitsleistungen.

Markenorientierter Führungsstil auf jeder Leitungsebene

Die markenorientierte Führung bedeutet allgemein die koordinative Abstimmung zwischen den einzelnen Leistungsebenen der Markenführung und minimiert unternehmensinterne Zielkonflikte, die im Spannungsfeld publizistischer und ökonomischen Interessen entstehen. Der markenorientierte Führungsstil sorgt für ein hohes Brand Commitment. Weiter wird durch die damit verbundene intrinsische Motivation der Mitarbeiter und durch die Förderung von Ideen in besonderem Maße auch die Innovationsfähigkeit des Verlages gesteigert.

Leistungsindikatoren des Markenwerts:

Unter den sieben qualitativen Erfolgsindikatoren des ökonomischen Markenwerts vereinen das *Markenimage*, die *Markenloyalität der Rezipienten* und die *Einzigartigkeit der Zeitschriftenmarke* die Faktoren auf sich, die den größten Einfluss auf den Erfolg ausüben. Dabei hat das Markenimage den höchsten Dynamikindex, d.h. den größten Verflechtungsgrad im Gesamtgefüge der Markenführung, weshalb an dieser Stelle auf die Ergebnisse der Pfadanalyse dieser Leistungsgröße näher eingegangen werden soll.

Auf der Ebene der strategischen Logik wird das Markenimage besonders durch die Einzigartigkeit beeinflusst. Die Einzigartigkeit einer Marke fördert die Speicherung von unverwechselbaren Produkteigenschaften als positive Assoziation. Durch die wechselseitige Abhängigkeit zwischen Einzigartigkeit und Markenimage entsteht ein Rückkopplungskreislauf, weswegen das Markenimage sich selbst stark beeinflussen kann.

Das Markenimage wird im Kontext der Management-Prozesse besonders durch das Markencontrolling, die Markenintegration sowie die strategische Markenplanung geprägt. Das Markencontrolling zielt hierbei auf die Überwachung der Übereinstimmung zwischen dem nach innen gerichteten Verständnis der Marke und dem extern tatsächlich wahrgenommenen Markenbild ab, um einem Konflikt zwischen Markenpositionierung und Markenimage vorzubeugen und dadurch eine negativ auf das Markenimage wirkende Markenerosion abzuwenden. Die Markenintegration soll für eine koordinierte Leistungserstellung und Ressourcenbeschaffung bzw. -bereitstellung im Sinne der Markenpositionierung sorgen, wodurch die Markenleistungen am Markt glaubwürdig, konsistent und kontinuierlich erscheinen. Dies ist für die Prägung eines dauerhaften, fest verankerten Vorstellungsbildes einer Marke notwendig. Die strategische Markenplanung steuert die Balance zwischen Markenaktionismus und Markenstarre, deren jeweiliges Extrem zu verhindern ist, um Erosionserscheinungen und damit eine Beschädigung des Markenimage abzuwenden.

Schließlich haben bestimmte intangible Ressourcen besonderen Einfluss auf das Markenimage. Die wichtigsten Treiber sind hierbei die Anpassungsfähigkeit der Marke an veränderte Umweltbedingungen, die Integrität der Markenkommunikation, die Reputation/Qualität der Chefredaktion sowie das Renommé der Redakteure.

6. Fazit und Ausblick

Wie gezeigt wurde, ist der Erfolg der Markenführung bei Zeitschriftenverlagen nicht auf einige wenige Einflussfaktoren zurückzuführen, sondern in vielschichtigen Wirkungsbeziehungen in der strategischen Logik und einem einzigartigen Ressourcenbestand des Verlages verankert. Aufgrund kausaler Ambiguität, also der Undurchdringlichkeit eines erfolgreichen Ressourcenverbunds durch einzelne Wissensträger, kann hinsichtlich der einzigartigen, wertgenerierenden Ressourcenausstattung der Markenführung zwar keine vollständige Transparenz hergestellt werden. Jedoch konnten Ressourcen identifiziert werden, die in ihrem Zusammenwirken mit anderen Erfolgsfaktoren von großer Bedeutung für den Markenführungserfolg bei Zeitschriftenverlagen sind.

Im Ergebnis leistet das Dissertationsprojekt damit einen Beitrag für ein Feld, dem in der Forschung bisher nur partialanalytisch und mit seiner Anwendung auf den Medienbereich überhaupt noch keine theoretisch fundierte Beachtung geschenkt wurde. Erstmals steht hiermit ein systematisch-theoriegeleitendes Erklärungsmodell für die Führung von Marken zur Verfügung. Einen wichtigen Beitrag leistet die Arbeit auch für die Unternehmenspraxis, die auf begründete Empfehlungen zur individuellen Gestaltung eines strategischen Handlungsspielraumes zugreifen kann, der seinerseits zur Steigerung des Erfolgs ihrer Zeitschriftenmarke führt.

Prinzipiell bestehen verschiedene Weiterentwicklungsoptionen, um die Ergebnisse zu verfeinern, die Ergebnisqualität zu verbessern oder das Untersuchungsmodell für angrenzende Untersuchungsbereiche nutzbar zu machen.

Mit der Untersuchung vorhandener Rückkopplungskreisläufe mit Hilfe von Simulationsverfahren ließen sich zum Beispiel die Wirkungsverläufe und damit der Einfluss der erfolgsrelevanten Faktoren genauer bestimmen und konkrete Handlungsszenarien testen. So könnte etwa eine drastische

Veränderung des Copypreises oder eine sinkende Identifikation der Mitarbeiter mit der Zeitschriftenmarke getestet und deren Einfluss auf die Erfolgsdeterminanten der Marke beobachtet werden. Durch Hypothesenbildung auf Basis der vorliegenden Ergebnisse wäre eine quantitative Untersuchung nützlich, um die Ergebnisse auf ihre statistische Generalisierung hin zu überprüfen. Eine Anwendung der vorliegenden Untersuchungsmethodik auf andere Medienteilmärkte ist aufgrund der ähnlichen Bedingungen und produktspezifischen Merkmale ebenfalls möglich, ebenso eine Untersuchung zur Nutzbarmachung des Erklärungsmodells des Open System View für den Forschungsgegenstand der Markenführung im Allgemeinen.

Literatur

Aaker, D. A. (1992): Management des Markenwertes. Frankfurt am Main u.a.

Althans, J./Brüne, G. (2004): Markenführung im Zeitschriftenmarkt. In: Bruhn, M. (Hrsg.) (2004): Handbuch Markenführung, Band III. 2. Aufl., Wiesbaden, 2057-2079.

Baumgarth, C. (2004a): Besonderheiten der Markenpolitik im Mediensektor. In: Baumgarth, C. (Hrsg.) (2004): Erfolgreiche Führung von Medienmarken: Strategien für Positionierung, Markentransfers und Branding. Wiesbaden, 3-14.

Bonoma, T. V./Clark, B. H. (1988): Marketing performance assessment. Boston.

Burmann, C./Meffert, H./Blinda, L. (2005): Markenevolutionsstrategien. In: Meffert, H./Burmann, C./Koers, M. (Hrsg.) (2005): Markenmanagement. Identitätsorientierte Markenführung und praktische Umsetzung. 2. Aufl., Wiesbaden, 183-212.

Caspar, M. (2001): Cross-Channel-Medienmarken. Frankfurt am Main u.a.

Chaudhuri, A./Holbrook, M. B. (2001): The Chain of Effects from Brand Trust and Brand Affect to Brand Performance: The Role of Brand Loyalty. In: Journal of Marketing, 2/2001, 81-93.

Esch, F. R. (2007): Strategie und Technik der Markenführung. 4. Aufl., München.

Esch, F. R./Langner T./Brunner, C. (2005): Kundenbezogene Ansätze des Markencontrolling. In: Esch, F. R. (Hrsg.) (2005): Moderne Markenführung: Grundlagen - Innovative Ansätze - Praktische Umsetzungen. 4. Aufl., Wiesbaden, 1227-1261.

Freundt, T . C. (2006): Emotionalisierung von Marken: Interindustrieller Vergleich der Relevanz emotionaler Markenimages für das Konsumentenverhalten. Diss., Wiesbaden.

Gentz, J. (2010): Markenführung bei Zeitschriftenverlagen: Theoretische und empirische Konzeption von Markenführungserfolg aus Sicht der betriebswirtschaftlichen Strategielehre, Diss., Flensburg.

Gleich, U. (2009): Die kommunikative Bedeutung von Marken. In: Media Perspektiven 6/2009, 325-330.

Gomez, P./Probst, G. (1987): Vernetztes Denken im Management: Eine Methodik des ganzheitlichen Problemlösens. In: Die Orientierung 89/1987.

Gomez, P./Probst, G. (1991a): Vernetztes Denken für die strategische Führung eines Zeitschriftenverlages. In: Probst, G./Gomez, P. (Hrsg.) (1991): Vernetztes Denken: Ganzheitliches Führen in der Praxis. 2. Aufl., Wiesbaden, 23-39.

Heinrich, J. (2001): Medienökonomie: Band 1: Mediensystem, Zeitung, Zeitschrift, Anzeigenblatt. 2. Aufl., Wiesbaden.

Keller, K. L. (1993): Conzeptualizing, measuring, managing customer-based brand equity. In: Journal of Marketing 1/1993, 1-22.

Kiefer, M. L. (2005): Medienökonomik: Einführung in einer ökonomische Theorie der Medien. 2. Aufl., München und Wien.

Knyphausen-Aufseß, D. zu (2004): Strategisches Management. In: Schreyögg, G./Werder, A. von (Hrsg.) (2004): Handwörterbuch Unternehmensführung und Organisation. 4. Aufl., Stuttgart, 1383-1392.

Meffert, H./Burmann, C. (2005b): Theoretisches Grundkonzept der identitätsorientierten Markenführung. In: Meffert, H./Burmann, C./Koers, M. (Hrsg.) (2005): Markenmanagement: Identitätsorientierte Markenführung und praktische Umsetzung. 2. Aufl., Wiesbaden, 37-72.

Meffert, H./Burmann, C./Koers, M. (2005): Stellenwert und Gegenstand des Markenmanagements. In: Meffert, H./Burmann, C./Koers, M. (Hrsg.) (2005): Markenmanagement: Identitätsorientierte Markenführung und praktische Umsetzung. 2. Aufl., Wiesbaden, 3-17.

Opp , K.-D./Schmidt, P. (1976): Einführung in die Mehrvariablenanalyse, Reinbek b. Hamburg.

Meffert, H./Burmann, C./Koers, M. (2005): Identitätsorientiertes Markencontrolling – Grundlagen und konzeptionelle Ausgestaltung. In: Meffert, H./Burmann, C./Koers, M. (Hrsg.) (2005): Markenmanagement: Identitätsorientierte Markenführung und praktische Umsetzung. 2. Aufl., Wiesbaden, 273-296.

Probst, G./Gomez, P. (1991): Die Methodik des vernetzten Denkens zur Lösung komplexer Probleme. In: Probst, G./Gomez, P. (Hrsg.) (1991): Vernetztes Denken: Ganzheitliches Führen in der Praxis. 2. Aufl., Wiesbaden, 3-20.

Rumelt, R. P./Schendel, D./Teece, D. J. (1991): Strategic Management and Economics. In: Strategic Management Journal 12/1991, 5-29.

Sanchez, R./Heene, A. (1996): A Systems View of the Firm in Competence based Competition. In: Sanchez, R./Heene, A./Thomas, H. (Hrsg.) (1996): Dynamics of Competence-based Competition: Theory and Practice in the New Strategic Management. Oxford, 39-62.

Sanchez, R./Heene, A. (1997a): Reinventing strategic management: New theory and practice for competence-based competition. In: European Management Journal, 3/1997, 303-317.

Sanchez, R./Heene, A. (1997b): Managing for an Uncertain Future. In: International Studies of Management & Organization, 2/1997, 21-42.

Sattler, H. (2001): Brand-Stretching: Chancen und Risiken. In: Köhler, R./Majer, W./Wiezorek, H. (Hrsg.) (2001): Erfolgsfaktor Marke: Neue Strategien des Markenmanagements. München, 141-149.

Sattler, H./Völckner, F. (2007): Markenpolitik. 2. Aufl., Stuttgart.

Siegert, G. (2003): Medien Marken Management: Relevanz, Spezifika und Implikationen einer medienökonomischen Profilierungsstrategie. 2. Aufl., München.

Sjurts, I. (2005): Strategien in der Medienbranche: Grundlagen und Fallbeispiele. 3. Aufl., Wiesbaden.

Specht, U. (2001): Die Rolle von Global Brands im internationalen Wettbewerb. In: Köhler, R./Majer, W./Wiezorek, H. (Hrsg.) (2001): Erfolgsfaktor Marke: Neue Strategien des Markenmanagements. München, 204-211.

Vester, F. (2008): Die Kunst vernetzt zu denken: Ideen und Werkzeuge für einen neuen Umgang mit Komplexität. 6. Aufl., München.

Weinberg, P./Diehl, S. (2001): Aufbau und Sicherung von Markenbindung unter schwierigen Konkurrenz- und Distributionsbedingungen. In: Köhler, R./Majer, W./Wiezorek, H. (Hrsg.) (2001): Erfolgsfaktor Marke: Neue Strategien des Markenmanagements. München, 23-35.

Erfolgsfaktoren von politischen Wochenmagazinen*

*Marcel Garz*** *und Armin Rott****

Zusammenfassung

Anhand der Analyse von über 2.000 Titelseiten von *Spiegel*, *Stern* und *Focus* untersucht diese Studie die kurzfristigen Nachfragedeterminanten von politischen Wochenmagazinen. Die Ergebnisse deuten darauf hin, dass der Verkaufserfolg redaktionell durch bestimmte Maßnahmen gesteuert werden kann, beispielsweise durch die kostenlose Beigabe von CDs oder DVDs. Die größten Nachfrageeffekte sind allerdings exogener Natur, denn diese basieren auf unerwarteten Großereignissen mit besonderem Nachrichtenwert. Darüber hinaus weisen die Abverkäufe eine erhöhte Volatilität in der Zeit nach unerklärten Nachfragespitzen auf, was mit der gesteigerten Anzahl an potentiellen Käufern am Markt erklärt werden kann.

Einleitung

Neben langfristigen Trends und saisonalen Mustern weist die Nachfrage nach politischen Wochenmagazinen Schwankungen zwischen einzelnen Ausgaben auf. Solche kurzfristigen Fluktuationen im Abverkauf können

---

* Dieser Artikel basiert auf dem Aufsatz »Sales and Volatility: Explaining Short-Term Demand for News Magazines«, präsentiert auf der World Media Economics & Management Conference vom 23. bis 27. Mai 2012 in Thessaloniki, Griechenland. Die Autoren danken Marlen Dittmann, Jonathan Pfenning, Anne K. Tausch und Benjamin Trocha für die hervorragende Unterstützung bei der Durchführung der Studie.

** Marcel Garz ist wissenschaftlicher Mitarbeiter und seit 2013 an der Hamburg Media School tätig.

*** Prof. Dr. Armin Rott ist wissenschaftlicher Leiter des Fachbereichs Medienmanagement und seit 2003 an der Hamburg Media School tätig. Prof. Dr. Armin hat ferner einen Lehrstuhl für Volkswirtschaftslehre, insbesondere Medienökonomie an der Universität Hamburg.

beträchtlich sein. Verlage stehen vor der Herausforderung, die Nachfrage nach jeder einzelnen Ausgabe möglichst exakt vorherzusagen, um ineffiziente Überproduktionen zu vermeiden. Ex-ante Vorhersagen können aber nur verbessert werden, wenn es ein ex-post Verständnis über die Determinanten der kurzfristigen Nachfrage nach Nachrichtenmagazinen gibt. Praktiker haben möglicherweise anspruchsvolle Methoden zur Kontrolle und Erklärung des Verkaufserfolgs; wenn sie öffentlich nach den Erfolgsfaktoren befragt werden, beziehen sie sich jedoch oftmals auf Daumenregeln, wie zum Beispiel »wenn Sie ein nacktes Mädchen auf dem Titelbild haben, verkaufen Sie 50.000 Exemplare mehr« (Alexander Jahr, ehemaliges Aufsichtsratsmitglied von Gruner + Jahr, zitiert nach Vogel/Dorn 1997: 126). Das Ziel dieser Studie ist es, solche Aussagen und andere Hypothesen zu untersuchen und dabei die Determinanten der Verkaufsauflage zu identifizieren und zu quantifizieren. Zu diesem Zweck wird für die drei, den deutschen Markt dominierenden, politischen Wochenmagazine *Spiegel*, *Stern* und *Focus* ein neuartiger Datensatz mit rund 80 Variablen zusammengestellt, dessen Inhalt maßgeblich auf der Analyse von über 2.000 Titelseiten beruht.

Obwohl die Erklärung der (kurzfristigen) Nachfrage nach den Wochenmagazinen eine hohe ökonomische Relevanz für die Verlage hat – und trotz ihrer Bedeutung für die öffentliche Meinung – existiert kaum Literatur zu diesem Thema: Quigley (1988) beschreibt einfache Regeln zur Gestaltung von Titelseiten für U.S.-amerikanische Magazine. Mit Hilfe von neuralen Netzwerken untersucht Conrad (1995) die Abverkäufe von Publikumszeitschriften in Deutschland. Kress/Neuberger (1997) sowie Stockmann (1999) analysieren die Titelseiten von *Spiegel* und *Focus*, beziehen ichre Ergebnisse aber nicht auf den Verkaufserfolg. Lediglich Kaltenhäuser (2005) untersucht die vorliegende Forschungsfrage direkt. Die Autorin analysiert die Titelseiten von *Spiegel*, *Stern* und *Focus* und schätzt den Einfluss der Gestaltung auf die Verkaufsauflage. Der vorliegende Aufsatz erweitert diese Literatur durch die Verwendung eines umfangreicheren und aktuelleren Datensatzes.

Praxis und Wissenschaft stimmen darin überein, dass ein großer Teil der Nachfrage nach den Wochenmagazinen erklärt werden kann, wenn geeignete Methoden verwendet werden. Es verbleibt jedoch stets ein unerklärbarer Rest, der von Ökonometrikern Residuum genannt wird. In dieser Studie wird der unerklärbare Teil genauer untersucht, insbesondere in Hinblick auf Volatilität. Dieser Sachverhalt ist in der Literatur bislang nicht untersucht worden. Es gibt Perioden mit relativ stabiler Nachfrage, aber ebenso Zeiten mit starker Verkaufsfluktuation – ein Phänomen, das oftmals bei Zeitreihen aus dem Finanzbereich anzutreffen ist. Um diese Eigenschaften in der Verkaufsauflage zu untersuchen, verwendet diese Studie Generalized Autoregressive Conditional Heteroskedasticity (GARCH)-Modelle. Diese Modelle werden normalerweise benutzt, um die Volatilität in Finanzmärkten vorherzusagen.

Im nächsten Absatz werden sowohl der Datensatz beschrieben als auch die Auswahl der Variablen begründet. Die Erläuterung der ökonometrischen Vorgehensweise und die Präsentation der Ergebnisse gehen der abschließenden Diskussion voraus.

Daten

Abbildung 1 zeigt die Entwicklung der abhängigen Variablen: die wöchentliche Einzelverkaufsauflage (einschließlich Auslandsverkäufe) von *Spiegel*, *Stern* und *Focus* für die Zeit von 1997 bis 2009.

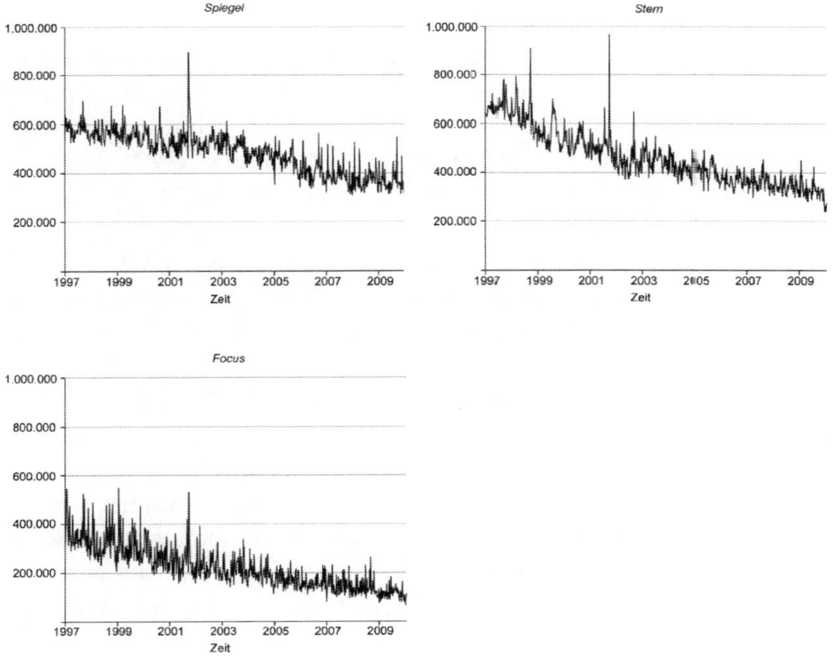

Abbildung 1: Einzelverkaufsauflagen der Nachrichtenmagazine

Quelle: IVW, eigene Darstellung.

In den Zeitreihen, die von der Informationsgesellschaft zur Feststellung der Verbreitung von Werbeträgern e.V. (IVW) bereitgestellt wurden, sind Abonnenten nicht enthalten, da der Fokus dieser Studie auf der kurzfristigen Nachfrage und Fluktuation liegt. Der *Spiegel*, der als das einflussreichste deutsche Nachrichtenmagazin gilt, weist die durchschnittlich höchste Verkaufsauflage im betrachteten Zeitraum auf. Der *Stern*, welcher eine leicht geringe Auflage hat, wird von Europas größtem Verlagshaus Gruner + Jahr publiziert, welches ebenfalls 25,5 % der Anteile am Spiegel-Verlag hält. Beide Magazine wurden kurz nach dem Zweiten Weltkrieg gegründet, während der *Focus* das erste Mal 1993 von Hurbert Burda Media publiziert wurde. Obwohl die drei Magazine oft im selben Atemzug genannt werden, verfolgen sie verschiedene Strategien: Der *Spiegel* hat eine klare Politikausrichtung, der *Stern* ist bekannt für seine Bildstärke und der *Focus* bietet oftmals Service-Themen mit zusätzlichem Nutzwert. Die Zeitreihen der Auflagen aller drei Magazine weisen einen deutlichen Abwärtstrend auf, welcher den sogenannten Medienwandel reflektiert (die Substitution von Print- durch Onlinemedien). Darüber hinaus weisen die Zeitreihen eine erhebliche Fluktuation in der kurzen Frist auf. Ein Teil dieser Fluktuation kann unmittelbar erklärt werden (der deutliche Ausschlag, der jede Zeitreihe in 2001 kennzeichnet spiegelt beispielsweise die außergewöhnliche Nachrichtennachfrage nach den Terroranschlägen vom 11. September wieder), ein Teil kann durch die nachfolgende Analyse erklärt werden, ein Teil bleibt unerklärt.

In dieser Studie werden Daten aus verschiedenen Quellen bezogen, um eine Vielzahl an erklärenden Variablen zu konstruieren, mit deren Hilfe die Nachfragedeterminanten der Magazine identifiziert und quantifiziert werden. Dies umfasst allgemeine Informationen zu jeder Ausgabe, die Gestaltung und der Inhalt der Titelseite, redaktionelle Extras und Serien, Ereignisse mit außergewöhnlichem Nachrichtenwert, die wettbewerbliche Situation zwischen den drei Magazinen, Werbeausgaben und saisonale Einflüsse. Die Auswahl der erklärenden Variablen folgt keinem übergreifenden theoretischen Ansatz. Vielmehr verfolgt diese Studie eine explorative Strategie, so dass die Variablen pragmatisch bestimmt werden. Einige der erklärenden Variablen sind nicht für alle Magazine relevant, weil beispielweise gewisse Themen nicht behandelt oder bestimmte Gestaltungselemente nicht verwendet wurden.

Die Variablen mit allgemeinen Informationen zu den Ausgaben sind Verkaufszeit in Tagen (eigene Erhebung), Copy-Preis in Euro (eigene Erhebung) und die Anzahl der Seiten einer Ausgabe (Verband Deutscher Zeitschriftenverleger, VDZ). Eine Ausgabe befindet sich normalerweise 7

Tage am Kiosk, bevor das nächste Heft erscheint. In einigen Fällen ist der Verkaufszeitraum jedoch ein oder zwei Tage länger (oder kürzer), weil zum Beispiel der normale Erscheinungstag auf einen bundesweiten Feiertag fällt. Ein längerer (kürzerer) Verkaufszeitraum könnte mit erhöhten (niedrigeren) Verkaufszahlen einhergehen (Kaltenhäuser 2005). Erhöhungen des Copy-Preises haben vermutlich negative Nachfrageeffekte (Kalita/Ducoffe 1995). Die Anzahl der Seiten pro Ausgabe hängt von der gebuchten Werbemenge ab, welche wiederrum mit der Lesernachfrage in Verbindung steht. Da alle drei Größen interdependent sind und zudem saisonalen Mustern folgen (Wolff 1998), ist der Zusammenhang zwischen dem Umfang einer Ausgabe und der Nachfrage a priori unklar.

Um den Einfluss der Gestaltung und des Inhalts der Titelseite eines Magazins zu erfassen, werden alle Titel inhaltsanalytisch untersucht. Diese Analyse basiert auf einem Code-Buch (auf Anfrage verfügbar), das erstellt wurde um die Objektivität, Validität und Reliabilität des Kodierens zu maximieren. Die Kodier-Qualität wird zudem durch stichprobenweise Überprüfungen mit verschiedenen Kodierern sichergestellt. Im finalen Datensatz werden die gesammelten Informationen wie folgt kategorisiert. Die Kategorie »Titelstory« besteht aus einem Dummy-Variablen-Set das die Themen Politik, Wirtschaft, Gesundheit, Umwelt, Sex, Bildung, Familie, Sport, Wissenschaft, Mensch, Katastrophe, Gewalt, Geschichte, Kultur, Jahresrückblick (nur *Stern* und *Focus*), Religion, Recht, Gesellschaft, Auto, Mode (nur *Stern*) und Anderes (Referenz) umfasst. Ohne den jewieligen Einfluss eines Themas explizit zu hypothetisieren, können prinzipiell magazinspezifische Effekte erwartet werden (Kaltenhäuser 2005). Die nächste Kategorie beschreibt die »Art der Illustration« (Indikator-Variablen: Person, Kind, Tier, nackter Mann, nackte Frau, Prominente(r), Hitler). Forschung zur Effektivität von Werbung zufolge kann die Darstellung einer Person auf der Titelseite die Nachfrage erhöhen (Kroeber-Riel 1993), insbesondere wenn Blickkontakt besteht (Johnson/Prijatel 2007). Die Unterscheidung zu nackten Personen dient dazu, die »Sex-Sells«-Hypothese zu überprüfen, wofür Kaltenhäuser (2005) im Kontext von Nachrichtenmagazinen nur geringe Anhaltspunkte findet. Der Einfluss von prominenten Personen ist zunächst unklar (Quigley 1988, Johnson/Prijatel 2007). Zudem ist es nötig, eine Variable für die Darstellung Hitlers zu konstruieren, da aufgrund der geschichtlichen Bedeutung Nachfrageeffekte denkbar sind. Die Kategorie »Art des Titelbildes« (Dummy-Variablen-Set: Foto (Referenz), Fotomontage, Zeichnung, Grafik, Karikatur, Text) erfasst einen weiteren Aspekt der Titelseitengestaltung. Fotos können beispielsweise die Aufmerksamkeit von potentiellen Käufern erregen (Quigley 1988, Johnson/Prijatel 2007). Die letzte Kategorie bezieht sich auf »Andere Gestaltungselemente« der Titelseite und beinhaltet Indikator-Variablen für schwarz-weiß Designs, die Verwendung der Farbe Rot im veränderbaren Bereich der Titelseite, Abweichung von der fixen Titelseitengestaltung (nur *Stern*), Nutzwert-suggerierende Gestaltung, Verwendung eines Umklappers, Verwendung eines lentikularen Bildes (nur *Spiegel*), sowie die Anzahl der Themen und die Anzahl der Bilder auf der Titelseite. Da die meisten Ausgaben der Magazine farbig gestaltet sind, können schwarz-weiße Titelseiten zusätzliche Aufmerksamkeit erregen. Jedes der drei Magazine verwendet die Farbe Rot im fixen Bereich der Titelseite, um von den positiven Effekten zu profitieren, die dieser Farbe hinsichtlich des Verkaufserfolges zugesprochen werden (Kaltenhäuser 2005). Es bleibt daher zu überprüfen, ob die Verwendung der Farbe Rot im veränderbaren Bereich der Titelseite einen Einfluss auf den Abverkauf hat. Darüber hinaus ist denkbar, dass eine Abweichung von der fixen Titelseitengestaltung die Nachfrage beeinflusst; der *Stern* verwendet in diesem Bereich des Covers in einigen Fällen andere Farben als Rot. Titelseiten, die durch Service-Orientierung einen speziellen Nutzwert für die Leser suggerieren, können die Nachfrage erhöhen (Kress/Neuberger 1997). Dies kann etwa durch die Darstellung von informativen Tabellen oder Info-Grafiken geschehen, welche dem Leser beispielsweise bei der Wahl des besten Internetanbieters unterstützen oder eine neue Diät zur Gewichtsreduzierung vorschlagen. Umklapper oder lentikulare Bilder können ebenfalls Stimuli für Impulskäufe generieren. Während der *Spiegel* für monothematische Titelseiten bekannt ist, spricht der *Focus* seine Leser regelmäßig mit einer Vielzahl von Themen und Bildern auf der Titelseite an. Im Durchschnitt platziert der Focus 4,5 Themen auf der Titelseite, während dieser Wert beim *Spiegel* lediglich 1,5 beträgt (Stockmann 1999, Kaltenhäuser 2005). Es bleibt zu überprüfen, ob die Anzahl der Titelthemen und Titelbilder einen Einfluss auf die Verkaufsauflage hat.

Informationen zu redaktionellen Extras und Serien werden ebenfalls durch die Analyse der Titelseiten gewonnen. Auf diese Weise können Indikator-Variablen für CD/DVD-Beilagen, optionale DVD-Käufe (nur *Spiegel*), beiliegende Booklets (nur *Stern* und *Focus*), redaktionelle Serien, Beilagenserien (nur *Spiegel*), die Serie »Kulturspiegel« (nur *Spiegel*) und *Stern* Specials (nur *Stern*) konstruiert werden. Redaktionelle Beigaben können Impulskäufe fördern, während Serien die Nachfrage mittelfristig verbessern können. Frühere empirische Untersuchungen deuten darauf hin, dass diese Effekte im Kontext von politischen Wochenmagazinen zumindest teilweise auftreten (Kaltenhäuser 2005).

Der letzte Teil an Variablen, der aus der Inhaltsanalyse der Titelseiten resultiert, erfasst die wettbewerbliche Situation zwischen den drei Magazinen: Themenführer- und Themenfolgerschaft. Ein Magazin wird als Themenführer betrachtet, wenn die Titelseite ein aktuelles Thema aufgreift, bevor ein anderes Magazin dieses Thema adressiert. Ein Themenfolger betrachtet ein Thema hingegen, nachdem es bereits von einem anderen Magazin aufgegriffen wurde. Da es sich um Konstellationen zwischen drei verschiedenen Magazinen handelt, kann der Status Themenführer und Themenfolger jeweils alleinig und gemeinsam auftreten, was insgesamt mit vier Indikator-Variablen gemessen wird.

Um den Einfluss von Ereignissen mit außergewöhnlichem Nachrichtenwert zu messen werden Indikator-Variablen für den Tod von Prinzessin Diana, die Terroranschläge vom 11. September, den Tod von Michael Jackson, sowie den Tod von Fußball-Nationaltorwart Robert Enke konstruiert. Aus ökonometrischen Gründen, die im nächsten Abschnitt erläutert werden, erfolgt zudem eine Kontrolle von unerklärten Ausreißern in den Einzelverkaufsauflagen.

Werbung kann ein effektives Mittel zur Nachfragesteigerung sein. Es werden deshalb Variablen für verschiedene Werbemedien (Fernsehen, Radio, Plakat, Zeitung, Publikumszeitschrift, Fachzeitschrift) konstruiert und zwischen den unmittelbaren Effekten auf die aktuelle Ausgabe und den verzögerten Effekten auf die darauffolgende Ausgabe unterschieden. Die Werbevariablen, gemessen als Bruttoausgaben in Tausend Euro, werden von den jeweiligen Verlagen zur Verfügung gestellt.

Saisonale Einflüsse werden mit der Durchschnittstemperatur in Deutschland in Grad Celsius (Berechnung auf Basis von Daten des Deutschen Wetterdienstes, DWD), der durchschnittlichen Niederschlagsmenge in mm/24h (Berechnung ebenfalls auf Basis von Daten des DWD), dem Anteil der Schüler in Schulferien, sowie einer Indikator-Variable für bundesweite Feiertage erfasst.[1] Wie Rott (2003) für den Fernsehmarkt zeigt, hängt die TV-Nachfrage mit saisonalen Mustern zusammen. Die TV-Nachfrage ist in den Sommermonaten beispielsweise niedriger, wäh-

---

1 Es werden zusätzlich Variablen mit Informationen über die durchschnittliche Sonnenschein- und Tageslichtdauer getestet. Aufgrund der hohen Korrelation mit der Temperatur und Niederschlagsmenge werden diese Variablen im endgültigen Modell jedoch nicht verwendet.

rend sie im Winter ansteigt, weil alternative Freizeitmöglichen vom Wetter abhängen. Ähnliche Effekte könnten im Bereich der Nachrichtenmagazine auftreten.

Ökonometrisches Modell

Zunächst wird für jedes Magazin ein autoregressives Zeitreihenmodell nach der Methode der kleinsten Quadrate geschätzt:[2]

$$Aufl_t = \alpha + \beta(L)Aufl_{t-1} + \gamma Trend + \delta X_t + \varepsilon_t \,, \qquad (1)$$

wobei $Aufl$ für die Einzelverkaufsauflage zum Zeitpunkt t steht. Der Lag-Operator L zeigt an, dass verzögerte Werte der abhängigen Variable als Regressoren fungieren.[3] Die $Trend$-Variable kontrolliert den langfristigen Abwärtstrend in den Verkaufsauflagen.[4] Der Vektor der erklärenden Variablen ist mit X bezeichnet. Die Vektoren α, β, γ und δ erhalten die zu schätzenden Parameter. Für den Fehlerterm ε soll die Normalverteilungsannahme mit einem Mittelwert von 0 und der Varianz σ^2 gelten.

2 Die Schätzung einer Seemingly Unrelated Regression (SUR), wie von Zellner (1962) vorgeschlagen, könnte prinzipiell effizienter sein, weil vermutlich Faktoren mit Magazin-übergreifendem Einfluss existieren. Dieser Ansatz wird jedoch aus zwei Gründen nicht verfolgt. Erstens würde es in Kombination mit dem GARCH-Ansatz und der großen Anzahl der Regressoren vermutlich zu Konvergenzproblemen des Maximierungsprozesses kommen. Zweitens werden viele der Faktoren, die denselben Einfluss auf die drei Magazine haben, bereits kontrolliert, so zum Beispiel die saisonalen Effekte, der langfristige Trend oder die medialen Großereignisse. Darüber hinaus wird keine Panel-Schätzung durchgeführt, weil die daraus resultierenden Koeffizienten als Durchschnitt über die drei Magazine interpretiert würden, was angesichts der unterschiedlichen Magazineigenschaften wenig sinnvoll erscheint.

3 Es werden alle Lags bis zur 12. Ordnung getestet, um autokorrelierte Residuen zu vermeiden. Die endgültige Struktur der Lags wird anhand der Signifikanz der einzelnen Lags ermittelt und im Falle von Konvergenzproblemen angepasst.

4 Im Gegensatz zu normalen Zeitreihenmodellen wird kein äquidistanter Zeittrend verwendet. Stattdessen korrespondiert die Trendvariable mit den individuellen Verkaufszeiträumen der einzelnen Auflagen. Mit Hilfe dieser Trendvariable werden die Verkaufsauflagen stationär (Ergebnisse von üblichen Einheitswurzeltests sind auf Anfrage verfügbar).

Es ist nicht immer möglich, Kleinste-Quadrate-Spezifikationen mit normalverteilten und homoskedastischen Fehlern zu finden, selbst wenn verschiedene Transformationen (Logarithmus, erste Differenzen) der abhängigen und/oder unabhängigen Variablen angewendet sowie Ausreißer kontrolliert werden. Falls bei der Untersuchung von Mediengütern Zeitreihen zur Anwendung kommen, finden solche Probleme in der Literatur keine Erwähnung (Canterbery/Marvasti 2001, Macmillan/Smith 2001, Kaltenhäuser 2005) oder werden durch die Berechnung von Standardfehlern nach Newey und West (1987) umgangen (Dupagne 1997, Dewenter/Westermann 2005, Kim 2009, Feddersen/Rott 2011). Während die Missachtung von Problemen mit dem Störterm zu falschen Schlussfolgerungen führen kann, behandelt selbst die Berechnung robuster Standardfehler nur die Konsequenzen, nicht jedoch die Ursachen der Verletzung der Residuenannahmen. Es ist daher sinnvoll, die Verteilungseigenschaften der abhängigen Variablen genauer zu untersuchen. Im vorliegenden Fall ähneln diese stark den Eigenschaften von Finanzzeitreihen. Solche Zeitreihen sind oftmals durch variierende Volatilität oder sogar Volatilitätscluster gekennzeichnet. An der Börse können beispielsweise schlechte Nachrichten unruhige Perioden mit hoher Kurs-Volatilität auslösen. Um solche Phänomene zu erfassen, erlauben Zeitreihenmodelle für Finanzdaten oftmals, dass die Varianz der Residuen über die Zeit variiert. Dieser Ansatz kann genutzt werden, um Muster in den unerklärten Komponenten der Verkaufsauflagen zu identifizieren und beschreiben. Zudem müssen durch die explizite Modellierung der Residuenvarianz keine robusten Standardfehler berechnet werden. Stattdessen können konventionelle Standardfehler verwendet werden, was die Effizienz der Schätzungen erhöht.

Konkret werden GARCH-Fehler, wie von Bollerslev (1986) und Tayler (1986) vorgeschlagen, modelliert. Dazu wird von $\varepsilon_t = \sigma_t s_t$ ausgegangen und das Mittelwert-Modell in Gleichung (1) um eine Varianzgleichung erweitert, die simultan geschätzt wird:

$$\sigma_t^2 = \phi_0 + \phi_1 \varepsilon_{t-1}^2 + \phi_2 \sigma_{t-1}^2 , \qquad (2)$$

wobei $\phi_0 > 0$, $\phi_1 > 0$, $\phi_2 > 0$ und $\phi_1 + \phi_2 < 1$ gilt. Es wird nunmehr angenommen, dass der Fehlerterm in Gleichung (1) normalverteilt und nicht autokorreliert ist, aber heteroskedastisch sein kann. Die standardisierten Residuen s_t sollen hingegen homoskedastisch sein. Gleichung (2) zufolge wird die Fehlervarianz durch Konditionierung auf die zum Zeitpunkt t zur Verfügung stehenden Informationen geschätzt. Dementsprechend variiert σ_t^2 über die Zeit und hängt von den quadrierten Residuen und eigenen verzögerten Werten ab. Die Konstante ϕ_0 in der Varianzgleichung kann als langfristige Durchschnittsvarianz interpretiert werden. Der Koeffizient ϕ_1 misst den sogenannten ARCH-Effekt, wohingegen sich ϕ_2 auf den sogenannten GARCH-Effekt bezieht. Hohe Werte von ϕ_1 und ϕ_2 implizieren eine erhöhte bedingte Varianz. Während ϕ_1 die Sensitivität von σ_t^2 auf Schocks in den Residuen misst, gibt ϕ_2 die Persistenz der Reaktion auf diese Schocks an.

Ergebnisse

Die Schätzergebnisse sind in Tabelle 1 zusammengefasst. Die Koeffizienten der Kleinste-Quadrate-Modelle sind nicht explizit ausgewiesen, da diese im Falle von Heteroskedastizität nicht effizient sind. Stattdessen enthält die Tabelle die prozentualen Effizienzgewinne der GARCH-Modelle gegenüber den Kleinste-Quadrate-Schätzungen: Im Durchschnitt verringern sich die Standardfehler um 6,97 % (*Spiegel*), 6,35 % (*Stern*) und sogar 20,9 % (*Focus*). Als Konsequenz der größeren Präzision der Standardfehler weisen die GARCH-Modelle eine vergleichsweise höhere Zahl an statistisch signifikanten Koeffizienten auf. Die Likelihood-Ratio-Tests belegen zudem, dass die GARCH-Spezifikationen im Falle von *Spiegel* und *Focus* die Daten besser abbilden als Kleinste-Quadrate-Schätzungen. Für den *Stern* kann die Nullhypothese der Kleinste-Quadrate-Spezifikation mit einem p-Wert von 0,11 nur knapp nicht abgelehnt werden.

Die Modelle weisen insgesamt eine hohe Datenadäquanz auf, wie die adjustierten R^2-Werte belegen. Mit dem Modell für den *Stern* kann mit einem Wert von 0,93 der größte Teil der Varianz der Verkaufsauflage erklärt werden, gefolgt vom *Spiegel* mit 0,89 und dem *Focus* mit 0,83. Die Residuen werden in Hinblick auf Autokorrelation, Heteroskedastizität und Normalverteilung in der Mittelwert- und Varianzgleichung getestet. Die Ljung-Box-Q-Statistiken weisen weder für die Mittelwert- noch für die Varianzgleichung auf Autokorrelationsprobleme hin. Wie erwartet sind die Residuen der Mittelwertgleichung signifikant heteroskedastisch, während die standardisierten Fehlerterme homoskedastisch sind. Die Chi^2-Statistiken bescheinigen, dass die Residuen normalverteilt sind, zumindest im Falle von *Spiegel* und *Stern*. Für den *Focus* kann dies nicht angenommen werden, wenngleich wegen der großen Stichprobengröße asymptotisch keine Probleme zu erwarten sind.

	Spiegel (T = 667) Koeffizient	Eff.[a]	*Stern* (T = 669) Koeffizient	Eff.[a]	*Focus* (T = 674) Koeffizient	Eff.[a]
Allgemein						
Konstante	209309,108 ***	2,43	138764,337 ***	5,24	222184,521 ***	6,09
Verkaufszeit (Tage)	6948,864 ***	8,34	15399,212 ***	6,08	3866,595 **	11,75
Copy-Preis (Euro)	-27397,555 **	5,91	276,946	5,63	9849,752	10,38
Umfang (Seiten)	-170,010 ***	7,26	-139,193 ***	5,91	-103,550 ***	2,04
Titelseite						
Titelstory (Referenz: anderes Thema)						
Politik	-9592,825	10,15	-7869,995	9,87	-22022,373 **	33,79
Wirtschaft	-1598,281	10,35	-772,037	9,61	-10936,478	38,63
Gesundheit	5463,815	10,51	12972,024 *	10,25	10151,035	38,96
Umwelt	-17319,739	7,60	-3605,959	8,20	-18571,255	22,60
Sex	15799,739	7,93	7373,428	8,51	19221,922	18,03
Bildung	15995,697 *	11,68	6097,089	8,56	-5393,641	35,50
Familie	-5309,790	9,10	-2171,229	9,95	-13458,494	36,04
Sport	-42812,312 ***	7,22	-12722,975	6,65	9406,711	28,34
Wissenschaft	-8173,592	10,82	15597,933	4,02	-6423,159	37,29
Mensch	-9186,910	11,09	-3812,246	9,98	1152,663	31,92
Katastrophe	798,363	4,66	11936,610	7,24	140,979	19,67
Gewalt	-2061,075	7,37	-1460,597	9,39	-18884,602 *	30,16
Geschichte	3418,642	11,49	11205,047	8,60	3757,093	58,52
Kultur	-3201,703	10,86	5818,098	7,79	-24631,839 ***	38,45
Jahresrückblick			49270,252 ***	6,72	-2950,845	27,98
Religion	11705,888	10,31	13319,037	8,67	-4504,492	38,46
Recht	-12825,297	6,64	-30095,062	4,93	4560,228	2,80
Gesellschaft	1775,466	10,97	9170,604	10,57	-4222,376	39,23
Auto	-11137,584	7,70	-10607,130	8,93	-18409,795	16,36
Mode			-1154,400	3,99		
Illustration						
Person	-979,586	7,58	-193,433	4,48	30,347	16,50
Kind	745,766	9,07	-982,374	7,49	-5734,186	6,02
Tier	-5444,545	7,68	-5232,170	5,80	-8388,026	40,26
Nackter Mann	2650,837	6,56	3083,433	7,26	2243,038	-4,19
Nackte Frau	7732,098	10,76	2327,384	5,90	-4640,835	16,13
Promimente(r)	-80,383	9,06	9224,577 **	5,74	-5557,955	20,38
Hitler	25515,234 ***	11,14	23981,426 **	8,42		
Art des Titelbildes (Referenz: Foto)						
Fotomontage	-7304,915 **	6,25	-4029,068	8,01	5189,949	8,42
Zeichnung	-5858,563 *	6,69	-3963,287	6,52	1434,277	37,84
Grafik	-3434,891	5,90	-65418,069 **	-0,43	-12478,284	3,76
Karikatur	-6976,282	6,13	-30630,354 ***	8,25		
Text	-15050,434 *	2,58	-7663,186	6,23	20411,602 **	-17,75
Andere Gestaltungselemente						
Schwarz/weiß	-3221,694	10,20	10120,173	5,90	55324,346 ***	75,52
Verwendung von Rot	-3137,356	7,19	4711,890	7,94	6878,219	16,76
Abweichung vom fixen Design			-11330,405	8,43		
Nutzwertsuggerierung	11953,943	8,66	247,285	6,89	10745,076 ***	16,22
Umklapper	-7964,053	9,34	-929,095	5,85	12346,731	22,90
Lentikulares Bild	31441,158	6,53				
Themen (Anzahl)	-7751,676 ***	8,53	981,445	7,45	-970,921	20,22
Bilder (Anzahl)	4098,289	6,98	-2911,466 **	5,93	-803,852	8,93
Redaktionelle Extras und Serien						
CD/DVD-Beigabe	87744,337 ***	12,60	26848,688 ***	7,60	48473,879 ***	18,12
Optionaler DVD-Kauf	39185,208	22,79				
Booklet			5161,972	1,69	-897,524	-2,38
Redaktionelle Serie	5085,578 **	5,98	4682,947 *	4,57	2855,990	8,86

Beilagenserie			6691,813	3,78	3419,937	41,69
Kulturspiegel	-2081,821	11,19				
Stern Specials			13648,729	7,83		
Themenführer/-folger						
Alleiniger Führer	-3815,266	6,76	5603,051	5,06	-13928,929 **	10,02
Gemeinsamer Führer	1306,262	4,94			4180,670	8,10
Alleiniger Folger	-2557,904	1,26	3066,399	1,48	-312,361	3,17
Gemeinsamer Folger	18533,008 *	-0,46			-5258,669	-7,07
Ereignisse						
Tod von Prinzessin Diana	94038,957 ***	4,77	104654,248 ***	0,08	166583,461 ***	56,48
11. September	352946,513 ***	-37,53	432648,004 ***	6,51	297991,632 ***	48,99
Tod von Michael Jackson	86276,593 ***	18,90	89188,746 ***	18,17	11666,764	57,78
Tod von Robert Enke	12531,022	16,67			1536,662	66,18
Andere Ausreißer	108728,595 ***	5,87	119534,182 ***	-3,65	174907,306 ***	-38,97
Werbung (Bruttoausg. in 1.000 Euro)						
Einfluss auf die aktuelle Ausgabe						
Fernsehen	10,308	8,91	11,222 **	8,02	91,334 ***	-2,11
Radio	3,678	7,01	255,008 ***	4,15	50,790 **	28,72
Plakat	43,086 **	0,97	2,752	5,73	71,631 ***	57,35
Zeitung	44,549 ***	9,27	40,621 ***	4,67	-26,496	11,16
Publikumszeitschrift	-25,632 **	10,34	-19,266 **	4,46	-28,950 ***	24,36
Fachzeitschrift	-40,392	7,42	-76,022	8,25	240,996	24,54
Einfluss auf die nächste Ausgabe						
Fernsehen	5,531	8,47	-5,390	6,09	14,884	4,78
Radio	-23,773	4,04	0,301	7,13	-6,857	23,13
Plakat	11,892	0,31	-20,367	1,58	-55,814 **	49,78
Zeitung	-17,774	6,95	27,057 *	8,01	20,506	8,09
Publikumszeitschrift	26,384 **	10,17	-21,600 **	4,16	-23,818 ***	21,91
Fachzeitschrift	-134,844	8,51	138,683	7,73	112,799	19,08
Saisonale Einflüsse						
Durchschnittstemperatur (Grad Celsius)	141,090	8,75	221,787	6,55	225,380	16,52
Durchschnittl. Niederschlag (mm/24h)	1470,109 **	9,08	884,360	7,41	975,380	10,14
Schüler in Schulferien (Anteil)	12409,973 ***	6,98	18867,413 ***	6,88	16512,913 ***	16,58
Bundesweiter Feiertag	455,151	4,92	-4195,514	7,32	-7942,901 **	22,42
Langfristiger Trend	-10,755 ***	6,71	-28,812 ***	2,14	-43,707 ***	9,28
Verzögerte abhängige Variable						
$Aufl_{t-1}$	0,193 ***	0,00	0,167 ***	6,90		
$Aufl_{t-2}$	0,206 ***	3,45	0,213 ***	7,14	0,061 *	-12,90
$Aufl_{t-3}$	0,149 ***	0,00	0,066 **	3,45		
$Aufl_{t-4}$	0,076 **	0,00			0,081 **	-3,23
$Aufl_{t-5}$	0,066 **	0,00	0,052 *	3,57	0,073 **	-6,67
$Aufl_{t-6}$	0,041	6,90	0,076 ***	3,57		
$Aufl_{t-7}$						
$Aufl_{t-8}$						
$Aufl_{t-9}$	0,045	3,45	0,047 *	3,85		
$Aufl_{t-10}$						
$Aufl_{t-11}$						
$Aufl_{t-12}$	-0,010	7,14				
Varianzgleichung						
ϕ_0	1,432e+08 *		2,143e+08		1,751e+06	
ϕ_1	0,096 *		0,078 *		0,023 **	
ϕ_2	0,706 ***		0,645 ***		0,975 ***	

Modelgüte und- spezifikation			
Adj. R^2	0,887	0,932	0,826
Chi^2 LR Test auf (G)ARCH-Terme	5,770 (0,056)	4,420 (0,110)	58,332 (0,000)
Residuen-Tests			
Mittelwert-Modell			
Ljung-Box Q4 ($\hat{\varepsilon}_t$)	6,571 (0,160)	4,133 (0,388)	5,396 (0,249)
Ljung-Box Q12 ($\hat{\varepsilon}_t$)	14,734 (0,256)	11,041 (0,525)	10,036 (0,613)
Ljung-Box Q4 ($\hat{\varepsilon}_t^2$)	9,974 (0,041)	19,985 (0,001)	20,550 (0,000)
Ljung-Box Q12 ($\hat{\varepsilon}_t^2$)	21,123 (0,049)	31,419 (0,002)	61,938 (0,000)
Chi^2 Normal-verteilung ($\hat{\varepsilon}_t$)	4,141 (0,126)	3,578 (0,167)	63,247 (0,000)
Varianzgleichung			
Ljung-Box Q4 ($\hat{s}_t$)	6,049 (0,196)	3,823 (0,430)	2,007 (0,735)
Ljung-Box Q12 ($\hat{s}_t$)	15,159 (0,233)	10,012 (0,615)	4,611 (0,970)
Ljung-Box Q4 ($\hat{s}_t^2$)	0,925 (0,921)	3,068 (0,547)	0,961 (0,916)
Ljung-Box Q12 ($\hat{s}_t^2$)	6,714 (0,876)	7,053 (0,854)	4,184 (0,980)
Chi^2 Normal-verteilung ($\hat{s}_t$)	1,591 (0,451)	2,782 (0,249)	63,247 (0,000)

Hinweise: Es werden die Beobachtungen 93, 160, 181, 237, 248, 323, 419, 475, 672 (*Spiegel*), 37, 61, 62, 74, 89, 90, 134, 237, 246, 295, 309, 411, 628 (*Stern*) und 47, 89, 95, 107, 150, 244, 269 (*Focus*) als unerklärte Ausreißer kontrolliert. P-Werte für Teststatistiken sind in Klammern angegeben.
[a] Effizienzgewinn in % durch Verwendung der GARCH-Modelle.
*p < 0,10, **p < 0,05, ***p < 0,01.

Tabelle 1: Schätzergebnisse

Quelle: Eigene Darstellung.

Die geschätzten Koeffizienten weisen bei allen drei Magazinen wie erwartet auf einen signifikant positiven Zusammenhang zwischen der Länge des Verkaufszeitraumes und der Anzahl der verkauften Hefte hin. Der Copy-Preis hat lediglich im Falle des *Spiegels* einen signifikanten, negativen Einfluss auf die Nachfrage. Mit zunehmendem Heftumfang sinkt bei allen drei Titeln die Nachfrage signifikant, vermutlich weil Käufer durch ein zu hohes Lesepensum abgeschreckt werden.

Das Thema der Titelstory hat nur in einigen Fällen einen Einfluss auf die Einzelverkaufsauflage. Die Koeffizienten deuten darauf hin – sofern statistisch signifikant – dass Themen, die nicht unter die thematische Kompetenz eines Magazins fallen, mit geringeren Abverkäufen einhergehen. Beispielsweise verzeichnet der politikorientierte *Spiegel* niedrigere Verkaufszahlen für Hefte mit Sportthemen, während beim *Focus* Politik-, Gewalt- und Kulturthemen mit Einbußen verbunden sind. Umgekehrt können Titelthemen, die mit der Schlüsselkompetenz eines Magazins in Verbindung stehen, die Verkaufszahlen erhöhen. Der bildstarke *Stern*, zum Beispiel, verzeichnet gesteigerte Einzelverkaufsauflagen für Hefte mit Jahresrückblicken. Spezielle Illustrationen haben nur in wenigen Fällen einen Einfluss. In dieser Hinsicht finden sich keine Anhaltspunkte für die »Sex-Sells«-Hypothese; nackte Männer oder Frauen erhöhen die Nachfrage nicht signifikant. Im Gegensatz dazu führt die Darstellung Hitlers zu höheren Abverkäufen im Falle von *Spiegel* und *Stern*. Beim *Focus* sind Titelseiten mit schwarz-weißer Gestaltung und Nutzwertsuggerierung mit erhöhten Verkaufszahlen verbunden. Mit redaktionellen Serien können die Abverkäufe von *Spiegel* und *Stern* leicht erhöht werden. Bei allen drei Magazinen steigt die Nachfrage durch CD- oder DVD-Zugaben beträchtlich. Den quantitativ größten Effekt verzeichnet hier mit zusätzlichen 88.000 Heften (18,3 % der durchschnittlichen Einzelverkaufsauflage) der *Spiegel*, während der *Stern* auf 27.000 zusätzliche Hefte kommt (5,8 % der durchschnittlichen Einzelverkaufsauflage). Diese Differenz kann vermutlich mit der unterschiedlichen Qualität der Beigaben erklärt werden. Im Vergleich zu anderen Hefteigenschaften, die von den Redaktionen beeinflusst werden können, erzeugen CD- oder DVD-Zugabe trotzdem die weitaus größten Verkaufssteigerungen.

Themenführerschaft, ob alleinig oder gemeinsam, beeinflusst die Nachfrage kaum. Der *Focus* als alleiniger Themenführer ist eine Ausnahme; hier sind signifikant negative Effekte zu verzeichnen. Der *Spiegel* kann hingegen erhöhte Verkaufszahlen aufweisen, wenn er als gemeinsamer Themenfolger auftritt.

Die mit Abstand größten (positiven) Effekte haben Ereignisse mit außergewöhnlichem Nachrichtenwert, allen voran die Terroranschläge vom 11. September 2001. Neben solchen Großereignissen können weitere kleinere Nachfragespitzen identifiziert werden, für die es allerdings nur in einigen Fällen ex-post Erklärungen gibt. In den meisten Fällen sind diese Spitzen nicht mit Ereignissen von außergewöhnlichem Nachrichtenwert verbunden, wenngleich der Einfluss dieser »anderen Ausreißer« substantiell ist.

Die Koeffizienten der Werbevariablen weisen wie erwartet positive Vorzeichen auf (falls statistisch signifikant), außer für Werbung in Publikumszeitschriften. Es gibt allerdings zwei Gründe, warum Werbeausgaben in dieser Kategorie bei allen drei Magazinen negative Effekte haben. Erstens umfasst diese Kategorie eine große Menge an Werbung in den eigenen Heften. Der Umfang dieser Eigenwerbung folgt saisonalen Gegebenheiten und ist tendenziell immer dann am höchsten, wenn wie zum Beispiel im Sommer die Lesernachfrage am niedrigsten ist, weil dann die Nachfrage der Werbekunden ebenfalls gering ist. Es handelt sich hier also um umgekehrte Kausalität: Eigenwerbung generiert nicht primär Lesernachfrage, sondern steigt, um freien Werbeplatz zu füllen. Zweitens wird Eigenwerbung häufig benutzt, um Abonnements zu bewerben. Falls

Käufer von Einzelausgaben deshalb zu Abonnenten werden, sinkt die Einzelverkaufsauflage. Die Effekte der anderen Werbekategorien variieren in ihrem Ausmaß zum Teil beträchtlich zwischen den drei Magazinen. Fernsehwerbung hat keinen signifikanten Einfluss im Falle des *Spiegels*, wohingegen diese Form der Werbung zu leichten Verkaufssteigerungen bei *Stern* und *Focus* führt. Wenn der Focus beispielsweise für 1.000 Euro Fernsehwerbung betreibt, erhöht dies die Nachfrage um 91 Hefte, was Werbekosten von rund 11 Euro pro zusätzlichem Heft impliziert. Mit einem durchschnittlichen Copy-Preis von 2,70 Euro erscheint dies nicht profitabel. Aufgrund von Rabatten und Freianzeigen sind die tatsächlichen Werbekosten jedoch deutlich geringer als die Bruttoaufwendungen, so dass eine ernsthafte Betrachtung der Profitabilität nicht möglich ist. Unabhängig davon scheinen jedoch Ausgaben für Radiowerbung mit 255 zusätzlichen Heften pro 1.000 Euro für den *Stern* besonders lohnenswert zu sein. Depoteffekte in Hinblick auf die jeweils nachfolgende Ausgabe sind bei allen drei Magazinen kaum auszumachen.

Der Einfluss von saisonalen Faktoren auf die Nachfrage beschränkt sich fast ausschließlich auf den Anteil von Schülern in Schulferien, wonach in diesen Zeiten bei allen drei Magazinen erhöhte Abverkäufe zu verzeichnen sind. Dieses Resultat widerspricht zwar den Erkenntnissen aus dem Fernsehmarkt (Rott 2003), ist aber dennoch plausibel. Viele Käufer verbringen ihren Urlaub während der Schulferien, wo mehr Lesezeit zur Verfügung steht als im Alltag. Im Gegensatz zum Fernsehen können Magazine im Freien gut gelesen werden, was mit dem tendenziell guten Wetter während der Sommerferien korrespondiert.

Die Signifikanz der verzögerten Werte der Verkaufsauflagen kann als Persistenz im Leserverhalten interpretiert werden. Beispielsweise impliziert ein Koeffizient von 0,193 für die Verkaufsauflage der *Spiegels* in $t-1$, dass rund 20 % der Käufer das aktuelle Heft nur kaufen, weil sie die Ausgabe der Vorwoche gekauft haben. Ein Vergleich zwischen den Magazinen zeigt, dass die Persistenz der Leserschaft beim *Spiegel* und *Stern* (Summe der verzögerten Werte 0,69 bzw. 0,621) stärker ausgeprägt ist als beim Focus (0,215).

Bei allen drei Magazinen sind die geschätzten Varianzgleichungen von ARCH- und GARCH-Effekten geprägt, wobei der ARCH-Effekt jeweils relativ klein ausfällt. Die bedingte Varianz (GARCH-Effekt) ist hingegen mit Werten von 0,65 (*Stern*), 0,71 (*Spiegel*) und 0,97 (*Focus*) sehr persistent. Das bedeutet, dass Nachfrageschocks, die nicht von den Modellen erklärt werden, unmittelbar zu kleinen Anstiegen der bedingten Varianz führen (ARCH-Effekt). Diese Anstiege sind von Persistenz gekennzeichnet; es beansprucht also Zeit, bis die Varianz wieder zu ihrem ursprünglichen Wert zurückkehrt (GARCH-Effekt). Dieses Ergebnis kann als ein wieterer Aspekt des Leserverhaltens interpretiert werden. Falls ein Heft aus unerklärten Gründen stärker nachgefragt wird als andere Ausgaben, erfährt das Nachrichtenmagazin in den darauffolgenden Wochen eine erhöhte Aufmerksamkeit von seinen Lesern. Die gestiegene Volatilität reflektiert die erhöhte Anzahl potentieller Käufer im Markt. In dieser Hinsicht ähnelt sich das Leserverhalten beim *Spiegel* und *Stern*, was vermutlich mit der langen Geschichte dieser Magazine und deren Verbindung mit Gruner + Jahr zusammenhängt. Die größere Persistenz, die das Leserverhalten des *Focus* charakterisiert, könnte eine Folge der vergleichsweise kurzen Geschichte des Magazins sein. Da der *Focus* erst seit 1993 existiert könnten Schätzergebnisse den Prozess einer sich noch ausformenden Leserschaft reflektieren.

Schlussfolgerung

In dieser Studie wurden die Determinanten der kurzfristigen Nachfrage nach politischen Wochenmagazinen identifiziert und quantifiziert, sowie die unerklärte Volatilität der Einzelverkaufsauflagen untersucht. Ohne große Überraschung kann festgehalten werden, dass es so gut wie keine allgemeingültigen Regeln für den Erfolg eines Nachrichtenmagazins gibt. Eine Ausnahme ist die Ablehnung der »Sex-Sells«-Hypothese; eine andere die Erkenntnis, dass sich zu voluminöse Ausgaben generell schlechter verkaufen. Andere Faktoren variieren jedoch teilweise stark zwischen den einzelnen Magazinen. Beispielsweise sind CD- und DVD-Zugaben einer der stärksten Erfolgsfaktoren, die von den Redaktionen gesteuert werden können – der Effekt variiert jedoch von 5,8 % (*Stern*) an zusätzlich verkauften Heften bis 18,3 % (*Spiegel*). Ein weiteres Bespiel sind die Effekte von Werbeausgaben, die nicht nur zwischen den drei Magazinen variieren, sondern auch von Werbekategorie zu Werbekategorie.

Aus Sicht der Praktiker ist es sicherlich unbefriedigend, dass nur ein Teil des Verkaufserfolges gesteuert werden kann. Wie die Ergebnisse zeigen, führen mediale Großereignisse mit außergewöhnlichem Nachrichtenwert zu extremen Nachfragespitzen. Obwohl diese Ereignisse exogener Natur sind, ist es für die Nachrichtenmagazine mit Hilfe journalistischer und kommerzieller Intuition dennoch möglich, daraus Nutzen zu ziehen.

Noch unbefriedigender als fehlende Einflussmöglichkeiten sind unerklärbare Nachfrageschwankungen. In dieser Studie wurden diese Schwankungen zum ersten Mal mit Hilfe fortgeschrittener Zeitreihenmodelle untersucht. Diese in der Finanzökonometrie beheimateten Modelle ermöglichen es, die Volatilitätscluster in den Verkaufsauflagen abzubilden. Zum einen erhöht diese Vorgehensweise die Effizienz der Schätzungen. Zum anderen konnte gezeigt werden, dass der Abverkauf in der Zeit nach unerklärten Nachfragespitzen von erhöhter Volatilität gekennzeichnet ist, was mit einer größeren Anzahl potentieller Käufer im Markt erklärt werden kann.

Literatur

Bollerslev, T. (1986): Generalized Autoregressive Conditional Heteroskedasticity. In: Journal of Econometrics, 31/1986, 307-327.

Canterbery, E. R./Marvasti A. (2001): The U.S. Motion Pictures Industry: An Empirical Approach. In: Review of Industrial Organization, 19/2001, 81-98.

Conrad, O. (1995): Die Einsatzmöglichkeiten von neuronalen Netzen im Rahmen der Absatzprognose und Bezugsregulierung im Vertrieb von Publikumszeitschriften. Frankfurt am Main.

Dewenter, R./Westermann, M. (2005): Cinema Demand in Germany. In: Journal of Cultural Economics, 29/2005, 213-231.

Dupagne, M. (1997): Beyond the Principle of Relative Constancy: Determinants of Consumer Mass Media Expenditures in Belgium. In: Journal of Media Economics, 10/1997, 3-19.

Feddersen, A./Rott, A. (2011): Determinants of Demand for Televised Live Football: Features of the German National Football Team. In: Journal of Sports Economics, 12/2011, 352-369.

Johnson, S./Prijatel, P. (2007): The Magazine from Cover to Cover. New York.

Kalita, J. K./Ducoffe, R. H. (1995): A Simultaneous-Equation Analysis of Pricing, Circulation, and Advertising Revenue for Leading Consumer Magazines. In: Journal of Media Economics, 8/1995, 1-16.

Kaltenhäuser, B. (2005): Abstimmung am Kiosk: Der Einfluss der Titelseitengestaltung politischer Publikumszeitschriften auf die Einzelverkaufsauflage. Wiesbaden.

Kim, S. (2009): Cinema Demand in Korea. In: Journal of Media Economics, 22/2009, 144-155.

Kroeber-Riel, W. (1993): Bildkommunikation: Imagerystrategien für die Werbung. München.

Kress, S./Neuberger, C. (1997): Der »Spiegel« unter Zugzwang. Wie das Hamburger Nachrichtenmagazin auf den Erfolg von »Focus« reagiert hat. In: Eichstätter Materialien - Schriftenreihe der Journalistik, 9/1997, 7-32.

Macmillan, P./Smith, I. (2001): Explaining Post-War Cinema Attendance in Great Britain. In: Journal of Cultural Economics, 25/2001, 91-108.

Newey, W. K./West, K. (1987): A Simple, Positive Semi-Definite, Heteroskedasticity and Autocorrelation Consistent Covariance Matrix. In: Econometrica, 55/1987, 703-708.

Quigley, M. (1988): What Sells, What Bombs – Magazine Cover Roulette. In: Washington Journalism Review, 10/1988, 18-22.

Rott, A. (2003): Werbefinanzierung und Wettbewerb auf dem deutschen Fernsehmarkt. Berlin.

Stockmann, R. (1999): Spiegel und Focus: Eine vergleichende Inhaltsanalyse. Göttingen.

Taylor, S. J. (1986): Modelling Financial Time Series. Chichester, NY.

Vogel, A./Dorn, M. (1997): Die Manager der populären Presse. Verlagsleiter in Deutschland. München.

Wolff, V. (1998): Wettbewerb und Qualität bei Presseprodukten. In: Publizistik, 43/1998, 260-272.

Zellner, A. (1962): An Efficient Method of Estimating Seemingly Unrelated Regression Equations and Tests for Aggregation Bias. In: Journal of the American Statistical Association, 57/1962, 348-368.

3. Elektronische Medien vor neuen Herausforderungen

Der Programmdialog im NDR Fernsehen Erfahrungen mit dem zentralen Qualitätsinstrument*

*Anja Würzberg***

Das NDR Fernsehen stellt sich seit sechs Jahren der Herausforderung, ein systematisches Qualitätsmanagement durchzuführen, das von der konstruktiven Gesprächsbereitschaft aller Beteiligten lebt: Der Programmdialog.

Anknüpfend an Programmcontrolling-Verfahren bei anderen Sendern[1] wird im Programmdialog des NDR Fernsehens der Schwerpunkt auf einen professionellen kollegialen Schulterblick durch interne und externe Kritiker[2] gelegt, ohne dabei die Zuschauerforschung aus den Augen zu verlieren. Der Programmdialog gewährleistet einen kontinuierlichen Austausch zwischen Redaktionen und Direktion über die Regelsendungen des NDR Fernsehens mit dem Ziel, Qualität und Akzeptanz der einzelnen Formate zu optimieren und das Profil des NDR Fernsehens auf der Grundlage des Markenleitbildes[3] zu schärfen. Die regionale Kompetenz soll wieter gestärkt werden, die journalistische Profilierung vorangetrieben und die emotionale Bindung der Zuschauerinnen und Zuschauer an das NDR Fernsehen soll vertieft werden.[4] Hierzu wird für jede Redaktion einer

---

* Dies ist eine aktualisierte Fassung des Beitrags, welcher erstmals veröffentlicht wurde in Media Perspektiven 10/2009: 539-543.

** Anja Würzberg ist Redakteurin für Programmqualität und Markenführung im NDR Fernsehen. An der Hamburg Media School war Anja Würzberg von 2007 bis 2008 als Studiengangsleiterin Journalismus tätig.

1 Vgl. Blumers/Gerstner/Tebert (2010): 131-142.

2 Auch wenn aus Gründen der Lesbarkeit die männliche Form benutzt wird, so handelt es sich doch häufig um Kritikerinnen, Redakteurinnen, Abteilungsleiterinnen.

3 Vgl. Leitlinien für die Programmgestaltung des NDR 2011|2012: »Das Markenleitbild unterstützt die Mitarbeiterinnen und Mitarbeiter des NDR Fernsehens dabei, die notwendigen und sinnvollen Veränderungsprozesse aktiv und zielgerichtet mitzugestalten.« (NDR 2012: 14).

4 Vgl. NDR 2012: 14.

Regelsendung alle ein bis zwei Jahre ein Workshop organisiert, an dem neben Redaktion, Fernsehdirektion und Medienforschung auch interne und externe Kritiker teilnehmen. Mittlerweile haben 65[5] solcher Programmdialoge im NDR Fernsehen stattgefunden – Anlass für eine Bilanz.

Rundfunkpolitische Rahmenbedingungen

Der öffentlich-rechtliche Rundfunk vergewissert sich angesichts neuer Mitbewerber seiner Rolle als Qualitätsanbieter in der Medienlandschaft und präzisiert seine Alleinstellungsmerkmale, indem er sein Profil schärft[6].

Der NDR legt deshalb großen Wert auf eine Weiterentwicklung des systematischen Qualitätsmanagements. So heißt es im NDR Entwicklungsplan: »Der NDR ist in Norddeutschland durch seine Funkhäuser, Studios, Korrespondentenbüros und Sender fest verankert. Er erfüllt seine Aufgaben für die Regionen durch umfassende Programme hoher Qualität. Glaubwürdigkeit, Professionalität und programmliche Vielfalt begründen einen Kompetenzvorsprung, den es zu wahren und auszubauen gilt.«[7] Auch in den Leitlinien für die Programmgestaltung des NDR finden sich konkrete Aussagen zur Qualitätssicherung »Qualität ist (auch) eine Frage der Perspektive. Dabei beeinflussen sich gerade Medien und Qualitätsdebatte gegenseitig. Medien sind kein starres Produkt. Deshalb ist eine Auseinandersetzung über Qualität und geeignete Kriterien ein ständiger

5 Stand: August 2013.

6 So hat Dr. Klaus Unterberger, der Leiter des ORF Public-Value-Kompetenzzentrums, Wien, auf dem GVK-Forum (der Fachtagung der Gremienvorsitzendenkonferenz für die Mitglieder der Gremien der ARD) zum Thema »Qualität – machen, messen, managen« in Hamburg am 5. Februar 2009 ausgeführt: »Heftig und leidenschaftlich wird um Qualität gestritten – nicht bei den privaten, kommerziellen Rundfunkanstalten, sondern bei den Öffentlich-Rechtlichen, die sich europaweit in einer nachhaltigen Legitimations- und Imagekrise befinden. Sie kann zu einer entscheidenden Chance werden, wenn die Gelegenheit zu Reform, sichtbarer Innovation und einer Renaissance gemeinwohlorientierter Medienproduktion ergriffen wird. Gefragt ist das öffentlich-rechtliche Profil der Zukunft: Kommunikationsqualität im Auftrag der Gesellschaft, jenseits kommerzieller Interessen und Geschäftsmodelle.«

7 Vgl. NDR 2009: 6.

Prozess, der noch dazu abhängig von gesellschaftlichen Normen und Wertvorstellungen ist. (...) Der NDR betrachtet die Qualitätssicherung als ständige Aufgabe. Nur systematisches Qualitätsmanagement kann eine Verantwortungskultur erzeugen. Der NDR überprüft daher kontinuierlich und strukturiert die Qualität seiner Angebote um Hörfunk und Fernsehen, im Internet und Videotext.«[8] NDR Intendant Lutz Marmor betont den Anspruch auf kontinuierliche Qualitätssicherung folgendermaßen: »Wir haben den Auftrag, die Menschen sowohl zu unterhalten als auch zu informieren. Wir wollen bestmögliche Qualität bieten und müssen uns auch selbst immer wieder kritisch fragen, ob wir uns genug Mühe geben und wo wir noch besser werden können.«[9]

Das Qualitätsinstrument Programmdialog

»Lasst uns über das Programm reden«: Das ist – kurz gesagt – das Anliegen des Programmdialogs. Er unterstützt die Redaktionen dabei, ihre Arbeit zielgerichtet und professionell auszuüben und zu bewerten. Hier treffen die Verantwortlichen für ein bestimmtes Format im Rahmen eines formalisierten und strukturierten Diskussionsprozesses verbindliche und nachprüfbare Verabredungen zur Steigerung von Qualität und Quote und schärfen das Profil ihrer Sendung. Diese konkreten Verabredungen sollen den Programmverantwortlichen im redaktionellen Alltag helfen, indem sie die tägliche Arbeit von Grundsatzdiskussionen entlasten.

In der konstruktiven Atmosphäre des moderierten, ganztägigen Workshops soll vertrauensvoll und ungezwungen auf die Meinung Dritter gehört werden. Diese »Dritten« sind in erster Linie die internen und externen Kritiker, die offen und ehrlich – manchmal auch polarisierend – der Redaktion, den Abteilungs- und Programmbereichsleitern sowie dem Direktor des NDR Fernsehens ihre Meinung zu vier ausgewählten Ausgaben der jeweiligen Sendung präsentieren.

---

8 Vgl. NDR 2012: 8-9

9 Zitiert aus der Rede »Google, YouTube, Spiegel Online – Wer braucht noch den öffentlich-rechtlichen Rundfunk?« des NDR Intendanten Lutz Marmor am 21. April 2009 im Überseeclub Hamburg.

Integration von Zuschauerstudien

Der Programmdialog wird von der Redakteurin für Programmqualität und Markenführung in Abstimmung mit dem Fernsehdirektor und der Abteilung Planung, Entwicklung, Innovation im Programmbereich NDR Fernsehen und Koordination vorbereitet. Im Rahmen eines ersten Gesprächs mit der Redaktion wird an den vorausgegangenen Programmdialog angeknüpft. Dieses Vorbereitungsgespräch ist auch deshalb wichtig, weil hier schon genauere Vorstellungen darüber gewonnen werden, wo die Redaktion aktuell steht und welche inhaltlichen und organisatorischen Themen sie beschäftigen. Zuweilen ergeben sich aus diesem Vorgespräch auch konkrete Fragen an die Medienforschung, die noch im Vorfeld abgeklärt und dann im Rahmen des Programmdialogs erörtert werden können.

Die Redaktion gibt vor dem Programmdialog in einem Fragebogen Auskunft zu ihrem Selbstverständnis, den Kosten der Sendung und den infrastrukturellen Rahmenbedingungen. Beispiele für das Selbstverständnis der Redaktion sind: »Die Sendung bietet dem Zuschauer das, was er wirklich gebrauchen kann. Wertvolle Informationen für mündige Bürger und kritische Verbraucher, seriöse Tests von Produkten und Dienstleistungen, zahlreiche Tipps (in der Sendung und im Internet), die wirklich Zeit, Geld und Nerven sparen...« oder: »Der Ostseeraum in seiner ganzen Vielfalt abbilden. Durch spannende Hintergrundgeschichten und Reportagen Einblicke vermitteln in die Kultur, die Landschaft und vor allem das Leben der Menschen in ihrem ganz besonderen Lebensumständen, als Rahmen-»Handlung« geht der Vor-Ort-Moderator dabei in einem ausgewählten Mikrokosmos (Landstrich/Stadt/Insel/Schiff etc.) auf Entdeckungstour...«

Gleichzeitig gibt die Redaktion in diesem Fragebogen auch Auskunft über die selbst identifizierten Optimierungsmöglichkeiten der Sendung. Ein Beispiel für einen Optimierungsansatz ist: »Niedersachsen stärker bespielen, Beiträge insgesamt noch stärker regional verankern und investigativ für Gesprächsstoff sorgen«

Anschließend wird ein namhafter externer Kritiker ausgewählt. Voraussetzung für die Wahl ist, dass dieser Kritiker fachlich für die Redaktion ein attraktiver Gesprächspartner ist, zum Beispiel der Chefredakteur oder Fachredakteur einer thematisch verwandten Zeitung oder Zeitschrift, einer anderen Rundfunkanstalt oder einer Fernsehproduktionsfirma.

Der interne Kritiker hingegen ist in einem anderen NDR Programmbereich oder einer anderen NDR Direktion tätig und hinsichtlich Professionalität, Analysefähigkeit und Interesse für das zu sichtende Format besonders geeignet. Durch die Einbindung von Kollegen aus den Landesfunkhäusern bei Programmdialogen der Zentrale und umgekehrt hat das kollegiale Miteinander bereits merklich profitiert.

Die Herausforderung bei der Auswahl der Kritiker besteht darin, einerseits »Gefälligkeitsgutachten« zu vermeiden und andererseits Medienprofis auszuwählen, deren Feedback die Redaktion akzeptiert und deren konkrete Verbesserungsvorschläge im Alltag umgesetzt werden können. Die Zusammenführung von Zuschauersicht (Medienforschung) und professionellem Feedback (Kritiker) im Programmdialog hat sich aus Redaktionssicht als hilfreich und effektiv erwiesen.

Durchführung des Programmdialogs

Kern des Programmdialogs ist der eintägige Workshop, an dem neben den für die jeweilige Sendung verantwortlichen Redakteuren und ihren Vorgesetzten auch der zuständige Produktionsleiter und die programmprägenden freien Mitarbeiter inklusive der Moderatorin sowie gegebenenfalls der Fernsehdirektor teilnehmen. Mit dabei ist auch immer die Abteilung Programmplanung und Entwicklung. Der Programmdialog wird von der zuständigen Redakteurin moderiert.

Nach einer kurzen Einführung hat die Redaktion das erste Wort. Sie beschreibt den aktuellen Stand der redaktionellen Arbeit – Herausforderungen und Erfolge sind dabei gleichermaßen wichtig. Auf diese Weise markiert die Redaktion bereits zu Beginn des Workshops die Themen, die im Laufe des Tages weiter bearbeitet und – wenn möglich – einer Lösung zugeführt werden.

Anschließend präsentiert die Medienforschung auf der Basis der GfK-Daten sowie ggf. auf der Basis von zusätzlichen, vorab durchgeführten Zuschauerstudien die aktuellen Akzeptanzdaten für die Sendung, vergleicht sie mit den entsprechenden Zeiträumen in der Vergangenheit, weist auf Entwicklungen hin und ordnet die Erkenntnisse ein.

Erwünschtermaßen ergeben sich aus dieser Präsentation Rückfragen der Redaktion an die Medienforschung, die zum Teil in den Beschluss münden, weiterführende Studien durchzuführen. So wurde beispielsweise aufgrund eines Programmdialogs eine Studie darüber in Auftrag gegeben, welche grundsätzlichen Sehmotive mit einer Dokumentationsreihe bedient werden und auf welche inhaltlichen sowie kommunikativen Elemente bei jeder einzelnen Ausgabe mit Blick auf die Markenführung geachtet werden muss. Das Redaktionsteam einer anderen Sendung hat nach einem burg als Medienstandort ausgespielt werden. Mittlerweile kann der Programmdialog auf ein großes und weiter wachsendes Netzwerk an Kritikern zurückgreifen[11]. Das nützt nicht nur dem Qualitätsmanagement, sondern dem gesamten NDR.

Die Programmdialog-Teilnehmer nehmen die Feedbacks der Kritiker zur Kenntnis – erfahrungsgemäß mit großer Offenheit und konstruktivem Interesse – und erarbeiten in der anschließenden Diskussion konkrete Umsetzungsmöglichkeiten. Anschließend zieht die Runde Bilanz und trifft verbindliche Verabredungen zur Weiterentwicklung der Sendung. Auch in dieser Phase ist die Redaktion somit souveräner und verantwortlicher Gestalter des anvertrauten Sendeplatzes.

Von der Vorbereitung bis zur Ergebnissicherung handelt es sich beim Programmdialog also um ein stark ritualisiertes und institutionalisiertes Vorgehen, das dennoch genug Gestaltungsspielräume für die unterschiedlichen Genres und die Bedürfnisse jeder einzelnen Redaktion bietet. Die ergebnisorientierte und konstruktive Diskussionskultur wird als eine große Stärke des Programmdialogs wahrgenommen, da dadurch persönliche Befindlichkeiten in den Hintergrund treten und (Selbst-)Kritik erfahrungsgemäß leichter fällt.

Der Fernsehdirektor des NDR, Frank Beckmann, hat das Instrument des Programmdialogs durch die Erhöhung der Veranstaltungszahl sowie die Neueinführung der sogenannten »Hausbesuche« zusätzlich gestärkt. Die »Hausbesuche« dienen der Nachhaltigkeit: Dabei wird in einem zweiten Treffen in kleinerer Runde etwa sechs Monate nach dem Programmdialog überprüft, wie sich die Verabredungen des Programmdialogs auf Redaktionsalltag und Sendungen auswirken. In einem Gespräch zwischen der Redaktion und der Redakteurin für Programmqualität auf der Grundlage einer aktuellen Quotenbilanz der Medienforschung werden im Wesentlichen drei Fragen beantwortet: »Haben sich die Vereinbarungen positiv auf Qualität und Akzeptanz des Formates ausgewirkt?«, »Haben die Ver-

11 So waren u.a. zahlreiche Kolleginnen und Kollegen aus den Verlagen Gruner + Jahr, Springer, dem Jahreszeitenverlag, brand eins, taz, Bauer-Verlag, Wort& Bild-Verlag (Apotheken-Umschau), der ARD.ZDF-Medienakademie, anderen öffentlich-rechtlichen Rundfunkanstalten inklusive des ZDF, von RTL und aus dem Kreis freier Produzenten zu Gast im Programmdialog.

einbarungen Entscheidungsprozesse im redaktionellen Alltag vereinfacht?« und: »Wie können wir noch besser werden?«.

Drei Beispiele für Programmdialoge

Welche konkreten Ergebnisse haben die bisherigen Programmdialoge im NDR Fernsehen gebracht? Welche Veränderungsprozesse konnten angestoßen werden? Wie hat sich dieses Qualitätsinstrument auf die Zuschauerakzeptanz ausgewirkt? Hierzu sollen im Folgenden drei Beispiele dargestellt werden:

Eine wöchentlich ausgestrahlte Magazinsendung im NDR Fernsehen hatte einige Monate vor dem Programmdialog mit einer konsequenten Neuausrichtung begonnen. Die Redaktion hatte bereits erkannt, dass das Profil der Sendung zu diffus und austauschbar war. Im Programmdialog konnte dieser laufende Prozess aufgegriffen und weiter konkretisiert werden. So wurden unter anderem Kriterien wie Relevanz, Aktualität, Bildstärke und Gesprächswert zur Themenauswahl und Sendungsdramaturgie entwickelt. Es wurde beschlossen, die relevantesten Themen künftig am Anfang der Sendung (und nicht – wie bisher – auf Umschaltzeitpunkten) zu platzieren. Originäre, selbstrecherchierte Geschichten mit Nachrichten- und Gesprächswert bekommen zudem Vorrang vor Erklärstücken aus aktuellem Anlass oder Jahrestagen. Weitere Verabredungen betrafen den Themenüberblick, die Moderation sowie die Umschaltzeitpunkte.

Das Feedback der Redaktion auf den Programmdialog war positiv: »Die Wahrnehmung der Kritiker hat geholfen, die kollegiale Begleitung war sehr angenehm und fürsorglich und die Anregungen wurden anschließend mit einem externen Trainer weiter vertieft.«[12]

Ein weiteres Beispiel: Eine Abteilung des NDR Fernsehens bat um einen Programmdialog, weil nach der Zusammenlegung zweier Redaktionen in einem gemeinsamen Newsroom zahlreiche inhaltliche und organisatorische Fragen geklärt werden mussten. In diesem komplexen Veränderungsprozess war der Programmdialog eine Maßnahme von mehreren und konzentrierte sich bewusst auf die inhaltliche Optimierung der täglichen

12 Zitiert aus einer Email des zuständigen Abteilungsleiters wenige Wochen nach dem Programmdialog.

Nachrichtensendung, die künftig von den beiden Redaktionen gemeinsam gestaltet wird. Diese Fokussierung auf die gemeinsame Sendung hatte zur Folge, dass die neu fusionierte Redaktion sich anschließend stärker als Einheit wahrnehmen konnte. Auf dieser Grundlage wurden weitere (organisatorische) Herausforderungen gemeistert. Die zuständige Abteilungsleiterin berichtete auf einer Klausurtagung der NDR Führungskräfte ausführlich über den Fusionsprozess und über die wichtige Rolle des Programmdialogs in diesem Zusammenhang.

Bei einem weiteren Programmdialog bestand die Herausforderung für die Redaktion darin, dass die Sendung von den vier Landesfunkhäusern des NDR gemeinsam gestaltet wird. Die Verabredungen des Programmdialogs sollten einige Probleme lösen, die aufgrund dieser komplexen Struktur entstanden waren. So hat die Redaktion u.a. beschlossen, die Koordination der dezentral erstellen Beiträge durch konkrete Maßnahmen zu optimieren, die unterschiedlichen Erzählweisen und Bildsprachen sanft zu formatieren, ein Profil für die Zuschaueransprache zu entwickeln sowie die Kameraarbeit zu vereinheitlichen. Ein weiteres konkretes Ergebnis war die Entwicklung eines neuen Vorspanns. Hierzu schrieb eine Redakteurin einige Wochen nach dem Programmdialog: »Im Nachgang zu unserem Programmdialog freue ich mich einen Erfolg zu vermelden, der durch vorbildliche Gemeinschaftsarbeit entstanden ist: Wir gehen heute mit einem neuen Vorspann auf Sendung...«

Fazit

Im Ergebnis zeigt sich nach sechs Jahren Programmdialog im NDR Fernsehen, dass die intensive Beschäftigung mit Qualität und Akzeptanz von den Redaktionen nach anfänglicher Skepsis mittlerweile mit breiter Zustimmung und einer konstruktiven Grundhaltung wahrgenommen wird. Die Redakteurinnen und Redakteure haben verstanden, dass es sich nicht um ein Kriseninterventionsmittel für die »Problemkinder«, sondern um ein Standard-Instrument der Qualitätssicherung handelt. Exemplarisch sei auch hier aus der Email eines Redaktionsleiters nach einem Programmdialog zitiert: »Bei Einführung des Programmdialogs war ich misstrauisch und dagegen. Nach dem Programmdialog bin ich begeistert und dafür. So schnell kann's gehen.«

Nicht nur die Sendungen, auch der Programmdialog selbst soll anhand der Rückmeldungen aus den Redaktionen einer kontinuierlichen Optimierung unterzogen werden. Deshalb wird direkt nach jedem Programmdialog per anonymisierter Umfrage ein Feedback der Teilnehmer eingeholt. Demnach geben 83 % der Teilnehmer dem Programmdialog die Gesamtnote gut oder sehr gut. Die Atmosphäre im Programmdialog wird von 78 % als konstruktiv, von 63 % als ergebnisorientiert wahrgenommen.[13] Nachdem der Programmdialog von der Pilotphase in den Regelbetrieb überführt worden war, wurde die Varianz der Methoden zur Diskussionsführung und Ergebnissicherung erweitert. Außerdem wurde die Nachhaltigkeit durch die Einführung des »Hausbesuchs« gestärkt und der Medienforschungsetat so umgeschichtet, dass Zuschauerstudien im Regelfall mit einem Programmdialog verknüpft sind und so zwei ursprünglich getrennte Beratungsinstrumente für die Redaktionen zusammengeführt wurden. Wichtig war auch die Einführung des Markenleitbildes für das NDR Fernsehen, das eng mit dem Qualitätsinstrument Programmdialog verknüpft ist. Während Markenleitbilder in vielen anderen Unternehmen nach der Einführung in den Schubladen verschwinden, ist der Diskurs um die Markenwerte des NDR Fernsehens durch die immer wiederkehrende Beschäftigung im Programmdialog nachhaltig gesichert.

Der Erfolg des Programmdialogs im NDR Fernsehen muss sich auch an der Quotenentwicklung der Sendungen messen lassen. Da der Programmdialog ein Standardinstrument für alle Sendungen ist, konzentriert er sich keineswegs nur auf die akzeptanzschwachen Formate. Mithin ist es bei erfolgreichen Sendungen kein Bestandteil der Zielvereinbarungen, die Akzeptanz zu steigern, sondern zu halten. Neben der Arbeit an der Qualität jeder einzelnen Sendung spielen weitere Faktoren für die Quotenentwicklung des NDR Fernsehens eine Rolle: Programmplanung, Konkurrenzumfeld, Zersplitterung des Marktes durch Digitalisierung. Insofern wäre es unredlich, die Quotenentwicklung des NDR Fernsehens monokausal mit dem Programmdialog zu verknüpfen. Gleichwohl lässt sich konstatieren, dass zeitgleich mit der Einführung des Programmdialogs im Jahr 2008 der Abwärtstrend des Quotenverlaufs gestoppt werden konnte. Mittlerweile befindet sich der Jahresmarktanteil des NDR Fernsehens mit derzeit 8,1 % Marktanteil im Sendegebiet[14] auf einem Acht-Jahres-Hoch.

13 Weitere Fragen betreffen die Erwartung vor dem Programmdialog, die Dauer, die Medienforschung, die Kritiker, die Moderation, die Atmosphäre und die Haltung nach dem Programmdialog.

14 Stand: August 2013.

Es ist das zweiterfolgreichste Dritte in seinem Sendegebiet nach dem MDR. Bundesweit liegt das NDR Fernsehen sogar auf Platz 1 der Dritten: 2,7 % Marktanteil zeigen, dass auch die Zuschauer in anderen Bundesländern das Fernsehen im hohen Norden zu schätzen wissen.[15]

Sechs Jahre nach dem Start ist der Programmdialog im NDR Fernsehen fest etabliert. Anfangs entwickelt für die Redaktionen der Zentrale in Hamburg-Lokstedt, ist er längst auch in den NDR Landesfunkhäusern in Schwerin, Kiel, Hannover und Hamburg nachgefragt. Auch Radio Bremen kooperiert beim Programmdialog mit dem NDR. Zudem wurde der Programmdialog für die Formate des ARD-Vorabends eingesetzt und stand für die jüngst im Rahmen eines Pilotprojekts etablierten Qualitätsworkshops des Ersten Programms Pate.

Literatur

Blumers, M./Gerstner, O./Tebert, M. (2010): Wie Zuschauer die Qualität von Fernsehen beurteilen. In: Media Perspektiven 3/2010: 131-142.

Marmor, L. (2009): Rede »Google, YouTube, Spiegel Online – Wer braucht noch den öffentlich-rechtlichen Rundfunk?« am 21. April 2009 im Überseeclub Hamburg.

NDR (2012): Leitlinien für die Programmgestaltung des NDR 2011/2012. Internes Dokument.

NDR (2009): Entwicklungsplan 2009. Internes Dokument.

Unterberger, K. (2009): Wortbeitrag auf dem GVK-Forum – Fachtagung der Gremienvorsitzendenkonferenz für die Mitglieder der Gremien der ARD zum Thema »Qualität – machen, messen, managen« am 5. Februar 2009 in Hamburg.

15 Stand: August 2013.

Programmdialog untersuchen lassen, welche Kriterien bei der Auswahl der Studiogäste zu beachten sind. Diese Variante der gezielten Zuschauerforschung hat sich für den NDR als ressourcenschonender herausgestellt als aufwändige Studien mit weitgehend standardisierten Item-Batterien.

Nun präsentieren der interne und der externe Kritiker ihre Wahrnehmungen der von ihnen gesichteten Sendungen. Sie betrachten – je nach Genre – die unterschiedlichen Elemente der Sendung wie zum Beispiel Thema/Themenzugriff, Titel, Protagonist/Prozess, Sprecher, Einstieg/Ausstieg, Bau, Spannungsbogen, Text/Texthaltung, Bild- und Formensprache, Studiogast, Moderation, Reihenfolge der Beiträge etc. Zuweilen verbinden die Kritiker ihr Feedback zudem mit konkreten Erfahrungen und Anregungen aus dem eigenen redaktionellen Alltag.

Bei der Bewertung der Sendungen spielen die eingeführten und in der internen Kritikkultur des NDR langjährig bewährten Qualitätskriterien wie Relevanz, Verständlichkeit, Wahrheit und Objektivität (bei Formaten wie z.B. Nachrichten und Servicemagazinen) sowie beispielsweise Gastgeberqualität des Moderators, Unterhaltsamkeit, Originalität, Dramaturgie (z.B. bei Talkshows und anderen Unterhaltungssendungen) eine wichtige Rolle. Eine weitere wichtige Säule des Feedbacks ist das Markenleitbild des NDR Fernsehens[10].

Die Kombination der beiden Wahrnehmungen spiegelt die gesamte Bandbreite des (professionellen) Feedbacks. Durch den Einsatz von Kritikern bleibt es nicht bei abstrakten Zahlen, sondern es geht primär um den konkreten Kollegenrat. Hier können zudem die Vorteile der Stadt Ham-

10 Vgl. NDR 2012: 14: »Unter den Stichworten »Nähe – Klarheit - Sehnsucht« werden im Markenleitbild konkrete Versprechen an die Zuschauerinnen und Zuschauer formuliert. So lädt das NDR Fernsehen beispielsweise dazu ein, sich zu Hause zu fühlen und mitreden zu können, es ist streitbar und bezieht klare Positionen, es bietet Spannung und Ablenkung. Diese Versprechen, die jeweils mit konkreten professionellen Ansprüchen verknüpft werden, sind handlungsleitend für alle am Produktionsprozess beteiligten Mitarbeiterinnen und Mitarbeiter. Ein weiteres wichtiges Ziel dieses Markenleitbildprozesses ist neben der Schärfung des programmlichen Profils des NDR Fernsehens die verstärkte Ansprache jüngerer Zielgruppen. Damit sind in erster Linie die Zuschauerinnen und Zuschauer zwischen 50 und 59 Jahren gemeint, die das NDR Fernsehen laut Analyse der Medienforschung zum Teil nur noch gelegentlich oder selten nutzen, auch wenn diese Altersgruppe erfreulicherweise immer noch stabil über dem Senderschnitt im Gesamtpublikum repräsentiert ist. (...)«.

Medien- und Markenforschung in der Welt grenzenloser Öffentlichkeit – Zentrale Leistungsparameter dyadischer Marken-Fan-Beziehungen*

*Lisa-Charlotte Wolter***

Abstract

Always On – Digitalisierungsprozesse und neue Technologien prägen den heutigen Alltag und die Evolution des Web 2.0 liefert neue Kommunikationsmöglichkeiten, die bei Konsumenten und Unternehmen zunehmend beliebter werden. Das momentan meistgenutzte soziale Netzwerk Facebook zählt etwa 276 Millionen aktive Nutzer in Europa (Facebook Inc. 2013). Für traditionelle Medienunternehmen bedeutet die rasante Ausbreitung sozialer Netzwerke eine weitere Verschärfung des medialen Wettbewerbs um die begrenzte Aufmerksamkeit von Nutzern und damit letztlich auch um Erlöse auf dem Werbemarkt. Vor diesem Hintergrund wird der Aufbau einer starken crossmedialen Medienmarke zum entscheidenden Wettbewerbsvorteil für Verlage. Um potenzielle Kernleserschaften zu erreichen und dauerhaft in den Köpfen der Rezipienten verankert zu sein, sollten auch traditionelle Medien im Web 2.0 als einzigartige Marke erlebt werden.

Welche Leistungsparameter den Wert von sozialen Netzwerken für Marken abbilden und welche Wirkungsdimensionen zentral zum Aufbau einzigartiger Marken-Fan-Beziehungen sind, wurde in einer kooperativen

---

* Dieser Artikel basiert auf einer kooperativen Studie der Hubert Burda Media und der Hamburg Media School (HMS) und stellt die gekürzte Fassung eines Beitrags zum 48. Kongress der Deutschen Marktforschung am 22. und 23. April 2013 in Berlin dar, Themenschwerpunkt Innovation und gesellschaftlicher Wandel »Always On – Leben und Konsum in der Welt grenzenloser Öffentlichkeit«.

** Lisa-Charlotte Wolter ist wissenschaftliche Mitarbeiterin sowie Leiterin des Think Tank Medienmanagement und seit 2010 an der Hamburg Media School tätig.

Studie des Hubert Burda Verlages und der Hamburg Media School ermittelt. Ziel der Untersuchung ist es, den Wert von sozialen Netzwerken auf verschiedenen Ebenen des Unternehmens zu identifizieren und deren Wirkung messbar zu machen. Damit liefert die Studie wertvolle Insights auf verschiedenen Ebenen der Wertschöpfungskette des Unternehmens. Dem Kommunikationsmanagement können sie als Grundlage für eine passgenaue Ansprache der Fans dienen. Die Marktforschung profitiert von dem Messansatz, z.B. durch die Identifikation von Marken-Paten. Die Studienergebnisse können zudem als Ausgangspunkt für Social Media Branding-Aktivitäten verwendet werden und unterstützen traditionelle Medienunternehmen bei der Beurteilung und Optimierung des Einsatzes von Fanpages für ihre Marken auf Facebook.

1. Hintergrund der Studie

Insbesondere für Printmedienmarken kann die Kommunikation über soziale Netzwerke vorteilhaft sein. Erfolgreiche Titel wie die *Times* nutzen diese gezielt, um sich in der digitalen Welt zu positionieren und nachhaltige Leser-Marken-Beziehungen mit attraktiven Multimedia-orientierten Zielgruppen aufzubauen. Eine Möglichkeit zu einem solchen Beziehungsaufbau stellen Marken-Fanpages auf Facebook dar. Nutzer werden durch ein explizites »Liken« zum offiziellen Fan und damit zu einem vielversprechenden Segment für den Markeneigner. Aber wie interagieren Fans mit Printmedienmarken auf Facebook und welche Effekte entstehen aufgrund der neuartigen Beziehungen?

Hinsichtlich der wissenschaftlichen Forschung gibt es hierzu bisher kaum Erkenntnisse. Zwar gibt es bereits Untersuchungen, die direkte positive Effekte durch Social Media Aktivitäten auf die gesamte Wertschöpfungskette von Unternehmen nachweisen (Mattern et al. 2012), diese fokussieren sich allerdings kaum speziell auf den Einsatz von Fanpages. Und auch in der Praxis bestehen zum Einsatz von Marken-Fanpages für Printmedien noch offene Fragen. Um Erkenntnisse über die Wirksamkeit der Aktivitäten im öffentlichen Raum zu gewinnen, hilft eine partnerschaftliche Forschung zwischen Wissenschaft und Praxis. Im Think Tank Marken- und Werbewirkungsforschung des Hubert Burda Verlages werden gemeinsam mit Wissenschaftlern der HMS neue Denkansätze entwickelt, mit denen die Wirksamkeit von Markenkommunikation grundlegend erforscht und nachhaltig gemessen werden kann. In einem ersten Schritt wurden hierzu 40 Marketing- und Medienexperten aus den werbeintensivsten Branchen zu aktuellen und zukünftigen Herausforderungen in der neuen Medienwelt befragt. Die größten Forschungsbedarfe wurden im Bereich des Return on Social Media Marketing identifiziert. Die Ergebnisse aus der anschließend durchgeführten empirischen Untersuchung zur Ermittlung zentraler Leistungsparameter von Marken-Fan-Beziehungen in sozialen Netzwerken werden in diesem Beitrag vorgestellt.

2. *Always on – Medien- und Markenforschung in der Welt grenzenloser Öffentlichkeit*

Eine der zukünftigen Kernanforderungen an Verlage aus Expertensicht ist die verstärkte Forschungsleistung speziell zur Beantwortung medienspezifischer Fragen, z.B. wie soziale Netzwerke auf Marken wirken. Eine bloße Auszählung der Marken-Fans auf Facebook greift als Informationsgrundlage zur Schließung der Wissenslücken zu kurz. Um das Potenzial sozialer Netzwerke für markenwertbildende Strategien einschätzen und nutzen zu können, bedarf es eines tiefergehenden Verständnisses von Motiven der Rezipienten, Fan einer Marke zu werden und aktiv mit ihr in sozialen Netzwerken zu interagieren.

Mit den vielfältigen Möglichkeiten, die soziale Netzwerke wie Facebook für die Markenkommunikation bieten, bestehen bei Entscheidern noch zahlreiche ungeklärte Fragestellungen in der strategischen Planung und Kontrolle der Aktivitäten. Denn in der neuen Medienrealität scheint sich die traditionelle Dichotomie von Privatheit und Öffentlichkeit immer mehr aufzulösen. Klassische Welten von Arbeit, Familie, Freunden und auch Konsumwelten sind insbesondere durch soziale Netzwerke nur noch schwer voneinander zu trennen und zu kontrollieren. Diese Veränderungen haben auch Auswirkungen auf etablierte Beziehungsmuster zwischen Marke und Konsument und deren Wirkungsdimensionen. Konsumenten, die im virtuellen öffentlichen Raum »Facebook« zum Fan einer Marke werden, mit dieser über die Fanpage interagieren und dabei gleichzeitig mit ihrem privaten Netzwerk kommunizieren, nehmen eine bisher nicht vorhandene ambivalente Rolle ein. Und auch die Marke übernimmt in diesem scheinbar öffentlichen Raum mit ihrer Fanpage Funktionen, die eine neue Dimension der Kommunikation darstellten.

Doch was genau sind eigentlich Fanpages? In verschiedenen Studien werden Fanpages als »brand communities embedded in social networks« abgegrenzt (Wolter/Fantapié Altobelli 2012). Communities sind keine neuartige Erscheinung, sondern in unserer Gesellschaft tief verwurzelt und lassen sich im Wesentlichen durch die beiden Dimensionen »Art der primären Gemeinsamkeit« und »Ausrichtung der Community« differenzieren (Loewenfeld 2006). Eine entsprechende Klassifikation der Marken-Fanpage macht deutlich, dass das gemeinsame Interesse an der Marke deren Kern bildet. Hinsichtlich Online Brand Communities gibt es bereits Befunde aus der Forschung, denen zufolge sie zu positiven Effekten wie einer höheren Kaufwahrscheinlichkeit der Marke führen (Hutton/Fosdick 2011). Zentraler Unterschied zu Online Brand Communities ist, dass »Fanpages in ein nicht marktbezogenes, natürlich gewachsenes Netzwerk sozialer Verknüpfungen eingebettet sind und die sogenannten ‚Freunde', die auch Nicht-Fans der Marke sein können, überwiegend Kontakte aus der realen Welt darstellen« (Wolter/Fantapié Altobelli 2012). Damit sind Fanpages eine vielversprechende Erweiterung zu Online Brand Communities.

3. Fanpage Kommunikation zum Aufbau dyadischer Marken-Fan-Beziehungen

In der neuen Medienwelt wird der Aufbau intensiver Konsumenten-Marken Beziehungen immer entscheidender für den langfristigen Erfolg. Die Beziehung zwischen Konsument und Marke auf Fanpages ist insbesondere durch die einzigartigen Interaktionsmöglichkeiten und hohe Dynamik geprägt, die in One-Way-Kommunikationskanälen bisher nicht möglich waren. Nach dem Consumer-Brand-Relationship-Konzept von Susan Fournier kann die Beziehung, in der Konsumenten und Marken auf Fanpages zueinander stehen, als dyadisch definiert werden (Fournier 1998). Demnach werden Fan und Marke als gleichwertige Partner betrachtet, die beide maßgeblich an der Qualität der Beziehung beteiligt sind.

Die Komplexität dyadischer Marken-Fan-Beziehungen sei anhand folgender Abbildung vereinfacht dargestellt:

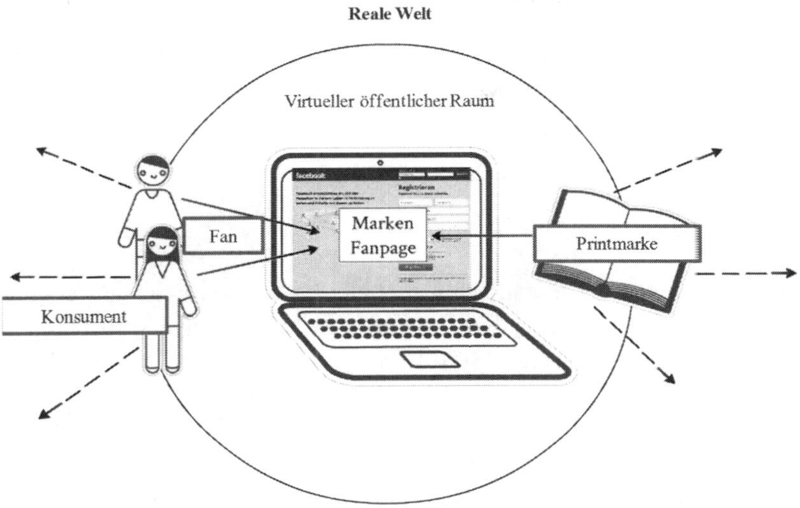

Abbildung 1: Ambivalente Rollen von Marke und Fan im virtuellen öffentlichen Raum

Quelle: Eigene Darstellung.

Fans bilden als potenzielle Markenmultiplikatoren in dem dyadischen Beziehungsmodell sowohl im virtuellen, als auch im realen Raum eine bedeutende Zielgruppe für Unternehmen. Echte »Marken-Paten« generieren in beiden Welten positives WoM (Word of Mouth) über ihre Marke. Welche Rolle traditionelle Medienmarken in der neuen Realität einnehmen und welche Effekte durch die neuen Beziehungsstrukturen entstehen, wird im Folgenden erläutert.

Aus dem bisherigen Wissensstand und den identifizierten Informationsbedarfen in Marketing- und Medienpraxis lassen sich drei grundlegende Forschungsfragen ableiten:

1. Medienwirkung: Welche Effekte haben Fanpages von Printmedienmarken in sozialen Netzwerken auf die Nutzung und Wahrnehmung der traditionellen Version?
2. Marken-Fanpage Value: Was zeichnet Fans als Zielgruppe in der Qualität ihrer Marken-Beziehung und als Konsumenten aus?
3. Wirkungs- und Steuerungsdimensionen dyadischer Marken-Fan-Beziehungen: Was sind die zentralen Effektgrößen und Treiber und wie lassen sich »Marken-Paten« identifizieren?

Zur Beantwortung der Fragestellungen sollte in einer Pilotstudie auf Basis verlagseigener Marken ein Modell zur Messung und Steuerung von Fanpages entwickelt werden, welches zukünftig auch für medien- und branchenübergreifende Marken eingesetzt werden kann.

4. Forschungsdesign und Stichprobe

Die Entwicklung des Untersuchungsmodells basiert auf einer umfangreichen und systematischen Analyse zu zentralen Insights aus der bisherigen Forschung und Best Practice-Beispielen aus der Praxis. Der Wert von Facebook Marken-Fanpages für Printmedienmarken birgt vielfältige Effekte und wurde daher aus Sicht des globalen Verlagsmanagements, des Kommunikations- und Markenmanagements beleuchtet. Auf dem bisherigen Forschungsstand aufbauend erfolgte anschließend die Konzeptionalisierung des Fragebogens, der die zentralen Dimensionen des folgenden Untersuchungsdesigns abdeckt:

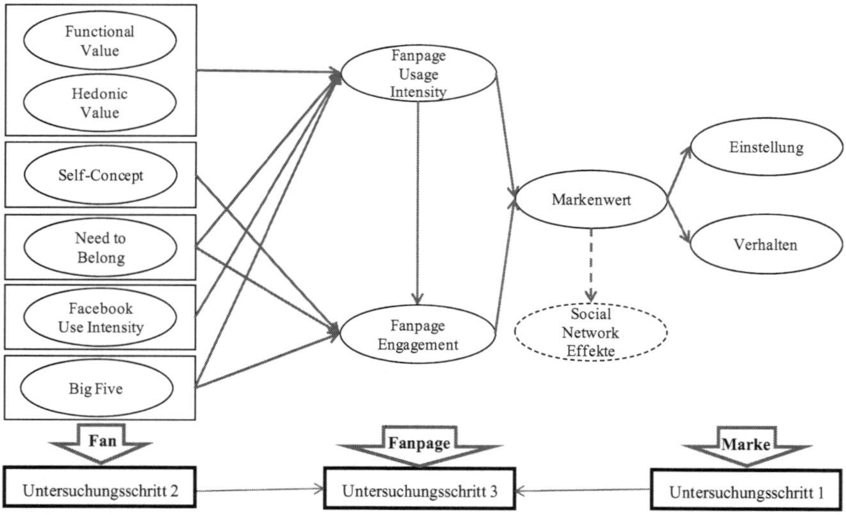

Abbildung 2: Untersuchungsmodell

Quelle: In Anlehnung an Jahn/Kunz 2012.

Die Untersuchung erfolgte in drei Phasen, ausgehend von den Markeneffekten in der realen Welt. Anschließend wurden die zentralen Einflussgrößen auf das Fanpage Engagement anhand von Fan- und Markencharakteristika analysiert.

Stichprobe

Für die Medien- und Markenforschung eröffnen sich mit den Fanpages ebenfalls neue Möglichkeiten, die im Rahmen dieser Untersuchung genutzt wurden. Die Studienergebnisse basieren auf einer Online-Umfrage unter Facebook-Fans und Nicht-Fans vier etablierter Printmarken des Medienkonzerns Hubert Burda Media. Die Auswahl der Marken erfolgte mit dem Ziel, möglichst unterschiedliche Nutzer- und Anspruchsgruppen sowie Marken mit verschiedenen Contentschwerpunkten (hedonistisch, funktional) abzubilden. Eine Übersicht der Markenprofile gibt Tabelle 1:

Titel	**InStyle**	**ELLE**	**FOCUS**	**SUPERillu**
Umfrage-Teilnehmerzahl	999	526	387	276
Art der Zeitschrift	Star-Fashion-magazin	Fashion-magazin	Nachrichten-magazin	Familien-illustrierte
Auflage				
• Erscheinungsweise	monatlich	monatlich	wöchentlich	wöchentlich
• Erscheinungstag	Samstag	Mittwoch	Montag	Donnerstag
• Verkaufte Auflage	400.364	201.568	564.939	355.534
Reichweite 2013 in Mio. (+/- Veränderung in %)*	1,48 (+7,25)	0,67 (+6,35)	4,54 (-10,81)	2,89 (-6,17)
Bruttowerbeumsatz 2012 in Mio. (+/- Veränderung in %)**	51,56 (+5,6)	37,91 (-1,9)	116,54 (+4,1)	19,87 (-10,3)
Geographische Reichweite	international	international	national	national
Erscheinungsjahr der Erstausgabe	1999	1988	1993	1990
Offizielle Homepage	Ja	Ja	Ja	Ja
Präsenzen Soziale Netzwerke	Facebook, Twitter, Google+	Facebook, Twitter	Facebook, Twitter, Google+	Facebook, Twitter
Anzahl »Gefällt mir«-Angaben Facebook (Stand: 11.02.2013)	35.381	33.757	67.288	5.026

Redaktionelle Kernkompetenz	Fashion, Beauty, Stars	Fashion	Politik, Wirtschaft, Forschung und Technik	Ratgeber-, Unterhaltungs-, Politik- und Wirtschaftsthemen, Themen zur Aufarbeitung der DDR-Vergangenheit
Funktionaler Nutzen	Unterhaltung, Beratung (Fashion, Beauty)	Unterhaltung, Beratung (Fashion)	Information	Unterhaltung, Information

*RW nach ma 2013 Presse I (+/-Veränderung zu ma 2012 Presse I)
**Bruttowerbeumsatz 2012 nach Nielsen (+/- Veränderung zum Vorjahr)

Tabelle 1: Markenprofile Untersuchungsmarken

Quelle: Eigene Darstellung.

Um die Unterschiede zwischen Facebook-Fans der Marken und Nicht-Fans zu identifizieren, wurden beide Gruppen in die Erhebung einbezogen. Der Link zur Online-Umfrage wurde direkt auf den Marken-Fanpages gepostet. Das Posting zur Umfrage erfolgte in Zusammenhang mit einem Gewinnspiel unter allen Teilnehmern. Hierzu wurde direkt in der Chronik der jeweiligen Marken-Fanpage von den Redaktionen ein Hinweis zu dem Fragebogen und einem damit verbundenen Gewinnspiel gepostet. Ein Teaser-Text lautete beispielsweise: »Wie wäre es mit einer Übernachtung für 2 Personen im exklusiven *The George Hotel Hamburg* inkl. Frühstück? Um an dem Gewinnspiel teilzunehmen, müsst ihr einfach nur bis zum 31.1. diesen Fragebogen ausfüllen: *http://ww3.unipark.de/uc/medienforschung/*. Wir drücken euch die Daumen!«. Beim Klicken auf den Fragebogen-Link gelangte man dann auf den mit Unipark programmierten Fragebogen.

Zudem wurden von zwei der Marken Stichproben von Lesern aus dem verlagsinternen Panel gezogen, die nicht auf Facebook angemeldet sind, um zusätzliche Effekte der Markenbeziehungen zu beleuchten. Durch Anklicken des Links gelangten alle Teilnehmer auf denselben, mit der Unipark Software programmierten Fragebogen. Der für die Pilotstudie konzipierte Fragebogen umfasste 163 Items, die überwiegend auf einer 7er Skala (Ausprägungen 1=«stimme überhaupt nicht zu« bis 7=«stimme voll und ganz zu«) abgefragt wurden, sowie neun offene Fragen. Vorab wurde dieser von Wissenschaftlern, Praktikern und Studierenden der Hamburg

Media School gepretestet. Die Befragung wurde von Dezember 2012 bis Januar 2013 durchgeführt und enthielt die beiden Filterkategorien »Facebooknutzung« und »Fanpagenutzung«. Die Zusammensetzung der Stichprobe »Printmarken« wird anhand der Experimentalgruppen in Abbildung 3 verdeutlicht.

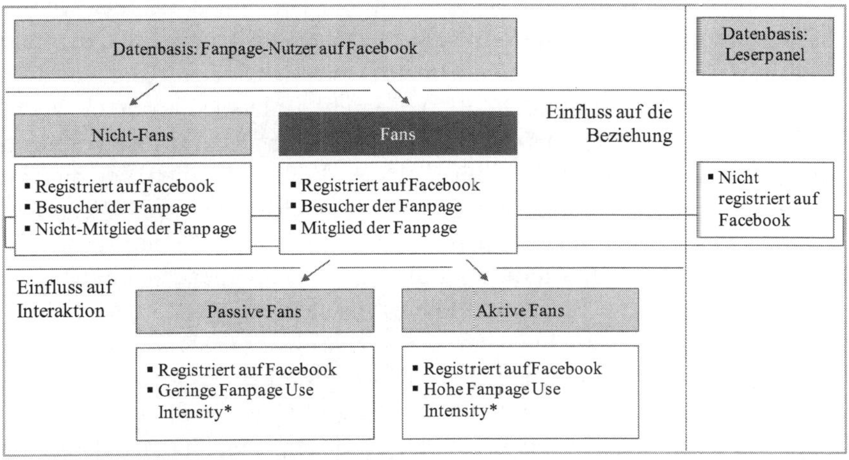

* Die Fanpage Use Intensity berechnet sich aus der Zeit, die User auf der Fanpage verbringen. Aktive Fans erreichen hier Top-Werte, passive Fans nur Low-Werte.

Abbildung 3: Experimentalgruppen

Quelle: Eigene Darstellung.

5. Analyse

Nach der Datenaufbereitung und -bereinigung ergab sich eine Gesamtzahl an Befragungsteilnehmern von n=2086. Das Ziel von mindestens n=60 pro Marke und Untersuchungsgruppe Fan/Nicht-Fan wurde erreicht. In Appendix A2 findet sich ein Überblick zu den soziodemographischen Daten. Da zwei der vier Untersuchungsmarken reine Frauenmagazine sind, liegt der Anteil der Frauen insgesamt höher. Um ein kompaktes Bild des Printmedienmarktes zu erhalten, werden im Folgenden die aggregierten Ergebnisse über alle vier Printmedienmarken betrachtet.

Vor der eigentlichen Analyse wurden alle verwendeten Konstrukte auf ihre Reliabilität und damit auf ihre Qualität interner Konsistenz geprüft. Appendix A3.2 zeigt, dass bis auf »Need to belong« fast alle Konstrukte hohe Cronbach's Alpha Werte erreichen.

5.1 Medienwirkung: Nutzungs- und Wahrnehmungseffekte der Fanpage auf die Printmedienmarke

Eine zentrale Frage, die sich aus Sicht des Verlagsmanagements stellt, ist, wie sich die Fanpage der traditionellen Medienmarke auf deren Nutzung und Wahrnehmung auswirkt. In dem Beitrag »The Power of Like« weisen die Autoren positive Transfereffekte zwischen Fanpage und Corporate Website nach. Fans besuchen die Unternehmensseiten signifikant häufiger als Nicht-Fans (Lipsman et al. 2012). Gezielte Untersuchungen zu Wechselwirkungen zwischen traditionellen Medien und korrespondierenden Social Media-Auftritten gibt es bisher kaum. Frühere Studien, wie die von Dimmick/Chen/Li (2004), untersuchten die Wirkungen von Webseiten traditioneller Medien und stellten zum Teil Kannibalisierungstendenzen fest. Anlehnend daran wurde im Rahmen der vorliegenden Studie zum einen die allgemeine Wechselwirkung zwischen Printversion- und Facebook-Nutzung und anschließend die Wechselwirkung zwischen Printmarke und korrespondierender Fanpage der Marke abgefragt. In beiden Fällen zeigen sich keine Kannibalisierungseffekte durch die Fanpage. Mehr als 80 % der Facebook-Nutzer gaben an, ungefähr gleich häufig Zeitschriften zu lesen, seitdem sie Facebook nutzen. Und auch die Nutzer der Fanpages haben ihr Leseverhalten der Printversion kaum verändert, seitdem sie Fan der Marke bei Facebook sind.

Für Medienunternehmen wird eine crossmediale Positionierung immer bedeutender. Rezipienten und Werbungtreibende wünschen sich Medienmarken, die im gesamten Alltag kanalunabhängig von Relevanz sind. Ein Blick auf die Ergebnisse der Wahrnehmung und Nutzung von Print- und Onlineversion der Medienmarke unter den Facebooknutzern zeigt, dass Fans eine deutlich häufigere Vielnutzung des crossmedialen Angebots zeigen und ihre Markenwahrnehmung über den Mediendreiklang »Digital-Print-Social« durchweg stark ist (vgl. Tabelle 2).

	Marke…	Fans	Nicht-Fans
		(n=2086; Angaben in %)	
Print	Bekanntheit	92,1	74,8
	Nutzung	59,7	20,3
Online	Bekanntheit	74,3	31,8
	Nutzung	23,2	7,1

Tabelle 2: Crossmediale Nutzung

Quelle: Eigene Darstellung.

Hinsichtlich dieser Ergebnisse scheint die Fanpage positive Effekte auf ihre Community zu haben und Fans zeigen, losgelöst vom jeweiligen Kanal, eine klare Wahrnehmung der Marke. Ein Blick auf die Positionierung von Printmedienmarken nach Werbeumsätzen und Fanzahlen macht deutlich, dass viele starke Printmedienmarken[1] noch unterdurchschnittliche Fanzahlen und damit unausgeschöpfte Potenziale aufweisen (vgl. Abbildung 4). Dagegen können Printmedienmarken wie NEON ihre überdurchschnittlich starke Fangemeinde als Ausgangspunkt zur zukünftigen Steigerung ihrer Werbeumsätze nutzen. Denn eine soziale Reichweite wird für Rezipienten und Werbekunden zunehmend wichtiger.

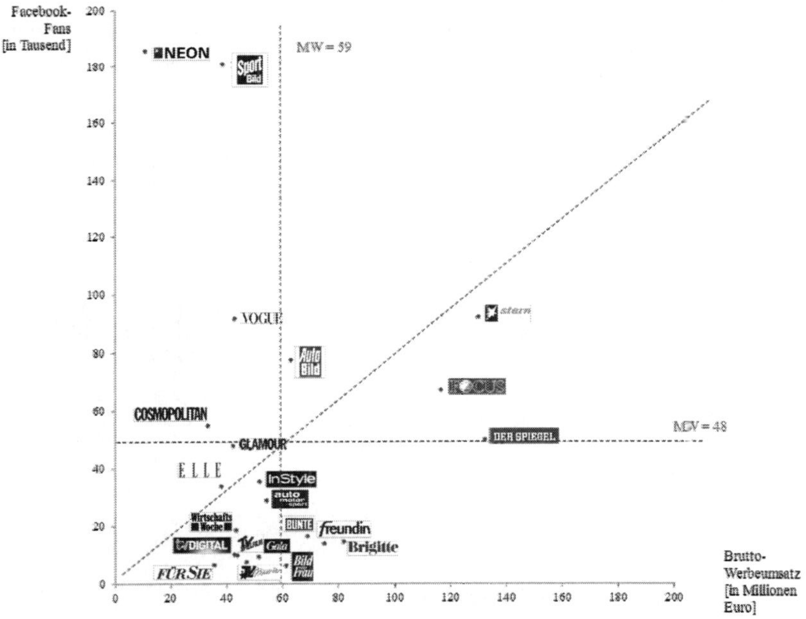

Abbildung 4: Positionierung von Printmedienmarken nach Werbeumsätzen und Fanzahlen auf dem deutschen Markt

Quelle: Eigene Darstellung.[2]

1 Gemessen an ihren Werbeumsätzen: siehe Appendix A4.

2 Für ausführliche Informationen siehe Appendix A4.

5.2 Marken-Fanpage Value: Was zeichnet Fans in ihrer Qualität der Marken-Beziehung und als Konsumenten aus?

Zur Beurteilung der Qualität von Marken-Fan-Beziehungen wurden etablierte Leistungswerte der Markenführung sowie weitere für dyadische Prozesse in sozialen Netzwerken relevante Größen abgefragt. Der Wert der Marken-Fanpage in der realen Welt misst sich im Kern über die Markenloyalität, die auf einstellungs- und verhaltensbasierten Dimensionen beruht (vgl. Abbildung 5). So wurden beispielsweise die zukünftige Nutzungsbereitschaft sowie die Abo-Bestellwahrscheinlichkeit abgefragt. Social Network-Effekte stellen die Variablen »SocialNetworkWoM« und die »F-Commerce-Attitude« (Bereitschaft auf Facebook und der Fanpage zu shoppen) dar:

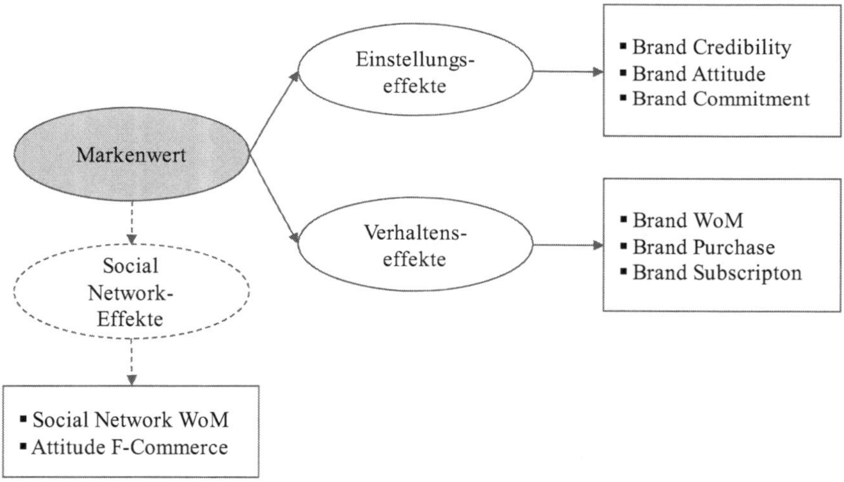

Abbildung 5: Wert der Marken-Fanpage

Quelle: Eigene Darstellung.

Hinweise auf die Qualität der Marken-Fan Beziehung soll ein Gruppenvergleich der drei Effektgrößen liefern. Um die Zielgruppe Fans noch differenzierter zu betrachten, wird neben dem Gruppenvergleich Fan vs. Nicht-Fan im Folgenden zusätzlich der Vergleich Aktive vs. Passive Fans dargestellt. Die Differenzierung erfolgt anhand des Aktivitätsindex der Fans, der sich über die Variable »Fanpage Zeit« ermitteln lässt. Danach sind Fans, die »mehrmals täglich« oder »täglich« die Marken-Fanpage besuchen, aktiv, und Fans, die »seltener als zwei bis drei Mal im Monat« oder »seit der Anmeldung gar nicht mehr die Fanpage besuchen«, passiv (in Anlehnung an Ellison/Steinfield/Lampe 2007).

Einstellungseffekte:

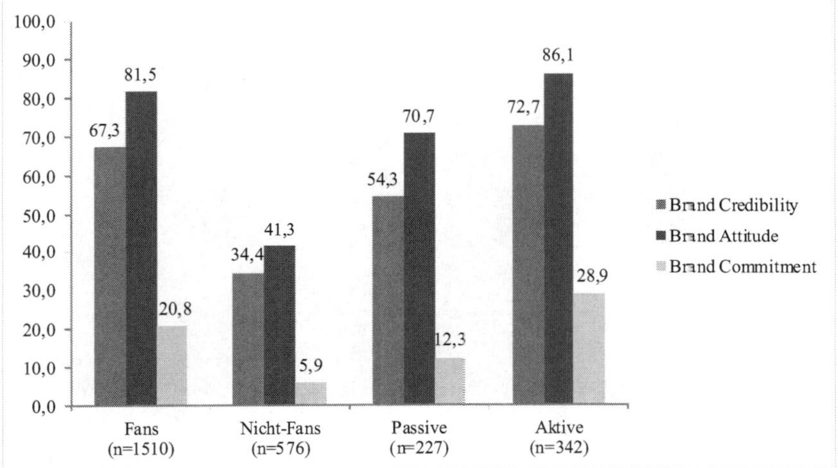

Brand Credibility: Fans/Nicht Fans p<0.001***; Passive/Aktive: p<0.001***
Brand Attitude: Fans/Nicht Fans p<0.001***; Passive/Aktiv: p<0.001***
Brand Commitment: Fans/Nicht Fans p<0.001***; Passive/Aktive: p<0.001***

Abbildung 6: Vergleich Top-Box-Werte Attitudinal Brand Loyality (in %)[3]

Quelle: Eigene Darstellung.

3 Detaillierte Signifikanzniveaus der Unterschiede siehe A5.1, A5.2, A6.1 und A6.2.

Verhaltenseffekte:

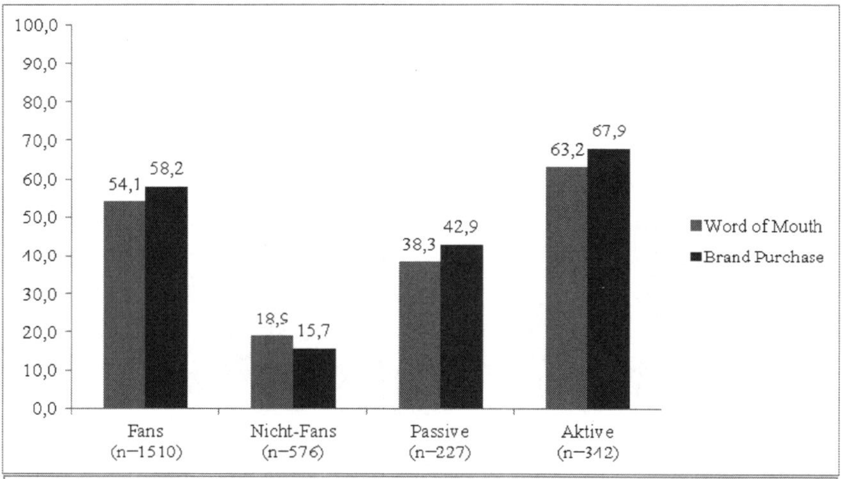

Word of Mouth: Fans/Nicht-Fans: p<0.001***; Passive/Aktive: p<0.001***
Brand Purchase: Fans/Nicht-Fans: p<0.001***; Passive/Aktive: p<0.001***

Abbildung 7: Vergleich Top-Box-Werte Behavioral Brand Loyality (in %)

Quelle: Eigene Darstellung.

F-Commerce-Effekte:

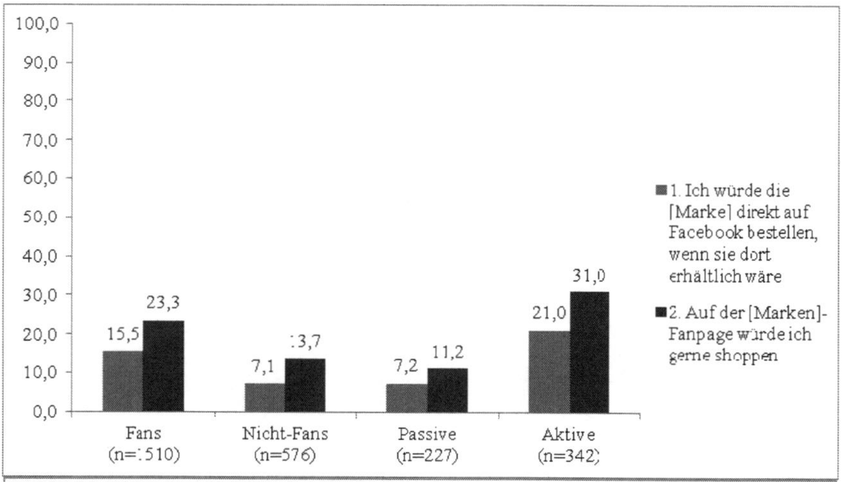

Zeitschrift auf Facebook bestellen: Fans/Nicht-Fans: p<0.001***; Passive/Aktive: p<0.001***
Auf Fanpage shoppen: Fans/Nicht-Fans: p<0.001***; Passive/Aktive: p<0.001***

Abbildung 8: Vergleich Top-Box-Werte Facebook und Fanpage als Absatz und Shopping-Kanal (in %)

Quelle: Eigene Darstellung.

Die Ergebnisse sprechen für sich: Nahezu in allen Markenwertdimensionen zeigen Fans hinsichtlich der beiden höchsten Ausprägungen (Top-Two-Boxen) deutlich bessere Werte als Nicht-Fans, und das auf einem hohen signifikanten Niveau[4] (vgl. Abbildung 6-8). Aktive Fans sind in ihren Werten wiederum auf einem noch positiveren Level als passive. Eine differenzierende Analyse von Fan Communities anhand des Aktivitätsniveaus ist daher zu empfehlen. Aus diesem Grund soll im nächsten Schritt analysiert werden, was den Fan motiviert, aktiver Fan zu werden, und wie dies gemessen und gesteuert werden kann.

5.3 Wirkungs- und Steuerungsdimensionen dyadischer Marken-Fan-Beziehungen

In diesem Untersuchungsschritt stand die Frage nach zentralen Effektgrößen und Treibern von Marken-Fanpages im Fokus. Außerdem sollten Variablen identifiziert werden, die das Segment »Marken-Paten« definieren. Auf Basis bisheriger Forschungserkenntnisse und auch aus Sicht von Werbungtreibenden wird das Erzeugen von User Engagement zur wichtigsten Aufgabe im Netz: »Marken leben inzwischen vom Dialog mit dem Konsumenten, von seiner Begeisterung und intensiven Auseinandersetzung mit dem Angebot – kurz vom ‚Engagement'« (McKinsey & Company/VDZ, 2012: 7). Auch in dieser Studie zeigen die Ergebnisse signifikant positive Einflusseffekte der Variable »Fanpage Engagement« auf alle Markenwertdimensionen. Diese bildet damit die zentrale Wirkungsdimension dyadischer Marken-Fan-Beziehungen.

Für das Management einer erfolgreichen Fanpage ist es notwendig zu wissen, warum manche Fans aktiver sind und sich mehr engagieren und welche Rolle die Marke dabei spielt. Denn neben steigenden Fanzahlen ist es vordergründig wichtig die Interaktionsrate zu beobachten. Zwar wachsen viele Marken-Communities in ihren Fanzahlen, aber die Spezifika des Mediums und die Bedürfnisse der Fan-Community werden noch nicht optimal berücksichtigt. Es findet bisher zu wenig gezielte Interaktion mit

4 Da die Gruppen überwiegend nicht normalverteilt sind, wurde für die Signifikanztests der Mann-Whitney-U-Test angewendet. Siehe A5.1, A5.2, A6.1 und A6.2.

den Fans statt, was sich letztlich in sinkenden Interaktionsraten widerspiegelt (Mertens/Caspari 2012).

Die im Rahmen der vorliegenden Studie untersuchten Treiber decken das Spektrum möglicher Einflussfaktoren dyadischer Marken-Fan-Beziehungen umfangreich ab. Sie basieren auf psychologischen, bedürfnis- und verhaltensbasierten Merkmalen der Fans, hedonischem/funktionalem Nutzen der Fanpage sowie dem Self-Concept.

Die Treiberanalysen wurden markenindividuell durchgeführt, um dem Management der Printmedienmarken ein möglichst genaues Bild der relevantesten Faktoren zur Erhöhung des Fanpage Engagements zu liefern. Insbesondere hinsichtlich der Big Five Persönlichkeitsdimensionen sollten Fans zielgruppenspezifisch betrachtet werden. Übergreifend ließ sich das Self-Concept für alle Printmedienmarken als signifikantester Treiber des Fanpage Engagements identifizieren. Überraschenderweise ist der funktionale Nutzen, den die Marken-Fanpage aus Sicht der Befragten bieten soll, sowohl bei den informations- als auch bei den unterhaltungsorientierten Printtiteln relevanter als der hedonische Nutzwert.

In einem zweiten Schritt wurde sodann analysiert, welche Facetten der Markenpersönlichkeit das Self-Concept am stärksten beeinflussen und hierüber auch einen indirekten Beitrag zum Fanpage Engagement leisten. Hier zeigt das Brand Commitment die signifikanteste Wirkung. Es ergibt sich damit folgendes Kernmodell zur Ermittlung zentraler Treiber- und Wirkungsdimensionen im dyadischen Marken-Fan-Beziehungsprozess.

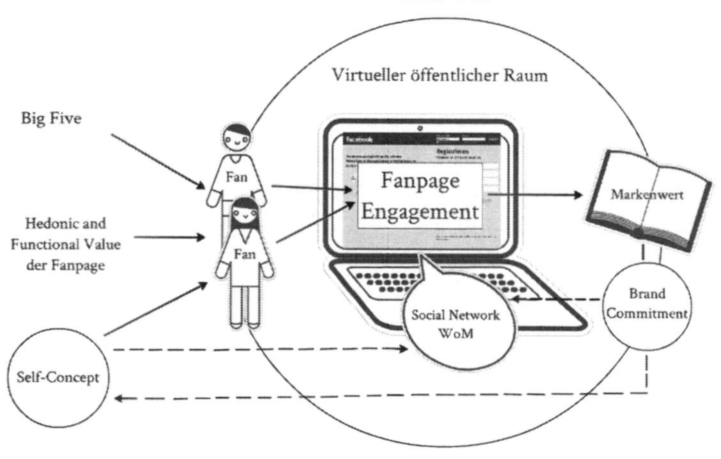

Abbildung 9: Wirkungs- und Treiberanalyse Fanpage Engagement

Quelle: Eigene Darstellung.

Eine Fokussierung des Fanpage Managements auf die drei zentralen Leistungsparameter Fanpage Engagement, Self-Concept und Brand Commitment liefert als Outcome eine höhere Bereitschaft zu »SocialNetwork-WoM«. Anhand dieses Kernmodells lassen sich Fans weiter differenzieren in:

1. Aktive Marken-Fans: überdurchschnittlich hohe Fanpage Nutzung
2. Marken-Paten: überdurchschnittlich hohe Fanpage Nutzung + hoher Self-Concept Value

Marken-Fanpages sollten daher so gestaltet werden, dass aktive Fans ihren Self-Concept Value durch die Beziehung erhöhen können. Eine signifikante Steigerung erfolgt insbesondere über die Optimierung der beiden folgenden Ausprägungen:

- »Ich verdeutliche meine Meinung, indem ich auf der Marken-Fanpage teile/like/kommentiere.«
- »Ich nutze die Marken-Fanpage, um mich auf Facebook zu präsentieren.«

6. Fazit

Die drei wesentlichen Fragestellungen zum Wert von Marken-Fanpages konnten mit der kooperativ durchgeführten Pilotstudie beantwortet werden:

Medienwirkungen

- Die Nutzung von Facebook allgemein und Printmarken-Fanpages im Speziellen führt zu keiner negativen Veränderung im Nutzungsverhalten der traditionellen Version.
- Für die crossmediale Positionierung der Medienmarken zeigt sich, dass die Fan Community die Print- und Onlineversion deutlich stärker wahrnimmt und nutzt als Nicht-Fans der Marke.

Marken-Fanpage Value

Der Wert der Fanpage liegt im Aufbau starker dyadischer Beziehungen zwischen Konsument und Marke im dynamischen Umfeld sozialer Netzwerke. Der Vergleich zwischen Fans und Nicht-Fans der untersuchten Printmedienmarken hat verdeutlicht, dass sowohl hinsichtlich psychologischer als auch verhaltensbasierter Faktoren signifikant positivere Effekte durch die Beziehung erzielt werden.

Wirkungs- und Steuerungsdimensionen

Eine differenzierte Betrachtung der Fans hinsichtlich ihres Aktivitätsniveaus macht deutlich, dass eine Betrachtung der Fanzahlen nicht ausreicht. Aktive Fans unterscheiden sich hinsichtlich zentraler Leistungsparameter deutlich von passiven und bilden damit den Kern dyadischer Marken-Fan-Beziehungen. Die relevantesten Wirkungspfade und Treiber, an denen auch eine Identifizierung von Marken-Paten erfolgen kann, im Überblick:

Zentrale Leistungsparameter und Wirkungsweisen dyadischer Marke-Fan-Beziehungen					
1. Direkter Effekt	Fanpage Engagement			→	Markenwert
2. Direkter Effekt	Self-Concept			→	Fanpage Engagement
3. Direkter Effekt	Brand Commitment			→	Self-Concept
4. Indirekter Effekt	Self-Concept	→	Brand Commitment	→	SocialNetworkWoM

Die Studie liefert mit ihren Ergebnissen und der Ableitung zentraler Leistungsparameter dyadischer Marken-Fan-Beziehungen eine Kette an wertvollen Insights für verschiedene Unternehmensbereiche. Sie hilft Medienunternehmen nicht nur, den Wert von sozialen Netzwerken für crossmediale Positionierungsstrategien besser abschätzen zu können, sondern auch dem Marketing- und Kommunikationsmanagement dabei, Markenmultiplikatoren zu identifizieren und diese bedürfnisgerecht anzusprechen. Gelingen kann dies, indem die Fanpage einen wahrnehmbaren Nutzwert liefert und dem Fan die Möglichkeit bietet, seine Meinung zu äußern und sich mithilfe der Fanpage im sozialen Netz zu präsentieren. Speziell Medienmarken können zukünftig mit ihren redaktionellen Kernkompetenzen die wertvolle Rolle des ‚Identity Managers' von Nutzern in sozialen Netzwerken einnehmen. Außerdem konnte gezeigt werden, dass etablierte Medienmarken Fanpages zur Generierung zusätzlicher Erlöse in Form von F-Commerce Lösungen nutzen können.

Dem Marktforschungsmanagement wird mit der Pilotstudie ein fundierter Ansatz zur Messung aufgezeigt, der die komplexen und dynamischen Wirkungsbeziehungen zwischen Konsument und Marke im virtuellen Raum umfassend abbildet. Die Ergebnisse liefern damit gleichzeitig einen Ausgangspunkt für zukünftige Forschung in der Welt grenzenloser Öffentlichkeit: Zum einen sollten Effekte durch den Einsatz von Fanpages speziell für traditionelle Medienmarken langfristig untersucht werden. Zum anderen ist insbesondere für Medienmarken die Akzeptanz seitens der Fans gegenüber F-Commerce-Angeboten und Werbeumfeldern in sozialen Netzwerken näher zu untersuchen. Schließlich kann das vorgestellte Modell als Grundlage zur Erforschung des Einflusses von Fanpages auf den Wert von Marken branchenübergreifender Produktkategorien angewendet werden. Eine stärkere Verzahnung von Medien- und Markenforschung sowie Wissenschaft und Praxis trägt hier zum weiteren Erkenntnisgewinn bei.

Literatur

Brown, J./Broderick, A. J./Lee, N. (2007): Word of Mouth Communication Within Online Communities: Conceptualizing the Online Social Network. In: Journal of Interactive Marketing, 3/2007, 2-20.

Burda Community Network (2013): Mediadaten. Online: http://www.burda-community-network.de/marken/zeitschriften/ [Zugriff: 15.03.2013].

Chu, S.-C./Kim, Y. (2011): Determinants of Consumer Engagement in Electronic Word of Mouth (eWOM) in Social Networking Sites. In: International Journal of Advertising 1/2011, 47-75.

Christodoulides, G./Jevons, C./Bonhomme, J. (2012): Memo to Marketers: Quantitative Evidence for Change: How User-Generated Content Really Affects Brands. In: Journal of Advertising Research, 1/2012, 53-64.

Correa, T./Willard H. A./de Zúñiga, H. G. (2009): Who Interacts on the Web? The Intersection of Users' Personality and Social Media Use. In: Computers in Human Behavior, 2/2009, 247-253.

Davidson, L./McNeill, L./Ferguson, S. (2007): Magazine Communities: Brand Community Formation in Magazine Consumption. In: International Journal of Sociology and Social Policy, 5/6/2007, 208-220.

Dholakia, U. M./Bagozzia, R. P./Klein, P. L. (2012): A Social Influence Model of Consumer Participation in Network- and Small-Group-Based Virtual Communities. In: International Journal of Research in Marketing, 3/2012, 241-263.

Dimmick, J./Chen, Y./Li, Z. (2004): Competition Between the Internet and Traditional News Media: Gratification-Opportunities Niche Dimension. In: Journal of Media Economics, 1/2004, 19-33.

Ellison, N. B./Steinfield, C./Lampe, C. (2007): The Benefits of Facebook »Friends:« Social Capital and College Students' Use of Online Social Network Sites. In: Journal of Computer-Mediated Communication, 4/2007, 1143-1168.

Facebook Inc. (2013): Form Q-10 (Quarterly Report). Online: http://files.share holder.com/downloads/AMDA-NJ5DZ/2770458780x0xS1326801-13-31/1326801/filing.pdf [Zugriff: 04.11.2013].

Fournier, S. M. (1998): Consumers and Their Brands: Developing Relationship Theory in Consumer Research. In: Journal of Consumer Research, 24/1998, 343-373.

Gangadharbatla, H. (2008): Facebook Me: Collective Self-Esteem, Need to Belong, and Internet Self-Efficacy as Predictors of the iGenerations Attitudes toward Social Networking Sites. In: Journal of Interactive Advertising, 2/2008, 5-15.

Gerlitz, J.-Y./Schupp, J. (2005): Zur Erhebung der Big-Five basierten Persönlichkeitsmerkmale im SOEP. Research Notes 4. Online: http://www.diw.de/documents/publikationen/73/43490/rn4.pdf [Zugriff: 26.11.2012].

Hutton, G./Fosdick, M. (2011): The Globalization of Social Media Consumer Relationships with Brands Evolve in the Digital Space. In: Journal of Advertising Research, 4/2011, 566-570.

Jahn, B./Kunz, W. (2012): How to Transform Consumers into Fans of your Brand. In: Journal of Service Management, 3/2012, 344-361.

Kaiser, U./Kongsted, H. C. (2005): Do Magazines‘ »Companion Websites« Cannibalize the Demand for the Print Version? In: ZEW – Centre for European Economic Research Discussion Paper No. 05-049.

Liang, T.-P./Ho, Y.-T./Li, Y.-W./Turban, E. (2011): What Drives Social Commerce. The Role of Social Support and Relationship Quality. In: International Journal of Electronic Commerce, 2/2011, 69-90.

Lipsman, A./Mudd, G./Rich, M./Bruich, S. (2012): The Power of »Like«: How Brands Reach (and Influence) Fans Through Social-Media Marketing. In: Journal of Advertising Research, 1/2012, 40-52.

Loewenfeld, F.v. (2006). Brand Communities: Erfolgsfaktoren und ökonomische Relevanz von Markeneigenschaften, Wiesbaden.

Mattern, F. et al. (2012): Turning Buzz into Gold – How Pioneers Create Value from Social Media. McKinsey & Company, Inc. 2012. Online: http://www.mckinsey.de/downloads/publikation/social_media/Social_Media_Brochure_Turning_buzz_into_gold.pdf [Zugriff: 19.03.2013].

McKinsey & Company/VDZ (2012): Veränderte Medienlandschaft – Veränderte Media Spendings. Online: http://www.vdz.de/fileadmin/vdz_de/user_upload/download/themen_navi/digital/publikationen/VDZ_McKinsey_Studie_Publishers_Summit__FINAL.pdf [Zugriff: 19.03.2013].

Mertens, A./Caspari, M. (2012): Social Brand Loyalty – Soziale Markenloyalität durch systematisches Interagieren mit Fans. Wiesbaden.

PZ-Online (2013): MA-Daten nach Titeln. Online: http://www.pz-online.de/ [Zugriff: 19.02.2013].

socialbakers.com (2013): Facebook Statistics by Continent. Online: http://www.socialbakers.com/countries/continents/?orderDir=asc [Zugriff: 03.01.2013].

Swait, J./Erdem, T. (2007): Brand Effects on Choice and Choice Set Formation under Uncertainty. In: Marketing Science, 5/2007, 679-697.

Wolter, L.-C./Fantapié Altobelli, C. (2012): Potenziale Sozialer Netzwerke für Printmedienmarken. Überblick zu ersten empirischen Erkenntnissen aus der Forschung. In: Medienwirtschaft, 4/2012, 24-35.

Appendix

A1 Markenprofile Untersuchungsmarken

Kernleserschaft (Angaben in %)	InSyle	ELLE	FOCUS	SUPERillu
Geschlecht				
Männer	4,6	3,2	64,2	40,3
Frauen	95,4	96,8	35,8	59,7
Alter				
14-19 Jahre	19,4	4,5	3,2	2,0
20-29 Jahre	31,6	17,2	13,1	7,9
30-39 Jahre	22,1	18,6	14,3	9,4
40-49 Jahre	16,7	31,1	24,0	16,7
50-59 Jahre	7,1	18,0	19,9	21,2
60-69 Jahre	2,0	8,4	13,2	16,8
>= 70 Jahre	1,2	2,4	12,3	24,2
Ausbildung				
Schüler in allgemeinbildenden Schulen	12,6	2,5	1,7	1,0
Haupt-/Volksschule o. Lehre	2,6	4,8	2,5	5,7
Haupt-/Volksschule mit Lehre	8,8	12,6	22,6	29,2
Weiterführende Schule o. Abitur	27,7	30,5	28,4	48,5
Fach-/Hochschul-reife o. Studium	22,8	20,1	17,7	5,7
Fach-/Hochschul-reife mit Studium	15,5	29,5	27,1	9,9
HH-Nettoeinkommen				
Bis unter 1.000 EUR	5,6	3,0	4,5	10,2
1.000 – unter 1.250 EUR	3,0	3,1	3,1	7,7
1.250 – unter 1.500 EUR	5,2	5,4	4,9	10,8
1.500 – unter 2.000 EUR	12,0	11,9	13,8	24,3
2.000 – unter 2.500 EUR	15,3	11,3	15,4	18,5
2.500 – unter 3.000 EUR	14,9	16,3	13,7	10,3
3.000 EUR und mehr	43,9	48,4	44,7	18,2

A2 Soziodemographische Daten

	Printmarken Gesamt (Angaben in %)		
	Gesamt (2086)	**Fans (1510)**	**Nicht-Fans (576)**
Geschlecht			
männlich	18,8	14,7	26,0
weiblich	81,2	85,3	74,0
Alter			
14-19	13,6	12,2	19,8
20-29	40,7	44,6	37,7
30-39	19,9	20,2	20,7
40-49	13,5	14,1	10,6
50+	11,7	8.3	10,9
Beruf			
angestellt	43,5	44,4	39,4
selbstständig	9,2	9.5	9,2
Schüler/in	10,5	9.3	15,5
Auszubildende/r	3,0	3.1	3,1
Student/in	24,3	25,7	25,0
zur Zeit arbeitslos	2,3	2.3	1,6
Hausfrau/-mann	3,2	3.6	2,1
Rentner/in	4,0	2.1	4,2
Familienstand			
ledig	47,8	47,4	54,2
mit Partner/in zusammenlebend	20,4	22,4	17,4
verheiratet	21,8	20,9	17,9
verwitwet/geschieden/getrennt lebend	3,9	3.8	3,0
Bildung			

kein Abschluss	0,9	1,0	0,7
Hauptschule	3,1	3,1	2,8
Realschule	19,5	19,2	18,2
Abitur/Fachhochschulreife	42,4	44,0	41,8
Hochschulabschluss	34,2	32,6	36,5
Anzahl der Personen im Haushalt			
1	22,1	21,7	23,4
2	36,8	36,2	35,4
3	17,0	18,3	14,2
4	13,8	14,0	14,6
5+	6,8	6,2	9,4
Bereitschaft an weiteren Umfragen teilzunehmen	46,1	46,5	43,6

(Basis: eigene Daten)

A3.1 Cronbach's Alpha Werte

Variable		**Instrument**	**Reliabilität (Cronbach's Alpha)**
Attitudinal Brand Loyalty	**Brand Knowledge**	Drei Items Die Marke X kenne ich als… 1. …gedruckte Zeitschrift. 2. …Internet-Seite. 3. …Facebook-Seite.	0,710
	Brand Credibility	Fünf Items (Jahn/Kunz 2012) (Brown/Broderick/Lee 2007) (Swait/Erdem 2007) Die Marke X… 1. …verbinde ich mit Kompetenz und Professionalität. 2. …hält das, was sie verspricht. 3. …ist glaubwürdig. 4. …ist eine Marke, der man vertrauen kann. 5. …gibt nicht vor etwas zu sein, was sie nicht ist.	0,892
	Brand Attitude	Drei Items (Jahn/Kunz 2012) 1. Ich finde die X gut. 2. Ich finde die X positiv. 3. Ich mag die X.	0,950
	Brand Commitment	Drei Items (Jahn/Kunz 2012) 1. Ich fühle mich der Marke X zugehörig. 2. Ich unterstütze die Marke X aktiv. 3. Ich tausche mich mit der X aus (z.B. per Leserbrief, im Internet o.ä.).	0,783
Behavorial Brand Loyalty	**Brand WoM**	Drei Items (Jahn/Kunz 2012) 1. Ich empfehle die X anderen. 2. Ich empfehle die X Menschen, die mich um Rat zu Zeitschriften fragen. 3. Ich sage positive Dinge über die X zu anderen.	0,947
	Brand Purchase	Drei Items (Jahn/Kunz 2012) (Davidson/McNeill/Ferguson 2007) 1. Ich werde zukünftig der X gegenüber treu sein. 2. Ich werde nicht aufhören die X zu nutzen. 3. Ich bin ein treuer Anhänger der X. Zusätzliches Item: Purchase Intention (Kaiser/Kongsted 2005) 4. Ich habe vor, die X zu abonnieren.	0,894
	F-Commerce	Zwei Items (Liang/Ho/Li/Turban 2011) 1. Ich würde die Marke X direkt auf Facebook bestellen, wenn sie dort erhältlich wäre. 2. Auf der Marke X Fanpage würde ich gerne shoppen.	0,742

(Basis n=2086)

A3.2 Cronbach's Alpha Werte

Variable		Instrument	Reliabilität (Cronbach's Alpha)
Personality	Need to belong	Drei Items (Gangadharbatla 2008) 1. Ich möchte, dass mich andere Menschen akzeptieren. 2. Ich mag es nicht allein zu sein. 3. Ich gebe mir viel Mühe, mit meinen Freunden in Kontakt zu bleiben.	0,647
	BFIS	Neun Items, drei Kategorien (Extraversion, Offenheit, Neurotizismus) (Correa/Hinsley 2009) (Gerlitz/Schupp 2005) Ich bin jemand, der… 1. …kommunikativ und gesprächig ist. (E) 2. …originell ist, neue Ideen einbringt. (O) 3. …sich oft Sorgen macht. (N) 4. …aus sich herausgehen kann, gesellig ist. (E) 5. …künstlerische Erfahrungen schätzt. (O) 6. …leicht nervös wird. (N) 7. ...zurückhaltend ist. (E) 8. ...eine lebhafte Fantasie, Vorstellung hat. (O) 9. ...entspannt ist, mit Stress gut umgehen kann. (N)	Extraversion: 0,738 Offenheit: 0,698 Neurotizismus: 0,645

(Basis n=2086)

A3.3 Cronbach's Alpha Werte

Variable		Instrument	Reliabilität (Cronbach's Alpha)
Facebook	Facebook Use Intensity	Sechs Items (Ellison 2007) 1. Facebook ist Teil meines Alltags 2. Ich bin stolz darauf, Leuten erzählen zu können, dass ich auf Facebook bin. 3. Facebook ist Teil meiner täglichen Routine geworden. 4. Ich habe das Gefühl, den Anschluss zu verlieren, wenn ich mich für eine Weile nicht bei Facebook eingeloggt habe. 5. Ich fühle mich als Teil der Facebook-Gemeinschaft. 6. Ich würde es bedauern, wenn Facebook abgeschaltet werden würde.	0,858
	Social Network Word of Mouth	Neun Items, drei Kategorien (Opinion Seeking, Opinion Giving, Opinion Passing) (Chu/Kim 2011) A. Opinion Seeking 1. Ich habe auf Facebook schon häufig Hinweise auf neue Zeitschriften bekommen. 2. Ich hole mir gerne die Meinung meiner Facebook-Freunde ein, bevor ich eine mir noch nicht bekannte Zeitschrift kaufe. 3. Ich nutze eine Zeitschrift lieber, wenn ich die Meinung meiner Facebook-Freunde dazu kenne. B. Opinion giving 1. Ich überzeuge häufig meine Facebook-Freunde, Zeitschriften zu lesen, die ich mag. 2. Meine Facebook-Freunde wählen ihre Zeitschriften nach meinen Ratschlägen aus. 3. Ich beeinflusse oft die Meinung meiner Facebook-Freunde zu Zeitschriften. C. Opinion passing 1. Wenn ich Informationen oder Meinungen zu Zeitschriften von Freunden erhalte, teile ich diese mit meinen Facebook-Freunden. 2. Wenn ich über Facebook interessante Informationen zu Zeitschriften erhalte, gebe ich sie gerne unter meinen Facebook-Kontaktgruppen weiter. 3. Positive Kritiken von Freunden zu Zeitschriften oder deren Inhalten gebe ich an meine Facebook-Freunde weiter.	0,926 A.: 0,733 B.: 0,903 C.: 0,888

(Basis n=2086)

A3.4 Cronbach's Alpha Werte

Variable		Instrument	Reliabilität (Cronbach's Alpha)
Fanpage	Fanpage Engagement	Vier Items (Jahn/Kunz 2012) 1. Ich bin Teil der X Community auf Facebook. 2. Ich befasse mich intensiv mit Inhalten der X Fanpage. 3. Ich beteilige mich aktiv an der X Fanpage. 4. Ich tausche mich auf der X Fanpage mit anderen aus.	0,832
	Functional Value	Vier Items (Jahn/Kunz 2012) Die Inhalte der X Fanpage finde ich... 1. ...hilfreich. 2. …nützlich. 3. …zweckmäßig. 4. …praktisch.	0,930
	Hedonic Value	Vier Items (Jahn/Kunz 2012) (Dholakia/Bagozzia/Klein 2012) Die Inhalte der X Fanpage ... 1. ...machen Spaß. 2. …sind spannend. 3. …sind angenehm. 4. …sind unterhaltsam.	0,924
	Self-Concept	Drei Items (Christodoulides/Jevons/Bonhomme 2012) 1. Ich verdeutliche meine Meinung, indem ich auf der X Fanpage Inhalte teile/like/kommentiere. 2. X Fan zu sein sagt viel über mich aus. 3. Ich nutze die X Fanpage, um mich auf Facebook zu präsentieren.	0,737

(Basis n=2086)

A4 Überblick Printmedienmarken: Reichweite-Werbeumsätze-Fanzahlen

Titel	Verlag	Offiz. Homepage	Präsenzen weitere soziale Netzwerke	RW 2013 in Mio. (Veränd. zu 2012) *	Bruttowerbeumsatz 2012 in Mio. (Veränd. zu 2011) **	Facebook: Gefällt mir***	Facebook: Sprechen darüber***
Der Spiegel	SPIEGEL-Verlag	Ja	Twitter, Google+, studiVZ/meinVZ	6,30 (-0,47)	132,29 (-2,6)	49.937	4.201
Stern	Gruner + Jahr	Ja	Twitter, Google+	7,26 (-8,79)	129,97 (-15,5)	92.280	9.256
FOCUS	Hubert Burda Media	Ja	Twitter, Google+	4,54 (-10,8)	116,54 (+4,1)	67.222	6.427
Brigitte	Gruner + Jahr	Ja	Twitter, Google+, Pinterest	2,52 (-16,56)	81,7 (-12,5)	14.660	448
freundin	Hubert Burda Media	Ja	Twitter, Google+	1,81 (-18,83)	74,77 (-2,8)	14.001	245
BUNTE	Hubert Burda Media	Ja	Twitter, studiVZ/meinVZ	3,79 (-8,67)	68,82 (-1,4)	16.531	672
Auto Bild	Axel Springer	Ja	Twitter, Google+	2,75 (-2,14)	62,87 (+1,8)	77.632	4.812
Bild der Frau	Axel Springer	Ja	Google+	5,47 (-13,45)	61,03 (-13,6)	6.312	680
auto motor und sport	Verl. Motor Presse Stuttgart	Ja	Twitter, Google+	1,81 (-23,53)	54,05 (-5,7)	28.972	4.285
InStyle	Hubert Burda Media	Ja	Twitter, Google+	1,48 (-0,03)	51,56 (+5,6)	35.484	858
Gala	Gruner + Jahr	Ja	Twitter, Google+	2,28 (-2,56)	51,28 (-11,6)	9.332	170
TV Movie	Bauer	Ja	Twitter, Google+	5,51 (-6,77)	46,09 (-10,5)	7.481	223
TV SPIELFILM	Hubert Burda Media	Ja	Twitter, Google+	5,81 (+0,69)	43,61 (-7,4)	9.833	184
Wirtschaftswoche	Verlagsgr. Handelsblatt	Ja	Twitter, Google+, studiVZ/meinVZ	1,00 (-8,26)	43,20 (-13,1)	18.675	729
Vogue	Condé Nast Verlag	Ja	Twitter, Google+, Pinterest	0,89 (+17,11)	42,72 (-2,7)	91.768	2.263
TV Digital	Axel Springer	Ja	Twitter, Google+	4,36 (+8,73)	42,57 (+1,7)	10.180	219
Glamour	Condé Nast Verlag	Ja	Twitter, Google+	1,45 (+1,40)	42,13 (-7,2)	47.839	1.846
Sport Bild	Axel Springer	Ja	Twitter, Google+	4,34 (-3,34)	38,48 (+7,3)	180.823	37.559
ELLE	Hubert Burda Media	Ja	Twitter	0,67 (-0,01)	37,91 (-1,9)	33.848	1.127
FÜR SIE	Jahreszeiten Verlag	Ja	Google+	1,67 (-12,11)	35,33 (-15,9)	6.484	418
Cosmopolitan	MVG Medien	Ja	Twitter, Google+, Pinterest, studiVZ/meinVZ	1,51 (+7,86)	33,10 (-8,6)	55.023	1.095
NEON	Gruner + Jahr	Ja	Twitter, Google+, Pinterest, studiVZ/meinVZ	0,87 (-10,31)	10,66 (+2,1)	185.794	5.170

*Reichweite nach ma 2013 Presse I (+/- Veränderung in % zu ma 2012 Presse I),
**Bruttowerbeumsatz 2012 nach Nielsen (+/- Veränderung in % zum Vorjahr), ***Stand: 14.03.2013

A5.1 Mann-Whitney-U-Test Skalenmittelwertvergleich Fans/Nicht-Fans I

	Nicht-Fan			Fan						
	Mittelwert	N	Standard-abweichung	Mittelwert	N	Standard-abweichung	Mann-Whitney-U	Wilcoxon-W	Z	Asymptotische Signifikanz (2-seitig)
F-Commerce										
1. Ich würde die [...] direkt auf Facebook bestellen, wenn sie dort erhältlich wäre.	2,22	306	1,67	2,97	1410	1,98	166925,5	213896,5	-6,412	0***
2. Auf der [...] Fanpage würde ich gerne shoppen	2,77	306	1,93	3,53	1410	2,14	172318,5	219289,5	-5,627	0***
Attitudinal Brand Loyalty										
Brand Credibility	4,72	534	1,33	5,78	1492	1,05	210308	353153	-16,266	0***
Brand Attitude	4,94	534	1,57	6,25	1492	0,99	190022,5	332867,5	-18,46	0***
Brand Commitment	2,13	534	1,35	3,56	1492	1,53	181980,5	324825,5	-18,705	0***
Behavioral Brand Loyalty										
Word of Mouth	3,22	534	1,96	5,24	1492	1,64	177101,5	319946,5	-19,164	0***
Brand Purchase	3,11	534	1,92	5,47	1492	1,54	144006	286851	-22,135	0***

A5.2 Mann-Whitney-U-Test Skalenmittelwertvergleich Fans/Nicht-Fans II

	Nicht-Fan			Fan						
	Mittelwert	**N**	**Standard-abweichung**	**Mittelwert**	**N**	**Standard-abweichung**	**Mann-Whitney-U**	**Wilcoxon-W**	**Z**	**Asymptotische Signifikanz (2-seitig)**
Personality										
Need to belong	5,11	576	1,22	5,25	1510	1,14	409545,5	575721,5	-2,069	0,039*
BFI-S										
Extroversion	5,13	576	1,2	5,27	1510	1,12	408772,5	574948,5	-2,131	0,033*
Offenheit	5,29	576	1,16	5,42	1510	1,08	410798,5	576974,5	-1,97	0,049*
Neurotizismus	3,99	576	1,19	4,01	1510	1,23	434063	600239	-0,07	0,947

A6.1 Mann-Whitney-U-Test Skalenmittelwertvergleich Passiv/Aktiv I

	Passiv			Aktiv						
	Mittelwert	**N**	**Standard-abweichung**	**Mittelwert**	**N**	**Standard-abweichung**	**Mann-Whitney-U**	**Wilcoxon-W**	**Z**	**Asymptotische Signifikanz (2-seitig)**
F-Commerce										
1. Ich würde die [...] direkt auf Facebook bestellen, wenn sie dort erhältlich wäre.	2,22	196	1,68	3,40	329	2,10	21633,5	40939,5	-6,502	0***
2. Auf der [...] Fanpage würde ich gerne shoppen	2,57	196	1,94	3,79	329	2,32	22478,5	41784,5	-5,965	0***
Attitudinal Brand Loyalty										
Brand Credibility	5,43	223	1,10	5,97	341	0,92	26886	51862	-5,917	0***
Brand Attitude	5,88	223	1,20	6,41	341	0,80	28240,0	53216,0	-5,404	0***
Brand Commitment	2,84	223	1,43	4,04	341	1,60	21890,5	46866,5	-8,541	0***
Behavioral Brand Loyalty										
Word of Mouth	4,47	223	1,89	5,58	341	1,53	24824,5	49800,5	-7,033	0***
Brand Purchase	4,66	223	1,85	5,86	341	1,33	23592	48568	-7,766	0***

A6.2 Mann-Whitney-U-Test Skalenmittelwertvergleich Passiv/Aktiv II

	Passiv			Aktiv						
	Mittelwert	**N**	**Standard-abweichung**	**Mittelwert**	**N**	**Standard-abweichung**	**Mann-Whitney-U**	**Wilcoxon-W**	**Z**	**Asymptotische Signifikanz (2-seitig)**
Personality										
Need to belong	5,10	227	1,19	5,35	342	1,21	33369,0	59247,0	-2,849	0,004**
BFI-S										
Extroversion	5,07	227	1,2	5,36	342	1,16	33375,5	59253,5	-2,845	0,004**
Offenheit	5,25	227	1,21	5,49	342	1,00	34728,5	60606,5	-2,14	0,032*
Neurotizismus	4,11	227	1,23	3,90	342	1,27	34931	93584	-2,03	0,042*

III. Medienrezeption im Spiegel der Forschung

Der Beitrag des dynamisch-transaktionalen Ansatzes zur psychologischen Experimentallogik und der Beitrag der Sozialpsychologie zum dynamisch-transaktionalen Ansatz*

*Sabine Trepte**, Leonard Reinecke*** und Katharina-Maria Behr*****

1. Einleitung

Mit diesem Beitrag zum dynamisch-transaktionalen Ansatz (DTA) verfolgen wir das Ziel, drei Postulate des DTA empirisch zu prüfen (Früh 1991, 1994; Früh/Schönbach 1982; Schönbach/Früh, 1984):

(1) Intra-Transaktionen: Die Autoren des DTA nehmen an, dass Medienerfahrungen nachfolgende Rezeptionsprozesse verändern. Darüber hinaus wird vermutet, dass mit der Medienrezeption die Aktivation der Rezipienten steigt und auf diese Weise nachfolgende Rezeptionsprozesse sowie kognitive Prozesse verändert werden.

---

* Erstmals veröffentlicht in Wünsch, C./Früh, W./Gehrau, V. (Hrsg.) (2008): Integrative Modelle in der Rezeptions- und Wirkungsforschung: Dynamische und transaktionale Perspektiven. München, 127-154.

** Prof. Dr. Sabine Trepte ist als Professorin und Inhaberin des Lehrstuhls Kommunikationswissenschaft, insbesondere Medienpsychologie an der Universität Hohenheim. An der Hamburg Media School war Prof. Dr. Sabine Trepte von 2006 bis 2013 als Juniorprofessorin für Medienpsychologie tätig.

*** Prof. Dr. Leonard Reinecke ist Juniorprofessor für Publizistik mit Schwerpunkt Online-Kommunikation am Institut für Publizistik an der Johannes Gutenberg-Universität Mainz. An der Hamburg Media School war Prof. Dr. Leonard Reinecke von 2007 bis 2011 als wissenschaftlicher Mitarbeiter im Team von Prof. Dr. Sabine Trepte tätig.

**** Dr. Katharina-Maria Behr ist als Senior Consultant für Gerlach, Porst + Steiner tätig. An der Hamburg Media School war Dr. Katharina-Maria Behr von 2006 bis 2008 als wissenschaftliche Mitarbeiterin im Team von Prof. Dr. Sabine Trepte tätig.

(2) Wirkungsbegriff: Mit dem DTA wird postuliert, dass jede Phase der Rezeption, nicht nur als Reaktion auf Medienstimuli interpretiert werden darf, sondern auch Ursache und unabhängige Variable der nachfolgenden Rezeption sein kann. Durch die Rezeption verändert der Medienstimulus seine Identität. Es wird also eine Auflösung des Verständnisses von unabhängiger und abhängiger Variable vorgeschlagen.

(3) Dynamische Sichtweise: Die dynamische Sichtweise des DTA beinhaltet, dass Wirkungsprozesse Verlaufsgestalt haben und laut Schönbach/Früh (1984) auch in dieser Gestalt erforscht werden sollten. Medienwirkung resultiert demnach nicht nur aus der unmittelbaren Reaktion, sondern auch aus ihrer Veränderung über die Zeit. Verlaufsdaten sind der Erfassung kumulierter Medienerfahrungen vorzuziehen. Sie erlauben, die Interaktion der einzelnen Rezeptionsphasen zu berücksichtigen.

Bei der Betrachtung dieser Postulate soll ein besonderes Augenmerk auf deren sozialpsychologische Implikationen gelenkt werden. Die Autoren des DTA nehmen bei der Entwicklung des Ansatzes vielfach Bezug auf psychologische Grundlagenforschung. Diese Bezüge werden jedoch zum einen nicht immer explizit mit den entsprechenden Theorien belegt, zum anderen wurden diese sozialpsychologischen Aspekte nur selten empirisch geprüft. Beide Ansätze sollen im Verlauf des Kapitels verfolgt werden, es folgt also eine theoretische Herleitung und empirische Prüfung der sozialpsychologischen Implikationen der Postulate des DTA.

Im Folgenden werden zunächst die Postulate des DTA ausführlich dargestellt und auch im Hinblick auf ihre theoretischen Wurzeln reflektiert. Als Ergebnis werden vier Hypothesen formuliert. Um die Reichweite der Postulate zu prüfen werden zwei empirische Studien, die in anderem theoretischen Kontext durchgeführt wurden, im Hinblick auf das Modell reanalysiert und reinterpretiert (für die Publikation der Originaldaten vgl. Reinecke/Trepte 2008).

2. Intra-Transaktionen im dynamisch-transaktionalen Ansatz

Der Begriff der Transaktion bezeichnet eine simultane Wechselwirkung zwischen Variablen. Deren Identität kann sich durch die gegenseitige Beeinflussung verändern. Intra-Transaktionen wurden in der ersten Publikation zum DTA als »Transaktion 2« beschrieben (Früh/Schönbach 1982). Sie bezeichnen Interaktionen zwischen Affekt und Kognitionen des Rezipienten. »Intra-Transaktionen spielen sich beispielsweise zwischen dem Aktivationsniveau des Rezipienten ab (seinem allgemeinen affektiven Zustand wie Müdigkeit oder Stress, seiner Aufmerksamkeit, seinem Interesse an der Kommunikation) und seinem jeweiligen Wissensstand, seinen Vorstellungen von sich und seiner Umwelt (den Informationen die der von vornherein besitzt bzw. neu erhält)« (Schönbach/Früh 1984: 315). Die Annahme, dass Medieneinflüsse die Aktivation erhöhen auf diesem Wege die kognitive Aktivität katalysieren und möglicherweise zu einer kognitiven Leistungssteigerung führen, ist bereits in der Sozialpsychologie diskutiert worden. Früh und Schönbach (1982, vgl. Fußnote 27) räumen in ihren Arbeiten zum DTA diese Bezüge ein, eplizieren sie jedoch nicht.

Die psychologischen Kontrukte Arousal bzw. Aktivation haben in den letzten 50 Jahren erhebliche Aufmerksamkeit in der sozialpsychologischen Forschung erhalten. Arousal wurde definiert als »the extent of release of potential energy« (Duffy 1962: 17). Der Zusammenhang von Aktivation und Leistung wurde zunächst per Zufall in Experimenten mit Mäusen beobachtet. Yerkes/Dodson (1908) fanden heraus, dass ein mittleres Ausmaß an Stress, der bei Mäusen über leichte Elektroschocks induziert wurde, zu größeren Lernerfolgen führte als ein hohes oder geringes Stress-Niveau. Hebb (1955, Yerkes/Dodson 1908) beschreibt den Zusammenhang von Arousal und Leistung als invertierte U-Funktion (vgl. Abbildung 1). Optimal ist die kognitive Leistungsfähigkeit demnach bei mittlerem Arousal. Nicht in allen Studien konnte dieser Zusammenhang repliziert werden und auf Grund dessen wurden Variablen wie die Aufgabenschwierigkeit als Moderatorvariable in Betracht gezogen (Easterbrook 1959). Es zeigte sich, dass bei hohem Arousal weniger Reize verarbeitet werden können, weil sich die Umsichtigkeit und die Aufmerksamkeit auf die wesentlichen Hinweisreize verringert werden. Wenn die Aufgabe jedoch solch eine Fokussierung verlangt, kann die Leistungsfähigkeit mit höherem Arousal steigen (Easterbrook 1959, Hanoch/Vitouch 2004). Die invertierte U-Funktion wird auch in Kahnemans (1973) Limited Capacity Model angesprochen. Demnach geht hohes Arousal einher mit einer eingeschränkten und geringeren Aufmerksamkeit sowie mit eingeschränkter Fähigkeit, feine Diskriminierungen vorzunehmen oder die eigenen Strategien im Verlauf der Aufgabenlösung zu ändern.

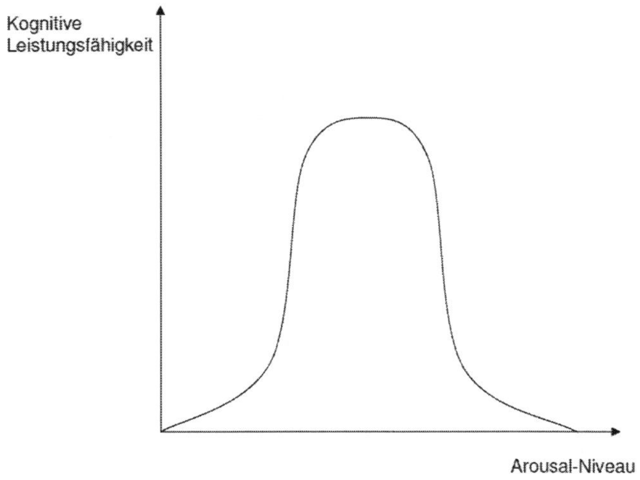

Abbildung 1: Funktion des Zusammenhangs von Arousal Niveau und kognitiver Leistungsfähigkeit

Quelle: Eigene Darstellung.

Den Zusammenhang von Arousal und Medienrezeption wurde auch in der Theorie des Mood-Management besprochen (Zillmann 1988a, 1988b). Demnach gehen Medienrezipienten bei der Medienselektion hedonistisch vor. Sie suchen solche Angebote, die sie in einem optimalen Gefühlszustand versetzen und vermeiden negative Gemütszustände. Ebenfalls werden Unter- und Überstimulation vermieden. Die Medienrezeption kann sowohl der Anregung als auch der Ablenkung oder Entspannung dienen.

Zudem erscheint plausibel, dass die umgekehrte U-Funktion von Arousal und kognitiver Leistungsfähigkeit auch als Begleiterscheinung und Folge der Medienrezeption darstellbar ist. Es ist anzunehmen, dass ein optimales Arousal-Niveau durch Medienstimuli induziert werden und nachfolgende kognitive Prozesse beeinflussen kann. Experimente stützen diese Annahme und weisen beispielsweise darauf hin, dass anregende Medienstimuli besser erinnert werden (Lang et al. 1995, Zillmann et al. 1980).

Während im DTA die Intra-Transaktion von Aktivation und Wissen angesprochen ist, soll an dieser Stelle nicht nur auf Wissen, sondern allgemeiner auf die kognitive Leistungsfähigkeit Bezug genommen werden. Das dynamisch-transaktionale Wissenskonzept beinhaltet, dass Medienstimuli enkodiert, dadurch verändert werden. Wir vermuten dementsprechend, dass der Umgang mit einem Computerspiel die kognitive Leistungsfähigkeit erhöht und nehmen damit auf die Annahme im DTA Bezug, dass Medienerfahrungen einen Einfluss auf kognitive Prozesse nehmen können. Weiterhin nehmen wir analog zum DTA an, dass Medienerfahrungen zu einer erhöhten Aktivation führen können.

H1: Die kognitive Leistungsfähigkeit derjenigen Probanden, die im Verlauf des Experimentes ein Computerspiel gespielt haben, ist höher als die Leistungsfähigkeit der Nicht-Spieler.

H2: Die Aktivation derjenigen Probanden, die im Verlauf des Experiments ein Computerspiel gespielt haben, ist höher als die der Nicht-Spieler.

3. Der Wirkungsbegriff im dynamisch-transaktionalen Ansatz

Da bei der Interaktion zweier Variablen A und B beide ihre Identität verändern können und von unabhängigen zu abhängigen Variablen werden können, wurde der Begriff *Trans*aktion (im Gegensatz zu bloßer *Inter*aktion) gewählt. Abbildung 2 veranschaulicht den Gedankengang.

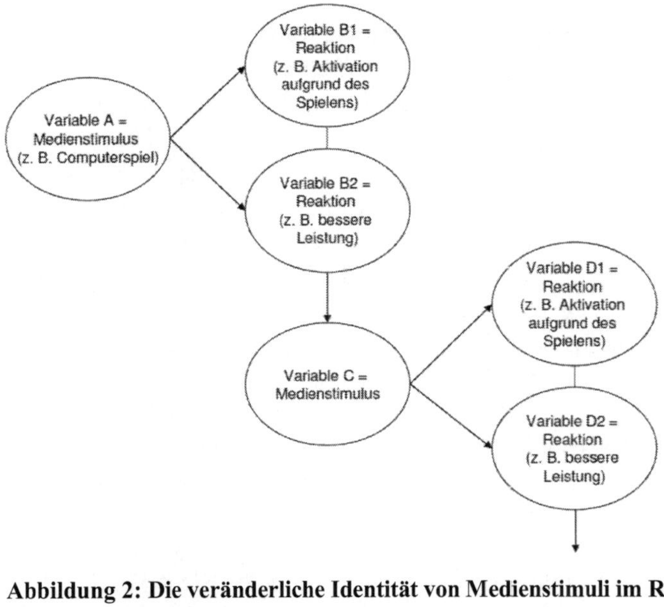

Abbildung 2: Die veränderliche Identität von Medienstimuli im Rezeptionsprozess

Quelle: Eigene Darstellung.

Ein Medienstimulus wird rezipiert und führt zu einer Reaktion. Beispielsweise spielt ein Student das Computerspiel »Tetris« (Medienstimulus A) und fühlt sich durch die Anforderungen an Hand-Auge-Koordination aktiviert (Reaktion B1). Gleichzeitig lernt er im Verlauf des Spielens mehr über das Spiel (Reaktion B2). Damit erhält das Spiel als Stimulus eine andere Identität (Medienstimulus C), den er sich beim zweiten Kontakt auf andere Weise nähert. Zum Beispiel weiß der Spieler nun, wie man den ersten Level spielt und kommt aufgrund der ersten Erfahrungen auch in den folgenden Levels schneller voran. Damit ergeben sich auch andere Reaktionen. Beispielsweise ist denkbar, dass die Aktivation geringer ausfällt, auch wenn exakt die gleiche Spielsequenz durchlaufen wurde, weil das Spiel bereits bekannt ist (Reaktion D1), und dass der Lernzuwachs über das Spiel beim zweiten Mal in anderen Bereichen abspielt (Reaktion D2). Dieser Argumentation folgend würde der ursprüngliche Wirkungsbegriff, wie er im Stimulus-Response Modell und den darauf basierenden einfachen Sender-Empfänger Modellen postuliert wird obsolet. Die Autoren des DTA (Früh 1991, Früh/Schönbach 1982, Schönbach/Früh 1984) schlagen einen multikausalen Ansatz vor, in dem Kommunikationsaussagen bzw. Medienstimuli auf der einen und bereits im Rezipienten vorhandene Kognitionen und Affekte auf der anderen Seite berücksichtigt werden.

An das Postulat zur veränderlichen Identität von Medienstimuli ist im DTA das Verständnis eines dynamisch-transaktionalen Wissenskonzepts geknüpft. Das aus der Medienerfahrung resultierende Wissen ist ständigen Veränderungsprozessen unterworfen. Im Prozess der Medienrezeption »[...] laufen mehrere Wahrnehmungs- und Verarbeitungsprozesse simultan und integriert ab« (Früh 1991: 71). Rezipienten verarbeiten stets auf Basis bisheriger Medienerfahrungen, aufgrund ihrer Vorkenntnisse, intellektuellen Möglichkeiten, Einstellungen und Motive. Dieses Wissenskonzept spiegelt das Modell der sozial-kognitiven Informationsverarbeitung und die sozialpsychologische Vorstellung der Enkodierung und Dekodierung von Reizereignissen wieder (Donohew *et al.* 1988, Fiedler/Bless 2002, Fiske/Taylor 1991, Oakes 1996). Früh (1991: 39 ff. und 42 ff.) nimmt auf kognitionspsychologische Grundlagen auch teilweise Bezug. Er erläutert, dass Rezipienten auf Schemata zurückgreifen und dass Inhalte nur unter bestimmten Umständen erinnert werden.

In Abbildung 3 wird der konzeptuelle Rahmen der kognitiven Stufen der Informationsverarbeitung in Anlehnung an Fiedler/Bless (2002) illustriert. Reizereignisse werden wahrgenommen und enkodiert. Die Enkodierung beinhaltet, dass Reizereignisse in interne Repräsentationen umgewandelt und mit bereits vorhandenem Wissen und vorhergehenden Erfahrungen in Beziehung gesetzt werden. Dabei spielen eine Reihe von sozialpsychologischen Prozessen, wie die Anwendung von Urteilsheuristiken oder Stereotypen eine Rolle (Hamilton/Sherman 1994). Die Aufnahme der Reizereignisse in vorhandene Kategorien kann diese verändern und kann somit auch die Bedeutung eines jeden neuen Reizereignisses beeinflussen.

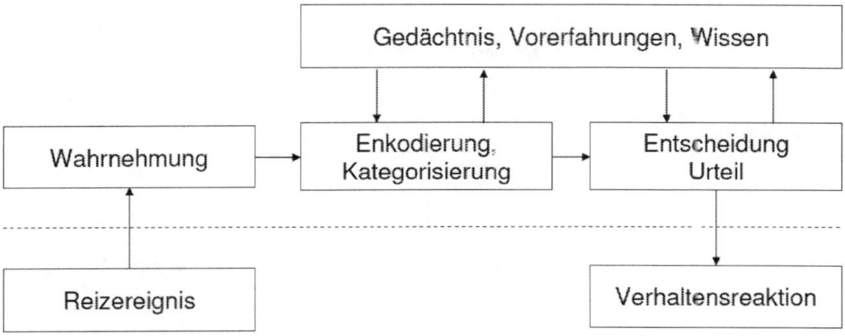

Abbildung 3: Stufen der kognitiven Informationsverarbeitung

Quelle: In Anlehnung an Fiedler/Bless 2002.

Der dynamisch-transaktionale Wirkungsbegriff – angereichert um die Grundlagen aus der sozialpsychologischen Forschung zur sozialen Kognition – beinhaltet demnach, dass für das Forschungsdesign nicht allein der Medienstimulus, sondern die erste und alle weiteren Reaktionen darauf entscheidend sind. Freilich muss in der empirischen Forschung eine Entscheidung getroffen werden, an welchem Punkt die Reaktion erfasst wird und an welchem Punkt sie als unabhängige Variable definiert wird. Zur Vereinfachung dieser Entscheidung können wir uns mit einem methodischen Heurismus behelfen. Letztendlich kann der Manipulation Check als (zusätzliche) unabhängige Variable definiert werden. Damit ist zumindest die erste Medienerfahrung und Verarbeitung des Stimulus berücksichtigt. In klassischen medienpsychologischen oder kommunikationswissenschaftlichen experimentellen Designs wird der Einfluss eines Medienstimulus auf die Verhaltensreaktion untersucht (vgl Variante A in Abbildung 4). Unter Berücksichtigung des dynamisch-transaktionalen Wirkungsbegriffs könnte sowohl der Einfluss des Medienstimulus als auch des Manipulation Checks als unabhängige Variable einbezogen werden (Variante B in Abbildung 4).

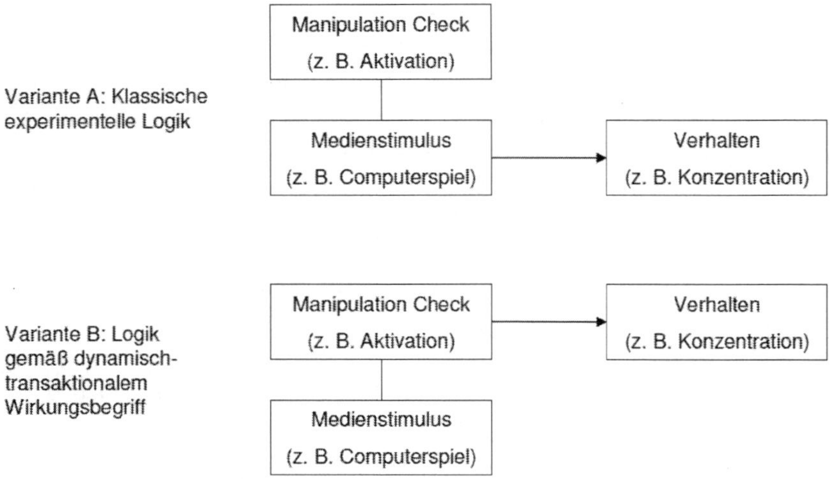

Abbildung 4: Umsetzung des Wirkungsbegriffs im klassischen und dynamisch-transaktionalen Sinne

Quelle: Eigene Darstellung.

Im Design der unten stehenden Experimente soll mit einem Computerspiel die Aktivation der Rezipienten gesteigert werden. Ein Teil der Probanden spielte das Spiel (Experimentalgruppe), der andere Teil nicht (Kontrollgruppe). Laut DTA sollte nun die Intra-Transaktion zwischen Stimulus und Rezipient und nicht nur der Medieninhalt als unabhängige Variable herangezogen werden. Deshalb wird nicht nur das Computerspiel als Faktor des varianzanalytischen Experimentaldesign verwendet, sondern auch die Reaktion darauf. Die Aktivation wird also als zweite Operationalisierung eingesetzt. Dies ist nur eine Annäherung an den erweiterten Wirkungsbegriff, der variablen Identität der Stimuli wird auch eine solche Operationalisierung nicht endgültig gerecht. Im Prinzip kann man diese Logik jedoch fortsetzen und auf diese Weise eine beliebige Vielzahl von n verschiedenen Kontakten operationalisieren (vgl. Abbildung 2).

Wir möchten mit unseren Studien prüfen, welchen Einfluss das Ausmaß der Vorerfahrung mit Medien auf den nachfolgenden Umgang mit den Stimuli, auf kognitive Prozesse und die Aktivation nimmt. Dementsprechend lauten die Hypothesen:

Hypothese 3a:
Medien(vor)erfahrung hat einen Einfluss auf nachfolgende Erfahrungen mit dem gleichen Stimulus und beeinflusst damit einhergehende Aktivation und kognitive Leistungsfähigkeit.

Hypothese 3b:
Die Verwendung des Manipulation Checks als uV zeigt andere Ergebnisse als die Verwendung des Medienstimulus.

4. Die Dynamik des Rezeptionsprozesses

Im DTA wird eine dynamische Sichtweise postuliert (Früh 1991, Früh/Schönbach 1982, Schönbach/Früh 1984). Es wird angenommen, dass die kumulierte Erfassung der Verhaltensreaktion z.B. in Form einer direkten Abfrage eine starke Abstraktion der Medienerfahrung darstellt, und dass weniger aggregierte Variablen umfassendere Informationen liefern. Es wurde betont, dass über die Betrachtung einzelner Messzeitpunkte hinaus auch die Verlaufsgestalten betrachtet werden sollen, da sie zusätzliche qualitative Informationen liefern (Schönbach/Früh 1984). Die Überlegenheit, (psycho-physiologischer) Verlaufsdaten wurde auch an anderer Stelle diskutiert (Lang 1994).

Wir möchten uns in diesem Beitrag vor allem der ersten Forderung widmen, Verlaufsdaten einzusetzen, um die Variabilität in den Daten adäquat abzubilden. Die dominierende Methode zur Erfassung von Verhalten in der medienpsychologischen und kommunikationswissenschaftlichen Forschung ist die Befragung der Rezipienten. In querschnittlichen Befragungsstudien werden vornehmlich einmalige Reaktionen auf vorgegebene Medienstimuli erfasst. Ergänzend oder als Substitut werden Verlaufsdaten eingesetzt, zum Beispiel in Form eines Selbstrating im Continuous Response Measurement (CRM) oder in Form von psycho-physiologischen Daten.

Wir möchten an dieser Stelle zwei Fragen zur Diskussion stellen: Zum einen, welche Bedeutung die Fokussierung der Kommunikationswissenschaft auf Befragungsdaten hat und inwiefern auf diese Weise andere Ergebnisse generiert werden als mit Verlaufsdaten. Zum anderen möchten wir problematisieren, dass Rezeptionsverläufe meistens mit anderen Methoden erfasst werden als Ein-Punkt Messungen. Rezeptionsverläufe werden z.B. in Form von CRM mit Schiebereglern oder mit psycho-physiologischen Daten erfasst, während einmalige Messungen zumeist auf

Selbstausfüller-Skalen beruhen (Trepte 2006). Damit entsteht eine Konfundierung der Ergebnisse mit den Methoden. Deshalb soll hier gezeigt werden, dass sich die Ergebnisse zur Aktivation als Ein-Punkt versus Verlaufsmessung nicht nur unterscheiden, weil sie ein unterschiedliches Abstraktionsniveau haben, sondern auch weil sie in der Regel mit verschiedenen Methoden erfasst werden.

H4: Hinsichtlich der Aktivation unterscheiden sich die Ergebnisse der statischen Operationalisierung mittels AD ACL von den Ergebnissen der dynamischen Operationalisierung mittels EDA und Herzfrequenz.

5. Methode

In den folgenden Abschnitten werden nun das methodische Vorgehen sowie die Ergebnisse der Datenanalyse beschrieben. Die Hypothesen wurden mit zwei experimentellen Forschungsdesigns geprüft, die sich nur in der Operationalisierung der Aktivation unterschieden. Nachfolgend werden für beide Experimente Versuchsanordnung, Stichprobe, Messinstrumente, Stimulusmaterial und Durchführung beschrieben.

5.1. Studie 1

Die Hypothesen wurden mit einem experimentellen 2 (Vorerfahrung/keine Vorerfahrung mit dem Computerspiel) x 2 (Nutzung/Nicht-Nutzung des Computerspiels im Verlauf)-Design überprüft. Als Stimulusmaterial wurde das Computerspiel »Tetris« verwendet. Um die Vorerfahrung mit dem Stimulusmaterial zu manipulieren, wurden die Versuchspersonen zufällig in zwei Gruppen aufgeteilt. Die Probanden der ersten Gruppe spielten zu Beginn des Experiments für den Zeitraum von fünf Minuten das Spiel »Tetris«, während die Probanden der anderen Gruppe direkt mit dem Experiment begannen (Faktor 1: Vorerfahrung). Alle Probanden erhielten dann einen Text, in dem sie innerhalb von 45 Minuten Rechtschreibung und Zeichensetzung korrigieren sollten. In der darauf folgenden fünfminütigen Pause konnten sich die Probanden entscheiden, ob sie das Spiel »Tetris« nutzen oder die Pause als Wartezeit verbringen wollten (Faktor 2: Mediennutzung in der Pause). Die Aktivation der Probanden wurde mit der Aktivation-Deaktivation Adjektiv-Checkliste (AD ACL) vor und nach der Textkorrekturaufgabe sowie im Anschluss an die Pause gemessen

(Imhof 1998, Thayer 1986). Nach der Pause wurde außerdem die kognitive Leistungsfähigkeit mit dem Konzentrations-Leistungs-Test (KLT-R) erfasst (Düker *et al.* 2001)

Versuchspersonen. Für das Experiment wurden 129 studentische Versuchspersonen auf dem Campus der Universität Hamburg rekrutiert. Die Teilnahme an wissenschaftlichen Untersuchungen war für die Probanden obligatorischer Teil des Studiums und sie erhielten einen Nachweis über ihre Teilnahme. Am ersten Experiment nahmen 89 Frauen (69 %) und 40 Männer (31 %) teil. Die Versuchspersonen waren im Durchschnitt 24.71 Jahre alt ($SD = 4.69$). Von den 129 Versuchspersonen wurden 67 der experimentellen Bedingung ohne Vorerfahrung und 62 der experimentellen Bedingung mit Vorerfahrung zugeteilt. In der Pause entschieden sich 69 Personen für die Nutzung des Computerspiels und 60 Personen dagegen.

Messung. Die Aktivation-Deaktivation Adjektiv-Checkliste (AD ACL) enthält 20 Adjektive (aktiv, entspannt, frisch, aufgedreht, nervös, träge, gelassen, ausgeglichen, tatkräftig, angespannt, müde, beunruhigt, munter, verkrampft, dynamisch, lebhaft, abgespannt, ruhig, schlappt, unbekümmert). Die Probanden wurden gebeten, ihre momentane Wachheit und Leistungsfähigkeit einzuschätzen. Sie sollten für jedes Adjektiv angeben, ob sie sich »wirklich ganz« oder »einigermaßen« so fühlten, ob sie keine Entscheidung treffen könnten oder ob sie sich »bestimmt nicht« so fühlten. Die Skalen zur Aktivation-Deaktivation wurden bereits umfangreich validiert (Thayer 1986) und in anderen Untersuchungen zur Stimmungsregulation eingesetzt (Knobloch/Zillmann 2002). Aus den 20 Adjektivbewertungen wurde für jeden Messzeitpunkt ein summativer Index gebildet, bei dem höhere Werte eine höhere Aktivation bedeuten. Dazu wurden folgende Adjektive rekodiert: aktiv, frisch, aufgedreht, nervös, tatkräftig, angespannt, beunruhigt, munter, verkrampft, dynamisch, lebhaft. Beim ersten Messzeitpunkt vor der Textkorrekturaufgabe ergaben sich für den AD ACL-Index Werte zwischen 26 und 67 ($M = 45.41$, $SD = 7.91$, $N = 129$); der Index wies eine zufrieden stellende interne Konsistenz auf (Cronbachs $\alpha = .761$). Nach der Textkorrekturaufgabe wurden AD ACL-Werte zwischen 25 und 66 gemessen ($M = 42.30$, $SD = 7.73$, $N = 129$), $\alpha = .770$. Beim dritten Messzeitpunkt – nach der Pause – lagen die Werte des AD ACL-Indexes zwischen 21 und 72 ($M = 41.69$, $SD = 7.93$, $N = 129$), $\alpha = .803$.

Zur Messung der kognitiven Leistungsfähigkeit wurde die überarbeitete Version des Konzentrations-Leistungs-Tests (KLT-R) von Düker et al. (2001) verwendet, bei dem die Probanden einfache arithmetische Aufgaben unter Zeitdruck lösen müssen. Die Anzahl der insgesamt bearbeiteten, der richtig gelösten sowie der falsch gelösten Aufgaben dienten als Indikatoren für die kognitive Leistungsfähigkeit der Probanden nach der experimentellen Manipulation.

Stimulusmaterial. Zur Auswahl des Stimulusmaterials wurden sechs Casual Games einem Pretest unterzogen, in dem 104 zusätzlich rekrutierte Probanden die Spiele auf sechs Dimensionen bewerten sollten: Geschwindigkeit und Komplexität (Klimmt 2004), Erregungspotenzial, Absorptionspotenzial und hedonische Valenz (Zillmann 1988a); zusätzlich wurde ein Item verwendet, um die Schwierigkeit der Spiele von den Probanden bewerten zu lassen. Das Spiel Tetris wurde von Frauen und Männer gleich gut bewertet und erhielt die höchsten Werte in den Faktoren Erregungspotenzial, hedonische Valenz und Absorptionspotenzial. Darüber hinaus wurde das Spiel durch die Probanden als relativ leicht spielbar, mittelmäßig komplex und mittelmäßig schnell eingestuft.

5.2. Studie 2

Das zweite Experiment war hinsichtlich der Durchführung, der experimentellen Manipulation und des verwendeten Stimulusmaterials mit dem ersten Experiment identisch. Für die Messung des Erregungsniveaus der Probanden wurden zusätzlich zum AD ACL die Herzrate sowie der Hautwiderstand der Probanden kontinuierlich erfasst (Vossel/Zimmer 1998).

Versuchspersonen. Am zweiten Experiment nahmen 80 studentische Versuchspersonen einer großen deutschen Universität teil. Die Probanden des zweiten Experiments waren zwischen 19 und 49 Jahren alt (M = 25.68, SD = 5.96). 19 Probanden waren männlich (24.7 %) und 58 Probanden waren weiblich (74.3 %). In der ersten Experimentalbedingung (keine Vorerfahrung) waren 40 Probanden, in der zweiten Experimentalbedingung (mit Vorerfahrung) waren 37 Probanden. In der Pause entschieden sich 39 Probanden für die Nutzung des Spiels und 38 dagegen.

Messung. Um die Aktivation der Probanden zu messen, wurden im zweiten Experiment zusätzlich zum AD ACL kontinuierlich die Herzfrequenz sowie der Hautwiderstand erfasst (Boucsein 1988, Boucsein 1995). Die Daten wurden mit dem Gerät »SOM Biofeedback 8000« der Firma SOM Gerätebau GmbH erhoben. Der Hautwiderstand wurde exosomatisch mit zwei Selbstklebe-Elektroden bei einem Konstantstrom von 1 µA und einem Messbereich zwischen 0 und 1,000 kΩ gemessen. Die Ableitung erfolgte am linken Fuß an der Fußinnenseite über dem musculus abductor hallucis (Strecker der Großzehe im Grundgelenk), medial angrenzend an die Fußsohle etwa in der Mitte zwischen der proximalen Phalanx der Großzehe und einem Punkt unterhalb des Knöchels. Für die weiteren Berechnungen wurde der Hautwiderstand (SR; skin resistance) nach folgender Formel in Hautleitwerte (SC; skin conductance; Maßeinheit: µS) transformiert (Shandry 1988, Velden/Vossel 1985): SC = 1/(SR · 1,000). Der Hautwiderstand wurde pro Sekunde einmal erfasst. Die tonische Herzfrequenz wurde mit einem optischen Pulsaufnehmer am rechten Ohr gemessen; der Messbereich des Gerätes lag zwischen 40 und 250 Herzschlägen pro Minute. Die Werte wurden für jeden Probanden automatisch aufgezeichnet und für die Auswertung zusammengefasst. Dabei wurden für die Textkorrekturaufgabe 15 Intervallwerte über jeweils 180 Sekunden gebildet (= 45 Min.) für die Pause zehn Intervallwerte über jeweils 30 Sekunden (= 5 Min.) und für die Zeit, in der der KLT-R bearbeitet wurde, zwölf Intervallwerte über jeweils 90 Sekunden (= 18 Min.).

Aus den Adjektivbewertungen des AD ACL wurden analog zum ersten Experiment drei Indizes gebildet. Für den ersten Messzeitpunkt lagen die AD ACL-Werte zwischen 31 und 69 ($M = 47.10$, $SD = 7.93$, $N = 77$) bei einer internen Konsistenz von $\alpha = .770$. Die AD ACL-Messung nach der Textkorrekturaufgabe erbrachte Werte zwischen 27 und 66 ($M = 42.88$, $SD = 8.61$, $N = 77$), $\alpha = .816$. Beim dritten Messzeitpunkt wurden AD ACL-Werte zwischen 28 und 72 gemessen ($M = 43.03$, $SD = 8.02$, $N = 77$), $\alpha = .787$.

5.3. Ergebnisse

Da sich die beiden durchgeführten Experimente lediglich im Hinblick auf die Operationalisierung der Aktivation der Versuchspersonen unterscheiden, werden die Ergebnisse aus beiden Studien zum besseren Verständnis zusammen dargestellt.

Manipulation Check. Zunächst wurde für beide Studien geprüft, ob die Aktivation der Probanden nach der Textkorrektur niedriger war als vor der Korrekturaufgabe (Tabelle 1). Im ersten Experiment wurde diese Annahme anhand der AD ACL-Daten überprüft. Die Aktivation der Probanden war vor der Textkorrektur höher als nach der Textkorrektur. Diese Unterschiede in den Selbstratings zeigten sich auch innerhalb der experimentellen Bedingungen mit und ohne Vorerfahrung.

		Experiment 1				
	AD ACL					
Vorerfahrung	T1* M (SD)	T2** M (SD)	t	df	p	Cohen's d
Mit und ohne (N = 129)	45.42 (7.91)	42.30 (7.73)	4.089	128	.000	.399
Ohne (n = 67)	44.76 (7.72)	42.15 (7.35)	2.526	66	.014	.346
Mit (n = 62)	46.13 (8.10)	42.47 (8.17)	3.241	61	.002	.450
		Experiment 2				
	AD ACL					
Vorerfahrung	T1* M (SD)	T2** M (SD)	t	df	p	Cohen's d
Mit und ohne (N = 77)	47.10 (7.93)	42.88 (8.61)	4.760	76	.000	.510
Ohne (n = 40)	47.25 (8.30)	43.08 (7.75)	3.396	39	.002	.519
Mit (n = 37)	46.95 (7.63)	42.68 (9.55)	3.317	36	.002	.482
	Hautleitfähigkeit					
Vorerfahrung	T1* M (SD)	T2** M (SD)	t	df	p	Cohen's d
Mit und ohne (N = 61)	9.71 (3.36)	7.59 (4.24)	4.688	60	.000	.554
Ohne (n = 29)	9.47 (2.72)	8.03 (4.44)	2.05	28	.050	.390
Mit (n = 32)	9.93 (3.88)	7.20 (4.10)	4.793	31	.000	.684
	Herzfrequenz					
Vorerfahrung	T1* M (SD)	T2** M (SD)	t	df	p	Cohen's d
Mit und ohne (N = 67)	75.63 (13.89)	74.55(12.37)	.759	66	.451	.082
Ohne (n = 34)	76.02 (15.93)	74.99 (12.15)	.538	33	.594	.072
Mit (n = 33)	75.24 (11.66)	74.10 (12.75)	.529	32	.600	.093

* T1 = AD ACL vor der Textkorrekturaufgabe bzw. Hautleitfähigkeit und Herzfrequenz zu Beginn der Textkorrekturaufgabe.
** T2 = AD ACL nach der Textkorrekturaufgabe bzw. Hautleitfähigkeit und Herzfrequenz am Ende der Textkorrekturaufgabe.

Tabelle 1: Aktivation der Pbn mit und ohne Vorerfahrung vor und nach der Textkorrekturaufgabe in Experiment 1 und 2

Quelle: Eigene Darstellung.

Im zweiten Experiment wurden die Unterschiede hinsichtlich der Aktivation der Probanden vor und nach der Textkorrekturaufgabe sowohl mithilfe des Selbstratings als auch mit psychophysiologischen Daten (Hautleitfähigkeit, Herzfrequenz) erhoben. Für das Selbstrating zeigten sich ähnliche Ergebnisse wie im ersten Experiment. Die Versuchspersonen ohne Vorerfahrung wiesen zum ersten Messzeitpunkt einen signifikant höheren AD ACL Wert auf. Das gilt ebenfalls für die Subgruppe der Probanden mit Vorerfahrung und ohne Vorerfahrung. Bei den psychophysiologischen Daten wurden jeweils das erste und das letzte während der Textkorrektur erhobene Datenintervall verglichen (die Intervallwerte der EDA- und

HR-Daten der ersten und der letzten 180 Sekunden). Die Daten zur Hautleitfähigkeit der Probanden bestätigen ebenfalls, dass die Aktivation der Versuchspersonen zu Beginn der Textkorrekturaufgabe höher war als am Ende. Betrachtet man nur die Versuchspersonen, die vor der Textkorrekturaufgabe nicht »Tetris« gespielt haben, so zeigte sich dieser Unterschied ebenfalls, er ist jedoch nicht signifikant. Bei den Probanden, die »Tetris« zu Beginn des Experiments genutzt haben, zeigte sich ein signifikanter Unterschied hinsichtlich der Hautleitfähigkeit vor und nach der Textkorrekturaufgabe. Für die Herzfrequenz der Versuchspersonen waren die Unterschiede bezüglich der Erregung zu Beginn und am Ende der Textkorrekturaufgabe nicht signifikant.

In einem zweiten Manipulation Check wurde geprüft, ob sich die Personen, die während der Pause »Tetris« spielten, in ihrer Aktivation von den Nicht-Spielern unterschieden. Für Experiment 1 (AD ACL-Werte) und für Experiment 2 (EDA und HR) zeigten sich keine signifikanten Unterschiede.

Damit zeigten sich bei den Manipulation Checks durchgängig die erwarteten Ergebnisse: die Textkorrekturaufgabe war in der Lage, die Probanden ‚zu langweilen', ihre Aktivation wurde beim Korrigieren reduziert. Und die Probanden in den verschiedenen experimentellen Bedingungen kamen mit gleichen Voraussetzungen im Hinblick auf ihre Aktivation ins Labor.

Hypothese 1 besagte, dass die kognitive Leistungsfähigkeit der Probanden, die im Verlauf des Experimentes ein Computerspiel gespielt haben, höher ist als die Leistungsfähigkeit der Nicht-Spieler. In beiden Experimenten wurde diese Hypothese anhand der Ergebnisse des Konzentrations- und Leistungstest geprüft. In der ersten Studie zeigte sich bei der Betrachtung der gesamten Stichprobe, dass die Spieler insgesamt mehr Aufgaben bearbeiteten ($M = 67.78$, $SD = 24.47$) als die Nicht-Spieler ($M = 56.63$, $SD = 22.21$), $t(127) = 2.69$, $p = .008$, Cohens $d = .477$. Außerdem lösten die Spieler mehr Aufgaben richtig ($M = 57.93$, $SD = 26.27$) als die Nicht-Spieler ($M = 47.22$, $SD = 21.53$), $t(127) = 2.51$, $p = .013$, Cohens $d = .446$. Hinsichtlich der falsch gelösten Aufgaben zeigten sich zwischen Spielern und Nicht-Spielern keine signifikanten Unterschiede.

Im zweiten Experiment zeigten sich keine signifikanten Unterschiede bei der kognitiven Leistungsfähigkeit der Spieler und Nicht-Spieler, was möglicherweise auf die geringe Fallzahl zurückzuführen ist. Die Mittelwerte bewegen sich in ähnlichen Relationen wie in der ersten Studie: Die Spieler bearbeiteten insgesamt und die lösten mehr Aufgaben richtig als die Nicht-Spieler. Dies war sowohl bei Probanden mit Vorerfahrung als auch bei Probanden ohne Vorerfahrung der Fall. Somit kann die erste Hypothese, dass mit einem Computerspiel die kognitive Leistungsfähigkeit erhöht wird, im ersten Experiment bestätigt werden und muss für das zweite Experiment abgelehnt werden.

Hypothese 2 postulierte, dass die Aktivation der Probanden, die im Verlauf des Experiments ein Computerspiel gespielt haben, höher ist als die der Nicht-Spieler. Diese Hypothese wurde im ersten Experiment anhand der AD ACL-Daten getestet, die nach der Pause erhoben wurden. Die Hypothese bestätigte sich bei der Betrachtung der gesamten Stichprobe; die Spieler schätzten nach der Pause ihre Erregung als höher ein (M = 43.06, SD = 8.63) als die Nicht-Spieler (M = 40.12, SD = 6.77), $t(127)$ = 2.13, p = .035, Cohens d = .379.

Die zweite Hypothese wurde im zweiten Experiment anhand der AD ACL-Daten als auch anhand von Hautleitfähigkeit und Herzfrequenz geprüft. Für die AD ACL-Daten ergaben sich wie im ersten Experiment für die Spieler höhere Werte als für die Nicht-Spieler. Die Mittelwertunterschiede sind jedoch, möglicherweise aufgrund der geringen Fallzahl, nicht signifikant. Die psychophysiologischen Daten der zweiten Studie wurden mit einer multivariaten Varianzanalyse mit Messwiederholungen geprüft, in die die Entscheidung der Probanden für oder gegen die Nutzung von »Tetris« in der Pause als Zwischensubjektfaktor einging und die Werte für Hautleitfähigkeit und Herzfrequenz im Zeitverlauf als Innersubjektfaktoren. Dabei zeigte sich bei der Betrachtung der EDA- und HR-Mittelwerte für die Probanden ohne Vorerfahrung mit dem Computerspiel für jede Phase, dass die Erregung der Spieler in der Pause niedriger war als die Erregung der Nicht-Spieler. Während der anschließenden Bearbeitung des KLT-R waren die Hautleitfähigkeit der Spieler höher und die Herzfrequenz niedriger als bei den Nicht-Spielern (Abb. 5, 6). In der Gruppe mit Vorerfahrung waren die Hautleitfähigkeit höher und die Herzrate der Spieler während der Pause und während des Konzentrations- und Leistungstests niedriger als bei den Nicht-Spielern (Abb. 7, 8). Allerdings waren die Unterschiede – wahrscheinlich aufgrund der geringen Fallzahl – nicht signifikant. Bei der Betrachtung der Intervallwerte zeigten sich die Veränderungen der psychophysiologischen Messwerte deutlich beim Übergang der einzelnen Phasen (Abb. 9-12).

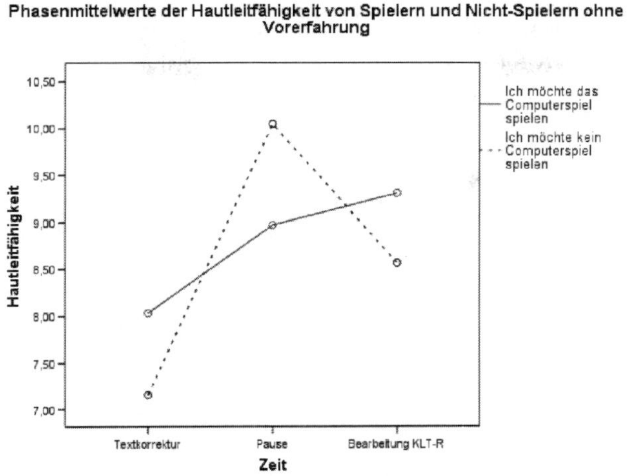

Abbildung 5: Phasenmittelwerte der Hautleitfähigkeit von Spielern und Nicht-Spielern ohne Vorerfahrung
Quelle: Eigene Darstellung.

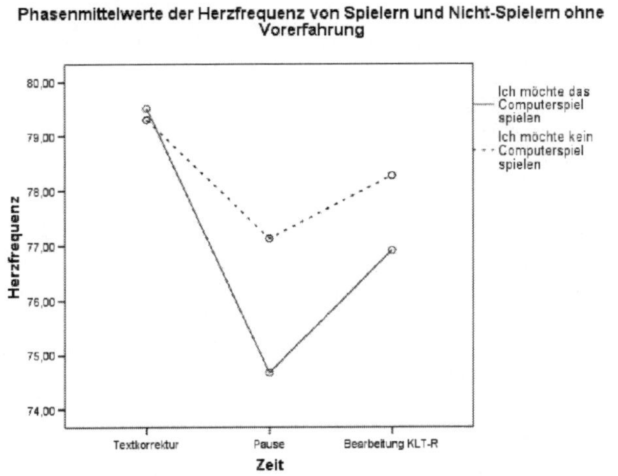

Abbildung 6: Phasenmittelwerte der Herzfrequenz von Spielern und Nicht-Spielern ohne Vorerfahrung
Quelle: Eigene Darstellung.

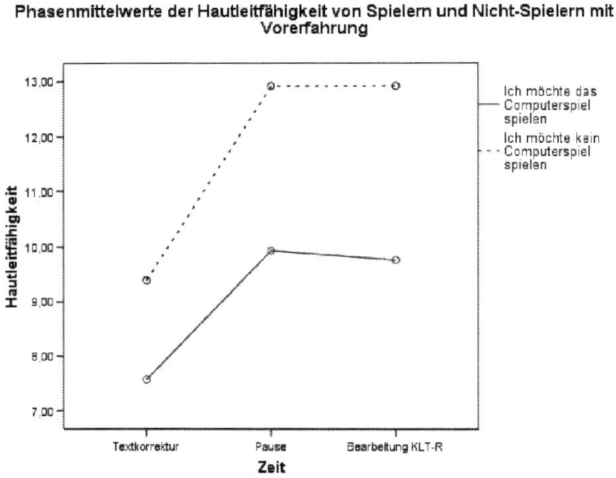

Abbildung 7: Phasenmittelwerte der Hautleitfähigkeit von Spielern und Nicht-Spielern mit Vorerfahrung

Quelle: Eigene Darstellung.

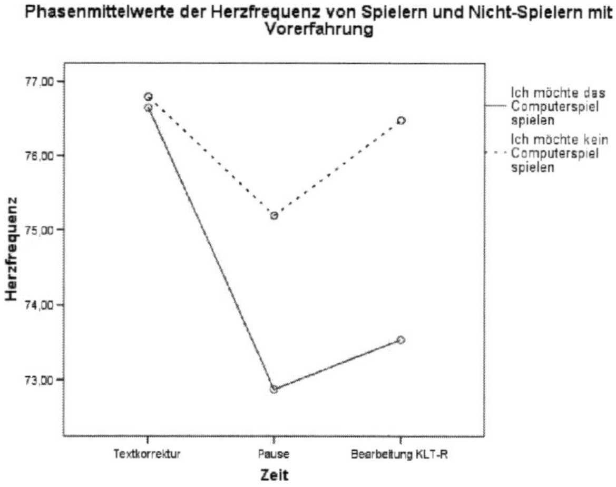

Abbildung 8: Phasenmittelwerte der Herzfrequenz von Spielern und Nicht-Spielern mit Vorerfahrung

Quelle: Eigene Darstellung.

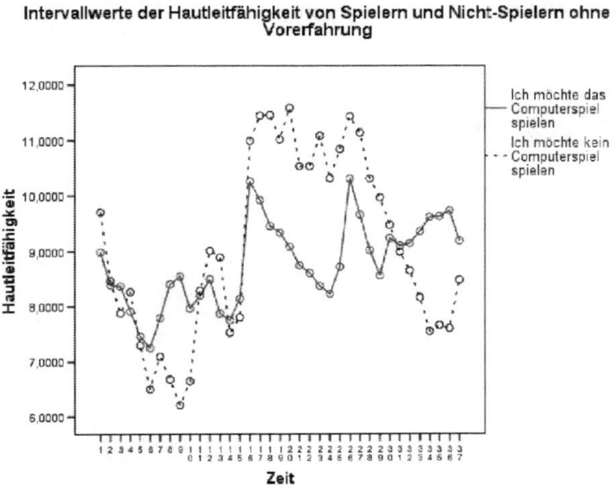

Abbildung 9: Intervallwerte der Hautleitfähigkeit von Spielern und Nicht-Spielern ohne Vorerfahrung

Quelle: Eigene Darstellung.

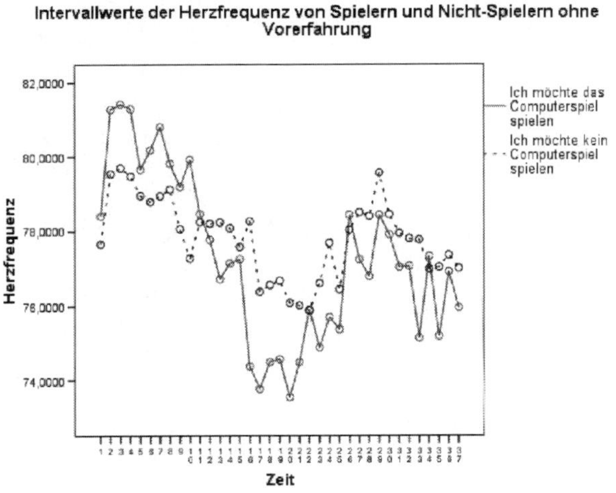

Abbildung 10: Intervallwerte der Herzfrequenz von Spielern und Nicht-Spielern ohne Vorerfahrung

Quelle: Eigene Darstellung.

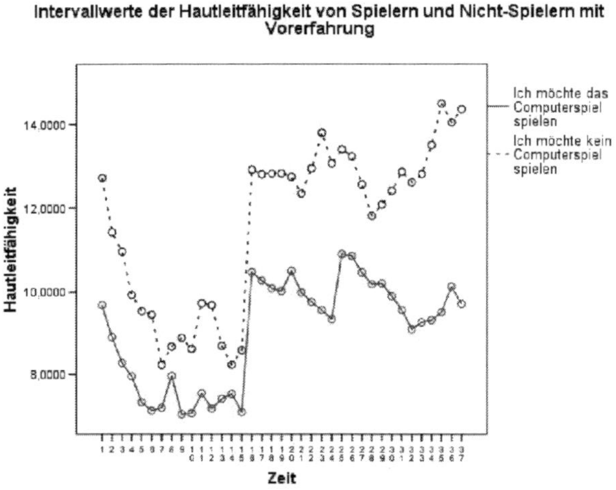

Abbildung 11: Intervallwerte der Hautleitfähigkeit von Spielern und Nicht-Spielern mit Vorerfahrung

Quelle: Eigene Darstellung.

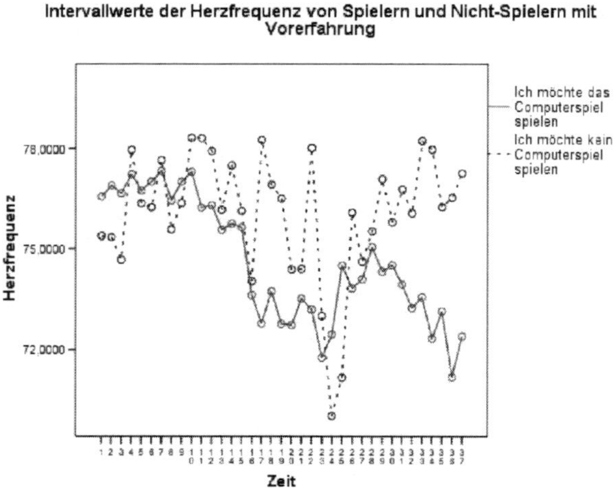

Abbildung 12: Intervallwerte der Herzfrequenz von Spielern und Nicht-Spielern mit Vorerfahrung

Quelle: Eigene Darstellung.

Zusammenfassend zeigt sich also, dass die zweite Hypothese für das erste Experiment bestätigt werden kann. Es zeigte sich wie erwartet, dass Probanden, die ein Computerspiel gespielt haben, im Selbstrating eine erhöhte Aktivation aufweisen. Im zweiten Experiment musste die zweite Hypothese jedoch zurückgewiesen werden. Hier zeigte sich in der Tendenz sogar das Gegenteil unserer Erwartungen, nämlich dass diejenigen Probanden, die in der Pause ein Computerspiel gespielt haben, zu einem geringeren physiologischen Arousal neigten.

Hypothese 3a postulierte eine höhere Aktivation und eine höhere kognitive Leistungsfähigkeit der Probanden, die zu Beginn des Experiments Vorerfahrungen mit dem Computerspiel sammeln konnten, das sie auch im Verlauf spielen konnten. Im ersten Experiment zeigten sich zwar insgesamt keine signifikanten Unterschiede bei Aktivation und kognitiver Leistungsfähigkeit in Abhängigkeit von der Vorerfahrung der Probanden mit dem Computerspiel. Betrachtet man jedoch nur die Probanden ohne Vorerfahrung, so zeigte sich zwischen Spielern und Nicht-Spielern ein signifikanter Unterschied hinsichtlich der AD ACL-Werte. Die Spieler ohne Vorerfahrung schätzten nach der Nutzung von »Tetris« in der Pause ihre Aktivation als höher ein ($M = 43.75$, $SD = 6.95$) als die Nicht-Spieler ($M = 39.14$, $SD = 6.52$), $t(65) = 2.80$, $p = .007$, Cohens $d = .684$.

Bei Studie 2 zeigten sich hinsichtlich der kognitiven Leistungsfähigkeit sowie bei der mittels AD ACL gemessenen Aktivation keine signifikanten Differenzen in Abhängigkeit von der Vorerfahrung. Die Unterschiede bei Hautleitfähigkeit und Herzfrequenz waren im zweiten Experiment ebenfalls nicht signifikant. Die Differenzen der EDA- und HR-Werte bei Spielern und Nicht-Spielern waren jedoch während der Pause sowie während der Bearbeitung des KLT-R bei den Probanden mit Vorerfahrung stärker ausgeprägt: Die Spieler mit Vorerfahrung wiesen bei der Nutzung von »Tetris« sowie im Anschluss daran niedrigere Erregungswerte auf als die Nicht-Spieler mit Vorerfahrung; bei den Probanden ohne Vorerfahrung war diese Differenz geringer. Dies war sowohl bei den Phasenmittelwerten (Abb. 5 und 6 vs. 7 und 8) als auch bei den Intervallwerten (Abb. 9 und 10 vs. 11 und 12) der Fall.

Die Hypothese 3a, dass die Vorerfahrung einen Effekt auf Aktivation und kognitive Leistungsfähigkeit hat, muss aufgrund beider Experimente abgelehnt werden. Es zeigt sich jedoch deutlich in beiden Studien, dass sich die Probanden mit und ohne Vorerfahrung maßgeblich hinsichtlich ihrer Reaktionen auf das Pausenspiel unterscheiden. Wir sehen hier also eine Bestätigung der Annahme, dass die Vorerfahrung die Identität des Medienstimulus verändert. Die Vorerfahrung zeigt unerwartete und interessante Effekte für die nachfolgende Wahrnehmung der Stimuli. Die Ergebnisse des zweiten Experimentes deuten möglicherweise darauf hin, dass Probanden im Rahmen der Vorerfahrung lernen, dass sie das Computerspiel nicht gern spielen bzw., dass es eine unangenehm erhöhte Aktivation auslöst. Für die Pausenaktivität wird deshalb das Spiel von dieser Gruppe nicht mehr ausgewählt, die Aktivation jedoch bleibt auf einem höheren Niveau.

Hypothese 3b nimmt an, dass die Verwendung der experimentellen Manipulation als unabhängige Variable andere Ergebnisse erbringt als die Verwendung der Aktivation. Im ersten Experiment bearbeiteten die Spieler signifikant mehr Aufgaben als die Nicht-Spieler und sie lösten mehr Aufgaben richtig (vgl. H1). Zum Vergleich wurde die Stichprobe durch einen Mediansplit des AD ACL-Indexes (Zeitpunkt T3, nach der Pause) in eine Gruppe mit niedriger und eine Gruppe mit hoher Aktivation eingeteilt. Diese beiden Gruppen unterschieden sich hinsichtlich der Ergebnisse des KLT-R nicht signifikant voneinander. Hypothese 3b wurde dadurch bestätigt, denn während die Verwendung des Treatments als unabhängige Variable auf signifikante Konzentrations- und Leistungsunterschiede schließen ließ, zeigten sich diese Unterschiede nicht, wenn man der Analyse die selbst eingeschätzte Aktivation der Probanden zugrunde legt.

Hypothese 4 besagte, dass sich die Ergebnisse der statischen Aktivationsmessung von den Ergebnissen der dynamischen Aktivationsmessung unterscheiden. Als statische Aktivationsmessung wurde die Selbsteinschätzung der Probanden anhand der Skalen des AD ACL verwendet. Die Hautleitfähigkeit sowie die Herzfrequenz der Probanden wurden als psychophysiologische Indikatoren für Aktivation kontinuierlich erhoben. Die Auswertung der Daten führte zu unterschiedlichen Ergebnissen. Während die Probanden, die das Spiel »Tetris« in der Pause nutzten, selbst signifikant höhere Aktivationswerte angaben als die Nicht-Spieler (vgl. H2), zeigten EDA und HR einen gegenläufigen Trend: Die Auswertung dieser Daten ließ vermuten, dass die Erregung der Spieler während der Pause niedriger war als die Erregung der Nicht-Spieler.

6. Fazit, Diskussion und Ausblick

Das Ziel des vorliegenden Beitrags bestand darin, die sozialpsychologischen Implikationen dreier Postulate des DTA empirisch zu überprüfen. Zu diesem Zweck wurden die Daten zweier empirischer Studien im Hinblick auf den DTA reanalysiert. Dabei fanden sich Belege für die untersuchten Postulate des DTA. So korrespondieren die in Studie 1 und 2 gefundenen erhöhten Aktivations- und Leistungswerte derjenigen Probanden, die einem Medienstimulus ausgesetzt waren, mit dem im DTA skizzierten Konzept der Intra-Transaktion. Ebenfalls durch die hier vorgelegten Daten unterstützt wird der im DTA postulierte multikausale Wirkungsbegriff und die damit verknüpfte Annahme, dass Medienstimuli in ihrer Identität veränderlich sind und durch den Rezipienten auf der Grundlage bereits bestehender Medienerfahrungen verarbeitet werden. Die Tatsache, dass in den hier vorgestellten Studien die Vorerfahrung mit dem genutzten medialen Stimulus bei erneuter Rezeption zu einer veränderten Wirkung auf das Aktivationsniveau der Probanden führte, bekräftigt die These von der veränderlichen Identität von Medienstimuli. Das Ergebnis, dass die Verwendung des Manipulation-Check als unabhängige Variable zu anderen Ergebnissen führt als die Verwendung des Medienstimulus, erhärtet die Kritik des DTA am klassischen Stimulus-Response-Ansatz und spricht gegen die hier praktizierte klar definierte Aufteilung in unabhängige (Medienstimulus) und abhängige Variablen (Reaktion auf Medienstimulus). Zuletzt bestätigen die vorgelegten Daten auch die dynamische Sichtweise des DTA und die daran geknüpfte Forderung, den Rezeptionsprozess im Verlauf abzubilden. So führte die punktuelle Erfassung des Aktivationslevels der Probanden per Selbst-Rating zu anderen Ergebnissen als die kontinuierliche Erfassung in Form von psychophysiologischen Daten.

Die im Rahmen dieses Beitrags zusammengetragenen Ergebnisse belegen die Nützlichkeit der drei hier besprochenen Postulate des DTA für die medien- und sozialpsychologische Forschung. Sowohl das Konzept der Intra-Transaktion als auch die Idee der veränderlichen Identität von Medienstimuli als auch die dynamische Sichtweise des DTA stellen hilfreiche Heurismen für die Forschung dar.

Der Wirkungsbegriff des DTA und die hieran geknüpfte Forderung, dem Wechselspiel von Medienstimulus und kognitivem System des Rezipienten Rechnung zu tragen (Schönbach/Früh 1984: 315-316), erscheint uns als Postulat besonders beachtenswert. So ist die Idee der veränderlichen Identität von Medienstimuli vielfach Teil medienbezogener Theorien und Modelle, wird aber nur selten expliziert und empirisch erfasst. Als Beispiel sei hier die Mood Management Theorie von Zillmann (1988a, Zillmann 1988b) genannt, die im Kern die Aussage trifft, dass Rezipienten bei der Auswahl medialer Stimuli das Erlangen oder die Aufrechterhaltung positiver und das Vermeiden bzw. Beenden negativer affektiver Zustände anstreben. Als zentrales Funktionsprinzip wird dabei operantes Lernen postuliert (Oliver 2003). Rezipienten lernen demnach durch Vorerfahrung mit Medienstimuli, deren Wirkung auf ihre Stimmung einzuschätzen und somit in einer gegebenen Situation stimmungsadäquate Medieninhalte auszuwählen. Während sich die Mehrheit der Studien zur Mood Management Theorie auf die Selektionsentscheidungen von Rezipienten und die daraus resultierenden Stimmungen bezieht (Bryant/Zillmann 1984, Knobloch/Zillmann 2002, Mares/Cantor 1992), bleibt ihr zentraler Wirkmechanismus, der Prozess der operanten Konditionierung, also die veränderliche Identität des Medienstimulus durch Vorerfahrung, in der empirischen Untersuchung der Mood Management Theorie weitgehend ausgespart. Dies ist nur ein Beispiel dafür, dass das im Rahmen des DTA postulierte Wirkungsverständnis und die Aufforderung, »nach der ‚Karriere' von Medienstimuli im Bewusstsein der Rezipienten zu fragen« (Schönbach/Früh 1984) eine bereichernde Erweiterung des Blicks auf bereits bestehende Theorien bieten kann.

Ebenso nützlich erscheint uns die dynamische Perspektive des DTA. Der Appell der Autoren des DTA, sich der Konsequenzen der Wahl einer statischen bzw. kontinuierlichen Erfassung des Rezeptionsprozesses bewusst zu sein, erfährt durch die hier skizzierten Ergebnisse volle Unterstützung. Auch außerhalb des DTA werden die Vor- und Nachteile von Selbst-Rating Instrumenten und CRM bzw. psychophysiologischen Messungen diskutiert (Lang 1994, Ravaja 2004), was die Wichtigkeit, die Wahl entsprechender Messinstrumente zu reflektieren und zu diskutieren, unterstreicht.

Im Gegensatz zu den oben angesprochenen hilfreichen Anregungen des DTA erschweren an anderer Stelle Unschärfen bei der Darstellung des DTA dessen Anwendung in der Praxis. So fußt das Konzept der Intra-Transaktionen und der Verarbeitung medialer Stimuli auf der Basis des Vorwissens und der Vorerfahrungen von Rezipienten auf gut etablierten Erkenntnissen aus der kognitiven Psychologie und der sozial-kognitiven Informationsverarbeitung (Donohew et al. 1988, Fiedler/Bless 2002, Fiske/Taylor 1991, Oakes 1996). Auch bedienen sich die Autoren des DTA stellenweise genuin psychologischer Begrifflichkeiten, indem Sie auf Konzepte wie etwa »kognitive Stile« (Früh/Schönbach 1982: 81), das »Prinzip von Figur und Grund« (Früh/Schönbach 1982: 83) oder »intrinsische Motivation« und »extrinsische Motivation« (Früh/Schönbach 1982: 87 und Fußnote 27) verweisen. Eine systematische Diskussion der psychologischen Grundlagen des DTA findet aber nicht statt. Zwar bekennen sich die Autoren des DTA zu einer »Übertragung einiger aus der Wahrnehmungspsychologie entlehnter Ideen auf die Wirkung von Massenkommunikation« (Schönbach/Früh 1984: 327) im Rahmen des

DTA. Nichtsdestotrotz verwendet der DTA psychologische Theorien nicht explizit genug und stellenweise ohne Beleg. Als Ausblick und zum Zwecke einer Erweiterung der Nutzbarkeit des DTA wäre daher aus unserer Sicht eine systematische Aufarbeitung und Explikation der impliziten Nähe des DTA zu sozial- und kognitionspsychologischen Theorien wünschenswert. Eine Vielzahl sozialpsychologischer Studien ließe sich zur Validierung des DTA heranziehen. In einer systematischen Metaanalyse müssten Studien betrachtet werden, in denen implizite Postulate des DTA geprüft werden. Eine Metaanalyse könne beispielsweise lernpsychologische Studien zum Zusammenhang von Leistung und Aktivation betrachten, in denen Probanden mit Medienstimuli lernen mussten. Viele weitere Beispiele für Metaanalysen sind denkbar. Mit einer derart fundierten auf Metaanalysen beruhenden empirischen Vorgehensweise könnten ausgewählte Theorem und evtl. sogar die Postulate des DTA geprüft werden und zu einer erheblichen Stärkung der theoretischen Basis des DTA beitragen.

Literatur

Boucsein, W. (1988): Elektrodermale Aktivität. Berlin.

Boucsein, W. (1995): Die elektrodermale Aktivität als Emotionsindikator. In: Debus, G./Erdmann, G./Kallus, K. W. (Hrsg.) (1995): Biopsychologie von Stress und emotionalen Reaktionen. Ansätze interdisziplinärer Forschung. Göttingen, 143-162.

Bryant, J./Zillmann, D. (1984): Using television to alleviate boredom and stress: Selective exposure as a function of induced excitational states. In: Journal of Broadcasting, 1/1984, 1-20.

Donohew, L./Sypher, H. E./Higgins, E. T. (1988): Communication, social cognition and affect. Hillsdale, N.J.

Duffy, E. (1962): Activation and behavior. New York.

Düker, H./Lienert, G. A./Lukesch, H./Mayrhofer, S. (2001): KLT-R. Konzentrations-Leistungs-Test - Revidierte Fassung. Göttingen.

Easterbrook, J. A. (1959): The effects of emotion on cue utilization and the organization of behavior. In: Psychological Review, 66/1959, 183-201.

Fiedler, K./Bless, H. (2002): Soziale Kognition. In: W. Stroebe/Jonas, K./Hewstone, M. (Hrsg.) (2002): Sozialpsychologie. Eine Einführung. Berlin, 125-164.

Fiske, S. T./Taylor, S. E. (1991): Social Cognition. 2. Aufl., New York.

Früh, W. (1991): Medienwirkungen: Das Dynamisch-Transaktionale Modell. Opladen.

Früh, W. (1994): Realitätsvermittlung durch Massenmedien. Die permanente Transformation der Wirklichkeit. Opladen.

Früh, W./Schönbach, K. (1982): Der dynamisch-transaktionale Ansatz: Eine neues Paradigma der Medienwirkungen. In: Publizistik, 27/1982, 74-88.

Früh, W./Schönbach, K. (2005): Der dynamisch-transaktionale Ansatz III: Eine Zwischenbilanz. In: Publizistik, 1/2005, 4-20.

Hamilton, D. L./Sherman, J. W. (1994): Stereotypes. In: Wyer, R. S./Srull, T. K. (Hrsg.) (1994): Handbook of social cognition. 2. Aufl., Hillsdale, NJ.

Hanoch, Y./Vitouch, O. (2004): When less is more: Information, emotional arousal and the ecological reframing of the Yerkes-Dodson law. In: Theory and Psychology, 4/2004, 427-452.

Hebb, D. O. (1955): Drives and the C.N.S. (conceptual nervous system). In: Psychological Review, 62/1955, 243-254.

Imhof, M. (1998): Erprobung der deutschen Version der Adjektiv-Checkliste nach Thayer (1989) zu Erfassung der aktuellen Aktiviertheit. In: Zeitschrift für Differentielle und Diagnostische Psychologie, 3/1989, 179-186.

Kahneman, D. (1973): Attention and Effort. Englewood Cliffs, NJ.

Klimmt, C. (2004). Die Nutzung von Computer- und Videospielen – aktives Spielen am Bildschirm. In: Scherer, H./Schlütz, D. (Hrsg.) (2004): Nutzung der Medienspiele – Spiele der Mediennutzer. München, 135-165.

Knobloch, S./Zillmann, D. (2002): Mood management via the digital jukebox. In: Journal of Communication, 2/2002, 351-366.

Lang, A. (Hrsg.). (1994): Measuring psychological responses to media. Hillsdale, NJ.

Lang, A./Dhillon, K./Dong, Q. (1995): The effects of emotional arousal and valence on television viewers' cognitive capacity and memory. In: Journal of Broadcasting & Electronic Media, 39/1995, 313-327.

Mares, M. L./Cantor, J. (1992): Elderly Viewers Responses to televised portrayals of old age. Empathy and Mood Management versus Social Comparison. In: Communication Research, 4/1992, 459-478.

Oakes, P. J. (1996): The categorization process: Cognition and the group in the social psychology of stereotyping. In: W. P. Robinson (Hrsg.) (1996): Social groups and identities: Developing the legacy of Henri Tajfel. Oxford, 95-120.

Oliver, M. B. (2003): Mood management and selective exposure. In: Bryant, J./Roskos-Ewoldsen, D./Cantor, J. (Hrsg.) (2003): Communication and emotion. Essays in honor of Dolf Zillmann. Mahwah, NJ, 85-106.

Reinecke, L./Trepte, S. (2008): In working mood? The effects of mood management processes on subsequent cognitive performance. In: Journal of Media Psychology,1/2008, 3-14.

Ravaja, N. (2004): Contributions of Psychophysiology to Media Research: Review and Recommendations. In: Media Psychology, 2/2004, 193-235.

Schönbach, K.,/Früh, W. (1984): Der dynamisch-transaktionale Ansatz II: Konsequenzen. In: Rundfunk und Fernsehen, 3/1984, 314-329.

Thayer, R. E. (1986): Activation-deactivation adjective check list: Current overview and structural analysis. In: Psychological Reports, 58/1986, 607-614.

Trepte, S. (2006): Die Messung des Unterhaltungserlebens. In: Wirth, W./Schramm, H./Gehrau, V. (Hrsg.) (2006): Unterhaltung durch Medien: Theorie und Messung. Köln, 142-173.

Vossel, G./Zimmer, H. (1998): Psychophysiologie. Stuttgart.

Yerkes, R. M./Dodson, J. D. (1908): The relation of strength of stimulus to rapidity of habit-formation. In: Journal of Comparative Neurology and Psychology, 18/1908, 459-482.

Zillmann, D. (1988a): Mood management through communication choices. In: American Behavioral Scientist, 3/1988, 327-340.

Zillmann, D. (1988b): Mood Management: Using entertainment to full advantage. In: Donohew, L./Sypher, H. E./Higgins, E. T. (Hrsg.): Communication, social cognition, and affect. Hillsdale, NJ, 147-171.

Zillmann, D./Williams, B. R./Bryant, J./Boynton, K. R./Wolf, M. A. (1980): Acquisition of information from educational television programs as a function of differently paced humorous inserts. In: Journal of Educational Psychology, 2/1980, 170-180.